Algunas palabr
presen

La arrogancia del gobierno colonial de España fue tal que nunca reconoció que los cubanos fueran unos adversarios de nota. Prefirieron ser derrotados por los Estados Unidos, una nación poderosa y rica, a la realidad: ser derrotados por los cubanos.
(página 18)

Facundo Bacardí y Miguel Aldama eran claros ejemplos de la necesidad de abrir la economía de un país a la posibilidad de crear riquezas personales.
(página 36)

Fue en ese contexto de competencia amistosa en la búsqueda de buena literatura que Martí conoció a Henry James (1843-1916) en la entrada del *New York Tribune* en 1880.
(página 62)

José Martí no era buen mozo: físicamente era pequeño y no una figura imponente; su cuerpo no era muscular y reflejaba los maltratos que había sufrido durante su presidio político. Un tumor testicular resultado de esa experiencia le ocasionaba dificultades al caminar, dándole un paso algo raro, y dolores en las coyunturas: todo como resultado de haber estado preso con cadena y grillete a los 16 años. Ahora, en cuanto a su encanto y atractivo, no había discusión. Era encantador, simpático, poeta, culto y talentoso; un conversador sin par, un personaje verdaderamente carismático. Estas características bien podrían haber actuado como potente afrodisíaco.
(página 85)

El 12 de enero de 1869 los ciudadanos de Bayamo decidieron quemar la ciudad en vez de entregarla en manos españolas. Ese día Donato Mármol le envió un telegrama a su madre, que se había refugiado en Puerto Príncipe, que decía: *«Querida Mamá: Hoy tuve la dicha de prenderle fuego a tu casa.»* A lo que contestó Doña María del Mármol, austera y patrióticamente: *«Gracias.»*
(página 104)

En febrero de 1884, [José Martí] visitó a Theodore Roosevelt en Albany para darle el pésame personalmente y a nombre del periódico *La América* por la muerte de su esposa y de su madre.
(página 123)

José Martí, Antonio Maceo y Máximo Gómez no tenían la menor duda de que tenían que salvar las diferencias entre ellos tres antes de mandar a nadie a Cuba a arriesgar sus vidas.
(página 158)

Los tiros estaban dirigidos a Martí ya que este seguía cabalgando sin el menor cuidado por su vida. Su caballo aguantó el paso frente a un árbol de *dágame* al sentir un peso sin control en su grupa; Martí cayó cara al sol, como había pedido en el más popular de sus Versos Sencillos…
(página 195)

El 16 de septiembre [de 1895] una constitución fue promulgada en Jimaguayú… fue un documento trans-generacional que resumió los sueños de los cubanos que habían luchado en la Guerra de 1868 y los que estaban involucrados en la recién comenzada guerra de 1895.
(página 208)

El 15 de diciembre de 1895, una notable acción militar acabó la desmoralización de Martínez Campos: fue en *Mal Tiempo*, cerca de Las Cruces, a treinta millas al norte de Cienfuegos… la primera batalla en la que los cubanos sólo usaron machetes para pelear contra un enemigo muy bien armado: hojas de acero contra rifles.
(página 211)

«A pesar del plan excelente y bien concebido de Martínez Campos para impedir que Maceo entrara en el Occidente, allí está, victorioso luego de la gran batalla de Coliseo. La caballería española nos huye y no los culpo…»
(página 218)

«[Una] *columna bajo Cirujeda sorprendió una vez más a los mambises… Maceo, a caballo, trató de organizar una defensa sin la menor preocupación por su vida, bajo una lluvia de balas. Fue herido mortalmente con una bala que le entró por la barbilla y le salió por la nuca. Panchito Gómez Toro, primero tratando de proteger el cadáver de Maceo y luego tratando de moverlo a un lugar seguro, resultó muerto también.»*
(página 236)

España estaba dispuesta a rendir sus 22,000 soldados presentes en la provincia de Oriente, siempre que el ejército cubano, y en particular el general [Calixto] García, fueran mantenidos al margen de las negociaciones y ciertamente de la ceremonia de rendición.
(página 350)

JIMAGUAYÚ

Para alfredo y María
con cariño y gran
admiración

[firma]

1 de Junio de 2011

Del Mismo autor

Historia de la Química Industrial
Total Quality and Productivity Management
Performance Management
Strategic Planning
Management Development
Process Improvement Teams
Quality Strategies
Gestión de Futuro
Once Upon a Time (co-autor)
Contramaestre
Baraguá
Poetas y Memorias de Cuba
Jimaguayú
Freedom Embattled (co-autor)
Memorias de la Cuba Republicana

La estatua ecuestre de José Martí
en el Parque Central de New York.

COLECCIÓN CANIQUI

EDICIONES UNIVERSAL, MIAMI, FLORIDA 2011

RAUL EDUARDO CHAO

JIMAGUAYÚ

La Guerra Hispano-Cubano-Americana

...EDICIONES UNIVERSAL

EDICIONES UNIVERSAL
P.O.Box 450353 (Shenandoah Station)
Miami, FL 33245-0353. USA
Tel: (305)642-3234   Fax: (305) 642-7978
e-mail: ediciones@ediciones.com
http://www.ediciones.com

Library of Congress Catalog Card No.: 201 1923950
ISBN-10: 1-59388-217-3
ISBN-13: 978-1-59388-217-4

En las Cubiertas:

Las firmas de los 31 miembros de la
Asamblea Constituyente de 1901
(ver página 10)

Traducción del Inglés al Español
por Olga Isabel Nodarse

A
Samuel y Olguita

Cubiertas:

Los firmantes de la Constitución Cubana de 1901

El 15 de Septiembre de 1900, 31 delegados de los partidos Nacionalista, Republicano y Democrático de Cuba fueron electos a la Asamblea Constitucional de 1901. Tal asamblea tuvo su sesión de apertura el 5 de Noviembre de 1900, en el Teatro Irijoa de La Habana, el cual, en esa ocasión, fue bautizado como el Teatro Martí. Al terminar las deliberaciones y aprobar la constitución, los constituyentes firmaron la misma; la copia de las páginas de las firmas forman las dos cubiertas de este libro.

Firmas en la portada, de arriba a abajo:

Juan Rius Rivera, Gonzalo de Quesada y Aróstegui, Luis Fortún, Enrique Villuendas, José de Jesús Monteagudo Consuegra, Rafael Portuondo, Eudaldo Tamayo Pavón, Leopoldo Berriel, Rafael Manduley, Eliseo Giberga, Pedro Betancourt Dávalos, Alfredo Zayas Alonso, Antonio Bravo Correoso

Firmas en la contraportada, de arriba a abajo:

Diego Tamayo Figueredo, José Lacret Morlot, José Fernández de Castro, José Luis Robau, José Braulio Alemán Urquía *, Emilio Nuñez *, Martín Morúa Delgado, Miguel Gener, José Miguel Gómez, José Nicolás Ferrer Mena, Alejandro Rodríguez, Salvador Cisneros Betancourt, Juan Gualberto Gómez, Domingo Méndez Capote, Joaquín Quilez Gaspar, Manuel Sanguily, Manuel R. Silva. *

(* firma vertical)

(Documento en la Colección de Olga y Raúl Chao)

Fotos e Ilustraciones

A LO LARGO DEL TEXTO

Estatua ecuestre de Martí en el parque Central de NY	04
El New York de José Martí: Centro de Manhattan	20
El New York de José Martí: Sur de Manhattan	21
El New York de José Martí: Brooklyn	22
Duelos entre patriotas cubanos en los Siglos XIX y XX	38
Arsenio Martínez Campos después del *Pacto del Zanjón*	57
El Teatro Bowery	70
Ismaelillo en la vida de José Martí	71
Charles Anderson Dana, periodista (1819-1897)	72
Sello de la Junta Central Revolucionaria Cubana	72
¿Pudo haber sido Martí el padre de María Mantilla?	85
José Martí sale de Cuba hacia España en 1879	87
El Cementerio de Espada en La Habana	88
Los siete estudiantes de medicina fusilados en 1871	88
Polavieja como profeta: ¿chance, intuición o inteligencia?	106
La llegada de José Martí a New York in 1880	106
La Amistad de José Martí con Fermín Valdés Domínguez	118
¿Tenía José Martí los ojos azules?	119
El Instituto San Carlos de Cayo Hueso	131
Martí confronta a los Autonomistas en Cuba y el extranjero	132
Nicolás Azcárate, propulsor de la lectura en Cuba	151
El regalo más preciado que jamás recibiera José Martí	152
Martí – Humor, Sensibilidad y Pan Patato	152
Desembarcos en Cuba durante la Guerra de 1895	153
Los viajes de Martí en preparación para la Guerra	166
Fotos de un posible Álbum de Viajes de José Martí (1880-1895)	169
El filibusterismo en el Siglo XIX	182
La Florida House Inn, hospedaje de Martí en Fernandina	183
Patria, el periódico de José Martí en New York	196
Las conversaciones Martí-Gómez-Maceo en La Mejorana	197
Los alimentos de la manigua en la Guerra de 1895	198
La reunión Martí-Gómez-Maceo en La Mejorana	199
La Batalla de Mal Tiempo y el potrero de Jimaguayú	213
Calidad y prestigio del gobierno de Cuba en Armas	214
Proclamaciones de Gómez después de la muerte de Martí	215
Valeriano Weyler continúa recibiendo honores de España	229
Las víctimas de los campos de concentración de Weyler, 1897	230

El Presidente Benjamin Harrison (1889-1893)   231
El Presidente Grover Cleveland (1885-1889 y 1893-1897)   232
Panchito Gómez Toro (1876-1896)   244
¿Fue el Dr. Zertucha el hombre que traicionó a Maceo?   245
El Presidente William McKinley (1897-1901)   245
Fotos tomadas horas después de la muerte de Maceo   246
La prensa española y la Guerra en Cuba   258
La prensa americana y la Guerra en Cuba   259
Lo que quedó del acorazado Maine el 15 de Febrero de 1898   260
Las tropas españolas triunfan en la batalla de Las Guásimas   276
El general español Blanco le hace una oferta a Máximo Gómez   277
El patriota de las tres Guerras de Independencia   277
Las tropas de Calixto García en Aserradero, 1898   278
Caricatura de José Martí (autor desconocido)   291
Quesada, Spotorno, Sánchez, Roloff, Dupuy de Lôme   306
El escuadrón de Cervera al salir de Cabo Verde   318
Posición de las tropas al comenzar la batalla en tierra   318
Generales Castillo, Shafter, Wheeler, Kent, Miles y García   332
La escuadra de Cervera tras la batalla naval de Santiago   332
El general español José Toral y el Árbol de la Paz   346
Tarjeta de ejercicios fonéticos de Winston Churchill   360
Mapa militar del encuentro naval de Santiago   361
La prensa mundial reporta la batalla de Santiago   361
Las tropas cubanas en la batalla de Santiago   362
El camino de Gonzalo de Quesada de NY a Washington   376
Las enmiendas de Teller y Platt   377
Las consecuencias de la Guerra para España   378
El impacto de la Guerra en el alma española   379
La Generaión del '98   380

EN LA SECCIÓN DE DESENLACES

Los generales Calixto García, Sampson y Shafter en Aserradero   382
Nicolás Azcárate (1828-1894)   382
Pedro F. Betancourt y Dávalos (1858-1933)   383
Capitán General Ramón Blanco (1833-1806)   383
Antonio Cánovas del Castillo (1828-1897)   383
Demetrio Castillo Duany (1856-1922)   384
La Asamblea del Cerro, 1898   384
Contralmirante Pascual Cervera y Topete (1839-1909)   385
Presidente general Alfredo Zayas (1861-1934)   385
El vapor *Dauntless*   386
Enrique Dupuy de Lôme (1851-1904)   386
Don Tomás Estrada Palma (1835-1908)   387

Juan Guiteras Gener (185-1925) — 388

Regimiento Hatuey — 388

Hotel Inglaterra: incidente de Mrs. Rubens con Miss Hoffman — 389

Elbert Green Hubbard (1856-1915) — 389

José Francisco Martí Zayas-Bazán (Ismaelillo) (1878-1945) — 389

Biblioteca Lenox, New York — 390

Tumba original de José Martí en Santa Ifigenia, 1907 — 391

El Mausoleo de Martí en Santa Ifigenia, 1951 — 391

Interior del Mausoleo de Martí en Santa Ifigenia, 1951 — 392

William McKinley, Jr. (1834-1901) — 392

Rafael María de Mendive (1821-1886) con José Martí — 393

Rafael Montoro (1852-1933) — 393

General Alberto Nodarse Bacallao (1867-1924) — 394

General Don Emilio Núñez (1855-1922) — 394

Escudo de Don Carlos O'Donnell Abrey (1834-1903) — 394

Don Leopoldo O'Donnell y Jorrín (1809-1848) — 395

General Máximo Gómez y José Martí en las oficinas de *Patria* — 395

La Plaza Real de Madrid in 1898 — 396

El *New York Journal* y la prensa amarilla — 396

Admiral Rickover y el reporte final sobre el Maine — 397

Major Andrew Rowan y el general Calixto García — 397

Horacio S. Rubens (1869-1941) un buen amigo de José Martí — 398

Práxedes Mateo Sagasta (1825-1903) — 398

Eloy Sánchez Alfaro (1842-1912) Presidente de Ecuador — 398

Manuel Sanguily y Garrit (1848-1925) — 399

Almirantes Sampson y Schley de la Armada Americana — 399

General Francisco Serrano Domínguez (1810-1885) — 400

Mayor General William Shafter (1835-1906) US Army — 400

Herbert Spencer (1820-1903) — 401

Juan Bautista Spotorno (1832-1917) — 401

Steck Hall en Clinton Place, NY, tribuna frecuente de Martí — 401

Senator Henry Moore Teller (1830-1914) — 402

Una Fortaleza en la *Trocha* de Júcaro-Morón — 402

Enrique José Varona (1849-1933) — 403

La disputa fronteriza de Venezuela en 1895 — 403

Feliciana (Chana) Villalón (1903-1984) — 404

Miguel F. Biondi (1831-1892) — 404

Valeriano Weyler y Nicolau (1838-1930) — 404

Periodismo amarillo y el chico Amarillo, 1894 — 404

Teatro Principal en Zaragoza, el favorito de Martí — 405

El crítico mes de abril de 1898 — 406

Capitanes Generales Españoles de Cuba durante la Guerra de 1895

Septiembre 4, 1893 hasta Abril 15, 1895
Emilio de Callejas e Isasi.

Abril 16, 1895 hasta Enero 15, 1896
Arsenio Martínez Campos y Antón.

Enero 16 hasta Febrero 10, 1896
Sabas Marín y González.

Febrero 11, 1896 hasta Octubre 31, 1897
Valeriano Weyler y Nicolau, *Marqués de Tenerife*.

Noviembre 1, 1897 hasta Noviembre 30, 1898
Ramón Blanco y Erenas, *Marqués de Peña Plata*.

Diciembre 1, 1898 hasta Diciembre 31, 1899
Adolfo Jiménez Castellanos y de Tapia

NOTA A LOS LECTORES:
Los acentos en Español, la gramática y la ortografía del Siglo XIX
en las cartas y documentos originales en este libro
han sido adaptadas a las costumbres y a las prácticas
modernas del idioma Español.

Introducción

Cuba, desde los comienzos del siglo XVI hasta finales del XIX, existió solamente para beneficio de España. En 1497 un decreto real fue expedido otorgando a Sevilla la exclusividad de llevar a cabo el comercio con Cuba y con todas las colonias de la América. Este monopolio comercial se traspasó a Cádiz en 1717 y allí quedó, hasta que España perdió todas sus colonias. Cuando Santiago de Cuba se convirtió en la capital de la isla de Cuba en 1522, recibió la concesión de ser el único puerto de toda Cuba desde donde se podía comerciar con España. El mismo privilegio fue otorgado a La Habana al convertirse ésta en capital. Durante la ocupación de la isla por los ingleses entre 1762 y 1763, el puerto de La Habana se declaró abierto a todo comercio, pero excepto por ese breve período, los españoles mantuvieron una mano férrea sobre todo el comercio cubano —con todos los bienes y recursos de la isla— al castigar severamente cualquier intentona de ignorar los controles establecidos, primero en Sevilla y después en Cádiz.

Aun el comercio entre las colonias fue prohibido, excepto por breves períodos. De 1778 hasta 1803, por ejemplo, los puertos cubanos se abrieron para comerciar no sólo con España sino con otras colonias españolas. En 1818, sin embargo, España estableció un sistema de tarifas y aranceles tan favorable a la metrópolis que este eliminaba el comercio con cualquier otra nación, posesión o territorio español.

El resultado natural de estas restricciones arbitrarias fue promover y estimular el contrabando, el soborno de los funcionarios, los conflictos de interés, los abusos y la complicidad deshonesta entre los que estaban en el poder y los empresarios sórdidos y sin escrúpulos. Se puede afirmar con toda justicia que españoles voraces, norteamericanos ambiciosos y cubanos rapaces, todos ellos, participaron en estos fraudes y perpetraron sus negocios, altamente lucrativos.

Uno de los incentivos para este flujo incontrolable de comercio ilegal y de corrupción rampante era la fertilidad de la tierra cubana que con rapidez permitía que se hicieran ricos aquéllos que estaban en el negocio del azúcar. Súmesele a esta situación la emigración de cientos de exilados de Haití y Santo Domingo con conocimientos sobre la caña de azúcar, y también un gran número de cafetaleros, ganaderos y agricultores experimentados en el cultivo de la miel de abeja, la producción de cera y de tabaco. Gran parte de ellos inmediatamente se adaptaron a la cultura española de lucrar de cualquier manera en los negocios.

No sólo sostuvo España la política de mal usar el comercio para beneficio exclusivo de los negociantes a expensas de los cubanos, sino que desde la mitad del siglo XVII comenzó a imponer sus tributos e impuestos sobre todo lo que existía en Cuba, se moviera o fuera inmóvil; a hacer pagar contribuciones a cualquiera que proveyera cualquier servicio, legalmente o ilegalmente. La propiedad personal, las profesiones, las artes, las peticiones, reclamos, cuentas y facturas, títulos de propiedad, testamentos, nacimientos, muertes—todos caían bajo el mazo implacable de los impuestos españoles. Hasta las descripciones de los objetos sujetos a impuestos fueron sometidas a impuestos, a través de la jugarreta de requerir que éstas se escribieran en papel vendido por la metrópolis a un costo de diez a trescientos reales por una hoja de papel oficial, dependiendo del valor del objeto descrito. Los impuestos españoles en Cuba eran los más opresivos de todo el hemisferio. Los bienes inmobiliarios tenían un impuesto del 5 al 10% de su valor por año, comparado con el impuesto del 2 al 3% en las colonias continentales de España. Las ganancias de todas las industrias y de todo el comercio estaban sujetas a impuestos de 25% anualmente en la forma de impuestos municipales. Los ingresos de los empleados pagaban un impuesto del 6% basado en las proyecciones de su valor de los tasadores del gobierno español, sin hacerle caso a las certificaciones o declaraciones del valor real hechas por patronos o empleados. Políticamente, España jugó con las expectativas de los cubanos como un gato juega con ratones cautivos. En 1812 España se convirtió en una monarquía constitucional y los cubanos, en vez de optar por una separación total o independencia, se limitaron a querer una participación, de cualquier tipo, en el gobierno español. Las Cortes Españolas le otorgaron a Cuba ser representada por dos cubanos en las Cortes, pero ya en 1814 la constitución fue abrogada y los representantes volvieron a Cuba. Otra vez hubo nuevos delegados en 1834, esta vez por tres años. Los residentes de la isla subsidiaban en un ciento por ciento a un gran ejército y armada española; el único propósito de éstos era prevenir que los cubanos se alzaran en contra de España. A través de todo este tiempo, la Corona y las Cortes Españolas continuaron considerando a Cuba no como una provincia integral de España sino como una posesión colonial que podía ser gobernada con leyes especiales, como correspondía a una forma inferior de civilización.

Por esta época ya José Antonio Saco les enseñaba a sus alumnos de ciencias políticas en Alemania que «*muy pronto los cubanos tendrán que tomar las armas para sacarse de encima a la tiranía de España.*»

No se puede olvidar al retablo de ciento treinta y seis gobernadores que tuvo la isla entre 1492 y 1898. Menos de doce podrían ser categorizados como buenos y constructivos. La gran mayoría se enriquecieron personalmente, o tomaron su estadía en la isla como una plataforma para buscar promociones en España al acabar su servicio en Cuba. Otros sencillamente vinieron a Cuba para disfrutar el poder y la vida opulenta al terminar su servicio a la Corona en otras tierras de África, las Filipinas o, antes de la independencia suramericana, de países en ese continente.

Dado todos estos antecedentes y el hecho de que la América del Norte disfrutaba los beneficios de la Revolución Industrial lanzada por los británicos, no es sorprendente que en Cuba una parte substancial de los criollos ya pensaran (ciertamente desde 1840) que romper con España era imprescindible. Los cubanos, primero en 1868 y luego en 1895, se rebelaron; se les había acabado la paciencia, la tolerancia y la obediencia a los súbditos cubanos de España. La pregunta del día no fue si Cuba debía ser independiente, sino que si era posible que los cubanos pudieran comenzar de nuevo y crear una república donde la deshonestidad, la rapacidad y la flojedad no tuvieran lugar.

Este libro es la historia del último intento de los cubanos para buscar su libertad y soltar el yugo que los ligó a España por cuatrocientos años.

Es también un estudio sobre cómo los Estados Unidos fueron ambivalentes en cuanto a qué hacer con Cuba. Los estados del Norte no querían ver una anexión con Cuba por la esclavitud; los del Sur, no querían ver a una Cuba independiente sin esclavos. Para la consternación de los patriotas cubanos, muchos americanos, del Norte y del Sur, creían que tenían el derecho de decidir los destinos de Cuba. De hecho, los Estados Unidos, como claramente podía hacer una nación independiente velando por sus propios intereses, hubiera preferido que Cuba siguiera bajo el mando despótico de España para mantener el *status quo*. Estas realidades harán que la lectura de este libro no sea placentera para los españoles ni para los americanos de hoy.

Del lado español se desarrolló un sentimiento de pasividad-agresividad hacia Cuba y los cubanos durante la última guerra de independencia. La arrogancia del gobierno colonial de España fue tal que nunca reconocieron que los cubanos fueran unos adversarios de nota. Prefirieron ser derrotados por los Estados Unidos, una nación poderosa y rica, a la realidad de ser derrotados por los cubanos. Exageraron la imagen de los guerreros cubanos como la de un ejército miserable y harapiento. Cuando se tuvieron que rendir, se negaron a que hubiera cubanos en la mesa de las negociaciones, ya fuera en Santiago, en La Habana, en Madrid o en Paris. Prefirieron entregar la isla y todas sus riquezas a los Estados Unidos que a sus legítimos dueños, los descendientes de los españoles—los cubanos. Quedan los hechos para constatar que la mayoría de las derrotas españolas fueron a mano del ejército mambí.

Se podría pensar que esos sentimientos españoles se terminaron al recibir los cubanos a los españoles con los brazos abiertos después de inaugurada la República. En 1899, un año después de ganada la Guerra de Independencia, había 104,000 residentes de Cuba nacidos en España; luego de 35 años de vida republicana, había 450,000. La mayoría de éstos eran hombres jóvenes, representando un 65% de la inmigración extranjera total a la isla durante esos años.

El desdén apenas disimulado de España hacia Cuba, sin embargo, no respondió a las políticas abiertas de Cuba hacia España en la primera mitad del siglo XX; esta conducta española, de más de cien años, aún persiste. Al tirar a *la siempre fiel* isla de Cuba en manos americanas en 1898, en vez de haber actuado España con cierta elegancia y generosidad, hizo que durante los primeros años de la república, los cubanos y los americanos se vieran envueltos en confrontaciones y conflictos que se hubieran podido evitar de haber actuado España con pundonor al terminar la Guerra de Independencia. Una vez que la joven república de Cuba comenzó a establecerse y resolviera o evitara conflictos con los americanos, la pequeñez y la miseria de España salió a relucir de nuevo, esta vez en complicidad con los soviéticos, los nuevos explotadores de Cuba; tal parece que España aplaudió y se regodeó al caer Cuba en manos de una dictadura comunista terrible. Quizás necesitó de la miseria y del sufrimiento de otros para sentirse importante. No se recuerda a ningún otro poder metropolitano colonial con tal deseo de venganza hacia su antigua posesión, con tal deseo de apoyar a los verdugos que aún infligen sufrimientos y humillaciones a la que una vez fuera *la siempre fiel* isla de Cuba, quizás porque la Cuba mambisa, en 1898, simplemente le ganó a España.

Si al leer y revisar en este libro los eventos en Cuba durante la Guerra del 1895 al 1898 el lector piensa que tal lectura es una acusación demasiado fuerte en contra de España, lo cierto es que… no ha sido todo lo fuerte que debía ser.

□ ◊ □

El New York de José Martí

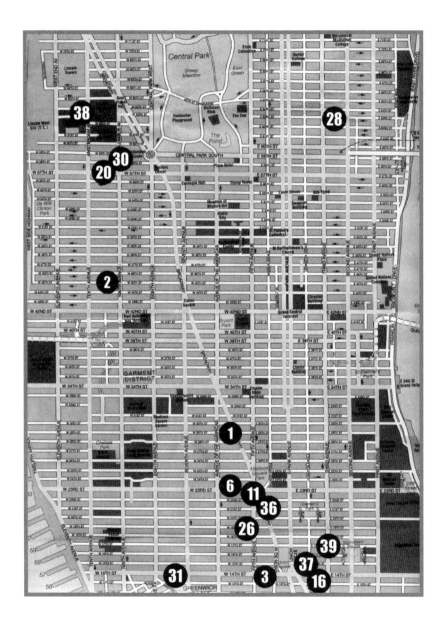

El New York de José Martí: Centro de Manhattan
(LOS NÚMEROS SE REFIEREN AL CRONOGRAMA EN LA PÁGINA 22,
ASCENDIENTE POR FECHA)

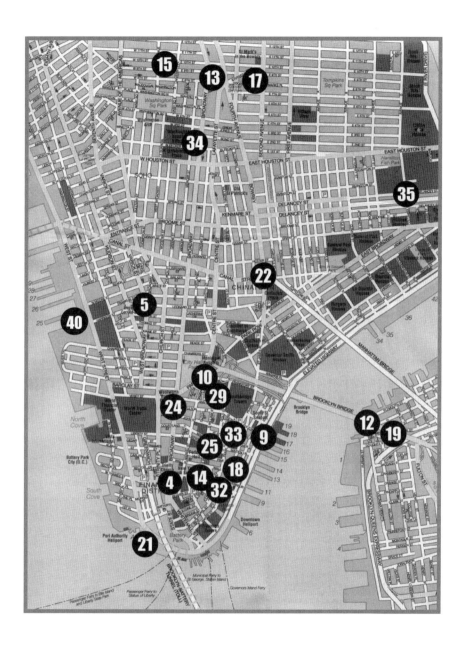

El New York de José Martí: el Sur de Manhattan
(Los números se refieren al cronograma en la página 22,
ascendiente por fecha)

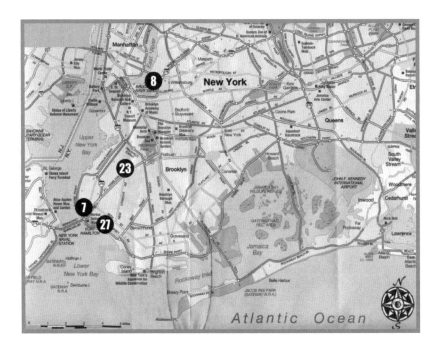

El New York de José Martí: Brooklyn

(LOS NÚMEROS SE REFIEREN AL CRONOGRAMA EN ESTA PÁGINA 22,
ASCENDIENTE POR FECHA)

1880

1. Al llegar a New York, Martí vive en la casa de huéspedes de *Manuel Mantilla*, en el 51 West 29 Street, cerca de Broadway, a partir del 8 de enero de 1880.

2. Visita a *Calixto García* en su casa del 54 W. 45th Street y 9th Avenue, cerca del *Port Authority* de hoy, el 16 de enero de 1880.

3. Da una conferencia en *Steck Hall*, 11 East 14th Street, cerca del *Union Square*, enero 24 de 1880.

4. Visita regularmente la librería *Ponce de León*, donde se reúnen los conspiradores con frecuencia, en el 32 Broadway, cerca de *Trinity Church*, a principios de mayo de 1880.

5. Comienza a traducir obras para *Appleton and Company*, Leonard Street y Broadway, cerca del Ayuntamiento, en junio de 1880.

6. Habla en el *Templo Masónico*, 23rd Street y 6th Avenue, cerca de *Madison Square Park*, Junio 16 de 1880.

1881

7. María Mantilla, hija de Manuel Mantilla y Carmen Miyares, es bautizada el 6 de enero de 1881 en *St. Patrick's* en Brooklyn, 9511 4th Avenue, al norte del actual puente *Verrazzano-Narrows*.

8. Luego de un breve viaje a Venezuela, Martí se muda a 459 Kent Avenue, Brooklyn, cerca del actual *Brooklyn Navy Yard*, agosto 10 de 1881.

9. Se traslada a Manhattan por ferry mientras vive en Brooklyn, desembarcando en la esquina de Fulton y South Streets, al sur del puente de Brooklyn.

1882

10. El 31 de enero es testigo del fuego en el edificio del *New York World en* 53 Park Row, esquina a Nassau Street, al sur del ayuntamiento; el fuego consume la estructura.

11. El 10 de abril, John Putman, dueño de un negocio en el 182 Fifth Avenue, al sur de *Madison Square Park*, imprime una edición limitada de *Ismaelillo* para regalársela a Nicolás Azcárate, un gran amigo de Martí. Esta firma se convirtió en el *Knickerbocker Press*, adquirida un siglo después por *Penguin USA.*

1883

12. Fascinado por los cuentos sobre el recién inaugurado Puente de Brooklyn, Martí se camina todo el paseo del Puente el 1ro de junio. (El empresario P.T.Barnum dirigió a 21 elefantes a cruzar el Puente el día de su inauguración y 12 peatones fueron muertos, aplastados por los elefantes en una estampida).

1884

13. Martí se convierte en director de la revista *La América* con oficinas en el 756 de Broadway, al este de Washington Square Park, en enero de 1884.

14. Es nombrado Cónsul General del *Uruguay* y sus oficinas están en 17-19 William Street, Suite 20, cerca de Wall Street, en mayo de 1884.

15. Se reúne con Maceo y Gómez en el *Hotel de Madame Griffou* en el 21 East 9th Street, cerca el parque de *Washington Square*, el 2 de octubre de 1884. Tiene una desavenencia con Gómez el 18 de Octubre. Rompe con Gómez y Maceo el dia 20. Gómez tenía 48 años, Maceo 39 y Martí sólo 31.

1885

16. El 25 de junio, 1885, se reúne con un gran grupo de exilados en el *Clarendon Hall* (114-116 East 13th Street, cerca del *Union Square Park*) para aclarar su rompimiento con Gómez.

17. Visita regularmente la biblioteca *The New York Free Circulating Library* en 135 Second Avenue, cerca de *Cooper Square Park*; esa fue la primera rama de la biblioteca pública de New York, *New York Public Library.*

1886

18. En octubre de 1886 abre su propia oficina en 120 Front Street, Suite 18, piso 4, cerca de la pared este de Wall Street. Publica *Patria* desde esa dirección hasta que marcha a la Guerra de Cuba en 1895.

19. Usa regularmente el nuevo elevado de Brooklyn, *Brooklyn Elevated Railway*, con terminales y conexiones en el lado de Manhattan del Puente de Brooklyn: Lexington Avenue, Broadway y la línea elevada de la Quinta Avenida.

1887

20. Se reúne con numerosos exilados en casa de Enrique Trujillo, 446 West 57th Street, cerca de *West Central Park*, en noviembre 9 de 1887.

21. Se sorprende al ver la campaña anti-inmigrante del *The
New York World*, y visita la estación de procesamiento en *Castle Garden*, cerca de *Battery Park*, donde los pasajeros de tercera clase desembarcan para entrar en los Estados Unidos.

1888

22. Debate al brigadier Flor Crombet en *Pythagoras Hall* en
Canal Street y Bowery, en Chinatown, en julio 15 de 1888.

23. Comienza a buscar casa en Manhattan, luego de una tormenta de nieve que ha dejado a Brooklyn *incomunicado* con 20
pulgadas de nieve y una acumulación de hasta 15 pies. Mueren
más de 400 personas en Brooklyn. Después de la tormenta escribe «*la ciudad, como víctima de un ataque desaprensivo, trata de sacarse su mortaja.*»

1889

24. Comienza a escribir para el *Evening Post*, 208 Broadway en
Manhattan, cerca del *Ayuntamiento*, en marzo 25 de 1889.

25. Publica en julio desde su oficina en 77 William Street, cerca
del *Federal Hall*, los cuatro volúmenes de *La Edad de Oro*.

26. Habla en *Hardman Hall*, 4 West 19th Street, cerca de la
Quinta Avenida, en un homenaje a José María Heredia en noviembre 30 de 1889. Hablará allí muchas veces durante 1893,
notablemente el 15 de Enero, el 16 de Abril y el 10 de Octubre
de 1893, fecha en la que conoce a Rubén Darío.

1890

27. Comienza su propia tradición de veranear en *Bath Beach*,
Brooklyn, cerca de *Fort Hamilton*, al noroeste de *Coney Island*,
en la casa de Manuel y Carmen Mantilla; veranea allí durante
tres veranos.

28. Enseña español por las noches en *Central Evening Night
School*, 220 East 63rd Street, al este de *Central Park*, comenzando el 1ro de Octubre de 1890. Populariza el método «*a la
gramática por el lenguaje y no al lenguaje por la gramática.*»

29. Trabaja como traductor para los diarios *The New York
World*, *The New York Tribune*, *The New York Herald* y *The New
York Times*, todos situados en *Newspaper Row* en Park Row
Street, muy cerca del *Ayuntamiento*.

1891

30. Se muda al 361 West 58th Street el 1ro de Enero de 1891.

31. Cuando llegan a visitarlo su esposa Carmen Zayas-Bazán y
su hijo José Francisco (Ismaelillo), se muda al *Hotel Phoenix*,
211 West 14th Street, al norte de *Greenwich Village*; esa fue la
última visita de Carmen, de Junio a Agosto. La primera estadía
había sido desde marzo hasta octubre de 1880 y la segunda
desde diciembre de 1882 hasta marzo de 1885.

1892

32. El 14 de marzo lanza el periódico *Patria*, 214 Pearl Street. Invita a otros cubanos a escribir en *Patria*: Estrada Palma, Benjamín Guerra, Sotero Figueroa, Manuel Sanguily, Gonzalo de Quesada y Manuel de la Cruz.

33. El mismo reparte *Patria* al *Polegre Restaurant,* a la librería *Ferrer* y a las fábricas de tabaco en Pearl Street.

1893

34. En esta época, el trabajador promedio ganaba $9.42 a la semana, más de 15,000 pequeños negocios se enfrentaban a la bancarrota y 74 líneas de tren cayeron en sindicatura. Sin embargo, Martí recibía $18 por cada artículo, el precio más alto que ningún escritor de habla hispana recibiera en New York –y posiblemente en todo el mundo. Su banco era el *Bank for Savings* en Bleecker Street y Broadway (actualmente *Bayard Building,* el edificio de Louis Sullivan). Con esos fondos, Martí financiaba a *Patria* y a sus viajes patrióticos por la Florida, México y el Caribe.

1894

35. El 24 de Febrero da un discurso en honor a Fermín Valdés Domínguez en el *Jaeger's Salon,* 65 Columbia Street, cerca de lo que es hoy en dia la rampa hacia el puente de Williamsburg.

36. En abril 8 visita a Máximo Gómez y a sus hijos en el *Hotel Central*, en Broadway y la 23, al sur de *Madison Square Park*.

37. Invitado por Horacio Rubens, Martí asiste a un show del ilusionista de 20 años Harry Houdini, que se presentó en el *Huber Opera House*. Rubens y Martí cenan en *Lüchow's Restaurant,* 110 East 14th Street, un restaurante frecuentado por Diamond Jim Brady y Lillian Russell, cerca de *Union Square*.

1895

38. Se refugia en la casa del Dr. Ramón Miranda, 116 West 64 Street, justo al oeste del actual *Lincoln Center*, para evitar ser interrogado por las autoridades federales luego del fracaso de la expedición de *Fernandina*, en enero 14.

39. John Brisben Walker, editor de *Cosmopolitan Magazine*, lo invita a cenar en *Scheffel Hall*, en la Tercera Avenida y la Calle 17, cerca de Union Square. Walker, inversionista experimentado, trata de convencer a Martí que no vaya a Cuba, que su lugar está en New York. Walker le repite su oferta de comprar la isla de manos de España por $100 millones.

40. El 30 de enero, Martí se marcha de New York por última vez, saliendo de un muelle en el rio Hudson frente a Harrison Street. Viaja con Mayía Rodríguez y Enrique Collazo, hacia *Fortune Island* y *Cabo Haitiano,* camino a *Montecristi* en la República Dominicana.

1

"No se aprecia la casa hasta que no se deja; el dinero hasta que no se gasta;
su mujer hasta que esta se hace miembro de un club de mujeres.
No se aprecia su bandera hasta que la ve colgada de un palo de escoba
en la casucha de un cónsul en un pueblito extranjero."
O. HENRY (1862 - 1910)

El 25 de septiembre de 1879, José Martí, de 26 años, abordó en La Habana el barco correo *Alfonso XII*, camino a Santander, para comenzar su segundo exilio en la península española. Su primer exilio había sido ocho años atrás, 13 días antes de cumplir los 18 años. En esa ocasión había sido acusado de participar en las protestas callejeras por los abusos de los voluntarios españoles en lo que fue conocido como los *sucesos del teatro Villanueva*. Entonces había viajado en el vapor *Guipúzcoa* directamente de La Habana a Cádiz. Había sido un viaje terrible, por las terribles laceraciones, aún abiertas y sangrantes, causadas por los grilletes que le habían puesto por semanas y semanas interminables de trabajo forzado en las canteras de San Lázaro, en el noroeste de La Habana.

En este segundo exilio, sin embargo, el viaje no fue aburrido ni penoso: ya había resuelto mentalmente dejar atrás su cólera por perder la libertad y ya había comenzado a planear su escape y su regreso al Nuevo Continente. Lo habían detenido en su propia casa, en frente de su hijo y de su mujer, en presencia de un invitado, su amigo y colega Juan Gualberto Gómez. La acusación fue de *irremediabilidad política*, como consecuencia de las palabras que pronunció en el *Liceo Artístico y Literario de Guanabacoa* el 27 de mayo de 1879. Había sido el orador principal, en una sesión en honor a Rafael Díaz Alberti (1857-1928), uno de los grandes violinistas de su época, amigo del laureado Ignacio Cervantes (1847-1905); Alberti había ganado el primer premio de violín en el Conservatorio de París en 1875. Las palabras exactas de Martí fueron: «*Los hijos trabajan para la madre. Para su Patria deben trabajar todos los hombres.*»

Cuando hablaba, Martí estaba perfectamente consciente de que el Capitán General de Cuba, Ramón Blanco y Erenas (1833-1906), invitado al acto, estaba en la audiencia. El discurso apasionado y elocuente de Martí fluyó sin la menor cortedad, haciendo necesario para el general levantarse y marcharse, declarando «...*deseo olvidar las palabras que he oído. No me podía imaginar que tales palabras fueran siquiera susurradas en presencia de autoridades españolas. Este hombre está loco...lo que es más, es un fanático loco.*» Pocas semanas después Martí fue detenido y 24 horas más tarde, Juan Gualberto Gómez.

Fue el destino lo que hizo que Martí estuviese en el Liceo de Guanabacoa esa noche del 27 de mayo, dando su discurso fatídico, enfureciendo al mediocre Capitán General. Esa mañana le había escrito una nota a su amigo y mentor Nicolás Azcárate: «*Mi hijo tiene una fiebre altísima y no podré asistir esta noche a Guanabacoa. Lo siento profundamente, por mi hijito enfermo y también por perder la oportunidad de hablar con Ud. Sabe Ud. el caos que invade el intelecto de los que sabemos cómo amar.*» Pero su enorme sentido del deber prevaleció, y se encontró esa noche en Guanabacoa, ofendiendo, una vez más, la sensibilidad tiránica de la metrópolis.

De la misma manera que durante su primer exilio había aprovechado su tiempo en España, graduándose de Derecho Civil y Canónico en Madrid y Zaragoza y escribiendo su dramático *El Presidio Político en Cuba*, su segundo exilio iba a ser corto, pero lleno de reflexión y de pensamiento estratégico. En los dos días que estuvo en Santander, llevó a cabo varios encargos judiciales que le había prometido a su amigo abogado Miguel Viondi y luego siguió hacia Madrid, donde estuvo varias semanas. En diciembre de 1879 pudo evadirse de la vigilancia constante de la policía española y se escapó a París, donde tuvo el gusto de conocer brevemente a Víctor Hugo, que por aquel entonces tenía ya 77 años, así como a su admirada Sarah Bernhardt, nueve años mayor que Martí.

Una vez en París, solo, sin compañía, Martí se puso muy sentimental pensando en su padre, quien había hecho un gran sacrificio para darle 35 libras para sus gastos, aunque estaba desempleado en ese momento; probablemente había cogido el dinero prestado de Rafael María de Mendive (1821-1886). Don Mariano Martí tenía en ese momento 64 años, Mendive 58. El padre de Martí había sido un leal servidor de España toda su vida, pero sin embargo comprendía la pasión de su hijo por la independencia de Cuba. Como soldado había defendido la isla en contra de los filibusteros, incluyendo la fallida expedición de Narciso López a Cárdenas, por lo que recibió una mención de honor. Se casó con Leonor Pérez Cabrera en 1852 y siempre llevó una vida humilde y honesta. Siempre recordó Martí la ocasión de su viaje a la Ciénaga de Zapata con su padre, en uno de los trabajos de Don Mariano, cuando le llevó consigo como ayudante suyo. Aunque Martí solo tenías 10 años, Don Mariano lo trató como a un valioso ayudante, como si fuera un adulto. Recordaba también Martí la ocasión en que su padre lo fuera a visitar por primera vez a las canteras de San Lázaro, cuando Martí tenía 16 años; la angustia de Don Mariano al ver a su hijo con grilletes y ver las heridas que éstos le producían fue tal, que cayó al suelo llorando inconsolablemente y tratando de besar las heridas del joven.

Como casi siempre pasa en la vida de los grandes poetas, Martí calmaba su espíritu componiendo poesías; eso hizo, al estar pensando en el amor inefable y la presencia fuerte y tierna de su padre. *Si quieren que de este mundo / lleve una memoria grata, / llevaré, padre profundo, / tu cabellera de plata.*

Durante las largas noches en que no podía dormir, le escribía a su íntimo amigo Fermín Valdés Domínguez (1852-1910) *«Siento un orgullo profundo de mi padre porque nadie ha vivido en peores tiempos que él, o, a pesar de su aparente simplicidad, ninguno ha trascendido su época, ya que ninguno ha sido más puro en su pensamiento y en sus acciones que él.»*

Sabía Martí que tendría que ahorrar parte de su dinero para el viaje por tierra a Liverpool o Southampton a través de Le

Havre y luego, para el pasaje en el vapor que le llevaría a New York. Martí decidió ahorrar en comida.

En París, Martí se refugió en casa de José Galdo, amigo de su padre, refugiado de la tercera Guerra Carlista (1872-1876). Galdo le ofreció una habitación en el *mansard* (ático) del edificio que él regenteaba cerca de la iglesia de *Saint-Germain-des-Prés*. Cada mañana, Martí desayunaba con la familia y, al llegar a la casa de noche, José le había autorizado para comer cualquier cosa que hubiese quedado de la cena familiar. Entonces subía sus escalerillas hasta el sexto piso, a su habitación, y comenzaba a escribir sus impresiones de París y otros temas que le interesaban. Durante todo el día, Martí sólo se bebía una taza de café negro en cualquier café que se encontrara por el camino, luego de deambular por ocho o diez horas por su amado París.

José Martí, en esa estadía, se convirtió en un verdadero *flâneur*, un caminante parisino que comenzaba con un objetivo en mente pero cuya curiosidad le hacía cambiar de ruta a mitad del camino, respondiendo a un nuevo interés que descubría sobre la marcha. Era así, por ejemplo, que comenzaba su caminata pensando ir hacia el *Cimetière du Père-Lachaise*, uno de sus predios favoritos, y acababa pasándose el día en el maravilloso jardín del *Paláis Royal*, diseñado por Richelieu, y paseando por las arcadas reconstruidas por Louis Phillippe durante su *Monarchie de Juillet*. Se sentaba en uno de los bancos del jardín y recitaba, bajito, las mismísimas palabras que Camille Desmoulins había pronunciado el 12 de julio de 1789, dos días antes de los sucesos de la Bastilla, en plena época del estallido de la Revolución Francesa. Desmoulins había estado tan excitado que ese día se le olvidó su gaguera. Lo más natural del mundo era que Martí se identificara con Desmoulins: ambos habían sido estudiantes brillantes, ambos eran hijos de soldados de los regímenes en contra de los cuales luchaban. Ambos comenzaron sus carreras como abogados y terminaron como periodistas, escritores y líderes de un movimiento revolucionario. Ambos amaban los clásicos: Cicerón, Tácito y Livio en particular. Ambos habían vivido en extrema pobreza en un momento u otro por su pasión por la política. Habían fundado sus propios periódicos, Desmoulins *La France Livre* y Martí, casi un siglo después, *Patria*. Ambos fueron blanco de muchísimos ataques bajos por parte de panfleteros monárquicos o colonialistas; ambos comprendieron y usaron al máximo el poder de las células pequeñas apoyando la revolución: Martí, con su fundación de Clubes Cubanos, a los que visitaba con frecuencia; Desmoulins, con los clubes Jacobinos de Francia. Donde se separaban, era en la humanidad de sus estrategias. Martí jamás hubiera votado por la ejecución del Rey ni hubiera incitado a los líderes revolucionaros a comenzar el reinado del Terror.

El *Cimetière du Père-Lachaise*, en el *Boulevard de Ménilmontant*, fue objeto de por lo menos tres visitas de Martí en el año 1879. Había sido fundado por Bonaparte en 1804 cuando el Cementerio de los Inocentes, en el Marais, fue declarado un peligro para la salud pública; había que trasladar sus servicios a otro sitio, y ese sitio fue el *Père-Lachaise* (para nuevos muertos) y a las Catacumbas, para los que ya estaban enterrados hacía tiempo. En el *Père-Lachaise* Martí visitó los lugares de descanso de La Fontaine, Molière, Pierre Abélard y Heloise, Balzac, Chopin, Comte, Delacroix y muchos otros de sus héroes; se emocionó al visitar el *Mur des Fédérés*, donde 147 *communards* fueron fusilados el 28 de mayo de 1871, el último día de la *Semana Sangrante*, la semana en la que fue aplastada la *Comuna de París*.

Martí trató, con gran ahínco, de encontrar la casa de Ramón Emeterio Betances, el líder independentista puertorriqueño, quien era medico; tenía la dirección *6(Bis), rue de Châteaudun*, la cual se la había enviado Eduviges, la hermana menor de Betances, que vivía en New York y que compartía las ideas revolucionarias de su hermano. Jamás se pudo encontrar con Betances, ya fuera por tener la dirección mal copiada, o porque Betances se había mudado. De hecho, una vez en New York, Martí fue a ver a Eduviges y al ver la situación de pobreza lastimera en la que esta se encontraba, la ayudó económicamente hasta el final de sus días. Eduviges siempre se lamentó no haber incluido en la carta que le escribió a Martí que la clínica de Betances estaba a cuatro cuadras del *Palacio Garnier*. Luego de radicarse Martí en New York, Betances fue el representante del *Partido Revolucionario Cubano* en Paris. Era este un prestigioso cirujano, graduado del *Collège Royal* (más adelante *Lycée Pierre de Fermat* en Toulouse) y de la Facultad de Medicina de París. Martí tampoco pudo conectarse con otros dos puertorriqueños en París, ambos amigos de Betances: Francisco Oller y José Francisco Basora, este último también médico.

Absorbió Martí todo lo que París podía ofrecer a un joven culto, con hambre de sentir y vivir los lugares mismos de la historia maravillosa de Francia; luego de unos días intensos, José Galdo y su mujer María Antonia lo acompañaron hasta la costa de Normandía, donde tomó un balandro hasta Le Havre para desde allí embarcarse para la América. Como regalo de despedida y para agradecer la generosidad de estos amigos, Martí les regaló su única compra en París: un grabado del siglo XVI de una de las crucifixiones de Van der Eyck, la cual había adquirido en una tienda de antigüedades en la rue Vaugirard, frente a la Iglesia de San Sulpicio. Conociendo como conocía su historia del arte, Martí pensaba que el Van der Eyck era la mejor compra que había hecho; había pagado menos de una libra por una pieza que valía veinte veces más. Curiosamente, esa *Crucifixión* viajaría a los Estados Unidos más de un siglo después, en manos de una pareja de exilados cubanos: él, heredero, por tercera generación, de los Galdo; ella, descendiente de varios generales y coroneles mambises de la Guerra de Independencia de Cuba.

Fue en el viaje de Le Havre a New York que Martí se pudo sentir a sus anchas (no por el tamaño ínfimo de su camarote de segunda, donde sólo se podía vestir y desvestir si se sentaba en la cama), si no por ser ya capaz de concentrarse en su misión; quería una vez más convertir su exilio en una experiencia extraordinaria.

El 10 de diciembre de 1879, se fue de Europa por última vez, a bordo del *France,* barco de la línea marítima británica, con sólo una maleta pequeña y una especie de mochila llena de papeles. Tenía sólo diecisiete libras y unos céntimos como su única fortuna y una mochila de papeles que pesaba más que todas sus posesiones juntas. A los pocos minutos de estar en su camarote pudo oír las notas de una estudiantina.

Durante el siglo XVIII los vínculos entre los reinos de Nápoles y de España eran muy cercanos, por estar ambos regidos por Borbones de ascendencia española. Durante este período, la influencia musical fluía de Italia a España; por años, la ópera italiana había opacado casi por completo a las zarzuelas españolas. Fue esta también una época en la cual la bandurria española competía con la mandolina italiana; ambas eran instrumentos de cuerdas de tono alto, que eran tocadas por gente del pueblo en todo tipo de ocasiones. Las bandurrias se utilizaban para improvisar serenatas y para tocar la jota por las rondallas aragonesas de las que tanto gustaba Martí, desde sus días de estudiante en Zaragoza. La rondalla, también llamada estudiantina, era un grupo de estudiantes que tocaban bandurrias, guitarras y violines. Cuando Martí llegó a la cubierta de donde venía la música, se dio cuenta, con gran placer, que la estudiantina estaba compuesta por cuatro guitarras, nueve bandurrias y dos violines, para gran gusto de todos los pasajeros presentes. La estudiantina fue un gran éxito para todos en el *France* en su viaje transatlántico. Luego de entablar conversación con los estudiantes, Martí, entonces de 26 años, se dio cuenta que sólo dos de ellos sabían leer música. También se dio cuenta que la mayoría de los pasajeros no podían distinguir entre la música italiana y la española, y que las mandolinas eran redondeadas por detrás y las bandurrias, planas.

Durante la mayor parte del viaje, Martí escribió cartas, hizo planes y reflexionó sobre la historia de los recientes conflictos entre Cuba y España. Allí se encontró con su amigo de Madrid Carlo Munier, a quien le interesó grandemente el tema; Carlo era un famoso mandolinista graduado del conservatorio *San Pietro a Maiella e*n Nápoles. Aunque las mandolinas no eran consideradas dignas de ser parte del canon de estudio en los conservatorios italianos de la época, Carlo había decidido no tocar otro instrumento excepto la mandolina, aun en contra de los dogmas académicos. A Martí le encantó el hecho de que Carlo se hubiera rebelado en contra del dogma académico en defensa de sus creencias, aunque esto significara que sería un paria musical para la música oficial del momento. A su vez, Carlo se fascinó con la causa de Martí, también un rebelde, quien se había salido de la práctica oficial del derecho para dedicarse a la causa de la independencia de Cuba. Carlo se comprometió, con gran gusto, con la idea de tocar en conciertos que iban a ser organizados en New York por Martí, que planeaba llevar a cabo varios eventos para levantar fondos para la causa de Cuba. A pesar de su popularidad con los pasajeros y su prestigio con los otros miembros de la estudiantina, Carlo se convirtió en un decidido admirador de Martí y en un fiel oyente con el cual Martí probaba la fuerza de sus ideas; siempre estaba disponible para una lección sobre la política cubana y la maldad de España por boca de un sabio maestro de tales asuntos.

El primer reto intelectual autodefinido por Martí durante este viaje fue el asunto de la formación de capital. Estaba convencido que una república sólida necesitaba las contribuciones de muchos ciudadanos y especialistas en el difícil arte de crear capital. Había notado que los matrimonios entre miembros de la misma familia, en la clase criolla adinerada de Cuba, eran tan frecuentes como entre los miembros de la aristocracia española. Los matrimonios intrafamiliares —sobrinas con tíos, primos con primas, cuñados con cuñadas viudas, por ejemplo— parecían ser el camino para concentrar la riqueza, para el latifundismo, la conservación genética y la acumulación de propiedades. Le parecía a Martí que tales resultados no eran saludables para la futura salud de la nación. Sin embargo, para la aristocracia cubana, estos no eran los únicos medios de acumular capital; al contrario, los ricos en Cuba, como en España, estaban abiertos a la idea de tomar riesgos con su capital, de involucrarse en guerras comerciales, en la innovación tecnológica y otras estrategias que podían ser consideradas como amenazas a la preservación del capital. ¿El futuro gobierno de Cuba debería estar a favor o en contra de estrategias específicas de preservación del capital? Tener tierra en Cuba significaba tener dinero. El comercio era una vía rápida para hacerse rico, aunque no era tan seguro como el poseer tierra. De una forma u otra, Cuba era un imán que hacía que los españoles cruzaran el Atlántico para hacer dinero en grande en la isla y luego tratar de preservarlo, como hacían las clases ricas. ¿Haría falta tener reglas políticas públicas sobre este tema en la nueva república, o la riqueza y el capital crecerían sin reglas?

Los servidores públicos, empleados y funcionarios del gobierno, tenían una ventaja clara sobre los ciudadanos corrientes con respecto a hacerse ricos y poderosos. Además de las oportunidades de hacer dinero brindadas por la extorsión, la corrupción y el robo público, los soldados, burócratas de la corona y miembros de las comisiones municipales lucraban al dar permisos, eliminar regulaciones y conceder favores al facilitar las especulaciones de aquellos que les pagaban sobornos. ¿Cómo podían los funcionarios resistirse a ganancias fáciles casi garantizadas por sus posiciones? ¿Podría la nueva república romper con las tradiciones españolas del peculado y de la ratería?

¿Cómo podría una Cuba independiente evitar los conflictos de intereses potenciales que surgirían debido a que las familias más ricas eran las que dominaban el servicio público? La corrupción continuaría, quizás como en la misma España. Claro que siempre hay gente honesta, aun entre los servidores públicos; ¿sería saludable que estos servidores tuvieran los mismos apellidos que los más ricos…los Beltrán de Santa Cruz, Peñalver, Calvo, O'Reilly, Montalvo, Arango, Recio, Núñez del Castillo, O'Farril y Zayas? ¿Que fueran los mismos nombres que los de concejales, regidores, miembros de los cabildos y hasta del gobernador? Martí pensaba en esos nombres como los de las «sesenta familias.»

En España quedaba bien claro que ocupar un cargo público era concomitante con hacerse rico. En Cuba, de acuerdo al modelo español, la regulación del comercio y la distribución del usufructo de ser terrateniente era un privilegio 100% dado a esas sesenta familias que dominaban la burocracia colonial. Dos ejemplos: Martí sabía que en Santiago de Cuba el cabildo le había otorgado a la familia Arce el monopolio de la venta pública de cal viva (esencial para la fabricación de cemento, yeso, cristal, papel, pinturas, jabones y hasta ciertos alimentos) a pesar de que esta familia no tenía la menor idea de qué era la cal viva. El otro ejemplo era ilustrado por el caso del general Francisco Serrano, Capitán General de Cuba (1859-1862), Grande de España y primer Duque de la Torre, casado con su prima cubana Antonia Domínguez, segunda Condesa de San Antonio. Serrano, era, entre otras cosas, el presunto padre biológico de Alfonso XII (presuntamente engendrado por Francisco de Asís y Borbón, el rey consorte homosexual de la Reina de España, Isabel II). Cuando Leopoldo O'Donnell, Duque de Tetuán, antiguo Capitán General de Cuba (protagonista a cargo de la represión y masacre durante la conspiración de *La Escalera* en 1844) se hizo Primer Ministro de España, le otorgó a Serrano la propiedad de todas las tierras al oeste de Nipe hasta Puerto Padre y de allí hasta Las Tunas y Mayarí. Por unos centavos por acre, Serrano le cedió esas tierras a la *Compañía de Terrenos de Nipe*, cuyos únicos accionistas eran Serrano y el propio general O'Donnell.

El dilema que Martí se proponía elucidar no era difícil de definir: por una parte, las 60 familias absorbían la mayoría de las riquezas del comercio de Cuba y derivaban grandes beneficios por su posición política y social. Por la otra, el impacto de los Estados Unidos en Cuba ya se sentía con cierta fuerza; 34% de las importaciones venían del norte, mientras que 44% de las exportaciones tenían un destino norteamericano. La revolución en la tecnología azucarera era producto del afán de viejas y poderosas familias cubanas. Se habían hecho ricas por la acumulación de tierras. Habían expandido sus riquezas al aprovechar las ventajas de sus redes de acceso a los capitanes de industria, a menudo miembros de sus propios clanes. Con su nuevamente adquirido conocimiento y su capital, habían logrado aumentar la eficiencia de sus tierras, expandir el número de ingenios azucareros a más de 1,000 y, lo mejor de todo, aumentar sus capacidades desde un promedio de 165 toneladas hasta más de 400. Los hombres detrás de este progreso increíble se seguían llamando Arango, Montalvo, Duarte, Peñalver, Cárdenas, Calvo, O'Reilly, Recio, Núñez del Castillo, O'Farrill y Zayas. Unos cuantos nombres nuevos se sumaban a esa lista: Bacardí, Aldama, Alfonso, Torriente, Baró y Zulueta. Martí había seguido las fortunas de muchas de estas familias a través del tiempo. Sabía, por ejemplo, que Facundo Bacardí había arriesgado todo su capital familiar en desarrollar y presentar su ron hecho en casa en la *Exhibición del Centenario de Filadelfia*, donde ganó 11 medallas de oro, más que ningún otro productor de licor. Su riqueza era enorme —pero también lo era su capacidad de tomar riesgos y su habilidad de crear empleos.

¿Podría una nueva Cuba negarles a estos hombres de negocios emprendedores su objetivo de hacer dinero, de crear trabajos… aunque dejaran atrás al resto de la población en esa carrera obsesionada de crear riquezas? ¿No eran ellos, después de todo, las simientes de la vida económica de la futura República? ¿O es que eran gente a las que había que parar en su búsqueda egoísta de riquezas, lo cual podría polarizar a la población, previniendo su integración social? ¿Era el logro de la riqueza una recompensa justa para los hombres de visión y de gran temple que arriesgaban su capital comprando grandes extensiones de tierra para ser explotadas, mientras que los cientos de trabajadores que ellos tenían, con menos suerte, con poco o ningún dinero, tenían que contentarse con sus salarios? Después de todo en Cuba era más fácil y más barato comprar 5,000 caballerías [1] de tierra irrigable que dos acres urbanos en La Habana, Matanzas o Santiago de Cuba. La mayoría de los cubanos no consideraron nunca comprar la inversión más prometedora de todas: tierras. No así los hombres como Aldama o Bacardí. Se merecerían recoger lo que habían sembrado…

De hecho, Facundo Bacardí y Miguel Aldama eran claros ejemplos de la necesidad de abrir la economía de un país a la posibilidad de crear riquezas personales. Ambos, Bacardí y Aldama, comenzaron a tener dudas sobre invertir en Cuba después que múltiples olas de tarifas, tasas y confiscaciones habían

---

[1] Una caballería de tierra es equivalente a 33.2 acres.

sido impuestas por el gobierno español a raíz del Pacto del Zanjón. Facundo y Miguel sencillamente decidieron llevarse sus conocimientos, sus negocios, sus historiales de crédito y su capital en un vapor y sembrar todo esto en el extranjero. Los Aldamas, por ejemplo, crearon una inmensa fortuna en New York, Europa y el Caribe que llegó a ser, en apenas cinco años, más de diez veces lo que la familia había perdido en Cuba. ¿Podría la futura república regular inteligentemente sin extinguir la pasión y la agilidad de hacer negocios y de hacer dinero en hombres como estos?

José Martí, pensador que era, sabía que no había una sola respuesta a estas preguntas. En una mano estaban los ejemplos de abusos y mal gusto de los opulentos Vanderbilts, los Astors y los Morgans en New York; por otra parte, eran ellos los que tomaban riesgos inmensos, los que tenían el conocimiento de los negocios y las relaciones para crear riquezas, no sólo para ellos y miles de otras personas, sino para toda la nación. Eran estas familias las que estaban convirtiendo a América en el país más avanzado del mundo, superando a Inglaterra, España, Francia y otros países de Europa. Martí realmente temía la confrontación entre los ricos y los pobres en la Cuba del futuro. Sabía que en el pasado el sentimiento patriótico estaba algo ligado a la aversión de muchos contra los ricos. Pensaba que esto sería el preludio para establecer una dependencia del gigante del norte si continuaba la pobreza en Cuba. Anticipaba, no con preocupación sino con pena, que los Jacobinos cubanos lo tildaran de anti-americano, cuando lo que él sentía era una gran frustración con el gobierno Americano por oponerse a los objetivos de los exilados cubanos de buscar la liberación de Cuba. Esos radicales cubanos hacían caso omiso del hecho de que Martí había escogido al territorio norteamericano como la mejor base posible para liberar a Cuba —no a México, ni a Caracas, las cuales no eran indiferentes a la causa de la liberación de Cuba. Simplemente, era porque el modelo americano, imperfecto como era, ofrecía el marco óptimo para la libertad y el progreso que Martí quería para Cuba. Era también el modelo de una república *«con todos y para el bien de todos.»*

Duelos entre patriotas cubanos durante las guerras de independencia

Los retos a duelos o confrontaciones de una persona con otra en combate personal con armas equiparadas, reglas estrictas y un terminar predefinido eran raros pero no ausentes en la Cuba del siglo XIX. EL propósito de estos encuentros no era la determinación de la culpa de alguno, sino la defensa del honor o el desagravio de ofensas percibidas entre caballeros. Los duelos podían ser con espadas (estrechas, de doble filo o de cualquier otro tipo determinado por los duelistas), con pistolas (nunca con revólveres) o con cualquier selección de armas escogidas por la parte ofendida, tales como la espada francesa o el sable.

Los duelos podían ser arreglados para que terminaran cuando uno de los dos contrincantes emitía «*la primera gota de sangre,*» era herido de gravedad o moría. En el caso de pistolas, sólo se permitía un tiro a la vez por duelista y el duelo podía darse por terminado cuando la parte ofendida simplemente aseveraba estar satisfecho. Cuando ambas partes se ponían de acuerdo para tirar al aire, salvaban su honor sin ningún peligro. Si solo una de las partes tiraba al aire intencionalmente, sin enendimiento previo con la otra parte, esto se consideraba una humillación a la otra parte. Esta práctica era llamada *dólope*, y no era considerada como una conclusión honorable en el *Code Italiano Duello* de 1777.

A continuación una lista de los duelos entre patriotas cubanos durante las guerras de independencia de Cuba.

Antonio Maceo y **Flor Crombet**. Agosto de 1886. Duelo a muerte. Maceo, de 41 años, retó a Flor Crombet de 36, luego de la pérdida de un cargamento de armas bajo la custodia de Crombet. Máximo Gómez intervino y el duelo fue cancelado. Maceo y Crombet continuaron siendo grandes amigos después de este incidente. Ambos murieron en la Guerra de 1895.

Ignacio Agramonte y **Carlos Manuel de Céspedes.** Cuando Agramonte, de 29 años, renunció como jefe militar del distrito de Camagüey, Carlos Manuel de Céspedes (51 años) dio órdenes a la Junta Cubana de New York para que suspendiera su salario y ofreció cubrirlo él de sus propios fondos. Agramonte se ofendió y retó a Céspedes a un duelo en una carta fechada mayo 16 de 1870. Céspedes declinó y ofreció posponer el duelo hasta que la independencia de Cuba se lograra. Luego se reconciliaron y Céspedes lo volvió a nombrar a su puesto. Ambos murieron en la Guerra de 1868.

José Martí y **Enrique Collazo.** Enrique Collazo, de 51 años, veterano de la Guerra de 1868, en la cual peleó como Comandante, llegó a New York en Noviembre de 1894, representando a los que conspiraban en Cuba. Con Martí (de 42 años) firmó la proclama que oficialmente lanzó la Guerra de Independencia. Al regresar a Cuba, Collazo estuvo en desacuerdo con un ensayo crítico sobre Martí  en un libro escrito por Ramón Roa. Roa era veterano también de la Guerra de 1868, ex secretario de Ignacio Agramonte y uno de los promotores del Pacto del Zanjón entre los mambises en 1878. Collazo publicó un artículo insultante acusando a Martí de *«ofrecer lecciones patrióticas desde fuera de Cuba.»* Martí respondió desde Cayo Hueso retándolo a un duelo *«lo antes posible, en el país y fecha de su conveniencia.»* A los pocos días Collazo se dio cuenta de su insulto e hizo las paces con Martí. Unos días después de llegar a Cuba, Martí murió en *Dos Ríos*, mayo 19 de 1895. Enrique Collazo sobrevivió la Guerra y murió en La Habana en marzo de 1921.

Enrique Loynaz del Castillo y **Wilfredo Fernández.** La historia es que Fernández llevó su antiguo sable a ser afilado y cuando le dijeron que el precio sería de $2.50 contestó: *«Dame $1.50 de filo, que no tengo más dinero…»* Loynaz vivió hasta los 92 años; Fernández se suicidó en La Ca-  baña después de la caída del Presidente Machado en 1933.

Enrique Loynaz del Castillo y **Orestes Ferrara.** Se cuenta que Loynaz recibió una gran herida en la cabeza y después del duelo corrió con la cabeza sangrante hacia Ferrara, gritando *«¡los españoles no me pudieron herir en la manigua y este italiano lo ha hecho ahora!»*

Otros duelos:

Emilio Ferrer y Picabia y **Francisco Carrera Jústiz.** 1890. Debido a palabras ofensivas de Ferrer. Duelo con sables sin afilar. Ganó Carrera Jústiz al herir a Ferrer en la mano.

Gonzalo Jorrín y **el Marqués de Montalvo.** 1843. Debido a palabras ofensivas de Jorrín. Duelo con sables sin afilar. Ganó Montalvo al herir a Jorrín en el brazo derecho.

El Conde de Pozos Dulces y **José Luis de León.** 1865. Debido a un escrito ofensivo del Conde. Testigos: José Antonio Echeverría y José Manuel Mestre. Duelo con pistolas de un solo tiro a 25 pasos. Tabla.

Andrés Sitjar, Presidente de la Junta de La Habana y **Antonio Vázquez Queipo.** 1869. Debido a ofensas de Sitjar. Duelo con sables sin afilar. Vázquez Queipo fue herido en el brazo derecho.

Manuel Sanguily y **José Urioste**. 1870. Debido a ofensas mutuas. Luis Ayestarán era el testigo de Sanguily. Duelo con sables afilados. Ganó Sanguily al herir a Urioste en la cara.

Rafael Montoro y **Manuel Hiraldez de Acosta**. 1881. Debido a un artículo de Montoro. Duelo con sables sin afilar. Montoro fue herido en la mano derecha.

Marqués de Villalba y **Julio Santos**. 1882. Ofensas mutuas. Testigos: José Antonio Cortina, Rafael Montoro, Nicolás Azcárate. Duelo con sables sin afilar. Villalba fue herido en la mano derecha.

José Antonio Cortina y **Anastasio Orozco**. 1883. Palabras ofensivas de Cortina. Testigos: Rafael Montoro y Ricardo del Monte. Duelo con sables sin afilar. Cortina fue herido en la mano derecha.

Antonio Zambrana y **José Rodríguez**. 1887. Debido a un artículo por Rodríguez en *El Intransigente*. Duelo con pistolas, tres tiros a 25 pasos. Luego de dos tiros, los segundos pararon el duelo.

Fermín Valdés Domínguez y **Andrés de la Cruz Prieto**. 1889. Debido a un artículo de Cruz Prieto. Duelo con pistolas, dos tiros, a 15 pasos. Después del primer tiro, los segundos pararon el duelo.

Ignacio Solá y **Juan Gualberto Gómez**. 1893. Debido a un artículo ofensivo de Solá. Duelo con espadas, a las 5 am en una casa privada de Guanabacoa. Después de dos pases, Solá fue herido en la mano derecha y el duelo fue detenido.

Los duelos siguieron en la era republicana de Cuba; el duelo más famoso fue entre **René Eduardo Chibas** (1907-1951), periodista, político, fundador del *Partido Ortodoxo* y **Blas Roca Calderío** (1908-1987), un joven zapatero miembro de la alta dirección del *Partido Comunista*. Ambos participaron en la *Revolución de 1933* contra el gobierno de Machado. En 1939 Chibas acusó a Roca de traidor, lo cual ocasionó un duelo, pero esta vez a puñetazos. Los duelos en Cuba finalmente desaparecieron en la década de 1950.

2

"Debes seguir aprendiendo mientras haya algo que no sepas."
LUCIUS ANNAEUS SENECA (4 BC - 65AD)

El Madrid que Martí dejó detrás cuando escapó a París ya no era el Madrid casi medieval, aburrido y deprimente que había conocido como adolescente en 1869, sino un Madrid brillante, deslumbrador y moderno, favorablemente comparable a París. Se daba cuenta que una ciudad no se transforma en sólo diez años y por lo tanto atribuía este cambio a su cambio de perspectiva y de madurez, ahora que ya tenía 26 años. De cualquier forma, en ese momento estaba en disposición de disfrutar de la capital colonial.

Tan pronto como llegó a Madrid, pensó en el consejo de su padre Don Mariano, quien le había dicho *«pon tus pensamientos en el presente y no en el pasado. Convierte tu soledad y tu tristeza en una experiencia de aprendizaje. Te guste o no España, Madrid es una gran ciudad donde puedes aprender muchísimo, simplemente caminando por ella y haciendo amigos.»*

En su segundo exilio Martí se quedó en España desde principios de Octubre hasta fines de Diciembre de 1879 y se dispuso mentalmente a llenar en esos 70 y tantos días una vida entera de aprendizajes. En Madrid conoció a Carlo Munier (con quien más tarde cruzaría el Atlántico, sin haberlo planeado ninguno de los dos), un florentino mandolinista que se albergaba en la *Fonda de los Embajadores*, un hotelito de precio moderado en la Calle de la Victoria. Estaba muy bien situado el hotel, aunque no estuviese cerca de la *Puerta del Sol*, la localización más deseable en las afueras del viejo Madrid. Nada en La Habana, pensó Martí, era comparable a la *Puerta del Sol*. Francia tendría su *Plaza de la Concordia* y los *Champs Elysées*, Roma, su

Piazza del Popolo y su *Piazza Navona* y Londres su *Hyde Park* y *Picadilly Circus*. La Habana, sin embargo, con la posible excepción de su modesto *Campo de Marte*, nunca había desarrollado una plaza pública que fuese el centro de la vida de la ciudad, y que ofreciera alegría, movimiento, aire fresco y luz a todos sus ciudadanos. Allí, en la *Puerta del Sol*, se encontraban calles y avenidas, carros públicos y carrozas privadas, de allí salían para los suburbios todos ellos; la gente encontraba en la plaza la vida y el movimiento que quisieran, de día y hasta de noche.

Con Carlo, Martí visitó la *Galería Real*, un museo que conocía por sus lecturas pero que nunca había visitado. Podía describirle a Carlo las obras de Velázquez, Tiziano, Murillo, Ribera, Rafael, el Veronese, Rubens y Goya. Martí ofreció excusas mencionando que sólo había un Rembrandt, *La Reina Artemisa a punto de tragar las cenizas de su esposo*.

A las 8:30 PM del 16 de Octubre, Martí y Carlo fueron al *Teatro de Apolo* a ver *El Corregidor de Almagro*, una zarzuela escrita por Pina (libreto) y Rubio (música), los más populares músicos españoles del momento. Carlo invitó: 14 reales cada uno por asiento de platea.

La zarzuela, muy popular en Cuba en la segunda mitad del siglo, había sido incorporada a la cultura musical cubana a pesar de los esfuerzos de la Iglesia para prohibirla. Martí tenía la idea que al llegar los españoles a la América habían encontrado formas tradicionales indígenas de teatro, suprimidas por la jerarquía católica, obsesionada como estaba con la supresión de hasta el último vestigio de una cultura amerindia. Su lugar fue suplantado por los *Autos Sacramentales, Coloquios, Loas, Mojigangas* y *Entremeses* en los siglos XVII y XVIII; la Iglesia los utilizaba para reforzar sus instrucciones religiosas.

Los *dramas* como las obras de Calderón, seguían en popularidad; fueron empleados primeramente en grandes festivales eclesiásticos, bodas reales, celebraciones de coronaciones y recepciones aristocráticas. En la primera mitad del siglo XIX, el centro de práctica musical se movió de las catedrales y palacios hacia los salones burgueses, lugares públicos y teatros, como formas musicales llamadas *tonadillas* y *sainetes*. Ya para el 1880, prácticamente cada pueblo de más de 50,000 habitantes en Cuba tenía un teatro y cada teatro, un conjunto musical favorito.

Los teatros se convirtieron en la palestra de la sociedad, donde la fuerza política de los aristócratas insistía en dramas trágicos, óperas y ballets, mientras que el pueblo prefería las piezas del teatro bufo, las guarachas y las zarzuelas. Lo cierto es que prevalecieron las masas y se empezaron a ver, en los palcos y las plateas de los teatros españoles y cubanos, noche tras noche, *tonadillas, seguidillas, tiranas, boleros, zarabandas, jácaras, jarabes, gavotas, cachuchas, polkas* y por qué no, la quintaesencia de lo popular, la zarzuela. Estas se hicieron tan prevalecientes que hasta las clases altas llenaron los teatros para ver las adaptaciones a zarzuela de óperas famosas, como *Il Viaggio a Reims* (El Viaje a Reims) de Rossini. Hasta las obras cantadas en París por el eminente castrato Girolamo Crescentini, fueron convertidas a zarzuelas, con la participación cada vez mayor de las audiencias cubanas y españolas. Crescentini había sido el único artista que —según la leyenda— había hecho a Bonaparte llorar en un lugar público. Bonaparte, según los rumores, no pudo oír bien la función debido a sus propios sollozos durante una puesta en escena de *Giulietta e Romeo* por Riccardo Cocciante (música) y Pasquale Panella (libreto). Se dijo que luego le pagó 30,000 francos a Crescentini para que cantara una función privada para él.

Después de la función de *El Corregidor de Almagro,* Martí se dio cuenta de que sería mucho más barato comprar los boletos en la entrada del teatro, justo antes de la función, a los revendedores. Le encantó la noción de poder comprar buenos boletos a precios ínfimos y así pudo asistir a gran parte de la temporada de ópera. Algunos de los espectáculos a los que asistió tenían como programa cuatro piezas cortas, cada una seguida de un ballet. Se podía entrar al teatro, ver la pieza que le interesaba a uno e irse, sin tener que pagar por todas. Esa era la estrategia principal de Martí en cuanto al teatro, dependiendo de qué boletos pudiera conseguir.

En su primer domingo en Madrid, Martí decidió ir a una corrida de toros. Su interés, según una vez le explicó a Fermín

Valdés, era triple: primero que nada, su interés era antropológico. Martí de alguna forma relacionaba las corridas con los espectáculos del *Coliseo Romano* de siglos atrás y observaba con gran interés la fascinación de los españoles con el ritual bovino. En segundo lugar, había algo de romance en su interés, ya que uno de los más populares toreros del momento, Antonio Rodríguez, era conocido como *El Habanero*. Finalmente, le intrigaba el efecto que tenía sobre el ánimo del público la oposición a las corridas de una organización europea que se llamaba *Amigos de los Animales*. Los ingleses tuvieron su última corrida en Stamford, en 1840; los franceses las limitaron a pueblos del sur en los años '60 y las eliminaron del todo en 1865; los portugueses permitieron las corridas —siempre que fueran sin sangre— después de 1872.

La recientemente inaugurada *Plaza de Toros* de Madrid tenía el tamaño del *Coliseo Romano*. Se llamaba oficialmente *La Plaza de la Fuente del Berro* o *La Plaza de Goya* o *La Plaza de Felipe II*. Estaba localizada en la Calle de Alcalá esquina a la Calle Goya; reemplazó a la original y monumental *Plaza de la Puerta de Alcalá*, la cual estuvo abierta hasta 1874. Además de *El Habanero*, las otras estrellas del toreo eran *Mazzantini* y el *Lagartijo*; ambos toreros recibían por una corrida lo que ganaba un juez de la corte suprema en dos años. En esta época de Martí, corría un cuento que cuando un torero llamado el *Tato Moreno* fue embestido por un toro en 1872 y perdió una pierna por gangrena, la pierna fue preservada en un gran envase, lleno de formaldehído, y exhibida en la vidriera de la *Farmacia CEA*, en la calle Preciados 14 de Madrid. Años después hubo un fuego en ese establecimiento y «*varios aficionados se lanzaron en medio de las llamas para rescatar la reliquia.*»

Los seis toros en la cartelera del día en que Martí asistió eran todos de los rebaños de Don Antonio Maura en Sevilla. Se llamaban *Castillero*, *Ojituerto*, *Barberito*, *Tartufo*, *Cisquero* y *Morisco*. Todos excepto *Tartufo* eran bellísimos ejemplares, orgullosos de sus temibles cuernos y de su agilidad y fuerza. *Tartufo* estaba gordo — ¡con gran sobrepeso!— moviendo su cabeza incesantemente de izquierda a derecha como si hubiese sido invitado a un lugar donde sólo la mala suerte le caería. Era considerado un «*toro malo*» y el presidente de la corrida anunció su disgusto diciendo: est toro está listo «*para que le tuesten el morrillo,*» un decir que hizo reír a los que lo oyeron. *Tartufo* era de verdad un toro malo, cobardemente corriendo por diez minutos alrededor del ruedo para no enfrentarse al torero. Fue entonces que el presidente de la plaza hizo sonar una corneta y proclamó: «*Que le corten los cuernos, le tatúen una C de cobarde en cada nalga y lo pongan a trabajar en un molino, sin contacto con vaca alguna por el resto de sus días.*»

Lo que le interesaba a Martí de la corrida, más aún que el enfrentamiento entre hombre y toro, era la algarabía del espectáculo popular. De todas las esquinas de Madrid camino a la *Plaza de Toros* venían carros de todos tipos, carretones halados por un caballo, carretas de ocho mulas, vehículos pintados de colores con todo el aspecto de ir a una romería, madres empujando coches de bebés, arriesgando la vida de los niños en el gentío que los rodeaba, borrachines, curas vestidos de seglares con gorras que al moverse mostraban sus tonsuras, ciudadanos normales, serios; otros imitando a curas y jueces, juglares, rascabucheadores, carteristas, y todo tipo de payasos buscando mejorar mediante sus gracias el asiento que tenían…

A Martí le parecían absurdos los esfuerzos moralizantes sobre las crueldades impuestas a los toros; estas no eran peores que las impuestas a una perdiz, un pato, un faisán o un zorro en una cacería. Por lo menos en el ruedo, el animal tenía una oportunidad de vengarse de una vez por todas de todos los toreros— si traspasaba al suyo de una cornada.

Luego de muchas visitas a *El Retiro*, al *Museo Real*, y a la *Armería*, Martí pasaba gran parte de su tiempo en la *Plaza Mayor*, donde habían sido quemados herejes, judíos y ateos en los famosos y terrible *Autos de F*e de la Inquisición. En época de Martí, la Plaza era utilizada algunas veces para fiestas de toros, diferentes a las corridas pero igualmente objetables a los melindrosos; los jóvenes aristócratas mostraban su galantería y arrojo a sus enamoradas al enfrentarse a feroces toros que los embestían luego de haber sido castrados allí mismo, frente al público de la plaza.

El 10 de Octubre de 1879, en el décimo tercer aniversario del *Grito de Yara* cuando comenzó la primera Guerra de Independencia de Cuba, Martí se encontró con Pedro Betancourt y Dávalos en la Plaza Mayor. El padre de Pedro y Don Mariano eran buenos amigos a pesar de sus diferencias sociales; Don Mariano le había dado la dirección de Martí a Pedro.

Betancourt tenía 21 años; había nacido en Ceiba Mocha en la provincia de Matanzas. Estaba en Madrid para completar sus estudios de medicina luego de haber terminado su secundaria en Filadelfia.

«Un deporte bien visto, humanitario y compasivo, para el joven y para el toro,» dijo Martí, con marcado disgusto al pasear juntos y conversar los dos sobre las corridas de la Plaza Mayor. Siguió Martí: «Mi querido Betancourt, sólo piense en esto: en 1642, María Ana de Austria, de 18 años, Infanta de España, la hija más joven del rey Felipe III y la hermana más joven de Ana de Austria, esposa del rey Luis XIII de Francia, se comprometió con el futuro rey Carlos I de Inglaterra y de Escocia. A este compromiso se le llamó la "*coyunda española.*" Al pobre Carlos le pidieron que mostrara su valentía aquí mismo, en la Plaza Mayor, en una Fiesta de Toros, cosa que hizo brillantemente. Pocos días después descubrió que María Ana ha-bía perdido su virtud a manos de su primo hermano el futuro Fernando III, sobrino de la madre de María Ana. La cosa acabó con María Ana casándose con Fernando y dándole seis hijos; Carlos se casó con Enriqueta María de Francia, una princesa católica, pasando por encima de las objeciones del Parlamento inglés y de la opinión pública de su país. Había conocido a Enriqueta al viajar a Madrid para su compromiso con María Ana y ¡para enfrentarse a un toro recién castrado en la Plaza Mayor! ¡Qué desilusión la de Carlos!; la seductora y promiscua María Ana, por quien se había enfrentado al temible toro, no era alguien bendecida por los dioses de la belleza y era además una vil pecadora indigna de su amor.»

«Eso no es todo en cuanto a Carlos I y su racha de mala suerte,» añadió Pedro Betancourt. «Cuando regresó a Inglaterra cayó bajo la influencia de George Villiers, el amante de su padre, quien lo convenció de que le pidiera a éste, Jacobo VI de Escocia que declarara la Guerra a España. Era Carlos cabezón, agresivo y de opiniones fuertes e insistió en casarse con Enriqueta aunque ésta era católica. Se casó con ella y pidió ser coronado en Westminster en Febrero de 1626. Por razones que se han perdido en la historia, Enriqueta no asistió a la coronación; sí le dio siete hijos antes que Carlos I se metiera hasta la médula en la Guerra de los Treinta Años (Católicos en contra de los Protestantes). La cosa terminó con Carlos enfrentándose al Parlamento y su posterior ejecución, siendo degollado por altos crímenes en 1649.»

«Me encanta saber que Ud. conoce de historia,» dijo Martí. «Esas historias nos muestran por qué no podemos creer en el Derecho Divino de los reyes, especialmente visto a través de las vidas de Carlos I y de Jacobo VI. Tal derecho, en vez de ser la base de los fundamentos de la nación, de lo que mantiene unida la nación, simplemente ha sido la base de la doctrina política y religiosa del absolutismo real. ¡Qué farsa proponer —y que la gente lo acepte— que los reyes no están sujetos a las leyes ni a autoridad terrenal alguna y que derivan su poder directamente de la voluntad de Dios!»

«Presumo que Ud. no es monárquico,» le comentó Betancourt con fina sorna.

« ¿Qué le parece a Ud.? Me he pasado la mitad de mi vida oponiéndome a la ridícula noción de que restringir el poder de los reyes es ir en contra de la voluntad de Dios y que por lo tanto, es una herejía. Es un concepto medieval postular que Dios haya otorgado poderes terrenales a una familia real. El autor inmediato de esta idea bárbara fue Jean Bodin, quien reclamaba ser experto en Derecho Romano. Jacobo I en Inglaterra y Luis XIV en Francia dieron credibilidad a este concepto absurdo. En Inglaterra, la teoría fue abandonada durante la Revolución Gloriosa de 1688-89, mientras que en Francia la teoría fue degollada con la Revolución Francesa; en América, en 1776, con su

Guerra Revolucionaria en contra de los británicos. Estas ideas, sin embargo, son tan antiguas como el primer Rey-Dios Gilgamesh, hijo de Lugalbanda, quinto rey de Uruk, cerca de 2,700 años antes de Cristo, en la civilización sumeria.»

«Hasta ahí llego yo,» interrumpió Betancourt. «Jamás he oído mucho sobre los sumerios y muchísimo menos sobre el tal Uruk y Lugalbanda. Reconozco el nombre de Gilgamesh…pero si alguna vez supe quién era, ya se me olvidó…»

Ambos se rieron; Betancourt quedó encantado de que este hombre cultísimo, quien había conversado con él de tantas cosas interesantes, pudiera reírse y tomar las cosas con ligereza. «Pero volviendo a las Fiestas de Toros y las diez mil personas que las veían desde los balcones de la Plaza Mayor…» trató de seguir Martí.

«¡Aguante un poco!» interrumpió Betancourt, «Ud. no había dicho ni media palabra sobre diez mil personas siendo testigos de la castración del toro…»

Ambos rieron de nuevo y Martí continuó.

«Mire, la Plaza Real es la más grande de Madrid y sus visitantes frecuentes son carpinteros, carniceros, notarios humildes, alambiqueros de brandy barato, miembros de la policía española y por supuesto, modistillas, costureras, criadas y hasta algunas *damas de la noche*, como las llaman aquí en España. La estatua en medio de la plaza es de Felipe III; cerca, en la Plaza de Oriente, hay una de su hijo Felipe IV, quien murió a las dos semanas de tener el honor de ser pintado por Velázquez. La leyenda dice que Pietro Tacca, el escultor italiano que hizo la estatua de Felipe IV, se iba a suicidar porque el maldito caballo de bronce no se mantenía parado en sus patas traseras. Alguien le sugirió que consultara nada menos que a Galileo; Galileo, por supuesto, resolvió el problema, diseñándole una armadura para aguantar al caballo que funcionó. Por cierto, la estatua está basada en una pintura de Velázquez…»

«Hay que concluir que los italianos se ayudan,» dijo Betancourt, con su usual fina sorna; Martí lo miró, no dijo nada y siguió su cuento.

«El Imperio Español no fue nunca tan extenso como en época de Felipe IV quien reinó entre 1621, cuando tenía 16 años, hasta su muerte prematura en 1665. Era algo más listo que su padre, Felipe III, pero no por mucho. Sí fue el mecenas de Velázquez, Lope de Vega y Pedro Calderón de la Barca; también construyó el parque de El Retiro y la Avenida del Prado en Madrid.»

«El pobre Felipe presidió, o quizás hasta empujó hacia la decadencia, al imperio más extenso pero más desorganizado que el mundo jamás hubiera visto, desde que los bárbaros inundaron y decimaron a Roma. Se ha dicho que Felipe nunca reía. Era tan indolente e indeciso que no reconoció las señales cuando su hijo Baltasar Carlos sufrió un grave ataque de apendicitis y lo dejó morir, sin saber qué hacer. Algunos de los amigos de Felipe eran tan estúpidos como él. En su muerte, los curas de la basílica romana de *Santa María Maggiore* comisionaron a Carlo Rainaldi (1611-1691), el arquitecto más famoso de Roma en ese momento, a que construyera un enorme y gigantesco catafalco de cuatro niveles, con una corona encima, para recibir a los restos de Felipe IV. Tenía la siguiente inscripción: *Alla gloriosa memoria di Filippo Quarto Re delle Spagne*. La monumental estructura era tan grande que nunca pudo ser sacada de la basílica; ahora 230 años después, aún está ahí, asombrando a todos los visitantes.»

Pedro Betancourt y Martí ya se disponían a despedirse esa noche del 10 de Octubre cuando Martí añadió:

«Por cierto, algo interesante: las estatuas ecuestres, con el caballo mitad en el aire, apoyado solo en sus patas traseras, son una convención heráldica reservada para los héroes que mueren en batalla; cuando el caballo tiene levantada una sola pata de adelante, significa que el héroe murió como resultado de heridas sufridas en el campo de batalla. Si el héroe muere en casa, entonces se representa al caballo con las cuatro patas en el suelo. Ya ves que en el caso de Felipe IV, no murió en batalla alguna... ¿Por qué lo habrán representado en la Plaza de Oriente con las dos patas del frente del caballo levantadas? ¡Quién sabe!»

Los amigos se despidieron y cada uno tomó su camino. Martí se fue hacia el Hotel de París en la Puerta del Sol, donde vivía temporalmente Manuel Sanguily miestras terminaba sus estudios de Derecho para regresar a La Habana después.

Manuel Sanguily tenía 32 años, Martí 26. Sanguily había estudiado en el *Colegio El Salvador* durante la época de José de la Luz y Caballero. Comenzó sus estudios de Derecho en la Universidad de La Habana, pero los interrumpió para luchar en la Guerra de los Diez Años. Después del Pacto del Zanjón, se quedó en New York, nombrado por el Gobierno de la República en Armas como secretario de su hermano, el General Julio Sanguily. Se retiró del Ejército Cubano con el rango de Coronel. Acabada la guerra, se fue a Madrid, donde terminó su carrera de Derecho en Junio de 1879, unos meses antes que Martí llegara para su segundo exilio.

Eran ya pasadas las doce de la noche y Martí y Sanguily comenzaron una caminata reposada con rumbo a la Armería, pero se la encontraron cerrada por la lluvia que amenazaba. Nada paralizaba a Madrid como la lluvia o los días de vendaval. Hasta los afiches de las corridas advertían que *«la corrida tendrá lugar si el tiempo lo permite.»*

Martí y Sanguily decidieron sentarse en un café y Manuel comenzó a contar su pesado viaje a Jaén un par de días antes, el cual había hecho para visitar a un compañero de clase.

«Estoy hecho polvo,» dijo Sanguily. «Pude haber tomado el tren, pero como soy algo claustrofóbico, me hubiera sentido terriblemente mal, porque el tren va a Jaén por Córdoba, una ruta larguísima; entonces tome la diligencia y me aseguré de conseguir un asiento de ventanilla. La berlina va por una ruta directa. Salimos al mediodía de la Fonda Europa, donde almorcé. Jaén es un lindo pueblo,» continuó Sanguily. «Livio el historiador lo describió como *"un lugar deseable que hace posible la explotación de minas de plata cerca de allí."* Date cuenta que cuando escribió esas palabras Jaén era una posesión cartaginense, donde vivía Asdrúbal, y tan bien defendida que Lucio Escipio necesitó 10,000 hombres para tomarla.»

Sanguily sabía que Martí conocía bien la historia, así que siguió adelante con su narrativa del viaje a Jaén.

«El viaje duró 24 horas y claro, hacía falta cambiar los caballos varias veces, lo que hicimos en ventas con establos para ese propósito; el camino estaba bastante bueno y la verdad, durante el día, el paisaje era interesante. La noche, sin embargo, fue una pesadilla para mí: no se veía nada y yo estaba erizado al darme cuenta que la diligencia estaba al borde de frallones, riscos y caminos escavados de montañas altísimas. Para acabar de fastidiar el cuadro, no me podía dormir; tenía frio y los gritos del mayoral manejando sus animales me mantuvieron despierto la mayor parte del tiempo.»

Estas historias de viajes largos eran muy parecidas a las que Martí había experimentado en Guatemala y México. Sentía muchísimo no conocer a Cuba como conocía otros países donde las condiciones de los caminos era excepcionalmente buenas. Sanguily continuó con su cuento.

«En la vuelta a Madrid, el último cambio de caballos incluyó también el cambio de vehículo. El nuevo carruaje era halado por ocho y no por cuatro animales. Al acercarnos a Madrid, el polvo horrible del camino hizo que tuviéramos que cerrar las ventanillas a cal y canto y el interior de la diligencia se convirtió en algo oscuro y apestoso.»

Martí dejó que Sanguily siguiera su recuento del viaje pero sin oírlo bien, ahora recordando sus días de estudiante en Zaragoza.

Cuando José Martí y Fermín Valdés viajaron de Madrid a Zaragoza, lo hicieron por tren, atravesando dos macizos montañosos de gran belleza y esplendor agreste. Tomaron un tren baratucho desde Madrid, el cual paraba en todos los pueblos del camino. Atravesaron Alcalá de Henares, conocida en tiempos de los romanos como *Complutum*. Alcalá era la sede de la antiguamente famosa Universidad fundada por el Cardenal Cisneros. El buen cardenal se había gastado unas 100,000 coronas traduciendo del hebreo, e imprimiendo, una Biblia, la *Complutesian Polyglot*, para la cual hizo fundir linotipos especiales en sus propias fundiciones en Alcalá. A Martí siempre le había parecido un gesto magnífico que, de acuerdo a las historias, el cardenal nunca vistió de púrpura, sino siguió usando su humilde hábito franciscano.

Pasado Alcalá, el tren pasó por Sigüenza, una ciudad rodeada de muros, torrecillas y grandes portones de época de Roma; tenía también una catedral bellísima, construida por el rey Alfonso VI, la cual vieron desde lejos. Don Alfonso fue el que reconquistó a Toledo de los moros, tal ocasión celebrada por la construcción de dicha catedral en 1102, seguida de una invitación a un monje de Cluny, en Francia, Bernard, para que fuera su primer obispo.

Martí, aunque solo tenía 19 años en ese momento, le recordó a Fermín cuando pasaban por Sigüenza que en el Quijote, Cervantes incluyó un debate entre «un cura culto de la Universidad de Sigüenza» y el propio Quijote, sobre quien era mejor caballero, Palmerín de Inglaterra o Amadís de Gaula. Martí interpretó este pasaje como un elegante desplante a Sigüenza, ya que la ciudad nunca tuvo una Universidad.

Cuando Fermín y Martí comenzaron sus estudios en Zaragoza, había sólo diez universidades de nombre: Madrid, Barcelona, Valencia, Sevilla, Granada, Valladolid, Santiago, Zaragoza, Salamanca y Oviedo, con un total de 16,874 estudiantes. Salamanca, por ejemplo, solo tenía 372 estudiantes; Zaragoza 771 y Madrid, la más grande, 6672. La matrícula le costó a Fermín y a Martí seis libras al año cada uno; los profesores ganaban un salario promedio de 145 libras.

Al llegar a Zaragoza, la pobreza de muchos de sus habitantes impactó a los jóvenes cubanos. Muchas de estas pobres gentes vivían en condiciones deplorables en covachas moriscas de hacía cuatrocientos años, excavadas de las rocas de la mismísima montaña. Los hombres se vestían con pañuelos de colores amarrados en la cabeza, pantalones hasta las rodillas con una apertura en los lados, y chaquetillas abiertas, con un gran fajín en la cintura donde guardaban cuchillos, herramientas, dinero, tabaco y sabe Dios qué más. Las mujeres se vestían más modestamente, pobremente, pero en un estilo aparatoso.

El clima en Zaragoza era primordialmente nublado y lóbrego; la ciudad, oscura y algo deprimente, con calles estrechas y sin pavimentar, lo que las convertía frecuentemente en callejuelas sucias. El único paseo medianamente agradable estaba junto al río, aunque también era fangoso y sucio.

De admirar en Zaragoza, eran la vieja catedral, *La Seo*, llena de detalles moriscos; particularmente bellos eran los ladrillos ataraceados con losetas de colores y el pavimento de la iglesia, también con los incrustados de vivos colores por el trabajo de más de 1400 artesanos moros. La otra estructura notable en Zaragoza era la Torre Nueva, con diseños hechos con ladrillos, inclinada como la torre de Pisa, pero con menos pendiente.

Lo único que había que hacer en Zaragoza era tomar largas caminatas—en los días secos, que no eran muchos. Además, había un poco de teatro o ballet, con precios especiales para los estudiantes. Por un asiento de platea sólo había que pagar dos pesetas, la mitad de lo que costaba una cena los domingos…

Las nostalgias estudiantiles de Martí fueron interrumpidas por un silencio prolongado por parte de Sanguily, quien había acabado de contar su saga Jaén-Madrid, sin el menor comentario por parte de Madrid. No sabía éste si pedir excusas o arremeter con otro cuento, cuando Manuel le preguntó: «Oye, ¿te interesaría ir a la Academia de San Fernando en la Calle de Alcalá?»

«¡Me encantaría!» respondió Martí. «Ahí está el *Santa Isabel de Hungría Curando a los Leprosos*, de Murillo ¿no? He leído que es una obra maestra, que la postura y esplendor de la santa se magnifica en contraste con lo tosco y miserable de los pordioseros. También hay pinturas espectaculares de Ribera, Zurbarán y Goya, incluyendo una de las Majas...»

Con gran entusiasmo, los amigos marcharon por la Calle de Alcalá en dirección a La Cibeles, hasta donde Alcalá cruza la calle de Sevilla, en el lado opuesto de la Real Academia. Se pasaron un par de horas de maravilla, llenando sus ojos del drama o de la belleza de las obras de grandes pintores. Cuando salieron, Martí le preguntó a Sanguily —quien estaba a punto de graduarse de la Universidad de Madrid— y casi listo para volver a La Habana, qué opiniones tenía de Madrid y de España. Sanguily ya tenía una oferta para unirse al bufete de Antonio González de Mendoza en La Habana como pasante y se iría más o menos en un mes.

«La verdad que yo no soy el mejor para hacerte un resumen de la política actual de España; para eso, te vendría bien conversar con Amelia Castillo y con su marido, Francisco González, quien es coronel de Infantería en el Ejército Español. A González lo expulsaron de Cuba por razones que él ya te contará. Hace tiempo que están viviendo aquí en Madrid y han estado en Santander y en Almería. No te preocupes, que te los presento antes de irme; ahora, si quieres un resumen de la cosa cultural, sí te lo puedo hacer, porque he aprovechado el estar aquí para ampliar mis horizontes, por si acaso…»

A Martí le encantó la idea de seguir conversando de una de sus pasiones y ambos se dirigieron al Hotel París en la Puerta del Sol; allí, se sentaron en la terraza del hotel y ordenaron un jerez de González Byass, de Jerez de la Frontera. Por suerte Sanguily insistió en invitar, porque Martí tenía poquísimo dinero; el joven Sanguily, a punto de graduarse, traería grandes glorias a la carrera legal en los años venideros en Cuba. «Sanguily, aguardo impaciente tu recuento cultural…,» dijo Martí.

En silencio por unos minutos, Sanguily arremetió como torero al toro en su explicación. «Mi querido Martí, comienzo por la literatura. Hoy en día es más rica que nunca, particularmente por los esfuerzos de hacerla llegar al pueblo. Hasta el más pobre bolsillo puede obtener los clásicos de la *Colección de los Mejores Autores Antiguos y Modernos, de España y Extranjeros*. Estos volúmenes, impresos con primor y editados con cuidado, se venden por dos reales. Ni siquiera la *Bibliothéque Nationale en Paris* se asemeja a tal combinación de calidad y precio.»

Sanguily continuó hablando, luego de ahondar un poco más en lo de la literatura. «Los españoles han progresado con respecto a las ciencias y a las letras; puede que por la paz de la que gozan, la presencia de un gobierno liberal, las reformas en la administración pública y las mejoras al sistema educacional. El clima de mejoramiento se extiende a la literatura. Mira, el *Ro-

mancero publicado originalmente en 1583 por Pedro de Padilla, el gran filólogo, se ha reimpreso con todo cuidado; lo mismo con el *Cancionero General de Hernando del Castillo*, el cual se publicó por vez primera en Valencia en 1511. Dos volúmenes más de los *Documentos Inéditos para la Historia de España*, el 76 y el 77, han sido añadidos a la colección. Las *Guerras del Perú* por Pedro Cieza de León está disponible en una edición muy económica. La *Real Sociedad Geográfica* del rey Alfonso ha vuelto a publicar sus comunicados, y los *Bocetos Históricos* de Don Emilio Castelar también.»

Sanguily siguió: «La *Biblioteca de Autores Clásicos Españoles* se terminó el año pasado con un índice fantástico para sus setenta volúmenes. Los editores de las colecciones de papeles de las Simancas y Sevilla, en relación a la América, acaban de publicar su volumen 34. Este año, por ejemplo, España ha publicado las *Poesías Festivas* de Blasco, los *Aires d'a Miña Terra* por Curros Enríquez y las *Obras Completas del Duque de Rivas*, con una notable introducción de Cánovas del Castillo, primer ministro de España.»

Sanguily adquirió velocidad e intensidad, al reportar sobre sus lecturas recientes: «*Los Buenos y los Sabios* de Ramón de Campoamor, *El Gran Galeoto* de José Echegaray, de José Zorrilla, *Recuerdos del Tiempo Viejo* y *El Primer Loco* de Rosalía de Castro. ¿Recuerdas, Martí?... *¿Por qué me vuelve loco el mirarte?*... Es uno de mis cuentos favoritos.»

Martí estaba verdaderamente impresionado al ver la profundidad con que Sanguily se había sumergido en las letras españolas; quería seguir oyéndolo. «Cuéntame de los homenajes a ese segundo ídolo, Don Pedro Calderón de la Barca.» Se había celebrado el segundo centenario de Calderón en Mayo, con gran esplendor…

«El mundo de habla española completa se volcó en hacer obras conmemorativas,» respondió Sanguily. «Menéndez y Pelayo publicó una selección de sus obras dramáticas en cuatro volúmenes; la Academia Real ofreció un premio por el mejor ensayo crítico contrastando *El Mago Prodigioso* con el *Fausto* de Goethe.»

Sanguily y Martí pasaron horas agradabilísimas hasta bien entrada la tarde conversando de literatura, de música, del teatro, de pinturas y un poco de cultura popular; tal parecía que evitaban el tema desagradable de la política para no agriar el sabor de estas horas con cuestiones de peso.

Ya al final de la tarde, Martí le comentó a Sanguily: «¿No te parece que hay un renacimiento cultural en las provincias? En *illo tempore*, cuando España era una colección de reinos, los reyes viajaban por todas partes; y también en Francia (hasta Francisco I). Mudaban sus cortes de Burgos a Valladolid, a Valencia, a Barcelona, a La Coruña, a Sevilla y así sucesivamente. Con ellos venían músicos, poetas, juglares, actores, pintores, historiadores…produciendo grandes obras en plenas provincias. Ya sabes que Felipe III se quedó tres años seguidos en Valladolid y fue persuadido por sus consejeros a acabar de radicarse en Madrid permanentemente; la *heroica villa*, entonces, comenzó a monopolizar las artes creativas y poco a poco desapareció el esplendor cultural de las provincias. Pero me parece que está volviendo, por la facilidad del transporte moderno y el crecimiento de las ciudades. Los gallegos, los vascos, los asturianos, los catalanes, los andaluces, los aragoneses— ¡todos quieren brillar tanto como los Madriles! Barcelona tiene nada menos que 20 periódicos y 6 revistas, La Coruña 12, Bilbao 16, Zaragoza 12. Increíble. Ahora, para no quedarnos cortos ni perezosos, nosotros tenemos 14 diarios en La Habana, 6 en Camagüey y 4 en Santiago…»

«Querido Martí: ¡una tarde deliciosa! Gracias.» Se abrazaron los amigos y Sanguily le recomendó: «No se te olvide buscar a Amelia Castillo y a su esposo…Te veo en La Habana, cuando sea.»

□ ◊ □

Arsenio Martínez Campos después del *Pacto del Zanjón*

En Agosto de 1878 José Martí regresó a La Habana después del Pacto del Zanjón y comenzó a trabajar en el bufete de Nicolás Azcárate. El deseo cubano por la independencia se había apagado un poco después de las promesas de cambio y de autonomía hechas por España. Para rematar la cosa, Arsenio Martínez Campos se había vuelto muy popular como el responsable de haber logrado la paz después del conflicto guerrero de 1868-1878. En Julio de 1878 un grupo de autonomistas le rindió homenaje a Martínez Campos en un banquete en el Teatro Tacón. Pedro González Llorente, presidente del *Círculo de Abogados de la Habana,*

futuro líder del Partido Reformista y firmante de la Constitución de 1901, dijo: «*...Vuestra obra quedará aquí para siempre como sombra bienhechora... el Pacto que habéis promovido nos pone en condiciones normales con nuestro destino. En él ha muerto nuestra calidad de colonos...*»

Mientras, las Cortes Españolas, en Madrid, se referían al Pacto del Zanjón como *la paz maldita* y *el convenio vergonzoso.*

Arsenio Martínez Campos tuvo la mala fortuna de escribirle a Antonio Cánovas del Castillo en los términos siguientes: «*Se creía antes que el carácter de estos habitantes no era propio para la guerra; tanto el blanco como el negro han demostrado lo contrario. Las promesas nunca cumplidas, los abusos de todo género, el no haber dedicado nada al ramo de Fomento, la exclusión de los naturales de todos los ramos de la administración, y otra porción de faltas, dieron principio a la insurrección... Deploro ciertas libertades, pero la época las exige, la fuerza no constituye nada estable, la razón y la justicia se abren paso tarde o temprano.*»

Al insistir Martínez Campos sobre estos asuntos, el Consejo de Ministros lo sacó de su puesto en Cuba y se fue de la isla en Enero de 1879.

Fotos: Teatro Tacón y General Arsenio Martínez Campos.

3

"No hay que tener miedo de la pobreza ni del destierro, ni de la cárcel, ni de la muerte. De lo que hay que tener miedo es del propio miedo."
EPICTETO (55 AD - 135 AD)

Ya en el momento de irse de París hacia New York, Martí estaba al tanto de lo que pasaba en Cuba por sus contactos continuos con su gran amigo Fermín Valdés Domínguez; la situación era muy compleja. La capitulación del Zanjón en 1878 fue seguida por la salida de Cuba de gran número de exilados, la mayoría de los cuales encontró refugio en New York, Cayo Hueso y Tampa (40,000) y en los países del Caribe y de Centro América (1,000, probablemente). Entre estos últimos estaban soldados como Máximo Gómez, en la República Dominicana; los hermanos José y Antonio Maceo, en Honduras y luego Costa Rica y la mayoría de los líderes de la Guerra de los Diez Años. Sintieron todos ellos que no era seguro quedarse en Cuba o ir a España, dado el hecho de que los españoles no respetaron sus propias promesas y en Cuba, los voluntarios seguían cometiendo desmanes en contra de los independentistas. La simpatía que mostraron las naciones centroamericanas y del Caribe con la causa cubana hizo que muchos se refugiaran allí. Martí, por otro lado, hablaba inglés fluentemente —como Calixto García y Tomás Estrada Palma—y podría ganarse la vida en Estados Unidos escribiendo y haciendo traducciones. Sentía que aun con gobiernos indiferentes y aun en contra de la causa cubana, el lugar de donde mejor podría influenciar los destinos de Cuba era desde New York y allí se fue.

Los exilados cubanos organizaron clubes independentistas y juntas para levantar fondos, expresar sus sentimientos nacionalistas y divulgar la tragedia de Cuba a mano de los españoles. Ya había 30 tales clubes en 1880. Por la energía y el trabajo de

Martí, ese número se convirtió en 150 en quince años, cuando comenzaría la segunda Guerra de Independencia. Los miembros de los clubes donaban el 10% de sus ganancias o salarios a la causa, comprando y almacenando materiales bélicos y eventualmente, organizando expediciones que los llevaran a suelo cubano. Después del Pacto del Zanjón, Maceo, Calvar, Vicente García, Calixto García y Máximo Gómez le pidieron a los mambises que enterraran sus armas en vez de entregarlas a los españoles. Esto creó la falsa impresión de que los mambises sólo peleaban con machetes, lo que le convino al gobierno español en su campaña de opinión en el mundo entero tratando de establecer que estaban luchando en contra de salvajes. Pues ocurrió que cientos de rifles Remington y sus correspondientes cartuchos, cuidadosamente protegidos con grueso papel cubierto de gran cantidad de sebo, fueron escondidos en las sabanas de Camagüey y en los valles, montañas y bosques de Oriente, listos para otra confrontación con los españoles.

De acuerdo con los informes de los espías de la Casa de Aldama, en 1880 España tenía 20,000 tropas en Cuba y una fuerza de Voluntarios que sobrepasaba los 60,000. Martí pensaba que si se volvía a la Guerra en Cuba, España enviaría diez mil soldados cada mes, para responder a cualquier conflagración. De diez a quince botes patrulleros navegaban alrededor de las costas de Cuba incesantemente, pero dado que había 5,746 kilómetros de costa, 70% de ella ocupada por manglares y difíciles de patrullar, Martí calculaba que se podrían insertar por lo menos un par de expediciones al mes con éxito.

New York, la meta de Martí, no era desconocida para el joven, debido a sus muchísimas lecturas y conversaciones con gente bien informada. La ciudad había sido caracterizada, sin embargo, como un rompecabezas, no sólo por los que acababan de llegar, sino por sus habitantes. Un estudio de contrastes, llena de vicios y virtudes. El poeta en Martí sentía que «nunca había luces sin sombras ni belleza sin vulgaridades…» en la magnífica ciudad, que ya empezaba a ser llamada Megalópolis.

El New York de aquella época no era una ciudad pintoresca como Londres; allí no había nada de más de 400 años y sus habitantes no tenían la menor consideración por las tradiciones o por lo antiguo, como los parisinos. Más que nada, New York era una ciudad donde se hacían experimentos y se comenzaban aventuras en lo social, lo humanitario, lo político y lo económico. Lo que no funcionara se echaba a un lado, se descartaba y se volvía a empezar. Los páramos pantanosos se drenaban, se rellenaban y se parcelaban en un año y se arrasaban, se excavaban y se convertían en un prado o en un lago al siguiente. Desde la Guerra Civil, New York se había convertido en un pueblo grande de casi un millón de habitantes. Al llegar Martí, casi medio millón de personas vivía en la zona de *uptown* (justo al sur de la calle 42), mientras que el otro medio millón vivía al sur de la calle 14. Una de las invenciones americanas maravillosas, el sistema de tránsito rápido, seducía a las masas a que se mudaran *uptown* y viajaran a diario a sus centros de trabajo en otras zonas. La pasión americana por planificar, ya había diseñado una red de calles hacia el norte, hasta la calle 104. Por el momento, sin embargo, los habitantes de esas bien delineadas calles y avenidas del futuro eran los muy ricos, quienes vivían en bellísimas extensiones de terrenos con bosques preciosos, o los pordioseros, quienes vivían en sus hacinadas casuchas en cualquier pedazo de tierra vacía.

La parte más al sur de Manhattan, excepto por la torre de 284 pies de la Iglesia Trinity en Wall Street, estaba repleta de edificios de no más de cuatro pisos. Antes de la Guerra Civil, las estructuras más prominentes eran los comercios construidos con armazón de hierro —*Harper and Brothers Building* (la siempre famosa editorial de libros y revistas), en el 331 Pearl Street, del otro lado del Franklin Square, y el *Haughwout Building* (tienda de cristalería fina, platería, porcelanas y otros artículos para la mesa y la casa), en la esquina de Broadway y Broome. Tanto Filadelfia como Boston sobrepasaban a New York en importancia. La avenida Madison, entre la calle 40 y Columbia College, en la 49, por ejemplo, era un camino agreste lleno de huecos, chivos, cerdos y *apple angel's trumpets* y *zombie cucumbers*, dos tipos de hierbas que crecían silvestres de fuertes propiedades alucinogénicas, las cuales todavía no habían sido descubiertas por los neoyorquinos como *delirantes recreativos*, como se les decía a tales yerbajos en esa época.

Diez años después de la Guerra de los Diez Años, después que Maceo visitó New York y formó una alianza con Miguel de Aldama, la Casa de Aldama comenzó a vender sus inversiones en ferrocarriles. El *Union Pacific Railroad*, una de las inversiones de Aldama, había abierto los mercados del Oeste a New York y los mercados de New York y la costa este a los mercados de la costa Oeste. Tal comercio estaba creciendo substancialmente, pero Aldama había perdido mucho dinero y ya no podía costear expediciones a Cuba y la compra de armas para la causa cubana. John Augustus Roebling había anticipado el enorme cambio que su puente de Brooklyn traería a New York y a toda la región. Aldama había vendido sus extensas propiedades en Brooklyn al tener grandes pérdidas; la ciudad era reconocida como una pequeña versión cosmopolita de América, unas cuantas millas cuadradas que eran el epítome de lo bueno y lo malo del país. La otrora preeminencia de la Casa de Aldama había comenzado a desaparecer…

En un artículo en el *New York Herald*, el primer periódico que Martí leyó al desembarcar, leyó:

> «New York es la ciudad con menos porcentaje de habitantes nacidos dentro de sus fronteras. Sus habitantes vienen de todas partes del mundo y todos los sentimientos y opiniones se encuentran aquí. No hay ningún otro lugar que se le asemeje en la intensidad y energía de sus negocios. No hay ningun otro lugar donde las opiniones expresadas y las discusiones sean tan apasionadas como en New York. No hay otra ciudad en el mundo con tanta libertad. No existe el provincialismo. Los sentimientos de todas las naciones y de todas las clases se funden aquí en un molde único y de él fluyen a todas partes, corregidos y purificados por la experiencia de New York.»

Esto confirmó la intuición de Martí de que era en New York de donde saldría el próximo impulso para la independencia de Cuba.

Cuando Martí llegó a principios del 1880, ya New York era el centro de la industria editorial en Estados Unidos. Las infusiones de capital de Inglaterra habían creado editoriales excelentes, McMillan, Longmans, Putnam, Appleton y Lippincott. La publicación de revistas y periódicos dominaba la escena, pero los libros también eran reconocidos como artículos importantes, al representar un nivel más alto de cultura y de madurez del lector. En contrapunto a las prácticas del siglo siguiente, los libros que se publicaban en los 1880 eran el resultado de que los editores buscaran a los escritores que pudieran recibir una idea de la casa editora y convertirla en «literatura buena.» En otra diferencia con el siglo siguiente, los editores del siglo XIX no se consideraban mercaderes de libros, sino hombres de negocios de las letras; tenían gran afecto unos por los otros, sentimientos desconocidos en otros negocios. Los editores gustaban predicar que su profesión era «la menos lucrativa, con excepción del magisterio y del sacerdocio,» pero en realidad, vivían muy bien y les decían a los autores con toda seriedad que «era imposible hacer dinero en cada título, pero compensaban a través de sus publicaciones existentes, *bestsellers* ocasionales y sus especialidades en libros que no fueran ficción.» Claro que la profesión tenía sus detractores y enemigos. En 1880, la mayoría de los autores de novelas eran mujeres escribiendo sobre temas arriesgados y explícitos, a las que el *American Bible Association* atacaba, pidiéndole a los editores que «trataran de no publicar y vender libros de carácter inmoral pronunciado.»

Fue en ese contexto de competencia amistosa en la búsqueda de buena literatura que Martí conoció a Henry James (1843-1916) en la entrada del *New York Tribune* en 1880. James le traía un manuscrito a su editor y conoció a Martí al estar Martí allí buscando trabajo como traductor con ese editor; Martí no consiguió ese trabajo, pero sí obtuvo una posición como traductor con *Appleton and Company* unas semanas después.

Henry James, la figura clave de la literatura americana realista del siglo XIX, fue uno de los primeros amigos de Martí en New York. Le comentó a Martí que después de pasar gran cantidad de tiempo en Europa, «me encuentro impresionado, al regresar a esta ciudad maravillosa, cada vez…New York está llena de tipos diferentes y figuras interesantes e idiosincráticas… Me parece un lugar que crece extraordinariamente, un lugar repleto de gentes, de brillo, de empujones, de palabras, de un buen ánimo cosmopolita…quizás la mejor imitación de Paris que se puede encontrar en ninguna parte, pero con una originalidad muy propia.» Martí, admirador apasionado de Paris, estuvo de total acuerdo. Le encantaba a Martí la técnica de James—muy innovadora—de escoger el punto de vista de un personaje, lo que le daba la habilidad de explorar el fenómeno de monólogos, conciencia y percepciones internas de este individuo. Le impresionaba tremendamente también la capacidad de James para producir enormes cantidades de trabajo: artículos, biografías, crítica, ficción realista, narrativas y teatro.

Habiéndose enamorado de Paris antes de venir a New York, Martí, como la mayoría de los recién llegados, vivía fascinado con los experimentos en arquitectura de New York. La *Edad Dorada* (1878-1889) de New York fue caracterizada por su arquitectura ecléctica; la ciudad se convirtió en un mosaico de estilos y rasgos interesantes. Martí se preguntaba, con cierta frecuencia, si todo esto era señal de creatividad o una explosión vulgar de clasicismo inspirado en el Segundo Imperio francés. El *Museum of National History*, el *Metropolitan Museum of Art*, *Columbia College*, el *Lenox Library* y el *General Theological Seminary* en la 9a. avenida y la calle 21 en Chelsea, acababan de construirse en estilos grandiosos, o en algunos casos, acababan de ser renovados con enormes lujos. Eran, ciertamente, un gran contraste con la cultura americana puritana, la cual jamás había tenido indulgencia alguna con lo exótico, muchos menos lo sibarítico que ahora se veía en la arquitectura neoyorquina.

Las más aparatosas de estas construcciones eran, en opinión de Martí, el palacete en la Quinta Avenida que Richard Morris había diseñado en 1878 para William K. Vanderbilt y la complejidad innecesaria, con elementos simbólicos, de la estructura de hierro forjado del puente de Brooklyn —cuya obra había añadido millones de dólares de gastos a lo que siempre había sido concebido como una forma utilitaria de cruzar el East River.

José Martí gustaba grandemente de algunas novedades francesas que eran agradables visualmente y a la vez, servían a la población de la ciudad. Se refería este agrado al uso de los *mansards*, o buhardillas, en numerosos edificios nuevos, habitación de bajo costo para miles, en una de las cuales él vivía. A pesar de la crítica del *New York Times* a la moda de los *mansards*, Detlef Lienau, un arquitecto de origen alemán-danés (quien había estudiado en Berlín y Munich) fue el responsable de esta tendencia, al construir un edificio imponente, con *mansards*, en la Quinta Avenida y la calle 10, para Hart M. Smith, mercader y banquero francófilo. Hasta que alcanzó el éxito como autor y periodista, siendo entonces uno de los mejor pagados de New York, Martí vivió con gran gusto en su espacio pequeñísimo pero cómodo de un *mansard* en un sexto piso—sin elevador.

A fines de la década de los '80, luego que Martí ya estaba perfectamente aclimatado a New York, su mejor sentido político le indicó que tenía que establecer vínculos con el Ayuntamiento de la ciudad para poder contar con apoyo oficial para sus actividades y proyectos en pro de la independencia de Cuba. Ese vínculo fue nada menos que Walt Whitman, el autor de *Leaves of Grass*, quien había sido buen amigo de Miguel Aldama veinte años atrás. Whitman había estado interesado en cuestiones políticas, en el asunto de la esclavitud y en el derecho de Cuba de ser libre desde los primeros levantamientos en contra de la esclavitud en la isla, cuando Whitman era joven. Cuando él mismo publicó *Leaves of Grass* en 1855, se hizo gran amigo del joven Aldama, quien coincidentalmente fue el primer comprador de su libro. Ya para el comienzo de la Guerra Civil se había convertido en el autor favorito de Lincoln, ya que éste consideraba a *Leaves of Grass* una manera fantástica de llegar al hombre del pueblo, por su enorme y americanísima saga. El poema *Beat! beat! drums!—blow! bugles! blow!* era, en opinión de Lincoln (y de Martí también), el llamado a las armas más poético y más fuerte de la literatura en inglés.

A Martí le interesaba Whitman, además de como poeta, como crítico literario, en cuanto a la posición de Whitman en referencia a que Shakespeare pudiera ser un autor único, o que hubiera varios autores de la «obra Shakespeare." ¿Cómo podía ser William Shakespeare de Stratford-upon-Avon el autor de todos los dramas atribuidos a él? Al visitar a Whitman en su casa de Camden, Nueva Jersey, Martí tendió a estar de acuerdo con lo que se llamaba en ese momento la cuestión de *uno o varios*: *quién era el autor de todas las obras de Shakespeare*. Era difícil pensar que la erudición en la obra de Shakespeare, con un vocabulario de 29,000 palabras, fuera producida por un hombre de pueblo sin educación universitaria, en pleno siglo XVI; ¿cómo podía saber tanto de literatura, política, leyes, medicina, astronomía y lenguas extranjeras?

Whitman le presentó a Martí a Edward Cooper (1824-1905), alcalde de New York, e hijo de Peter Cooper (1791-1883), uno de los industrialistas más astutos de la ciudad y uno de los hombres más ricos de los Estados Unidos, amén de ser uno de sus inventores más famosos. Cooper llevaba una vida muelle, por ser su padre el dueño de la fábrica *Kips Bay Glue factory* y de la patente del *Tom Thumb*, la primera locomotora operada a vapor.

Cooper le dijo a Martí cuando se conocieron que tenía a varios cubanos trabajando en sus factorías de hierro forjado en Trenton. Habló muy bien de ellos, celebrando su lealtad y su ahínco, al trabajar en la producción de carros para llevar cañones y bases de hierro para los morteros, para el Ejército del Norte durante la Guerra Civil. Tal era su admiración del temple cubano, que Cooper le ofreció a Martí una posición como conferencista en el *Cooper Union College* (Tercera Avenida y la calle 7), una institución académica fundada por su padre en 1859. Pero Martí quería reservar la influencia de Cooper para cuando la necesitara en la causa de la Independencia, así que, con dolor de su alma, se excusó de aceptar tan halagüeña oferta.

Edward Cooper era demócrata, pero no era parte de la piña del Tammany Hall. Militaba en un grupo reformista, el *Irving Hall*, una maquinaria política fundada por John Morrissey, (1831-1878), a quien se le conocía también por el nombrete *Old*

Smoke, cuando en 1875 William Tweed, cacique de *Tammany Hall*, había sido depuesto y encarcelado, por cargos de corrupción. Morrissey, nacido en Irlanda, había sido boxeador y era un pandillero arrepentido, quien se convirtió en senador estatal y eventualmente, en representante federal por New York.

Edward Cooper había simpatizado con la causa de la independencia de Cuba desde los días en que era socio de William Russell Grace, fundador de *W.R. Grace and Company*. Grace había sido socio de Aldama y su amigo íntimo, en el negocio del guano peruano y fue el sucesor de Cooper como alcalde de New York en 1880. Martí les tenía gran aprecio a estos dos neoyorquinos sin escándalos ni corrupción pública; ambos eran grandes filántropos y sin haber tenido que pedirles directamente su apoyo, ambos apoyaron económicamente la causa de Martí. En ese momento, Cooper tenía 56 años, Grace 48, Morrisey 49 y Martí 27. Cooper estaba en el centro de un pequeño pero influyente movimiento —con él jugando un papel financiero importante— en la historia cultural de New York del que fue testigo Martí: la inauguración de la Aguja de Cleopatra, el obelisco egipcio de 3,500 años instalado en el Parque Central el 9 de Octubre de 1880. Unos años después, Cooper tomaría un rol preponderante en la vida educacional de su amada ciudad, al ser nombrado presidente del *Cooper Union College*, fundado por su padre.

Para distraerse, además de largas caminatas por la Quinta Avenida y visitas regulares al Parque Central, para observar los trabajos casi constantes de diseñar y rediseñar sus proyectos y facilidades, a José Martí le encantaba asistir al teatro; según se fue haciendo más y más popular como escritor y traductor, y comenzó a ganar más dinero, iba al teatro con enorme frecuencia.

A principios de la década de los '80 dos teatros competían por las audiencias neoyorquinas: el elegante y muy al día *Park Theater* y el plebeyo pero muy popular *Bowery Theater*. Por años, fueron sitio del conflicto de gustos, principios, intereses e ideología de sus diferentes públicos. El *Bowery*, claro, estaba en la parte este del sur de Manhattan, el límite con la fincas o *bou-*

weries de los colonizadores holandeses de antaño. El *Park* estaba situado en el exclusivísimo distrito de Park Row que había preferido Aldama en sus buenos tiempos; había sido el primer teatro de New York en lograr gran popularidad. Fue construido en 1798, y llamado *Old Drury* en esa época. Desde su construcción, la idea fue que el teatro fuese un centro de gustos aristocráticos, logrado esto por la importación de las compañías inglesas de actores clásicos que venían al *Old Drury*.

Otros teatros trataron desesperadamente de competir con el *Park* y con el *Bowery*—sin lograr tener éxito. Un grupo de neoyorquinos ricos contrataron a un famoso arquitecto para que les diseñara un teatro con fachada neoclásica de gran lujo, el *New York Theater*. Cuando se inauguró, la novedad del nuevo teatro hizo que se llenara por un buen tiempo, pero poco a poco, las audiencias regresaron al *Park*, la casa de la alta cultura. A través de los años hasta los 1880, el *Bowery* se vendió y se revendió, hasta mutar de un templo del arte que fuera una vez, a un escandaloso lugar de populachera cultura. En el fondo, y a pesar de estas diferencias aparentes, ambos teatros ofrecían obras parecidas, cobraban precios parecidos, quizás con énfasis en aspectos diferentes de las mismas obras, pero ambos complacían a sus diferentes públicos. Martí iba a ambos y una temporada, vio, en un plazo de dos semanas, dos presentaciones de Sófocles: *Edipo* o *El Enigma de la Esfinge*; encontró algo de mérito en ambas producciones.

En el *Park Theater*, los actores venían con sus *troupes* desde Inglaterra, o eran actores-estrella americanos que habían tenido experiencias en teatros de ese país. En el *Bowery Theater*, la administración pasó por alto el sistema de estrellas para tener su propia compañía de repertorio con una excelente calidad. Martí concluyó, cuando presenció las obras de Sófocles, que el *Park* había logrado gran lujo y magnificencia en su producción, mientras que el *Bowery* presentó un Edipo superior en valor dramático y belleza, «…el teatro tan acogedor como cualquiera visto por el hombre.» Whitman y Martí compartían esta pasión por el teatro. Una vez, cuando ambos habían ido ya a ver ambas producciones de *Edipo*, Martí le dijo a Whitman que él encontraba que la calidad dramática de los actores en el *Bowery* era maravillosa. «Lo que más me gusta del Bowery,» le contestó Whitman, «es que la audiencia habla y grita con gran animación…la verdadera vanguardia de una cultura popular.»

Años atrás, las audiencias del Bowery consistían exclusivamente de los *Bowery B'hoys* y sus compañeras, las *'B'ghals'*; en época de Martí y de Whitman, las audiencias estaban compuestas por aprendices, carniceros, plomeros y otros artesanos y trabajadores de los barrios más toscos de New York; estas eran audiencias que tiraban a escena sobras de comida, cáscaras de maní y desde el gallinero, tiraban chorros de ron barato hacia las lunetas situadas tres pisos mas abajo.

Ambos Martí y Walt Whitman habían ido a teatros en Europa, en Londres, Paris, Viena y Madrid. Ambos sabían del comportamiento de la audiencia en época de Shakespeare. En Europa, y luego en los Estados Unidos, se consideraba que la audiencia era un participante en la obra, que no era un receptor pasivo; los actores veían esta participación de la audiencia como señal de su propio éxito. En Londres, Martí había visto a Ellen Terry, famosa actriz, en el rol de Próspero en *La Tempestad* y había visto la conducta de la audiencia. La adaptación de dramas clásicos, tales como *Edipo*, presumía que iban a ser actuados para audiencias como la del Bowery. El libreto, la música, el drama, o hasta el melodrama era todo esencial para llegar y ganarse a esta clase de participantes. A pesar de que algunos puristas inevitablemente consideraban esta interpretación tan atrevida de un drama de Sófocles como vulgar, sólo un diálogo creativo con la audiencia sería capaz de atrapar su atención; los eruditos del teatro, con exquisito gusto, criticaban esta aplicación de lo que era una cultura teatral válida e histórica al tiempo moderno. Shakespeare la toleró; ¿por qué no New York?

Para consternación de Whitman y Martí, ambas producciones de *Edipo* en el *Park Theater* y en el *Bowery Theater* no lograron atraer suficiente audiencia; los críticos postularon que ambas producciones eran muy *remotas para la audiencia*, argumento utilizado cuando el debut fracasado en 1834 del mismo drama en el *New York Theater.*

«Los asiduos al teatro, cuando no pueden escribir, se hacen críticos de teatro,» Whitman le había dicho a Martí, pidiendo su concurrencia una vez que ambos habían leído las críticas de *Edipo* en el *Bowery,* al día siguiente de haber ido al teatro y visto la magnífica producción. «Los escritores imbéciles estos dicen que el tema griego ahuyentó a las audiencias, *ergo* la historia misma de Edipo es la que está firmemente enraizada en una cultura elitista. Este rechazo me hace preguntarme dónde está la línea divisoria entre la clase baja y la clase alta en nuestra cultura americana… ¡Miserias de cerebros enanos, con mentes crispantes, desesperantes y corruscantes!» concluyó Whitman.

Martí rió con gran gusto ante el torrente de palabras —algo típico— de Whitman. «Uno de los críticos se atrevió a señalar la versión del *Bowery* como la peor de las dos. Para remate, el crítico del *New York Clipper,* aseveró que los dramas de Sófocles eran obras maestras literarias —en la época de Sófocles y que ahora no podían ser otra cosa más que una curiosidad.»

Siguió Martí: «Esta crítica barata viene de un periodista que no tiene el menor conocimiento del teatro clásico excepto a través de los escritos de otros críticos mediocres. Ha hecho un *lumpen* de los dramas griegos, diciendo que son experimentos no populares aceptados por algunos arrogantes y lijosos del público. Mira, creo que habría que castigar a este tipo metiéndolo en un teatro de donde no se pueda ir y obligándole a ver una y otra vez *Hamlet, Otelo,* y *King Lear* hasta que se las sepa de memoria.»

«¡Fantástico!» respondió Whitman, riendo. «Este fue el mismo tipo que mató a las representaciones de *Ricardo III* y *Antígona,* las cuales duraron más de dos semanas a teatro lleno, pero que él caracterizó como "desastres." Por supuesto, ninguna fue el éxito anticipado por los productores; ¿te acuerdas que en el *Antígona* un espectador hizo reventar al teatro de risa al encaramarse en la escena y escupir un pedazo de tabaco en el escudo de un guardia? A mí me parece que tomar estos actos como señales de disgusto popular es un error, que esto no es otra cosa más que lo contrario: una pasión por participar… Nada de vandalismo ni emblemas de hostilidad —es la audiencia interactuando con los actores, tal como en la época de Shakespeare…»

«Sí. Ahora, estarás de acuerdo conmigo en que la clase tiene que ver realmente con la conducta y no con los ingresos de cada cual,» respondió Martí. «Me parece interesante y quizás sea obvio, que tú y yo estamos identificando, negativamente, a las audiencias del Bowery con las clases trabajadoras, con una conducta desordenada, cuando, amigo mío, históricamente esas audiencias nos han incluido a nosotros dos, a James Fennimore Cooper, Washington Irving, William Cullen Bryant… Hasta presidentes: se sabe que John Quincy Adams y Zachary Tyler han disfrutado del *Bowery*. En Londres, la *Mecca* del teatro, se ven audiencias de terrible conducta, rodeados de estudiosos de los clásicos…»

Walt Whitman, quien era realmente gran admirador de este joven cubano brillante, culto y cáustico, estuvo de total acuerdo.

□ ◊ □

El *Teatro Bowery*, visitado frecuentemente por José Martí, en muchas ocasiones en compañía de Walt Whitman. Aunque fue fundado por familias ricas para competir con el *Park Theater*, en la época de Martí en New York el *Bowery* era principalmente patrocinado por inmigrantes irlandeses, alemanes y chinos, aunque la calidad de sus presentaciones era similar a las del *Park Theater*. El *Teatro Bowery* fue consumido por las llamas en 5 ocasiones, la última de las cuales, en 1929, lo hizo desaparecer.

Ismaelillo en la vida de José Martí

El día 22 de Noviembre de 1878, José Francisco Martí y Zayas-Bazán nació en La Habana, hijo de José Martí y de su esposa Carmen Zayas-Bazán. Su padre, poeta, casi inmediatamente le comenzó a llamar *Ismaelillo*, como el hijo de Abraham y Agar. En esa época, Martí trabajaba en el bufete de Nicolás Azcárate, ya completamente comprometido con la lucha por la independencia de Cuba. En Septiembre de 1879 fue arrestado por las autoridades españolas y deportado a la península. Antes de fin de año, se escaparía a París y entonces, abordo del vapor *Francia*, fue a New York, en donde se reunieron con él Carmen e Ismaelillo en Marzo del 1880.

Al Martí meterse más de lleno en actividades patrióticas, vio y disfrutó de la compañía de su esposa e hijo por menos tiempo cada vez. Aparte de los primeros siete meses de la vida de su hijo, solo lo tuvo a su lado de Marzo 3 a Octubre 21, 1880; de Diciembre 1882 a Marzo 1885 y de Julio 30 a Agosto 27, 1891. En toda su vida, un total de 46 meses; sin embargo, el impacto del padre sobre el hijo fue enorme, en parte gracias al amor profundo de Carmen por su Martí.

«Habla y habla sin parar… te conoce y siempre responde que su nombre es José Martí… todos se asombran de su talento y la verdad, yo lo adoro… » le escribiría Carmen a Martí desde Cuba en 1881. A los 7 años, Ismaelillo se escribiría directamente con su padre:

«Te quiero mucho, Papá… Todo lo que deseas para mí es de mi gusto… Mamá sabe que no pasa un día sin que yo te recuerde… Me dicen que me parezco a ti y eso me alegra cantidad… Muchos besos de tu hijito…"

Martí le respondería:

«Hijo mío: Espantado de todo me refugio en ti. Tengo fe en el mejoramiento humano, en la vida futura, en la utilidad de la virtud, y en ti…»

Al paso del tiempo, Ismaelillo comenzaría sus estudios en la Universidad de La Habana. Allí se enteró de la muerte de su padre en Dos Ríos y luego de muchos meses tratando de recobrar el cadáver de su padre, se fue a New York, donde Gonzalo de Quesada le sirvió de mentor. En el 1896 volvió a Cuba y se unió al ejercito mambí bajo Calixto García. Salvador Cisneros Betancourt le envió a *Baconao*, el caballo de su padre, pero consideró un honor al que no tenía derecho montarlo. Luchó hasta el final de la guerra y se retiró con el grado de Capitán. En 1916 se casó con María Teresa Vances, *Teté*, y murió sin descendencia el 22 de Octubre de 1945, después de una vida entera de servicio público humilde y honorable.

Fotos: • 1880, Ismaelillo y Martí. • Con Martí en 1885.
• Ya un hombre maduro, en 1943.

□ ◊ □

José Martí imprimió él mismo a *Ismaelillo* en el taller de Thompson & Moreau, 51 y 53 Matden Lane, New York, en 1882, con el propósito de regalar el librito a sus amigos. En francés, le escribió una carta a **Charles Dana** (foto a la derecha), director del periódico *The Sun*:

> *Mi estimado amigo:*
> *Acabo de publicar un pequeño libro, no para obtener utilidad del mismo, sino para regalárselo a aquellos que me aman, en nombre de mi hijo, que es mi señor: es el romance de mis amores con mi hijo; uno se cansa de leer tantos romances de amores con mujeres.*
> *Yo le envío este libro, en prenda de grato recuerdo de mi corazón; hoy que recobro las riendas de mi vida, no olvidaría yo a quien ayudó, en un momento de prueba, a mantenerlo en alto. Ese no fue mi mérito; fue el suyo, que me hizo ganarme su amistad.*
> *Firmado: José Martí*

Al final de la carta añadió un verso sencillo:

Bien estará en la pintura / el hijo que amo y bendigo; / mejor en la ceja oscura, / cara a cara al enemigo!

Estampilla de correos emitida por la ***Junta Central Revolucionaria Cubana*** (Cuban Central Revolutionary Commission), impresa en New York por la **American Bank Note Company**. A partir de 1896, cuando los rebeldes cubanos llegaron a controlar todo el territorio interior del pais, la única forma de comunicarse por correspondencia era utilizando los servicios postales de la República Cubana en Armas

4

"La justicia es la conciencia; los que reconocen la voz de su propia conciencia, usualmente reconocen también la voz de la justicia."
ALEXANDER SOLZHENITSYN (1918 - 2008)

Igual que cuando viajaba de Francia a New York y sus pensamientos se tornaban algo angustiosos al pensar en la naturaleza de la riqueza, del patriotismo, del desarrollo económico y de los nombres de familias poderosas, la imagen serena de Fermín Valdés Domínguez venía con frecuencia a la mente de Martí cuando comenzaba a establecerse en New York. Si alguno tuvo el derecho a ser llamado 'hermano,' para Martí (quien tenía cinco hermanas), ese alguien era Fermín Valdés.

Fermín nació el 10 de Julio, casi seis meses después que Martí (quien nació el 28 de Enero de 1853). Fueron compañeros de primaria en el Colegio San Anacleto y después de 1867, en la Academia de San Pablo, bajo la dirección del poeta y mentor de generaciones de cubanos, Rafael María de Mendive. Cuando cumplió los 16 años, en 1869, Domingo Dulce, el Capitán General de Cuba, otorgó al pueblo de Cuba tres derechos —algo muy poco usual: representación en las Cortes, en Madrid, libertad de reunión y libertad de prensa. Más de 70 periódicos surgieron y se apresuraron a ser publicados en los primeros 20 días de haber sido publicado este edicto. Martí y Fermín le tomaron la palabra al Capitán General y publicaron su sueño joven, su periódico *El Diablo Cojuelo*, el cual solo tuvo un número antes que empezaran las clases en la Universidad de La Habana en 1870. En 1871, ambos amigos fueron acusados de *infidencia* al escribir una carta de reproche a Carlos de Castro y Castro, compañero de los dos quien se había inscrito en el ejército español y quien veía con aprobación el fusilamiento de los ocho estudiantes de medicina acusados falsamente de profanar la tumba de el prestigioso periodista español Gonzalo de Castañón. Martí y Fermín Valdés se auto-acusaron de ser el único autor de la carta, tratando de proteger el uno al otro, pero ambos fueron condenados a seis años; Martí, a trabajo forzado en las canteras de San Lázaro en las afueras de La Habana y Fermín —que había sido acusado también de participar en la profanación de la tumba— a prisión en la Fortaleza de la Cabaña.

Fuel el destino el que los puso a los dos en Madrid en 1872 como resultado de la conmutación de sus sentencias a un exilio indefinido. Allí, siguieron los dos amigos trabajando y hablando en pro de la causa por la independencia de Cuba. Decidieron irse a Zaragoza en 1873 a obtener sus grados universitarios, Martí en Derecho, Fermín en Medicina. Cuando pudieron, juntos viajaron por Paris, Londres, Berlín y otras capitales europeas. Se graduaron; se separaron al irse Martí a México y Guatemala y después, de regreso a La Habana al final de la Guerra de los Diez Años en 1878. Fermín, establecido en la región de Baracoa, se convirtió en un médico de gran reputación y en los ojos y oídos de Martí en el interior de la isla. Martí no duró mucho en La Habana: se fue a su segundo exilio en Septiembre de 1879. Fue entonces, a fines de año, que sacándose de encima a las autoridades españolas, encontramos a Martí a bordo del vapor *France* con rumbo a New York.

Allí, en pleno Atlántico, le vino a la mente Fermín, al recordar la carta de éste que recibió cuando vivía en México. La carta le llegó poco después de su boda con Carmen Zayas-Bazán; en ella, Fermín le contaba la muerte en New York de Francisco Vicente Aguilera en 1877. O quizás la causa de estos recuerdos fueron los pensamientos algo obsesivos que tenía sobre el futuro de Cuba, las riquezas, el patriotismo, el desarrollo económico y los nombres de familias aristocráticas, y el hecho de que el de su mujer, Zayas-Bazán, era uno de ellos. Pensó Martí que Aguilera había sido la antítesis de lo que le preocupaba a Martí sobre las familias aristocráticas, las riquezas y la prosperidad nacional.

El Aguilera que Martí conocía como si éste fuese un miembro de su familia, sin jamás haberse encontrado con él, tenía 56 años cuando Martí solo tenía 24. Antes de su exilio en 1871, era sin duda el hombre más rico de Cuba y probablemente, en toda la América Latina. Su herencia, los frutos de su trabajo y la sabia administración de esa herencia le habían alcanzado niveles de riqueza fantásticos, muy por encima de los de cualquier hombre de negocios, gobernador de la isla o magnate eclesiástico en los vastos dominios de España: 30,000 caballerías de tierra (una caballería era equivalente a 33.2 acres); 35 fincas de diversos tamaños, de las cuales había 18 sembradas con caña de azúcar y las otras estaban dedicadas a ganado y a la cría de animales; un par de docenas de edificios urbanos incluyendo hoteles, casas, teatros y facilidades industriales; diez ingenios, con una producción de alrededor del 12% de toda la zafra cubana; 35,000 cabezas de ganado; 4,000 caballos, 500 esclavos — ninguno de los cuales había sido comprado por él sino heredado de sus antepasados.

Aguilera había participado en la *Convención de Tirsán*, en Oriente, en Agosto de 1868. Allí, varios líderes cubanos habían acordado la fecha en la cual declarar la primera guerra de independencia; sería en los primeros días de octubre, antes que los españoles pudieran sacar las ganancias de la zafra. Siguiendo lo decidido al pie de la letra, Aguilera liberó a sus esclavos el 10 de Octubre y armó un regimiento de 150 hombres para atacar y capturar el pueblo de Bayamo. Luego de ocupar el pueblo, se le advirtió que sus propias pérdidas serían enormes cuando llegara el momento de quemar la ciudad para evitar que cayera en manos españolas. Su respuesta fue: «Todo será perdido de todas formas si no tenemos país.» Procedió a vender por lo que consiguiera todas sus propiedades, se quedó con un 8% del dinero para su familia y le dio el 92% a la Guerra de Cuba.

Durante la Guerra, Aguilera fue Secretario de de la Guerra de la República en Armas, miembro de la Cámara de Representantes, Vicepresidente y General del Ejército en la provincia de Oriente. En 1871 se le pidió que fuera a New York a tratar de unificar las diferentes facciones de exilados en pugna por el control del exilio. Luego, fue a Paris y Londres en busca de fondos y de apoyo financiero para la Guerra. No pudo lograr mucho en Europa y volvió a New York. Ya en ese momento estaba en la bancarrota; hasta tuvo que colocar a sus hijos en instituciones caritativas y a sus hijas, buscarles trabajo como costureras. Trató de regresar a la manigua en Cuba, pero cayó gravemente enfermo por un cáncer de la garganta a los 56 años.

La carta de Fermín Valdés Domínguez, parafraseando la nota que Miguel de Aldama había escrito para el *New York Times*, era corta pero llena de detalles. Martí la leyó varias veces, con lágrimas en los ojos; la guardó por dos años entre sus papeles más importantes. En ese momento, rodeado de las aguas infinitas del océano Atlántico, sacó la carta de su bolso de papeles y con toda solemnidad, releyó la carta de Fermín:

«Marzo 12, 1877.

Querido José:

Ayer recibí una carta de nuestro amigo común Miguel de Aldama en la cual me informa de la muerte y del funeral de nuestro antiguo Vicepresidente, el Mayor General Francisco Vicente Aguilera. Un grupo de amigos lo acompañó en este camino final y Aguilera fue enterrado con todos los honores de un jefe de estado. Murió el 22 de Febrero de las complicaciones de un cáncer de la garganta, ya cansado y débil, luego de sufrir por meses en silencio, sin jamás haber pedido el paliativo de la morfina. Lo acompañaban su esposa Ana, sus hijos y varios amigos en la hora de su muerte.

El entierro tomó lugar el 26 de Febrero a las 9:30 de la mañana. Sus restos fueron velados por 24 horas en el Salón del Gobernador del Ayuntamiento de New York, por expresa orden del Gobernador republicano del estado de New York, Alonzo Cornell. El cortejo, hasta la Iglesia de San Francisco Javier, contaba con el General Martin Thomas McMahon, en representación del Presidente de la República Rutherford B. Hayes (McMahon fuel el general más decorado de la Guerra Civil, por cierto). Junto a él estaba el general Charles Kinnair Graham, el héroe de Gettysburg. Los seguían Charles Anderson Dana, editor del *Sun*, íntimo amigo de Aguilera y de los presidentes Lincoln y Grant; el gran amigo de Aguilera

Rowland Hussey Macy, fundador de la tienda R. H. Macy's; nuestro amigo Aldama y otros amigos cubanos, José Antonio Echeverría, José Luis Ramírez, Joaquín J. Ovantes, Jesús J. Polo, Plutarco González, Leandro Rodríguez y José María Macías.

Siguiendo la carroza fúnebre por las calles se veían delegaciones de todas las organizaciones cubanas del exilio. Su mujer, Ana Manuela Quindelán y sus hijos Antonio e Hilario Aguilera; sus primos el coronel Antonio Aguilera y Mario Martínez. Luego venía una delegación de señoras cubanas, al frente de las cuales estaba Ana Quesada de Céspedes, viuda de nuestro bien amado Carlos Manuel de Céspedes. La trayectoria del cortejo por las calles de Manhattan, desde el Ayuntamiento hasta la calle 16 había sido cerrada a peatones y carruajes por orden del alcalde Edward Cooper. Tres americanos y tres cubanos cargaron el féretro de la carroza hasta el frente del altar. La iglesia, enorme, estaba llena de lado a lado; quizás había hasta mil personas allí, familiares y amigos y personajes de New York. El ataúd, rodeado de cuatro enormes cirios, tenía encima una bandera cubana hecha según el *New York Times*, de finas sedas, fue cosida durante el día y la noche anteriores por monjas del convento de San Francisco Javier. A un lado había una bellísima corona de flores blancas con una cinta inscrita *Tus Hijas*; del otro lado, había una corona hecha de flores blancas con una cruz arriba, de lilas color violeta oscuro, con una cinta inscrita *Ana de Céspedes y la República de Cuba*.

Un réquiem solemne fue celebrado por el párroco, el Padre Pelletier. La música, todas favoritas de Aguilera, fue cantada por un coro maravilloso: el *Requiem en C menor*, de Cherubini; el *Inflamatus Et Accensus*, de *Stabat Mater* de Rossini y una pieza de Handel, *Angels ever Bright and Fair*, de su Oratorio *Theodora*. William Berge fue el organista y Teresa Weineke la solista. Justo antes de terminar la ceremonia, una corona de rosas rojas, de Macy, se colocó en la parte inferior del ataúd.

La liturgia terminada, sacaron el féretro a la calle camino al cementerio. Una delegación de los clubes negros cubanos de New York había pedido el privilegio de llevar los últimos restos de Aguilera en sus hombros hasta la Calle Segunda del Este entre la primera y segundas avenidas, donde se encontraba el Cementerio Marble: era su marca de respeto hacia el hombre que había sido el primero en liberar los esclavos en Cuba en el 1868. El cortejo hasta el cementerio no siguió orden alguno, con casi tres mil dolientes que en silencio seguían el féretro de Francisco Vicente Aguilera por las calles vacías de Manhattan. La familia y algunos personajes iban en coches cerrados rodeados por la multitud. En el cementerio, el ataúd fue colocado en el panteón de los Vanderbilt hasta que, por petición de Aguilera, pudiera ser regresado a una Cuba libre, a Bayamo, para allí ser enterrado en su tierra natal.

Una pequeña tarja de plata en el ataúd llevaba la siguiente inscripción: «*Aquí yace Francisco Vicente Aguilera, nacido en Bayamo el 22 de Junio de 1821, muerto en New York el 22 de Febrero de 1877. No vio a Cuba libre.*»

Tu hermano,

Fermín.»

Siempre que leía la carta de Fermín, Martí sentía un caluroso sentimiento de gratitud y orgullo por ese cubano increíble que había sido Francisco Vicente; sabía Martí lo que habían sentido Aldama y los otros allí presentes al enterrar a Aguilera. Cuando leía y releía la carta de Fermín, Martí se llenaba de la misma pasión por Cuba que animó a Aguilera y de su determinación de verla independiente.

Al momento de recibir la carta, le contestó a Fermín:

«Liberar a Cuba fue el motivo central de la vida de Aguilera. Rico o pobre, contento o triste, saludable o enfermo, preocupado o tranquilo, este valiente nunca cesó de hacer algo por Cuba y los cubanos. Elegante y generoso, creo que fue la mejor representación del verso aquel de la Barrett Brown que tanto me gusta: *I love thee to the depth and breath and height my soul can reach*... Amor a la patria, Fermín querido, es la conexión que convierte la generosidad de un hombre con sus compatriotas en una gran urgencia de actuar por ellos. Nadie recuerda lo que Aguilera pudo haber hecho por sí mismo; nadie nunca tuvo ocasión de desconfiar de él. Jamás se le oyó maldecir o hablar mal o chismear sobre ninguno: una amabilidad finísima fue siempre su característica saliente. Nunca se le conoció amargura alguna o pesimismo, aún cuando sus planes fueron destrozados por la realidad. Siempre fue generoso: Cuba y no sólo su familia extrañará por siempre su huella sobre nuestro carácter nacional.»

Martí guardaba no sólo la carta de Fermín, sino una copia de la suya en respuesta; las palabras sobre Aguilera eran, en realidad, reflexiones sobre la grandeza de Cuba y no sólo la de este hombre excepcional. Pensaba Martí que sería difícil, si no imposible, encontrar a otros a quienes se le pudieran aplicar estas palabras.

El pensamiento de Martí recordó los días en Zaragoza, cuando él y Fermín compartían estudios, libros, comida y cuarto. Junto a sus pesados tomos de *Derecho Canónico* y *La Teoría de Contratos*, los libros de Fermín habían atrapado su imaginación también; se había leído los volúmenes de *Anatomía Descriptiva, Anatomía Comparativa* y *Fundamentos de Disección* tan completamente que hubiera posiblemente pasado los exámenes de estas asignaturas...

Durante esos años, mientras Martí escribía *El Presidio Político en Cuba*, Fermín organizaba su libro *Los Voluntarios de La Habana*, una denuncia de los crímenes monstruosos cometidos por estos, en particular, el horrendo crimen de haber hecho fusilar a los siete estudiantes de medicina en La Habana el 27 de Noviembre de 1871. El libro de Fermín estaba escrito en primera persona y su estilo era tan parecido al de Martí que bien se pudiera decir que Fermín fue el primer autor influenciado por el estilo de Martí. Martí publicó su *Presidio Político* en Madrid en la imprenta de Ramón Ramírez en 1871, Fermín en la de Segundo Martínez en 1873. Tremendos logros, al considerar que ambos aún no llegaban a los veinte años. Martí estaba convencido que Fermín era genial: en sus últimos dos años en España, Fermín viajaba entre Zaragoza, Valladolid, Barcelona y Madrid para comprimir, *por la libre* [2], tantas asignaturas como fuese posible cada semestre. Terminó 25 asignaturas con notas brillantes en esos dos años, una carga académica que normalmente le tomaría, a un buen estudiante, de cuatro a cinco años completar.

Los recuerdos de sus años con Fermín, amigo de la infancia, compañero leal de mil andanzas, entristecieron a Martí.

El 25 de Febrero de 1876, Fermín se casó con su prima hermana María Consuelo Quintaró y Ramos en La Habana. Un año después, Martí los visitó, al hacer una rápida visita a sus

---

[2] Una opción del sistema español que permitía presentarse a un examen estudiando por uno mismo, sin asistir a clases.

padres. Ese cortísimo viaje terminó con la partida de Martí para Guatemala, camino a México para celebrar sus bodas con Carmen Zayas-Bazán. Regresaron a La Habana el dos de Septiembre del 1878, con Carmen seis meses encinta; con enorme gusto se enteraron de la noticia que María Consuelo también tenía seis meses de embarazo. Los Martí fueron huéspedes de los Valdés, ambos simpáticamente apostando a que su hijo sería el primero en nacer. El 11 de Noviembre le nació una niña a Fermín y María Consuelo y el 22, un hijo, *Ismaelillo*, a Carmen y Martí. El 25 de Septiembre siguiente Martí fue deportado a España por su discurso en el Liceo de Guanabacoa delante del Capitán General; días después, moriría la bebé de Fermín, con el dolor consiguiente de éste y de su esposa. Le escribió enseguida a Fermín, compartiendo su pena, aumentada por no poder estar en La Habana para abrazarlos y estar con ellos.

Al recordar sus emociones de esos días, Martí repasó el libro de Fermín mentalmente, *Los Voluntarios de La Habana*, el cual era un augurio trágico y un presagio del dolor que se sentía al perder un hijo. Cuando Fermín escribió su libro, había tratado de encender los ideales de los que sufrían en silencio los atropellos del régimen colonial español; trató de motivar a los cubanos a defender sus principios. Realmente condenaba a esos fanáticos que se habían alegrado de la muerte de sus compañeros estudiantes de medicina, sin expresar Fermín el menor odio hacia ellos. Martí siempre creyó que el libro, más que nada, era un triste poema en prosa describiendo la angustia de las madres que perdían a sus hijos inocentes, expresando los sentimientos de vacío al ver que el futuro de una vida joven era fracturado inútilmente.

Martí cayó en un estado de tristeza, si no de depresión, consumido por sus recuerdos de cosas tristes, a pesar de que en general, Martí estaba lleno de entusiasmo al haber emprendido lo que él consideraba sería el proyecto definitivo hacia la independencia de Cuba. Carlo Munier, el mandolinista florentino ya amigo de Martí, compañero de cientos de conversaciones en la segunda clase del vapor *France,* fue el primero en notar el decaimiento de Martí.

«¿Qué te pasa?» preguntó. Martí respondió: «Recuerdos de un amigo a quien extraño cada vez que tengo un proyecto importante entre manos…»

«Eres muy discreto y absorbente, pero pienso que ya somos bastante amigos como para que me puedas contar lo que sientes, ¿no?»

Martí sonrió ante la generosidad de Carlo y le dijo que como músico, tendría la sensibilidad para comprender sentimientos y como italiano, para compartir los ideales de Garibaldi luchando en pos de la libertad de dos continentes. Añadió «¿Sabías que le puso a Lincoln como condición de pelear en la Guerra Civil que tendría que liberar a los esclavos, para lo cual aún no estaba listo éste?»

«Oye, una de las cosas que más admiro de ti es… ¡todo esto que tú sabes de Garibaldi, de Lincoln, de quien sea! A ver, hazme más historias cubanas, sobre todo, las que te han puesto hecho un desastre…»

«Los crímenes más horrendos resultan a veces útiles, aunque esto suene terrible, porque despiertan la conciencia de los hombres despreocupados normalmente de lo que le pueda pasar a otros,» dijo Martí. Comenzó su crónica:

«Hace unos años, unos jovenzuelos, todos estudiantes del primer curso de medicina en la Universidad de La Habana, estaban paseando por el Cementerio de Espada sin nada que hacer y con descuido, arrancaron una rosa de un bouquet en la tumba de un importante periodista español llamado Gonzalo Castañón.

«Acuérdate que no soy cubano, así que empieza más atrás, por favor…»

«Muy bien: comenzaré por el Cementerio Espada. Por más de dos siglos, todos los difuntos, mujeres, hombres y niños en La Habana eran enterrados en las iglesias, o en los patios de los conventos. Igual que en Madrid o en Paris o en Roma. Esta costumbre creaba olores tan desagradables, particularmente en el verano, que poco a poco se fueron buscando otras soluciones, En París se fundó el *Cimetiere des Innocents*. En La Habana, el Obispo Espada y Landa, junto a un médico cubano, el Dr.

Tomás Romay, convencieron al Capitán General de entonces, Salvador José de Muro Salazar, Marqués de Someruelos, a que abriera un cementerio general en 1806; sería un lugar amplio, barato y más higiénico que las iglesias. Se escogió un solar enorme encuadrado por las calles de Aramburu, San Francisco, San Lázaro y Vapor, cerca de la planeada expansión de la Universidad de La Habana (la cual estaría en la *Colina de Aróstegui*, también conocida como *Loma de la Pirotecnia*, de donde una calle sin pavimentar bajaría hasta las murallas del cementerio). En ese momento, un espacio para enterrar a alguien en una iglesia se vendía en 147 pesos cerca del altar, y en 14 cerca de las puertas o detrás del coro. ¡Compara eso con uno en el *Cementerio de Espada* en 51 cerca de la capilla, en la avenida principal, o 6 pegado a los muros! Ya para 1873, sin embargo, el cementerio iba a ser cerrado; era el lugar del descanso eterno de más de 300,000 cadáveres, desde Capitanes Generales hasta esclavos, en panteones millonarios o simplemente, en la tierra...Ya se había anunciado que lo cerrarían en 1878 y un nuevo cementerio, llamado el Cementerio de Colón, abriría entonces.»

Carlo creía, como todos los que le habían oído contar historias y cuentos, que Martí era el mejor *raconteur* que existía. Este siguió: «En Enero del 1870, Castañón había ido a Cayo Hueso para retar a otro periodista a un duelo, por haberlo ofendido. Don Gonzalo Castañón y Escarano (1832-1870), era editor de *La Voz de Cuba*, y Juan M. Reyes, de *El Republicano* en Cayo Hueso. Ese islote al norte de Cuba, estaba lleno de exilados cubanos; Reyes presumiblemente había escrito fuertes palabras sobre Castañón, quien tenía gran hostilidad hacia los exilados cubanos. Dos de esos exilados, por ejemplo, eran Carlos Manuel de Céspedes, hijo, quien sería alcalde de Cayo Hueso más tarde, y Fernando Figueredo Socarrás, elegido a la legislatura estatal en 1884 y luego Superintendente de Educación para el Condado de Monroe. La cosa es que a Reyes no le gustaba nada la idea del duelo, a pesar de no tener más remedio que aceptar el reto. Castañón se alojó en el *Russell House Hotel* y pronto el hotel se llenó de cubanos furiosos en contra de España y del periódico de Castañón. Alguien—y no se sabe quien, aunque se sospechó de un tal Mateo Orozco y de los hermanos Botello—disparó unos tiros, uno de los cuales lesionó a Castañón de muerte. Jamás se encontró al culpable ni se castigó a nadie. Y fue enterrado con honores en el cementerio Espada. Pero la mala voluntad de los españoles en contra de los cubanos exilados aumentó grandemente, particularmente por parte de los Voluntarios.»

Dicho esto, Martí se fue a una ventana cercana a contemplar una puesta de sol maravillosa, un derroche de belleza natural del sol sobre el agua serena, una muestra de perfección. Volvió a su butaca y siguió su relato.

«La influencia de Gonzalo Castañón era tal que cuando el gobernador Domingo Dulce, cansado del azuzamiento de éste, ordenó que Castañón fuera echado de la isla, los Voluntarios se le opusieron, Castañón mantuvo su puesto y Dulce fue llamado a España. Las noticias del asesinato de Castañón llegaron a Cuba por cable desde Cayo Hueso. *La Voz de Cuba* imprimió el cable como volante y lo distribuyó por miles por toda La Habana con un comentario alegando que Castañón había muerto como mártir defendiendo el honor de España. De acuerdo al vicecónsul Henry C. Hall, la noticia estimuló las pasiones excitables de las más bajas clases de peninsulares. A las pocas horas, en el café del Hotel Inglaterra, Don Vicente Danni, próspero inversionista nacido en Cuba pero vecino de Cayo Hueso, fue muerto a tiros por un español "con acento asturiano" quien escapó. En Matanzas, un grupo de Voluntarios gritando *¡Muerte a los Traidores!* en la Plaza de Armas, aterrorizó a la población por más de 12 horas. Al día siguiente, frente al Teatro Tacón, un grupo de americanos fue atacado por un hombre en traje de civil pero con la gorra de los voluntarios, que le disparó y mató a Isaac Greenwald, un hotelero neoyorquino, anfitrión del grupo. Los demás americanos pudieron escapar gracias a la intervención del Cónsul General de Francia, el marqués de Tobin, quien iba a investigar las facilidades del Tacón. El atacante sacó una navaja, con la que hirió a Tobin en el hombro, gritando "¡Muerte a los americanos!" Las autoridades españolas ofrecieron una recompensa de $1,000 por el asesino de Greenwald, pero, claro, nada pasó.»

Varios pasajeros se les habían unido a Carlo y a Martí en el saloncito de segunda clase y escuchaban la historia con gran atención.

«Unas semanas después, el 23 de Noviembre, un custodio del cementerio reprendió a los estudiantes por arrancar una rosa de la tumba de Castañón; un grupo de Voluntarios aprovechó la coyuntura para correr la voz de que los estudiantes habían profanado su tumba, rayando también el cristal de otro mausoleo. Una situación parecida a la de Cayo Hueso ocurrió en La Habana: el odio se palpaba por las calles, particularmente frente a la Escuela de Medicina de la Universidad; los pasillos y las aulas de la Facultad se llenaron de gente gritando, exigiendo la pena de muerte para los estudiantes. Un gran grupo de estudiantes fue apresado, pero la multitud siguió su acoso irracional frente al palacio del Capitán General. El jefe de seguridad de palacio ordenó que saliera la guardia palatina a caballo para proteger el sitio, pero la chusma, en su furia, atacó a los caballos con bayonetas. El caos cesó al anunciar las trompetas marciales la decisión del tribunal: muerte por fusilamiento a ocho de los estudiantes: Anacleto Bermúdez, Carlos Augusto de la Torre, Pascual Rodríguez y Pérez, Carlos Verdugo (quien ni siquiera se encontraba en la ciudad) Alonso Álvarez de la Campa, Ángel Laborde, José de Marcos Medina y Eladio González Toledo. Tenían ellos entre 16 y 19 años. Estábamos en el tercer año de la Guerra de los Diez Años por la Independencia de Cuba; yo tenía 18 años.»

Martí, ahora angustiado por su propio relato, encontró un descanso en el silencio respetuoso de sus oyentes. Terminó su cuento: «Esta historia, relatada por mi hermano Fermín Valdés, quien fue uno de los 43 estudiantes apresados, debe hacer llorar a cualquiera que diciendo la verdad fuese falsamente acusado y providencialmente sobrevive tal acusación. Se merece el interés de los historiadores y de la causa de la justicia. Los más atroces abusos no son castigados cuando los gobiernos hipócritamente consideran justas sus propias acciones si éstas sirven a sus pasiones —o a su ideología. La gentuza pedía las vidas de esos muchachos para vengar la vida que Castañón perdió, cuando, en un acto de machismo, se fue a Cayo Hueso a provocar la furia de los que habían sido echados de su propia tierra. La multitud de Cayo Hueso no tenía algún derecho de invadir el lugar donde estaba Castañón, mucho menos de asesinarlo, claro; tampoco tenían el derecho de ayudar o esconder a sus asesinos. Ahora, el gobierno español en Cuba menos derecho tenía, por ser gobierno, de ordenar lo que en efecto fuera el linchamiento de ocho jóvenes cuya única falta fue portarse irresponsablemente, como hacen todos los jóvenes más tarde o más temprano. No se olvida nunca a los que manchan sus manos con la sangre de otros, aún más, si son víctimas indefensas. Es increíble como al final, la verdad brilla y las víctimas de los abusos y los crímenes son vindicadas. Los que llenan los corazones de los hombres buenos con repugnancia están destinados a ser condenados para siempre por la historia, sin importar cuán importantes y poderosos pudieron ser alguna vez. Puede que nos demoremos un poco en Cuba, pero el momento llegará…» concluyó Martí.

Un breve aplauso, muy espontáneo, se oyó. El grupo se fue despidiendo con tristeza, pero fascinados por el cuento recién oído, narrado por un maestro.

Cuando se fue el último, Martí se sentó en la butaca, recostó su cabeza, cerró los ojos y se quedó solo, en silencio.

□ ◊ □

¿Pudo haber sido José Martí el padre de María Mantilla?

La noción de que José Martí había tenido una hija con Carmen Miyares, la mujer de Manuel Mantilla, era ya un rumor unos años después de que Martí llegara a New York en su tercer y final viaje en 1880. Sus amigos, cubanos y americanos, jamás creyeron el chisme. De hecho, Martí nunca le prestó atención al rumor, excepto por el hecho que ponían entredicho el buen nombre y la reputación de Carmen.

José Martí no era buen mozo: físicamente era pequeño y no una figura imponente; su cuerpo no era muscular y reflejaba los maltratos que había sufrido durante su presidio político. Un tumor testicular resultado de esa experiencia le ocasionaba dificultades al caminar, dándole un paso algo raro, y dolores en las coyunturas: todo como resultado de haber estado preso con cadena y grillete a los 16 años. Ahora, en cuanto a su encanto y atractivo, no había discusión. Era encantador, simpático, poeta, culto y talentoso; un conversador sin par, un personaje verdaderamente carismático. Estas características bien podrían haber actuado como potente afrodisíaco.

Tampoco hay evidencia alguna de que tuvviera una relación pasional con María García Granados, la *Niña de Guatemala*. Era frecuente asistente a las tertulias en casa de la familia García Granados en Guatemala en 1877. No es probable que Martí, con su depurado sentido del honor, hubiese traicionado la confianza de su amigo deshonrando a su hija; ahora, si es probable que María, joven e impresionable, hubiese concebido un gran amor romántico por el encantador poeta cubano. En esa misma época, Martí preparaba su boda con Carmen Zayas-Bazán en México, en Diciembre de 1877. Carmen había sido y era el amor de la vida de Martí, desde que se conocieron hasta el día que murió Martí y Carmen identificó su cadáver en el cementerio de Santa Ifigenia.

No hay tampoco razones para pensar que María Mantilla, hija de Carmen Miyares y Manuel Mantilla, fuera el fruto de una relación ilícita de Martí con Carmen Miyares. María Mantilla nació en Noviembre de 1880. Martí, entonces de 27 años, llegó a New York en enero 3 y se mudó a la casa de huéspedes de los Mantilla en algún momento entre enero y marzo de ese año. Carmen Zayas-Bazán e Ismaelillo llegaron a New York el 3 de marzo. Allí estuvieron por 5 meses, yéndose Carmen con el niño para Cuba en octubre de 1880. Carmen, de familia rica, no quería someter a su hijo a las penurias de un exilio difícil en New York; en más de una ocasión ella dijo que no le hubiera importado vivir ella con Martí en tales condiciones, si no hubieran tenido hijos. En enero de 1881 Martí partió a Caracas donde estuvo hasta agosto de 1881, cuando regresó a New York, a casa de los Mantilla. Manuel Mantilla ya tenía tres hijos con Carmen Miyares y ambos eran íntimos amigos de José y Carmen Martí, aparte de ser sus anfitriones. No es probable que Martí haya abusado de esa confianza en una relación adúltera con la Miyares, más aún al vivir Carmen Zayas-Bazán en la casa de huéspedes de los Mantilla por cinco meses.

Aceptar la versión de un *affaire* entre José Martí y Carmen Mantilla en 1880 sería aceptar que Martí era un hombre sin honor y principios, un traidor a sus amigos íntimos.

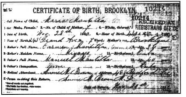

¿Por qué, entonces, declaró María Mantilla, de 79 años, en 1959, que ella era hija de Martí? María le escribió en ese entonces a Gonzalo de Quesada y Miranda, hijo de Gonzalo de Quesada el amigo y confidente de Martí, afirmando que ella era hija de José Martí. Este autor cree que lo hizo para beneficiar a su hijo César Romero; María se había casado con César Julio Romero y su hijo se había convertido en un actor de cierto nombre en los círculos del cine americano. Es posible que María pensara que podría mejorar la estatura pública de su hijo con el romance de ser el nieto de José Martí.

Fotos, desde arriba: María García Granados, *la Niña de Guatemala*; Carmen Zayas-Bazán, la esposa de Martí; Carmen Miyares Mantilla, la madre de María Mantilla; Martí con María Mantilla, niña, en la casa de su padre y María Mantilla con su esposo e hijo, los dos llamados César Romero; el certificado de bautizo de María Mantilla.

□ ◊ □

José Martí sale de Cuba hacia España en 1879

Antonio López y López, el primer Marqués de Comillas, fundador de la *Compañía Transatlántica Española,* fue decididamente monárquico al bautizar a sus barcos. A sus mejores barcos les asignaba los nombres de los reyes más populares de España. En 1875 bautizó *Alfonso XII* al que llevó a Martí en su último viaje de Cuba a España. (El itinerario de Martí era Santander, Madrid, París y finalmente Le Havre).

Hubo tres barcos llamados *Alfonso XII*: el primero (foto de arriba a la derecha, 1875) fue construido por *William Denny & Brothers* en Glasgow. Tenía un largo de 378 pies y en la proa, una estatua del joven Alfonso XII hecha por *Kay and Reid* de Londres. Este Alfonso XII desplazaba 5.5 toneladas y podía acomodar 176 pasajeros de primera clase, 68 de segunda (don-

de Martí viajó en 1880) y más de 200 en tercera clase. El buque se hundió en Gando, Gran Canaria, el 13 de Febrero de 1895, durante un viaje de Cádiz a La Habana.

El segundo *Alfonso XII* (foto de la izquierda, 1888) fue construido por Claudio López Brú, el Segundo Marqués de Comillas, por Wigham Richardson en Newcastle-on-Tyne, Inglaterra. Podía viajar a 16 millas por hora, desplazaba 5.2 toneladas y acomodaba a 154 pasajeros de primera clase, 70 en segunda y 200 en tercera. Fue el barco más lujoso y avanzado de su época, aun comparado con los mejores barcos ingleses. Acabado casi de lanzar, el 16 de Junio de 1898, salió de Cádiz camino a Cuba, cargado con más de 1,000 toneladas de comida y de abastecimientos para las tropas españolas en la isla. Desconocedor de las hostilidades en Cuba, el capitán trató de entrar en el puerto de Cienfuegos y tuvo que huir de cuatro barcos americanos. El *Alfonso XII* fue perseguido hasta los puertos de Bahía Honda, Mariel y finalmente La Habana, donde se encalló en la entrada del canal de la bahía. Allí se hundió luego de dos días de fuego pertinaz.

El tercer *Alfonso XII* fue adquirido por la Compañía Transatlántica Española en 1900, dos años después de la Guerra de Independencia. Se llamó originalmente el *Havel* y había sido un crucero de la armada española. Fue el rey Alfonso XII el que otorgó a Antonio López y López, un *indiano* quien se hizo millonario en Cuba, el título de *Marqués de Comillas* en 1878, en reconocimiento por el apoyo económico y moral que López le había dado al trono en su lucha en contra de los insurgentes cubanos desde 1868.

El Cementerio de Espada en La Habana

El Cementerio Espada, fundado por el Obispo Espada y Landa en 1806, al oeste de La Habana, cerca de San Lázaro, estaba situado en la zona comprendida entre las calles de San Lázaro, Espada, Vapor y Aramburu. Su entrada estaba adornada con cuatro columnas toscanas: dos con esculturas de bronce representando el Tiempo y la Eternidad. Arriba de la puerta había tres placas, una dedicada a la Religión y la Salud Pública, las otras al Obispo espada y al Marqués de Someruelos, gobernador de la isla.

El cementerio se cerró en 1878 y se demolió en 1908. Los únicos restos que quedan hoy en día están al final de la calle Aramburu, como se ve en las fotos. Otros cementerios en La Habana fueron el de El Cerro en Pizano y Cortés; el Cementerio Británico en el Vedado; el cementerio de la Quinta de los Molinos, en Carlos III; el cementerio de Atarés, en las laderas del castillo; el cementerio Bautista cerca del actual Cementerio de Colón, el cementerio Chino, en la calle 26 y el cementerio de Jesús del Monte, al lado de la iglesia del mismo nombre, probablemente el más antiguo de todos, construido alrededor de 1693.

A la izquierda, un pedazo del muro del *Cementerio de Espada* donde fueron fusilados los ocho estudiantes de medicina en 1871. A la derecha el grupo de estudiantes poco antes de morir. (Ver relato: página 81.)

5

"Los viajes largos son extraños: si siempre tuviéramos la perspectiva del final del viaje, jamás nos moveríamos de donde estamos."
MARIE DE SEVIGNE (1626 - 1696)

A las cuatro de la mañana del día 3 de Enero de 1880, luego de lo que pareció ser una eternidad de días y noches a bordo del vapor *France*, un cambio abrupto en el movimiento del barco señaló que quizás ya estaban llegando al fin del viaje. Martí, tan ansioso como todos los otros viajeros de estar en tierra firme, salió a la cubierta de segunda clase a tiempo de poder ver a los funcionarios del Departamento de Salud Pública de los Estados Unidos montando mesas y estaciones de chequeo para inspeccionar la salud de los nuevos inmigrantes. Una vez que habían chequeado a todos, excepto por los pasajeros de primera clase quienes fueron chequeados en sus camarotes, el *France* pasó por las islas de Swinburne y de Hoffman y se vio frente al enorme Puerto de New York. Hoffman y Swinburne eran islotes hechos por el hombre en la entrada de los *Narrows*, al oeste del canal principal para los grandes barcos, a una milla de las orillas de Staten Island. Dentro del puerto había navíos transatlánticos, embarcaciones pequeñas y botes de rio con enormes paletas navegando cada cual en la dirección que quisiera. Al entrar el *France* en el puerto, Martí y los otros pasajeros de segunda se apiñaron en la cubierta para poder ver la increíble vista del puerto más grande del mundo. Todos empujaban para ver mejor; las madres levantaban a sus hijos pequeños para que vieran la vista inolvidable de New York. Había lágrimas, exclamaciones, llantos y celebraciones de los cientos de gentes de todas partes del mundo que pronto desembarcarían en New York. Martí pensaba que en la gran ciudad encontraría el éxito para su misión. No temía al futuro; se había estado preparando para este momento toda su vida. Ahora, con 27 años, estaba contento y tranquilo de haber llegado al puerto. Sentía que esta misión, la más importante de su vida, sería la preparación para la lucha por una Cuba independiente.

Al bajar del barco, Martí se pasó una media hora caminando por el Battery, donde había gente buscando trabajo y los patronos venían a buscar criadas, doncellas, cocineros, cocheros y todo tipo de posibles empleados. Con fondos limitados, Martí buscaba una manera que costara poco de llegar a la casa de Miguel Fernández Ledesma, un amigo de su padre quien había ofrecido albergarlo por unos días hasta que encontrara su propio apartamento.

Al oír un acento cubano, Martí se acercó a tres jóvenes quienes esperaban por un amigo que les llevaría a su destino. Invitaron a Martí a ir con ellos y Martí aceptó, encantado. Lo dejaron cerca de la casa de Fernández Ledesma, un apartamento en el 74 East 30th Street, a cuatro cuadras al norte de Madison Square Park, cerca de Park Avenue.

Cuando Martí llegó, fue recibido con todo el calor con el que los cubanos dan la bienvenida a otros cubanos a quienes encuentran en el extranjero; Lucía Fraga, la esposa de Fernández Ledesma, lo recibió con gran afecto, al igual que los dos adolescentes que visitaban a los Fernández en ese momento, Elvira y Julio. Estos comenzaron a hacerle a Martí todo tipo de preguntas. Elvirita era hija de unos íntimos de los Fernández, y estaba en New York para perfeccionar su inglés. A los 16 años, su inteligencia complementaba su extraordinaria belleza cubana. Julio tenía 17 años, y era el primero de su clase de ingeniería en el *Georgia School of Technology* [3]; estaba pasando sus vacaciones de invierno en New York. Julio y Elvirita eran novios desde que se conocieron en la iglesia del Santo Ángel Custodio en La Habana, coincidentalmente la misma iglesia donde fue bautizado Martí en 1853. José Martí con gran gentileza contestó todas sus preguntas sobre él mismo y sobre su viaje a Europa.

---

[3] Hoy en día llamado *Georgia Institute of Technology* en Atlanta.

«Sí, en el *France* nos daban magníficas comidas, con mante-
les y servilletas de damasco blanco, con camareros estupendos,
aunque fuera segunda... Sí, la comida comenzó siendo muy
buena pero fue declinando en calidad según pasaban los días...
Sí, la primera clase contaba como con 100 pasajeros, la segunda
con 120 y la tercera con más de 300... No, los pobres pasajeros
de tercera tenían que traer su propia comida y cocinarla en el
barco; la mayoría traían granos y papas... No, no había refrige-
ración, así que teníamos vacas en el barco para tener leche fresca y carnes... Sí, claro que pasamos por los *Narrows*, entre
Brooklyn y Staten Island... Sí, vi las calderas en el mismísimo
fondo del barco; ahora están junto a ellas los pasajeros de tercera...» A Martí le dio mucho gusto la gran curiosidad de los
jóvenes y les respondió con gran paciencia todas sus preguntas;
después de todo, él veía su misión como una especie de prédi-
ca, de educación, de persuasión: creer en la causa de la libertad
de Cuba.

Luego de estar unos días con la familia Fernández-Fraga,
Miguel se enteró de una casa de huéspedes a una cuadra de la
suya, en la calle 29, casi esquina Park Avenue. Los dueños eran
Manuel Mantilla y su esposa Carmen Miyares, en el 51 East 29
Street. Martí reservó una habitación allí, comenzando así una
amistad con los Mantilla que duraría hasta irse a Cuba en el
'95. El mismo día que se mudó, asistió a una reunión del *Comité Revolucionario Cubano*, (CRC) una organización presidida
por Calixto García; fue inmediatamente electo a la Junta de Directores de la misma para suplantar a José Francisco Lamadriz,
quien acababa de ser nombrado delegado del CRC en Cayo
Hueso.

El Comité tuvo su primera reunión en casa de Calixto García
el 16 de enero, en un apartamento interior de un edificio localizado en la calle 45 y la avenida novena. Invitó el secretario,
Carlos Roloff.

Como antiguo Vice Presidente del *Club Central de la Habana*,
hasta Septiembre 17, 1879, el día que fue detenido para ser exilado a España, Martí se convirtió en la gran atracción del momento, con solo 13 días de estar en New York. Muchos

exilados, la gran mayoría participantes en la Guerra de los Diez Años, otros, jóvenes deportados por España, deseaban conocer a Martí, a quien su fama como gran orador le precedía. Este era la última reunión antes de la salida de una expedición a Cuba que comenzaría la llamada *Guerra Chiquita*.

Entre los asistentes a la reunión, se encontraba un grupo de distinguidos cubanos:

Ezequiel García Enseñat, de 38 años, Doctor en Letras de la Universidad de La Habana, editor futuro de *Patria*, anteriormente exilado en París. Amelia Castillo de González, de 38 años, nacida en Camagüey, casada con Francisco González del Hoyo; ella era escritora, autora de *Hicotencatle, Doña Marina* y *Moctezuma*. Juan Guiteras, de 28 años, de Matanzas, hijo de Eusebio Guiteras y Josefa Gener. Había sido estudiante del *Colegio La Empresa*, fundado por su padre y su tío Antonio; también fue estudiante de Felipe Poey en la Universidad de La Habana, luego graduándose de Medicina en University of Pennsylvania. Pedro E. Betancourt y Dávalos, de 21 años, también matancero, también médico, graduado de medicina de la Universidad de Madrid. Acababa de ver a Martí en Madrid. Francisco de Quesada, de 52 años, un tabacalero, y su esposa Juana Verona de Quesada; Flora Quesada, hija de ellos, de 18 años, y un sobrino, Gonzalo de Quesada, de 12 años.

También estaban presente José A. del Cueto, de 26 años, graduado a los 21 años de la Universidad de Madrid con títulos en Leyes, Filosofía y Letras y Derecho Civil y Canónico; José Ramón Villalón y Sánchez, de 17 años, de Santiago de Cuba, estudiante de Ingeniería Civil en Lehigh University en Pennsylvania; Rafael Montoro, de 28 años, abogado, antiguo editor de la *Revista Europea* en Madrid, fundador del periódico *El Triunfo* en La Habana y un apasionado autonomista que había sido deputado a las Cortes Españolas por Camagüey.

Junto a ellos estaba Nicolás Rivero, de 39 años, natural de Asturias. Justo antes de ser ordenado al sacerdocio a los 23 años, se escapó del seminario para tomar las armas por la causa Carlista en España, del bando de Don Carlos de Borbón, pretendiente al trono español. Estaba en New York de paso a La

Habana, donde iba a ser el editor del periódico *El Relámpago*. Era el único presente opuesto a la independencia de Cuba.

Al final de la lista, no por ello menos importante, estaba Enrique José Varona, de 39 años, gran intelectual, con un grado de Filosofía y Letras de la Universidad de La Habana. Había sido deputado a las Cortes y a los 19 años había escrito el ya mencionado volumen sobre las *Odas Anacreónticas.*

La reunión procedió en forma ordenada, lógicamente con todos hablando casi a la vez, en el estilo cubano entre amigos, prestando gran atención todos los participantes a las últimas noticias de la salida de Calixto García y su grupo hacia la manigua cubana.

Calixto se contaba entre el grupo de patriotas líderes de la Guerra de los Diez Años que no habían firmado el Pacto del Zanjón. Otros eran: Antonio y José Maceo, Guillermón Moncada, de Santiago de Cuba y Emilio Núñez, oriundo de Sagua la Grande.

Los nuevos expedicionarios se encaraban a serias dificultades. El único con experiencia militar era Calixto García. No tenían bastantes armas ni municiones. Contaban, en su entusiasmo, con las armas enterradas, muchas por ellos mismos y sus tropas, durante la Guerra del '68, así como con las armas que les pudieran arrancar a los soldados españoles. No tenían un solo país aliado extranjero; no sabían realmente si el pueblo, en Cuba, les apoyaría, ya que el aparato de inteligencia había sido desmantelado en 1878. Al contrario, pensaban que los ciudadanos de Las Villas, Camagüey y Oriente a lo mejor estaban tan deseosos de vivir por un tiempo en paz, que no les apoyarían. Los pocos líderes del Occidente (provincias de Pinar del Rio, La Habana y Matanzas), habían sido todos arrestados y la gran mayoría de ellos deportados a Ceuta en África del Norte y a otras prisiones remotas de España. Para remates, Antonio Maceo y Calixto tuvieron un desacuerdo que resultó en que Maceo le retirara su apoyo a García a última hora. Máximo Gómez era de la opinión que el tiempo no era el correcto y que un levantamiento apresurado podría fortalecer la voluntad española de seguir gobernando a Cuba como hasta ese momento. Todo dicho y hecho, Calixto estaba solo.

Unas semanas después de embarcarse, se recibieron buenas noticias de Calixto: Guillermón Moncada ya se encontraba en las montañas de Oriente reclutando a veteranos; Francisco Carrillo se había alzado en las montañas de San Juan de los Remedios, con Serafín Sánchez y Emilio Núñez. Además de estas noticias, se recibió la información de que había varios clubes por toda Cuba que se habían comprometido a darles la bienvenida a los insurgentes y a apoyar la nueva guerra. Un gran número de antiguos guerreros ya estaba en posición en la zona entre Gibara y Holguín; con Guillermón y José Maceo estaban Belisario Peralta, Limbano Sánchez, Francisco Varona, Jesús Rabí, Gregorio Benítez y Emiliano Crombet, entre otros. Contaban, sin haberlo confirmado, estar respaldados por unos 6,000 hombres listos a pelear por la causa independentista.

Con este reporte se cerró la parte formal de la reunión, se sirvió café y el grupo comenzó a hacerle preguntas a Martí sobre la situación política en La Habana, Madrid y Paris. Amelia Castillo fue la primera en hacer preguntas. Roto el hielo, tal parecía que eran un grupo de periodistas entrevistando a una importante figura política.

«¿Qué tal se encuentra viviendo ahora entre nosotros, en los Estados Unidos?»

«Mire, yo encuentro gran similitud entre la experiencia americana en contra de Inglaterra y la nuestra en contra de España, así que es un poco como estar en casa,» dijo con cierto humor. Siguió Martí: Los colonos americanos fueron subyugados y explotados por la corona inglesa como lo somos nosotros por la española; igual que ellos, sufrimos leyes onerosas de impuestos y leyes restrictivas sobre el comercio —todas leyes tiránicas. Para las metrópolis coloniales, los intereses de las colonias, a 5,000 kilómetros, son secundarios a los intereses de "la madre patria." Sólo unos años antes de 1776 fue que los americanos exigieron su libertad, su independencia, vamos, de Gran Bretaña; lo cierto es que en Cuba, hasta hace muy poco, nunca había habido un fuerte sentido de independencia. Los Tories o lealistas en América jugaron el mismo papel que ahora tienen para nosotros los autonomistas. Piense que los americanos de Williamsburg no estaban clamando por su independencia sino por sus derechos naturales. En Cuba, lo que buscamos por casi un siglo fue romper la esclavitud creada por las leyes económicas y fiscales—no el ser independientes de España. Desde el siglo XVII, de vez en cuando, los americanos demandaban acción drástica en contra de tal esclavitud (casi siempre económica), hasta que de veras hubo una gran sed de ser totalmente libres. Igual nosotros: hemos tenido una sucesión de protestas, desórdenes y levantamientos con un atractivo popular limitado; piense en las expediciones de Narciso López.

Pero creo de veras que nos ha llegado la hora: unas gran diferencia es que los americanos en su saga independentista no tenían la menor preocupación por la esclavitud—no era crucial, vamos—y para nosotros, el asunto central de cómo ser independientes sí tiene que ver con la esclavitud..."

Mirándolos a todos fijamente, Martí añadió:

«La verdad es que siempre me ha irritado, quizás hasta ofendido, en el sentido racional del asunto, la declaración del Presidente Zachary Taylor en el 1849 aseverando que cualquier invasión desde los Estados Unidos a Cuba sería vista como un acto criminal... «*any project to invade the territories of a friendly nation from the soil of the United States would be in the highest sense a criminal act, subject to heavy penalties and would forfeit the protection of our country.*» Poco después, el gobernador de Mississippi, el General Quitman, organizó una expedición para liberar a Cuba de España, el Presidente Pierce paró la cosa, en efecto, al proclamar que cualquier persona que cometiera esos actos serían encausadas al límite de la ley, por desobedecer las leyes americanas pero sobre todo, por ignorar los tratados entre España y Estados Unidos. Me parece terrible esa falta de apoyo y de indiferencia a las aspiraciones de los cubanos, un país tan cercano a este...»

Ya con esto todos comenzaron a dar opiniones y a hablar; había un claro acuerdo en que España había malogrado a un continente entero y ahora se aferraba Cuba irracionalmente; en segundo lugar, no había que contar con ninguna simpatía americana; su gobierno realmente cuidaba de los derechos de España ignorando los reclamos justos de independencia por parte de Cuba; al final, todo era un subterfugio para poder esperar a que Cuba pudiera ser anexada.

El grupo estaba interesado en saber lo que pensaba Martí sobre la vida y la cultura en Estados Unidos, aparte de la política.

Dijo él: «Miren, yo admiro profundamente la influencia de la tecnología en la vida americana; esta es única en el mundo y realmente, un verdadero milagro. Cientos de vapores navegan por todo el mundo, en ríos y mares; el telégrafo hace de la comunicación algo inmediato; las fábricas se automatizan cada vez más; gracias a la mecanización, cientos de trabajadores no expertos pueden unirse a más centros de trabajo. Los ferrocarriles acortan el tiempo de los viajes y la producción en masa es una realidad rampante. » Después de una breve pausa agregó.

«Ahora, no permitamos que sea la deshumanización del hombre el precio que hay que pagar por este progreso. Por lo que he leído en Europa, han aumentado las huelgas, los motines, el crimen y los suicidios en los Estados Unidos. ¿Qué se observa alrededor nuestro? Diez mil huelgas el año pasado, he leído en la prensa. Los artesanos desaparecen debido al uso de las máquinas que hacen su trabajo más rápido y por menos dinero. Si se estudia con cuidado lo de los aparentes beneficios del progreso, no es fácil entonces creer en las utopías. Yo creo que el único contrapunto a una sociedad donde el más fuerte sale victorioso con la riqueza y el poder es, en las palabras de Herbert Spencer, venerar el derecho de cada individuo de hacer lo que ellos quieran siempre que no violen los derechos de los otros. El pueblo debe ser verdaderamente, *el pueblo*. Son ellos los que mandan. Tienen el derecho a escoger de qué forma van a ser gobernados, como nos dijo Gladstone. Y por encima de todo, tienen el derecho a levantarse por encima de su nacimiento, donde no deben ser forzados a quedarse si no quieren. Una sociedad deshumanizada es la negación de todo esto.»

«¿Es verdad que Ud. se reunió con el general Arsenio Martínez Campos en Madrid?»

«Sí… el Gobernador Civil de Santander firmó mi pasaporte, así que pude ir a Madrid. Un día, alrededor de Noviembre 5, el conserje de mi humilde residencia en Tetuán 20, cerca de las Puerta del Sol, me entregó un sobre, dentro del cual venían instrucciones de presentarme frente a Martínez Campos, lo que hice a la mañana siguiente. Me recibió cordialmente y me dijo que no toleraría ninguna acción revolucionaria por mi parte; al contrario, si me estaba quieto, me podría conseguir un nombramiento como instructor de la Universidad de Madrid, con un sueldo decente y claro, con el podría vivir en mejores lugares. ¡Hasta sabía la distribución de mi piso! Sabía que tenía un lavabo dentro del cuarto, sabía que tenía que usar la ducha y el inodoro al final del pasillo. Me informó que estaba rescindiendo la orden de deportación a Ceuta que me habían dado en La Habana. Le di las gracias, nos dimos la mano sin hacer promesas ni compromisos, e inmediatamente comencé mis planes para escaparme a París.»

«¡París…! Cuéntenos de París…»

«Me parece que Paris es una ciudad completamente normal para los que viven allí y un lugar de sorpresas incesantes para los que somos de afuera. No pude ver una exhibición de John Singer Sargent en la *Académie des Beaux-Arts* en el *Quai Voltaire;* me perdí también la última presentación de los *Cuentos de Hoffman* en la Opera Garnier antes que muriera Offenbach a los 61 años. Yo sabía que había sido buen amigo de Carlos Manuel y María del Carmen de Céspedes y me hubiera encantado que me contara de ellos. Los dos eran grandes amigos de Offenbach y le dijeron a otros amigos alguna vez que si Offenbach, en vez de ser un genio hubiera sido un artista callejero, lo hubieran querido de igual manera.»

Los contertulios se sonrieron, pensando en Paris y en los Céspedes…Martí continuó:

«Pero no debo hablar sólo de lo que me perdí… París está muy bien, muy próspero, con una pujante burguesía que quizás hace que la gente de a pie se sienta alienada y sin grandes derechos. Los horrores de la Guerra Franco-Prusiana y de la *Commune* de 1871 aún están frescos en las mentes de los parisinos. Un reporte horrible menciona que el ejército francés mató a unas 25,000 personas durante la caída de la *Commune*. En los pocos días que estuve en Paris, conocí a Paule Mink y a Andrea Leo, dos prominentes feministas que me presentó Guy de Maupassant. Hace diez años publicaron material en contra de la discriminación a las mujeres y en contra de la jerarquía de clases, y ¡todavía son vigiladas por la policía! Por otra parte, Verdi continúa estrenando una ópera cada dieciséis meses en la Opera Garnier… y ya ha compuesto 24. También me lo perdí, cuando vino a Paris a supervisar una puesta en escena de *Aida*, en francés, quince años después de su estreno en Cairo. ¿Y qué más? Vamos a ver… Sí, Rodin continua en batalla campal con sus enemigos, quienes ahora alegan que uno de los modelos de sus figures del 1877 para *L'Age de Bronze* fue fundida sobre un modelo vivo. Elogiado por su belleza, la escultura fue rechazada para el Salón de Paris del 1877. Pero al conseguir la famosa Medalla de Oro de Ghent, la ciudad de Paris por fin le ha dado a Rodin un estudio en el famoso *Dépôt des Marbres*, 182, rue de l'Université, cerquita de donde vivían los Céspedes en el *12 rue Jacob*. Bueno, pues Rodin acaba de recibir una comisión del *Musée des Arts Décoratifs* para un portal monumental escultórico que se va a llamar las *Puertas del Infierno*.»

Continuó Martí:

«Ahora, en término de cultura y de política, estos son los años de fin de siglo, o de lo que ya algunos llaman la B*elle Epoque*. Paris es una ciudad increíble, la que ha producido cosas sublimes y grandes, pero también su dosis de derrota y de malcontento. Yo creo que es la verdadera cuna del consumerismo, del espectáculo, de la democratización del descanso y de la manga ancha con los placeres ilícitos. Después de la proclamación de la Tercera República, en el *Hôtel de Ville*, en Septiembre 4, 1870, la marea se volvió contra los franceses por la derrota de Napoleón III en Sedan. Sólo ahora, con los logros modestos y el control de los republicanos, se vislumbra por vez primera que se ha acabado la amenaza de una vuelta a la monarquía.»

«Sin embargo,» añadió Martí, «ha quedado en la psiquis colectiva francesa una cicatriz permanente, un trauma, por el deshonor, la desgracia y la vergüenza de perder guerras y de tolerar la semana sangrienta (*semaine sanglante*) cuando los *Communards* fueron víctimas de los soldados franceses. Creo que se ha acabado el liderato francés por un largo tiempo; Francia no va a tener un rol principal en el mundo como lo tuvo en el siglo XVIII.»

Pedro Betancourt preguntó: «Martí, ¿Ud. cree que Napoleón III, en efecto, no se puede perdonar a sí mismo por haberse rendido él —y a su ejército completo de Châlons— a los alemanes, Wilhelm I y Otto von Bismarck?»

«Sí, me parece que sí es cierto,» respondió Martí. «La estabilidad del viejo orden europeo después de la caída de Napoleón I en 1815 fue desbaratada otra vez al perder Francia a Sedan. Visité *La Maison du Tisserand*, donde Napoleon III se reunió con Bismarck para la rendición, y hasta me senté a la mesa donde firmaron el pacto. También visité el *Chateau-Fortress* del siglo XIII sobre la villa de Sedan, cerca de Donchery. Por pura casualidad, ese día conocí a un inglés que conocía a Napoleón III bien, durante su exilio en Inglaterra. Me contó la conversación que Napoleón III había tenido con su médico, Henri Conneau, antes de morir… probablemente lo último que dijo:

-Henri, eties-vous à Sedan?   -Oui, Sire
-N'est-ce pas que nous n'avons pas été des lâches à Sedan?   -Non, Sire
-Etes-vous sûr?   -Oui, Sire

- Henri, ¿estabas conmigo en Sedan? -Sí, Majestad.
-¿No fui un cobarde en Sedan, no?   -No, Majestad.
- ¿Estás seguro? - Sí, Majestad.»

«¿Qué vislumbra Ud. en el futuro de Francia?» preguntó José Ramón Villalón.

«El clima político se deteriora: las propuestas de leyes para la reforma escolar y educativa alienan a los católicos; los conservadores ya piensan que esas leyes son parte del esfuerzo existente de popularizar un enfoque anti-clerical, secular, en el gobierno de la nación. Las derechas y las izquierdas ya no se hablan; hay un creciente sentimiento anti semita provocado esta vez por la competencia entre las compañías, casi todas de dueños judíos, que intentan conseguir contratos dicen que para la construcción del Canal de Panamá. EL orgullo que trajo Haussman a Paris con sus anchos bulevares, nuevas alcantarillas, los bellísimos edificios, los mercados centrales, ya se ha ido esfumando... ¡los parisinos ya creen que Paris siempre ha sido bella y moderna! Como pionera en ventas al público, en publicidad y consumerismo, París se transformó, de la ciudad confinada de Victor Hugo, en una ciudad utilitaria y moderna de bulevares, cafés, anuncios, restaurantes y todo lo trivial; los artesanos y pequeños comerciantes se han ido moviendo hacia las afueras de la ciudad, sin la menor oportunidad de disfrutar las bellezas de la ciudad.»

Un interlocutor apuntó:

«El *New York Times* recientemente reportó que Gustave Eiffel, el mismo arquitecto-ingeniero que diseñó la torre está haciendo el diseño para *Le Bon Marché*; Aristide y Marguerite Boucicaut, los fundadores y dueños de la tienda, le han dado instrucciones a Eiffel para que su tienda sea un lugar *"donde las hijas de Eva entren en el epítome de la tentación, como ratones que cayeran en una ratonera, deslizándose de mostrador a mostrador, deslumbradas, gastando el dinero de sus maridos a manos abiertas..."* ¿Qué le parece, Martí: son tiendas como *Le Bon Marché* fuentes de ansiedad, obsesión de comprar, avaricia y hasta depravación, o son la *"democratización de lo lujoso,"* como declaran los Boucicaut?»

«La verdad es que los parisinos son raros...» dijo Martí. «Ojalá que no les copiemos los gustos ésos: se reúnen no sólo para la emoción de las compras, sino para otros espectáculos extraños y curiosos, preparados justamente para excitar a las muchedumbres. Visitas a la *morgue*, visitas y viajes en bote a las interioridades de las alcantarillas, representación de crímenes que han leído en la prensa, excursiones a las catacumbas, donde pueden tocar los cráneos y los fémures de sus antepasados, museos dedicados a lo sórdido, a lo feo, a lo putrefacto. Durante la Revolución mostraban las cabezas guillotinadas de los nobles enganchadas de altos palos; Robespierre ponía en fila los cadáveres de las víctimas arriba de grandes bloques para que las multitudes los revisaran como si fueran mercancía, o teatro; durante el *Terror*, se reían cara a las cabezas de los guillotinados que colgaban aún de las manos de los verdugos; el trágicamente prolífico Sansón, guillotinero durante la mayor parte de la Revolución, había sido instruido a levantar siempre la recién cortada cabeza de la víctima por los pelos, antes que parara el flujo de sangre del cuello guillotinado, para asegurarse que la víctima aún estaba alerta, y mostrarla a la muchedumbre —que solía reír; un último horror.»

«Mi madre, que escena terrible…» comentó alguien.

«Bueno, pero estarán de acuerdo que una turba morbosa es otro animal distinto a un grupo de burgueses buscando divertirse más o menos sanamente, en sus compras, aunque en ambos casos se pierde la individualidad de cada uno e impera la masa,» comentó uno de los de los asistentes.

«Estructuralmente ambas muchedumbres son idénticas,» comentó Martí. «Claro, sus fines son diferentes. Una multitud no piensa y por lo tanto no admite que pueda haber nada que sea un obstáculo entre sus deseos y la realización de éstos. La noción de la responsabilidad individual se disuelve tan pronto como una persona se hace parte de una multitud. Un hombre por sí solo no incendiaría un palacio, pero si es parte de la multitud, se envalentona con los números y se ciega en una fiebre colectiva irracional. Bonaparte comprendió esto muy bien y jamás permitió que una multitud se convirtiera en turba, en algo que él no pudiera controlar. He sido testigo de grupos de *Voluntarios* al servicio de la corona española atacar a un grupo de ciudadanos con venenos, ácidos, martillos, cuchillos, hachas, bastones y palos, garrotes, espadas, revólveres y todo lo imaginable. Como hombres, muchos podrían ser personas decentes; como parte de una multitud, se habían convertido en diablos.»

«Si es cierto que las sociedades se desarrollan para luego convertirse en sociedades como la francesa o la americana, ¿para qué luchar por la independencia de Cuba…para que luego sea, con toda su prosperidad y modernismo, una sociedad viciada e inhumana?» preguntó un joven.

«¡Claro que vale la pena!,» dijo Martí con energía. «Creo firmemente en el poder del *yo*. Como en *la Ilustración*, creo con aquellos pensadores que un individuo razonable, prudente, judicioso puede mejorarse *ad infinitum*. Concuerdo con John Stuart Mill en que el desarrollo y ejercicio de nuestras capacidades racionales nos permiten tratar de alcanzar un nivel más alto de experiencia, de existencia, una mayor humanidad. El rechazo del paternalismo social, la creencia en el concepto de la capacidad personal para mejorar, nos da las condiciones para alcanzar la bondad y el conocimiento; apoyarnos en el yo íntimo nos brinda el más grande potencial para que los ciudadanos de un país libre puedan desarrollar y ejercitar sus capacidades racionales y deliberativas.»

El grupo comenzó su largo proceso de múltiples despedidas, a la cubana; cada uno se llevaba el convencimiento de que este abogado joven, José Martí, sería capaz de unir a los cubanos de la isla y a los del exilio en causa común. En ese momento faltaban doce días para los 27 años de Martí.

Ahora, las noticias que recibieron los exilados en New York del frente de Guerra en Cuba eran todas malas, deplorables y desmoralizadoras. Martí se enteró por Enrique José Varona, en un encuentro casual en la farmacia de Ángela Socarrás Varona, la esposa del Dr. Juan Fermín Figueroa, cuyas hijas fueron las tres primeras mujeres en graduarse de Farmacia en *New York University*.

La ausencia de Martí, de Maceo y de Máximo Gómez en la Guerra del 1879 fue decisiva para el revés que sufrieron en Septiembre del '80, apenas 12 meses de empezada la guerra. La guerra había tenido una pequeña medida de éxito en el territorio de Holguín a Gibara; la mayoría de los encuentros armados los ganaron los españoles; no había prácticamente ningún apoyo del exilio y muy poco o ningún entrenamiento para los nuevos mambises.

A pesar de su brevedad y del poco territorio que se pudo cubrir, sin embargo, Martí siempre pensó que la *Guerra Chiquita* fue el mejor esfuerzo bélico en cuanto a su organización en medio siglo de luchas por la independencia de Cuba.

Sus primeras acciones ocurrieron Agosto 24 cuando el Brigadier general Belisario Grave de Peralta tomó las armas con 200 hombres, cerca de Holguín. Pronto se le unieron José Maceo, Guillermón Moncada y Quintín Banderas en Remedios, Sancti Spíritus y la zona de la *Ciénaga de Zapata*, hasta que los insurgentes llegaron a tener 6,000 hombres en la manigua. España trajo a la isla 50,000 tropas adicionales y acusó a Cuba de querer establecer una república negra.

Cada vez que Martí hacía un esfuerzo por explicar el valor y los incidentes de la *Guerra Chiquita*, siempre explicaba la política recurrente de España de azuzar el temor de los blancos con el fantasma supuesto de la ambición de los negros de crear una república como la de L'Overture en Haití. El hombre que España había escogido para dirigir su campaña y perpetuar este mito miserable en Cuba fue Camilo García de Polavieja y del Castillo, *Marqués de Polavieja* (1838-1914), Gobernador de Oriente en 1879 y 1881 y Gobernador General de Cuba entre 1890 y 1892.

«Polavieja,» Martí decía, «considera que todos los negros son seres abyectos, con un nivel intelectual que no transciende la esfera del instinto. Cree que los negros son peligrosos porque, en el último análisis, son los únicos que pueden soportar los rigores de la guerra.»

«Tienen que ser eliminados,» decía Polavieja, «porque pueden resistir los castigos más extremos —y eso no es bueno para nosotros. Preferiríamos luchar en contra de un ejército puramente blanco, el único que valdría la pena derrotar para la gloria de España. Hay muchos criollos que creen que los negros luchan por la independencia, cuando en realidad están luchando para establecer su república negra.»

Unos días después, en una conversación con los padres de Gonzalo de Quesada, Martí les dijo su interpretación de las intenciones maquiavélicas y perversas de Polavieja.

«Entiende las tensiones dentro del ejército cubano. Sabe que percibir una amenaza negra debilitará a las tropas cubanas y aglutinará a los autonomistas del lado de España. Polavieja ha plantado espías por todas partes para perpetuar la leyenda de un ejército cubano fracturado por el racismo. Manda a los cubanos que cogen a Fernando Póo y a Guinea y a los negros, a una prisión relativamente suave en La Habana.

Perdona a más negros que a blancos. Aunque anuncia que los internarán en prisiones españolas en el África, eso es cuento, pura propaganda. Lo que quiere, es que los soldados blancos teman a los negros como seres desconfiables y peligrosos, los cuales tienen que ser vigilados para que no les hagan nada malo.»

José Martí explicaría más tarde a cubanos en Tampa, Cayo Hueso y New York el significado de esa Guerra.

«La *Guerra Chiquita* fue la respuesta de varias figures que habían firmado el *Pacto del Zanjón* y otros que no lo firmaron y lo denunciaron, cuando los cubanos de la isla y en la península pensaban que los ideales de la independencia había perdido vigencia. Varias organizaciones en La Habana conspiraron con el *Comité Revolucionario Cubano de New York* (CRC) para desembarcar en Cuba y continuar el ideal de Baraguá. Calixto García, liberado de tres años de prisión, era el líder principal. Maceo se le unió inicialmente y prometió llegar a Cuba a tiempo. Lanzó desde Kingston unas declaraciones de principios malentendidas por Calixto como un deseo de robarle importancia; causó una división entre ellos que resultó en que Maceo le retirara su apoyo.»

Esas palabras capturaban el interés de las audiencias de Martí y entonces él continuaba:

«Los conspiradores, en Cuba y en tierras extrañas, organizaron clubes clandestinos y asumieron nombres de guerra para no ser capturados en masa. Yo, por ejemplo, era *Anáhuac*, un *nom-de-guerre* que tomé en honor a México ya mi buen amigo Miguel Mercado. El presidente del *Club Central de La Habana*, Ignacio Zarragoitia, descendiente de un alcalde antiguo de Bayamo, tomó el nombre *Cromwell*. Por cierto, el antepasado de Zarragoitia, Ignacio Zarragoitia, estaba con Donato Mármol, el 12 de enero de 1869… los ciudadanos de Bayamo decidieron quemar la ciudad en vez de entregarla a manos españolas. Ese día Donato le envió un telegrama a su madre, que se había refugiado en Puerto Príncipe, que decía: «*Querida Mamá: Hoy tuve la dicha de prenderle fuego a tu casa.*» A lo que contestó Doña María del Mármol, lacónica y patrióticamente: «*Gracias.*»

Martí, con gran pesar, seguía contando a su audiencia que más tarde en 1880 el resultado triste de estos esfuerzos fue desastroso. Francisco Carrillo, rodeado de tropas españolas hasta el punto en el cual no podía recibir pertrechos o refuerzos, fue forzado el 4 de Octubre a aceptar salvoconductos para él y sus hombres para irse de Cuba por el Puerto de Cienfuegos. José Maceo, Quintín Banderas y Guillermón Moncada habían sido capturados el 17 de septiembre y enviados a prisiones en las colonias penales españolas en el África. Calixto García, con apenas cincuenta hombres, se pasó varios meses en la manigua y finalmente se rindió al fines de Octubre del 1880. Martí insistía en que la guerra había sido una experiencia positiva para los cubanos.

Martí añadía: «La guerra consolidó nuestra resolución, nos dio un sentido de cómo eran las estrategias de España y de cómo serían en un futuro; también definió la relación exilio-manigua. Le dio a España el mensaje claro que el Pacto del Zanjón, en vez de ser el final de los ideales independentistas, fue simplemente un paréntesis en la lucha. Los errores de la Guerra de los Diez Años y de la Guerra Chiquita estaban aprendidos—no se repetirían la próxima vez.»

El 20 de julio de 1882 Martí le escribió a Maceo mostrando su admiración y gratitud al gran general: «*No conozco yo, general Maceo, soldado más bravo ni cubano más tenaz que usted. Ni comprendería yo que se tratase de hacer —como ahora trato y tratan tantos otros— obra alguna seria en las cosas de Cuba, en que no figurase usted de la especial y prominente manera a que le dan derecho sus merecimientos.*»

□ ◊ □

Polavieja como profeta: ¿chance, intuición o inteligencia?

Camilo García de Polavieja y del Castillo (1838-1914) fue un valioso militar para España en Cuba, Puerto Rico y las Filipinas; de 1890 hasta 1892 fue Capitán General y Gobernador de Cuba y del '96 al '97, tuvo el mismo cargo en las Filipinas. Ha sido comparado a Weyler por su crueldad y lealtad ciega a España.

SU primera orden, al llegar a Cuba, el 24 de Agosto de 1890, fue pedirle al gobernador civil de Santiago que deportara a Maceo y a su esposa a New York. Maceo fue llevado al barco *Cienfuegos* y se le ofrecieron treinta onzas de oro si prometía nunca más volver a Cuba. Maceo rechazó la oferta. Años antes, en 1879, Polavieja le había escrito al general Blanco, entonces Capitán General de Cuba, una nota profética que fue recibida en realidad por el general Martínez Campos. Decía:

"Estamos convencidos que debemos, en vez de tratar de que se logre la independencia de Cuba, lo que sería un objetivo fútil, prepararnos para cuando se logre y quedarnos en la isla solo el tiempo que sea racional quedarse, tomando las medidas necesarias para evitar ser echados violentamente, con el daño que esto sería para nuestros intereses y para nuestro buen nombre; prepararnos antes que debamos abandonar la isla.»

La opinión de Polavieja no se tomó en cuenta y sus predicciones ocurrieron.

□ ◊ □

La llegada de José Martí a New York en el 1880

Cuando el *France*, el barco en el cual José Martí hizo la travesía de Le Havre a New York, su primer punto de acceso fue Castle Gardens, una isla al pie de Manhattan en el Battery Park. Castle Gardens era un viejo fuerte, construído para proteger a New York de los ingleses en el 1812. Después de esa guerra, su nombre oficial había sido cambiado a Castle Clinton, en honor a DeWitt Clinton, Alcalde y Gobernador de New York.

En 1855 fue renovado y reabierto como el Centro de Recepción de Inmigración a New York. Antes de esa fecha, las compañías navieras le presentaban una lista de pasajeros a los oficiales de aduana los inmigrantes podían entonces desembarcar luego de llenar una declaración de aduanas. Desafortunadamente, el puerto de New York era una caldera de ineficiencia y de corrupción, con el resultado que hubo una reacción de protesta popular para que se reformara todo el proceso de Inmigración.

En respuesta a este clamor popular, en 1880 todos los barcos que llegaban de Europa eran anclados en una estación de cuarentena seis millas al sur de Manhattan. Un oficial de Inmigración abordaba el barco y contaba el número de pasajeros, vivos y muertos, y reportaba a Castle Garden el número de enfermos en el barco, así como la condición de la limpieza del barco.

Era entonces que los pasajeros eran transferidos a un depósito en Castle Garden en barcazas. Allí, eran sometidos a un examen físico; su equipaje era examinado y en una gran rotonda en el centro del edificio, sus nombres, nacionalidades, documentos y su dirección en New York o

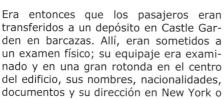

en los Estados Unidos era inscrita en el registro de Inmigración. Cualquier persona que tuviera causalidad bajo la ley *("special bonds under the law")* era segregada del grupo y la mayoría de esos, deportada (enfermos con enfermedades contagiosas, ciegos, lisiados, lunáticos o cualquiera que no tuviera los $25 que aseguraban que la persona no sería carga pública futura).

Debido a la inestabilidad política y

económica de Europa en las últimas décadas del siglo, así como por las leyes religiosas restrictivas de esa época, el volumen de inmigrantes procesados en Castle Garden fue de tal magnitud, que esa facilidad no daba abasto. En 1892 nuevas facilidades abrieron sus puertas en Ellis Island bajo la supervisión de una agencia que eventualmente se convirtió en el Servicio de Inmigración y Naturalización de los Estados Unidos.

Fotos del New York de José Martí. De arriba a debajo: • Castle Gardens, en Battery Park, lugar de arribo de inmigrantes viajando por mar. • El transportador desde el barco a Castle Gardens. • Bowling Green Park, en el barrio que frecuentaba Martí. • El escenario de Steinway Hall, un salón de actos utilizado por Martí en numerosas ocasiones. • Un vehículo de Correos. • Broadway Street al sur de Manhattan.

6

"Debemos seguir aprendiendo en tanto haya algo que no sepamos."
LUCIUS ANNAEUS SENECA (4 BC - 65AD)

Al día siguiente de la reunión en casa de Calixto García, Martí volvió a su rol de *flâneur*, de caminante sin rumbo, que tanto había disfrutado en París. La *flânerie*, de acuerdo con los franceses, es un tipo de deambulación urbana que enfatiza la flexibilidad, la mobilidad y la incertidumbre, ya que el *flâneur* se encanta con las vistas de la ciudad, estando interesado en ver los detalles de las ocurrencias o los edificios, pero manteniéndose como observador, no como participante y manteniendo la trayectoria de la caminata sin objetivo fijo. Este era el punto que separaba a hombres y mujeres caminantes, pensó Martí, quien se había preguntado por qué había *flâneurs* pero no *flâneuses*, llegando a la conclusión que las mujeres caminaban con un objetivo, prefiriendo, por ejemplo, caminar hacia una tienda buscando algo específico; los caminos interiores de los *Grands Magasins*, de hecho, podían ser tan interesantes como los bulevares que iban desde la Madeleine hasta el Temple.

Ese día Martí tenía planes concretos y varias pistas para entrevistas de trabajo como periodista, maestro o traductor; sabía que solo podría visitar a sus prospectos después de las 10:30 de la mañana, cuando la mayoría de los ejecutivos ya estaban disponibles para recibir. Fascinado por la grandeza y el modernismo de New York decidió salir a caminar, para familiarizarse con la ciudad, luego de un modesto desayuno a las 7 de la mañana.

Sus caminatas lo fueron llevando a todos los puntos interesantes de New York; una de sus primeras visitas fue a la nueva catedral de Saint Patrick, inaugurada el 25 de Mayo de 1879, luego de 26 años de planificación y construcción. Fue diseñada por James Renwick y ocupaba una cuadra en el lado este de la Quinta Avenida entre las calles 50 y 51. Vio con gran admiración la roseta de vitral de 26 pies de diámetro en su fachada, buen rival de la de Notre Dame de Paris, así como el baldaquín de bronce en el altar. Las torres exteriores aún no estaban acabadas, pero sí pudo tocar dos de las campanas que colgarían de las torres de St. Patrick's. En ese momento, Trinity Church tenía diez campanas y Grace Church nueve. Las de St. Patrick serían diecinueve, hechas en Saboya y pesando entre 300 y 7,000 libras. La Saboya había sido anexado a Francia como resultado de un plebiscito (cuajado de alegaciones italianas y suizas de fraude electoral) con un 99.8% a favor de unirse a Francia. Las incertidumbres políticas de siempre en esa región hacían difícil proyectar una fecha firme para la instalación de las campanas en St. Patrick.

Las primeras dos campanas que habían sido entregadas, sin embargo, habían sido colocadas temporalmente al lado del templo; tenían nombre: la número 2, *Ave María*, pagada por Mr. John B. Manning y la número 13, *St. Francis Xavier*, donada por la congregación jesuita de St. Francis Xavier en la calle 16. El nombre del donante era inscrito en cada campana, así como el nombre del santo titular y una imagen de la Crucifixión. Cuando Martí llegó, no había más campanas. Un trabajador le dijo que antes de ser instaladas, de acuerdo con una liturgia católica antiquísima, debían ser ceremonialmente limpiadas, bendecidas y tocadas en el suelo por un obispo. Martí pensó que cuando llegaran las otras 17 campanas, a lo mejor podría ver la ceremonia.

En la esquina de la Quinta Avenida y la calle 42, Martí se detuvo brevemente para leer los cintillos del *The New York Tribune* y otros diarios que estaban en banquillos de madera en la calle 42. En ese instante se dio cuenta que una gran diferencia entre New York y París era la falta de cafés en New York; en París, en los cafés al aire libre, todos los sucesos —grandes y pequeños— del día eran revisados y recontados con una taza de café al frente, la cual podía durar o dos horas o la tarde entera sin que le mozo le llamara la atención a uno. Claro que no había café que valiera su nombre sin tener *la presse à grand triage* (un periódico); estos eran la fuente fidedigna de información de las masas para escándalos políticos, producciones artísticas, discusiones y debates legislativos y sucesos financieros. En otras palabras, todo lo que ocurría, *toutes les choses banales et mondaines*. En una de sus cartas a Fermín, había mencionado Martí que *"los periódicos garantizan la sublime comunión de nuestra comunidad imaginaria."* Fue en Francia que se inició la época dorada del periodismo, recordó Martí. Inicialmente los periódicos eran disponibles sólo por subscripción y las tiradas, aun en grandes ciudades como París y New York, eran de sólo diez o quince mil copias. La llegada de modernas maquinarias de impresión alrededor de 1850, permitieron tiradas enormes y entonces nació la tradición parisina de leer el periódico en el café. Algunos cafés, inclusive, comenzaron a alquilarles periódicos a los clientes y se convirtieron en *cabinets de lecture* que servían café, en vez de ser cafés donde se podía disfrutar de la lectura de un periódico. Leer en el café se convirtió en moda, ya fuera el diario, el folletín (*feuilleton*, la novela serializada) o una novela formal, también serializada como *La Vieille Fille* de Balzac.

Con estos pensamientos en su mente, Martí comenzó a leer el *Tribune* parado en la acera —y no sentado cómodamente en un café—, con el papel colgado de dos pinchos de tendedera en un alambrito.

Los cintillos se referían a la patente otorgada el año anterior a un tal Thomas A. Edison, a la inauguración de la *Edison Electric Light Illuminating Company*, y a los planes de iluminar una milla de Broadway con sus bombillas de arco antes de fin de año. Maravillado y hechizado por toda esta tecnología moderna, Martí se leyó el artículo entero hasta que este pasó a una página interior. La compañía de Edison parecía ser un negocio sin el suficiente capital o infraestructura, basado en un almacén de Wall Street capaz de encender sólo 159 bombillos de prueba para el barrio circundante; los bombillos se encendían gracias a una caldera de carbón a la vez arrancaba una máquina de vapor y un dinamo.

Con gran fe en su invención, Edison mudó sus oficinas de Menlo Park en New Jersey a 65 Fifth Avenue. Martí había podido ver sus lámparas incandescentes en las pruebas para la Gran Exhibición Eléctrica de París que sería a mediados de 1881, en el *Paláis de l'Industrie*; allí, Edison competiría con tres otros inventores de lámparas de filamento: el primero, Joseph Wilson Swan, de Newcastle-upon-Tyne, donde en la cochera-cocina de su casa había montado una operación algo grandiosa llamada la *Swan United Electric Light Company*; el segundo era George Lane Fox, un inglés respaldado por una ilusoria compañía anglo-americana llamada *Anglo-American Brush Electric Light Company*; el tercero era Sir Hiram S. Maxim, ciudadano británico naturalizado nacido en los Estados Unidos, conocido por su trabajo en revólveres y en navegación aérea. Martí recordaba haber leído en *Le Petit Parisien*, una declaración hecha por el gran científico británico Sir William Thompson (quien usaba bombillos de Edison en su casa de Glasgow) al efecto de que

> «...la gran incandescencia que hace falta para leer es tan deslumbrante que es necesario ponerle pantallas a los bombillos; la luz sería dañina a los ojos si no se mitiga.»

De hecho, Sir William le declaró al periódico francés que Lady Thompson había hecho globos de papel de seda para las 112 luces de su casa, para que fueran perfectamente confortables para los ojos.

Para Martí, las palabras de Sir William Thompson Lord Kelvin (1824-1907) llevaban gran peso, ya que él había sido el autor de la Segunda Ley de Termodinámica y el hombre por quien los *grados Kelvin* se llamaban así. Martí, aunque no un hombre de ciencias sino un simple aficionado, había leído que Lord Kelvin no era infalible: había escrito que las máquinas de volar que eran más pesadas que el aire no funcionarían; con gran arrogancia había escrito también que él había resuelto todos los problemas de física y que no había más nada nuevo que descubrir en ese campo; también había concluido que la edad de la tierra era tan corta que no había habido chance de que hubiera una evolución de la que hablaba Charles Darwin. A pesar de todo esto, a Martí le interesaba Sir William y en 1884 haría un viaje a Baltimore a la Universidad de Johns Hopkins para escuchar su conferencia en esa institución sobre la existencia del éter, un medio por donde se propagaban las ondas electromagnéticas. Martí caracterizaba esta teoría como un revivir de la teoría medievalista de Priestly (1733-1804) de *flogiston*, la cual probó como errónea Antoine Lavoisier antes de ser guillotinado por Robespierre durante el Terror.

Esa misma tarde Martí fue entrevistado y contratado por John B. Bogart, editor de la sección de la ciudad de *The New York Sun*, un periódico conservador que competía con los diarios liberales de la ciudad, *The New York Times* y *The New York Herald Tribune*. Sus responsabilidades consistirían en escribir sobre asuntos políticos en Europa y prestar ayuda al editar las traducciones del español, italiano y francés. Bogart y Martí se hicieron grandes amigos y Bogart estaba impresionado con el conocimiento y la madurez de este joven periodista neófito de 27 años; Martí, a su vez, estaba igualmente impresionado con su jefe y cautivado con la definición de Bogart de los que era el verdadero periodismo:

> «*Cuando un perro muerde a un hombre, no es noticia porque pasa a menudo; pero si un hombre muerde a un perro… ¡eso si es noticia!* »

A través de los años, aun cuando hacía otra cosa o escribía para otro periódico, Martí siempre escribía de vez en cuando para *The Sun*. Se hizo muy buen amigo de uno de los dueños, Charles Dana (1819-1897), y lo reclutó para la causa de la independencia cubana. Dana era buen amigo de Ulysses S. Grant desde la Guerra Civil y la amistad siguió durante la presidencia de Grant. Muchos de los artículos y las traducciones de Martí, sin atribución, como era la costumbre en *The Sun*, comenzaron a aparecer en periódicos por todo el país y en el extranjero, en lo que seguramente fue una de las primeras practicas de sindicación en el periodismo americano: el *Atlanta Constitution*, el *Baltimore Sun*, el *Charleston Daily Courier*, el *Evening Star* de Washington, , el *Mobile Register*, el *Pittsburgh Daily Gazette*, así como *Le Journal du Temps* in Paris, el *Siglo Diez y Nueve* en México City y la *Estrella de Panamá* en el istmo.

Sin llegar a los 20 días de estar en New York, Martí fue invitado a dirigirse al exilio cubano en el *Steck Hall*, un elegante auditorio situado en 11 East 14th Street, propiedad del *George Steck Piano Company*, los fabricantes alemanes de piano favoritos de Richard Wagner. George Steck fue un formidable simpatizante de la independencia de Cuba; tenía ideas sociales y humanitarias muy avanzadas. Los maestros artesanos eran con-dueños de la compañía con Steck y las ganancias eran compartidas con todos los empleados una vez al año.

El discurso de Martí fue impreso en un panfleto unos días después bajo el título *"Asuntos Cubanos: La Situación Actual de Cuba y la Actitud Presente y Probable de la Política Española."* Fue allí que Martí anunció su disposición de reclutar gentes y levantar fondos en los Estados Unidos, América Central y América del Sur para llevar la guerra a Cuba. Revisó los efectos de los celos y la desunión, los eventos que llevaron al Zanjón, las promesas incumplidas de España, el asunto crítico de la esclavitud, aún sin resolución alguna, y la necesidad imperiosa de vincular a los exilados con los guerreros en la manigua. El panfleto se convirtió en un éxito, un *bestseller*, entre los exilados y la primera fuente de fondos para el futuro Partido Revolucionario Cubano.

Martí, aunque obsesionado con su trabajo patriótico, se sentía atormentado por la ausencia de su mujer, Carmen Zayas Bazán y su hijo Pepe (Ismaelillo). A pesar de sus éxitos políticos, una noche lloró a solas en su cuarto la ausencia de sus seres queridos, y le compuso un poema corto a Carmen:

> «*Es tan bella mi Carmen, es tan bella / que si el cielo la atmósfera vacía / dejase de su luz, dice una estrella / que el alma de Carmen la hallaría.*»

María del Carmen de Zayas-Bazán e Hidalgo nació en Puerto Príncipe, Camagüey en 1853, tres meses antes que Martí. Tenía cinco hermanas y cuatro hermanos, y su padre era Francisco Zayas-Bazán, un poderoso abogado y terrateniente autonomista. Como consecuencia de la guerra de 1868, la familia emigró a México en 1871. Rosa Zayas-Bazán, su hermana, se casó con Ramón Guzmán, un distinguido intelectual mexicano en 1875. La casa de los Guzmán era lugar de reunión para otros intelectuales y aficionados del ajedrez y Martí era un asiduo visitante. A pesar de sus reservaciones, el padre, ferviente españolista y opositor de la independencia para Cuba, aprobó la relación de su hija María del Carmen con el joven poeta exilado en México pero graduado de Derecho en Madrid y Zaragoza. La boda tomó lugar en la Catedral de Ciudad México y como era usual en esa época, los recién casados se fueron de luna de miel a Acapulco. Después del *Pacto del Zanjón* la joven pareja volvió a Cuba, donde nació su único hijo, José Francisco Martí y Zayas-Bazán, en La Habana, el 22 de Noviembre de 1878. Al ser Martí encarcelado e inmediatamente exilado en Septiembre del 1879, Carmen buscó refugio para ella y para Ismaelillo con su padre viudo en Camagüey.

Desde New York Martí le escribió a su antiguo jefe Miguel Viondi, «*Camino por New York con el corazón en pedazos, extrañando la más calurosa mano que jamás haya tocado la mía.*» Le envió fondos a Viondi para que éste ayudara a Carmen e Ismaelillo a mudarse a New York, lo que hicieron en Marzo del '80.

Meses más tarde, Martí le escribiría a su íntimo amigo mexicano Manuel Mercado,

> «*Carmen no comparte mi devoción por la independencia de Cuba, pero compensa ésto con su amor apasionado y su dedicación a nuestro hermoso hijo.*»

Ni Carmen comprendió la pasión de Martí por la causa de Cuba, ni Martí jamás entendió la necesidad de Carmen de tener un hogar estable y normal.

Martí asumió la presidencia del *Comité Central de New York*, y Carmen decidió volver a Camagüey; se pasmó al darse cuenta que no era bienvenida en la casa paterna. Inicialmente pensó que era por haberse casado su hermana María Amalia con el coronel español Leopoldo Barrios y su padre querer evitar una situación tirante. Pero pronto fue evidente que ninguno de sus hermanos ni hermanas querían nada que ver con ella y menos con el fruto de sus amores con Martí, Ismaelillo. Desesperada, viviendo en un hotelucho en Puerto Príncipe y sin fondos, le pidió a su padre su parte de la herencia de su madre, Isabel

María Hidalgo y Cabanillas. Don Francisco se ofendió ante tal petición y le ofreció una casi limosna de 40 pesos al mes para su hijo y

«…nada para ti. Deja que tu valiente conspirador y cómplice trabaje más duro para cumplir con sus obligaciones para con su mujer y su hijo.»

Carmen finalmente recibió una acogida en la casa de sus tías solteronas Isabelita y Carmen en Esmeralda, Camagüey. Llegaron a apreciar a Carmen y al niño y los apoyaron en todo lo posible, brindándoles afecto y cierta seguridad. Pero su situación económica no era holgada y Carmen pasó hambre con tal de poder alimentar a su hijo. Al intentar acercarse a Mariano y Leonor Martí, encontró la misma animosidad que con su padre. En una carta a Martí, le escribió con ansiedad y desesperación

«tus padres aman al niño pero me desprecian a mí. Tengo hambre de que alguien, en tu familia o la mía, me quiera como yo me merezco.»

A pesar de lo difícil que era su situación familiar, Martí nunca dejó sus responsabilidades para con Cuba y su independencia. En Mayo del 1880, bajo los auspicios del *Comité Revolucionario Cubano*, el velero *Hattie Haskel* finalmente dejó las costas de Jersey City, New Jersey, bajo la dirección de Calixto García. Dado el tamaño del barco, sólo 27 expedicionarios le acompañaron en el riesgoso proyecto de la *Guerra Chiquita*.

Los miembros del *Comité Revolucionario Cubano*, a sugerencia de Martí, se reunieron en la Iglesia de la Transfiguración en el 29 Mott Street. La iglesia había sido fundada en la sección pobre llamada *Five Points* por el cura, entonces de 39 años, Félix Varela y Morales (1788-1853) en 1827. En esa reunión, para orar o simplemente para desearle suerte a los expedicionarios estaban Juan Bellido de Luna, Leoncio Prado, Leandro Rodríguez, Carlos Roloff, Manuel Beraza, José F. Lamadriz, Juan Arnao, Cirilo Pouble y Pablo Inzua. Un solo miembro del Comité iría a Cuba con Calixto: Brigadier Pio Rosado.

Los $14,000 con los que se pagó por la expedición que comenzó la Guerra Chiquita habían venido de exilados en Jamaica, algún dinero personal del general Francisco Carrillo, quien estaba alzado en Las Villas, y las contribuciones de Miguel Cantos, un patriota cubano riquísimo de New York. El *Hattie Haskel* tuvo que hacer escala en Jamaica, donde por cuestiones de peso, dejó a 7 expedicionarios; los otros 20 desembarcaron en Santiago de Cuba. La expedición, realmente, fue un total fracaso, a pesar de la euforia que animó a los cubanos de New York al saber que Calixto García y su contingente habían llegado a Cuba. Debido a promesas no cumplidas del extranjero, los insurgentes, bajo el mando de Francisco Carrillo y Emilio Nuñez, se rindieron honorablemente en Las Villas y Oriente. Esto llevó a la disolución del *Comité Revolucionario Cubano* de New York. Bajo estas circunstancias, el único periódico que quedó como voz revolucionaria de los cubanos pro independencia de Cuba, fue *Yara*, de Key West. No fue hasta dos años después, en 1882, que una nueva organización se formara en New York, el *Comité Patriótico de la Emigración,* presidido por Salvador Cisneros Betancourt, ya de 54 años; estos recogieron la bandera cubana del olvido y comenzaron la insurgencia una vez más…. Este comité no logró nada, ni tampoco el nuevo *Comité Revolucionario Cubano* fundado en New York en 1883 y presidido por Juan Arnao.

Las esperanzas de una insurgencia en Cuba parecían evaporarse cuando llegó a New York el general Ramón Leocadio Bonachea, en Julio de 1883. Había sido Bonachea el último oficial en deponer sus armas sin rendirse en 1878, después de Baraguá y aún después de Loma Pelada. Inicialmente los generales Francisco Castillo y Emilio Nuñez, Cirilo Villaverde, Enrique Trujillo y otros, se reunieron con Bonachea en el *Clarendon Hall*, en el 114 East 13th Street, para planear una nueva incursión a Cuba y para levantar fondos. Las contribuciones en esta reunión y en otras que le siguieron, fueron muy limitadas. Sin embargo, Bonachea pudo recoger $7,000; como hombre de honor, se sintió obligado en usar el dinero para lo que había sido recogido y así desembarcó en Manzanillo con 7 compañeros y algunas armas, con la esperanza de reclutar antiguos mambises en Oriente. Bonachea fue capturado y fusilado, luego de un juicio sumario; sus hombres fueron fusilados o enviados a prisiones en la Ceuta española.

Otras intentonas, todas sin éxito, de recomenzar la Guerra en Cuba siguieron a éstas. Francisco Varona Tornet y Limbano Sánchez recogieron $6,000 y 20 hombres para abrir un frente en *Punta de Caletas*, Baracoa, en Mayo 1885. Fueron capturados y uno a uno fusilados sin juicio alguno, luego que el Gobernador General de Cuba, hubiere declarado a la provincia de Oriente bajo sitio.

Durante todo este tiempo, José Martí insistía en su opinión que era muy temprano para resumir la Guerra y que era un intento fútil a no ser que se contara con el apoyo en pleno de los cubanos de la isla, lo que estos fracasos probaron que aún no se tenía. Temprano, en Junio de 1880, Martí había renunciado como presidente interino del Comité Revolucionario y le había transferido a José Francisco Lamadrid todas sus prerrogativas y funciones. Explicó su posición en una reunión que se llenó de cubanos, en el Templo Masónico de la 6 avenida y la calle 23, el 16 de Junio de 1880.

Esta fue una época llena de dificultades para Martí. El 21 de Octubre de 1880, Carmen e Ismaelillo habían regresado a Cuba. Pensando en ellos, Martí se fue a Caracas en Enero de 1881 habiendo aceptado una posición de profesor de literatura y Gramática Francesa en el Colegio Santa María en Caracas, bajo la dirección del profesor Agustín Acevedo y una posición de profesor de oratoria en el *Colegio Santa María* también en Caracas, dirigido por Guillermo T. Villegas. Tuvo una exitosísima presentación patriótica en el *Club de Comercio*, se convirtió en un contribuyente fijo para *La Opinión Nacional* en Caracas y fundó la *Revista Venezolana*, una revista erudita dedicada a la política, el arte y la literatura. Durante los tres meses de su estadía en Caracas, Martí soñaba con poder traer a Carmen y a su hijo a vivir con él, ahora que ya tenía buenos y sólidos trabajos y un sueldo fijo. El dictador venezolano Antonio Guzmán Blanco, sin embargo, inquieto con la popularidad y energía de Martí, lo expelió del país por sus escritos y el foco periodístico de la *Revista Venezolana*. Sobre esta aventura venezolana, Martí le escribiría a Fermín Valdés:

> *«... lo único bueno que salió de esto fue que tuve el tiempo y la paz mental, por tres meses, para escribir Ismaelillo, el cual será publicado el próximo marzo en los Estados Unidos.»*

Cuando Fermín le preguntó cuáles eran sus planes futuros, le respondió:

> *«Siempre trabajaré por Cuba. Desde el punto de vista del dinero, y a distancia, tengo contratos para escribir una columna titulada La Sección Constante para La Opinión Nacional en Caracas y algo parecido con La Nación de Buenos Aires.»*

Fermín Valdés Domínguez, tratando de levantarle el ánimo a Martí, le respondió a esta carta con una donde parafraseaba un escrito de James Madison (1751-1836), el cuarto presidente de los Estados Unidos:

> «Una nación sin información verdadera o los medios para adquirirla no es más que el prólogo a una farsa, a una tragedia o a las dos. Hay que ser generosos con el conocimiento. El conocimiento siempre prevalecerá sobre la ignorancia. Si los pueblos quieren ser sus propios amos, tienen que armarse con el poder que da el conocimiento.»

□ ◊ □

La amistad de José Martí con Fermín Valdés Domínguez

El 28 de Agosto de 1870, desde la cárcel, José Martí le escribió a su hermano Fermín Valdés Domínguez una poesía que decía:

*Hermano de dolor, no mires nunca
En mi al esclavo que cobarde llora;
Ve la imagen robusta de mi alma
Y la página bella de mi historia.*

El mismo día le escribió a su madre:

*Mírame, madre, y por tu amor no llores:
Si esclavo de mi edad y mis doctrinas,
Tu mártir corazón llené de espinas,
Piensa que nacen entre las espinas flores.*

Su dirección era:
Primera Brigada, Número 113.

¿Tenía Martí los ojos azules?

La imagen de la izquierda es un oleo de Martí en su oficina de 120 Font Street en Manhattan, por el artista sueco Herman Norman en 1891. Este retrato se caracterizaba en las descripciones contemporáneas al describir los ojos de Martí como *almendrados*. Se presumió que esto se refería a ojos color almendra, pero realmente debió ser una referencia a la forma y no al color de los ojos de Martí.

Jorge Mañach en su libro *Martí el Apóstol también* se refiere a los ojos almendrados de Martí. En las últimas páginas de este extraordinario estudio biográfico, sin embargo, Mañach cita las notas tomadas por el Capitán José Ximénez de Sandoval, líder de la tropa que mató a Martí. Cuando examinó el cadáver, el cual fue traído a él por un Capitán Oliva y un mensajero llamado Chacón, las notas de Sandoval leen

«No hay la menor duda quién es: bajo la chaqueta suelta y ensangrentada azul, los papeles en ella dicen que son de Martí... sus pupilas son azul claro...»

A principios de los años '50, de acuerdo a un artículo por José Prieto en la revista *Guacarabuya*, el Coronel Castillo, secretario de Gonzalo de Quesada y veterano de la Guerra del '95, aseveró que los ojos de Martí eran azules...

«...pegaban con las bandas azules de la bandera cubana.»

El mismo autor cita al general Enrique Loynaz del Castillo al referirse a los ojos de Martí como *azulitos*.

Fue Loynaz del Castillo quien, el 3 de Diciembre de 1895, en un encuentro con las tropas españolas en Iguara, Las Villas, tuvo la oportunidad de estar cara a cara con Winston Churchill, en aquel entonces un observador militar británico con las tropas españolas bajo el general Valdés. El fuego cubano era tan intenso que el gobierno de España le otorgó al joven Churchill la Cruz Roja Española, una decoración normalmente reservada para los oficiales por su valentía. Aunque Churchill simpatizaba con aquellos *«que querían sacudirse el yugo del opresor... con la población entera... con la demanda unánime por la independencia...»* también predijo en un artículo *en el Saturday Review* en Febrero 15 de 1896 que *«la administración española con ser mala no sería tan mala como un gobierno cubano, que sería peor por corrupto, más caprichoso y mucho menos estable.»*

7

"Emplea tu tiempo mejorándote con los escritos de otros hombres, para que consigas fácilmente lo que otros han conseguido con gran trabajo.
SÓCRATES (470? BC - 399? BC)

Durante los años de 1883 y 1889 José Martí trabajó febrilmente en New York, con un gran sentido de urgencia, entre todos los exilados cubanos. Su vida entera era una rueda continua de compromisos con la causa de la independencia de Cuba a través de discursos, publicaciones, artículos periodísticos, visitas a personalidades que pudieran promover o defender su causa, convocatorias a los cubanos para que mantuvieran viva la chispa del compromiso, levantar fondos para una guerra futura y la apertura de clubes que unieran y cementaran a los cubanos fuera de la isla. Sus acciones iban dirigidas a organizar el exilio y a mantenerlo unido para «*la Guerra necesaria.*" Tenía Martí un sueño, además de la causa de Cuba, el cual bautizó *Nuestra América*, la voluntad colectiva de las antiguas colonias españolas para enfrentar juntas el futuro, en un bloque cultural y político que tuviera el mismo poder que los Estados Unidos o Europa.

En Septiembre de 1881 había escrito sus *Cartas de New York* y *Escenas Norteamericanas*, publicadas en in *La Opinión Nacional* en Caracas, *El Partido Liberal* en México, *La Nación* en Buenos Aires y *La América* in New York, entre otros periódicos. En 1882 había escrito sus *Versos Libres*. Bartolomé Mitre, director de *La Nación* en Buenos Aires le escribió a todos sus amigos en el mundo de los periódicos para dejarles saber que el artículo de Martí del número de Septiembre 13 de *La Nación* había sido la crónica que más había dado de hablar jamás publicada en su periódico. Otros periódicos latinoamericanos comenzaron a pedir las columnas sindicalizadas de José Martí —y el accedió. En Octubre de 1882 Martí comenzó a levantar fondos en una campaña internacional dirigida a lograr la libertad de su cautiverio en España, de José Maceo, José Rogelio Castillo y José Celedonio Rodríguez. Habían escapado de la prisión en Cádiz y se habían refugiado en Gibraltar, pero ignorando las normas internacionales de asilo, fueron entregados a las autoridades españolas por la policía británica. Salvador Cisneros Betancourt y Cirilo Villaverde se unieron a la campaña visitando fábricas de tabaco y escribiéndoles a todos sus amigos y contactos en los medios de comunicación. En 1883 Martí se convirtió en Editor en Jefe de *La América;* allí se instaló, en las oficinas que estaban en 756 Broadway, donde podía recibir a los exilados con mucha más comodidad que antes.

En una reunión con Samuel Gompers, el líder sindical británico de 33 años quien era el jefe del Sindicato de Tabaquistas de New York, Martí accedió a apoyar la campaña de Gompers de mantener las pequeñas factorías de tabaco fuera de los edificios de los barrios bajos. Se hicieron aliados en sus batallas y aventuras; Gompers le presentó al senador estatal republicano Theodore Roosevelt, quien acababa de ser electo líder de la minoría en Albany. Cuando Roosevelt le preguntó cuáles eran los fines de *La América,* Martí le respondió: «*definir, alertar, aconsejar y descubrir el secreto del éxito maravillosos de la América [los Estados Unidos] a todos los pueblos de habla hispana en el continente y promover, con explicaciones claras y al día, cómo lograr esos éxitos en sus propios países.*» A Roosevelt le encantó la precisión y la claridad con la que tal explicación había sido expresada, según contaron años después varios amigos de TR: William R. Nelson, editor general del *Kansas City Star,* William H. Moody, Juez de la Corte Suprema y muchos otros amigos del futuro Presidente.

Durante su primer año como editor de *La América* Martí escribió muchos artículos que requerían un cierto conocimiento de la ciencias, de la ingeniería, de la economía y ciertamente de la política: la mecánica del puente del Great East River Bridge (luego rebautizado como Brooklyn Bridge); la adquisición del

The New York World, de Jay Gould, por un nativo de Hungría, dueño también del *St. Louis Post-Dispatch*, Joseph Pulitzer; el primer día de señoras en el béisbol profesional en el estadio de los *New York Gothams*; la enorme fiesta de inauguración de la mansión en 640 Fifth Avenue, la cual había costado $2 millones, propiedad del riquísimo millonario dueño de ferrocarriles William Vanderbilt, de 34 años, y su esposa de 29, Alba; un robo de $3 millones en el Manhattan Bank; la inauguración de la primera casa del YMCA, *Young Men's Christian Association*, en 222 Bowery, entre las calles Prince y Spring Streets; la exhibición en Viena del *Glossograph*, un aparato que usando ondas electromagnéticas podía ser insertado en la boca para transformar la palabra hablada en escritura en papel normal. Algunos de estos artículos fueron introducidos de contrabando en Cuba y publicados anónimamente en La Habana en el periódico *El Triunfo*.

Martí triunfó en toda la línea con *La América* por su elegantísimo y pulido uso del idioma español. Su artículo sobre el *Glossograph*, por ejemplo, se copió ampliamente a través de los países de América y de España por cientos de periódicos. Fue el poeta José Martí el que explicó en su artículo la imposibilidad de brindar en forma escrita esas cualidades intangibles de la voz humana imposibles de capturar en la hoja de un periódico: «*¡Nunca, nunca llegará la mano rápida del periodista a reproducir los escarceos, carreras, súbitas paradas, inesperados arranques, hinchamientos de ola y revelamientos de corcel del pensamiento enardecido!*»

«*¡Ea, caray!*» exclamó Marcelino Menéndez y Pelayo (1856-1912), el gran filólogo, poeta y filósofo cuando leyó el artículo sobre el *Glossograph* a sus estudiantes de Literatura Española en la Universidad de Madrid en 1884: «*Sí… ¡Ea! Este artículo justifica y merece un grito de entusiasmo, de sorpresa, de deslumbramiento y de admiración por mi parte. Pulitzer mismo hubiera dicho "¡Ea!" si hubiera podido leer en español…*»

Como periodista obseso e imparable, Martí corría por todo New York en búsqueda de historias y de noticias interesantes para el periódico, y también para establecer contactos con los cubanos y con cualquiera que pudiera algún día ayudar la causa de la independencia. Le comisionó al general Flor Crombet que contactara a los generales Antonio Maceo y Máximo Gómez para ir pensando en reunirse los tres en New York. Crombet partió par Honduras en Julio del 1882 para reunirse con Maceo. Maceo inmediatamente respondió desde Puerto Cortés, Panamá, pronunciándose incondicionalmente listo para luchar de nuevo en Cuba. Máximo Gómez, desde Santo Domingo, mostró algo más de reticencia pero respondió que sí estaba listo para reunirse en New York y claro, para regresar a Cuba. Por esa época, Martí firmó un contrato generoso de larga duración con la compañía *D. Appleton and Company* para llevar a cabo traducciones de libros del español, francés o italiano al inglés. Este contrato le proveería más libertad de acción sin tener que estar preocupado por su comida diaria.

A través del 1882 y del 1883 Martí pasó una buena parte de su tiempo en reuniones en casa de Enrique Trujillo en el 446 West 57th Street, con varios cubanos eminentes y exilados comprometidos con la causa de Cuba en New York: Salvador Cisneros Betancourt, de 55 años; Juan Arnao, 48; Cirilo Villaverde, 71; Plutarco González, 47; Martín Morúa Delgado, 27; Rafael Serra, 25; Rafael Montoro, 31; Enrique José Varona, 34; Emilio Nuñez, 28; José Castillo, 29, Diego Vicente Tejera, 35, y otros. En Marzo de 1883 estaba a cargo del discurso principal por la celebración del centenario del nacimiento de Simón Bolívar; ese día se reunión con Rubén Darío y con el presidente de Honduras; los tres pasaron unas horas discutiendo asuntos relacionados con la independencia de Cuba.

En febrero de 1884, visitó a Theodore Roosevelt en Albany para darle el pésame personalmente y a nombre del periódico *La América* por las muertes de su esposa y de su madre. Roosevelt, quien solo tenía 25 años, había recibido noticias por telegrama que su esposa Alice (de soltera, Hathaway Lee) estaba teniendo un parto prematuro en su casa de New York, en 6 West 57th Street. Una neblina pesadísima demoró su tren y cuando llegó a la ciudad Alice estaba en coma, por fallo renal y su madre, Martha Roosevelt de 48 años, había muerto de pulmonía. Pocas horas después, Alice murió en sus brazos, dejando a TR en total desesperación. A Martí le impresionó como su nuevo amigo lidió con estas penas, tirándose literalmente con frenesí a su trabajo para olvidar el dolor de su pérdida. Quizás pensó Martí que eso es lo que él hacía, lejos de su Carmen y de su Ismaelillo…

En 1885 Martí publicó *Amistad Funesta*, hoy considerada como una de las primeras novelas modernistas. También añadió *La República* en Tegucigalpa y *La Opinión Pública* en Montevideo a los periódicos sindicalizados que publicaban sus artículos. En 1887 aceptó la posición de Cónsul de la República de Uruguay en New York; terminó su traducción de *Ramona*, de Helen Hunt Jackson y de *Thomas Moore*, de Lalla Rookh; comenzó a escribir para *El Economista Americano* en New York y para *The New York Evening Post*. En Julio de 1886 publicó *La Edad de Oro*, una revista mensual para niños, completamente —de cubierta a cubierta—escrita por él. En 1889 fue el orador principal en la celebración de otro aniversario del *Grito de Yara*, Octubre 10, 1868. Lo presentó esa noche un joven estudiante de New York University, a quien había conocido de niño, acabado de llegar a New York, el estudiante de Derecho de 21 años, Gonzalo de Quesada (1868-1915), quien lo presentó como el Apóstol de la independencia de Cuba. Al acabar el acto, Martí y Quesada estuvieron hablando hasta casi el amanecer, estrechando los lazos de una amistad que duraría hasta los días finales de Martí.

Hablaron de todo un poco: desde noticias interesantes de New York, triviales e importantes, como el nuevo asfaltado de las calles que brindaba una superficie llana y estable a los carruajes, del busto de Ludwig von Beethoven instalado recientemente en Central Park; de la acusación a John Sullivan y a su contrincante Alf Greenfield por *pelear sin armas* ante una multitud record en el Madison Square Garden; la inauguración de los apartamentos *Dakota* en la calle 72 y Central Park West, financiados por la compañía de máquinas de coser Singer; la muerte de *Ulysses S. Grant* [4] cuatro días después de completar su Autobiografía; la nueva ordenanza municipal prohibiendo la construcción de edificios de más de nueve pisos; la huelga de tranvías, ya terminada, por la concesión de pagar $2 por un día de trabajo de 12 horas a los operarios y conductores; la dedicación de la Estatua de la Libertad por el presidente Grover Cleveland; el viaje inicial del *Florida Special*, saliendo de Jersey City, el cual se esperaba que fuera la línea más próspera de trenes de H. M. Flagler y su *Florida East Coast Railway*, y claro, de todo lo que atañía al destino de Cuba.

«Ya sé,» comentó Martí, «que he alienado a varios cubanos en Tampa y Cayo Hueso al no apoyar a los generales Maceo y Gómez en sus esfuerzos por encender una nueva rebelión en Cuba en estos momentos. Realmente pensé, y pienso todavía, que no era el momento y que los preparativos eran muy pocos, no suficientes. Hubiera sido un desastre.»

«Fuiste vindicado. Hasta Gómez y Maceo admitieron que no se podía y terminaron sus esfuerzos expedicionarios.»

«Mira, la estrategia filibustera ya no es válida, si es que lo fue alguna vez,» explicó Martí. «Dado el control férreo de las tropas españolas, no te puedes aparecer en Cuba y esperar que la gente… ¡salga corriendo para la manigua a unirse a tus fuerzas! Hay que organizar algo grande, una fuerza expedicionaria que se pueda mantener a sí misma y no ser vencida desde el primer día. Los cubanos de la isla necesitan ver que tienen un mínimo de seguridad y de santuario antes de unirse a la guerra y arriesgar sus vidas.»

«Sí…ahora es que esto se ve bien claro,» contestó Gonzalo. «Entiendo que los líderes de Cayo Hueso, de acuerdo con una carta que recibí de Figueredo Socarrás, han establecido una organización secreta, *La Convención Cubana*, para apoyar y estimular la formación de células rebeldes en Cuba que puedan responder inmediatamente, como un grupo y no como indivi-

---

[4] Grant estaba en la más terrible pobreza; la publicación de su *Autobiografía* estaba dirigida a proveer fondos para su familia después de su muerte.

duos, y así unirse a cualquier expedición de buen tamaño que mandemos…»

«¡Me alegro! Eso quiere decir que han rechazado el filibusterismo. Ahora no hay diferencias de enfoque entre New York y Cayo Hueso.»

«Martí,» dijo Gonzalo, «su preocupación por traer a trabajadores y negros hasta los más altos niveles del movimiento independentista salta a la vista en todos sus discursos y escritos.»

«Tenemos que rechazar absolutamente, querido Gonzalo,» interrumpió Martí, «cualquier modelo de república que niegue los principios fundamentales de la dignidad del hombre y que no promuevan el bienestar y la prosperidad de todos los cubanos.» Hubo una pausa; Martí continuó.

«Hay que colgar alrededor de la estrella en nuestra bandera nuestra creencia en el más glorioso de nuestros principios: *Con todos y para el bien de todos.* Ese lema lo dice todo con respecto a nuestras obligaciones hacia todas las razas, clases sociales, ocupaciones y creencias religiosas, así como nuestra oposición a cualquier ideología que clasifique y divida a los hombres y a las familias.»

Gonzalo de Quesada, a pesar de su juventud, y de haber vivido en New York desde su más temprana infancia, estaba al día en todo lo que tenía que ver con la lucha por la independencia de Cuba. Le extrañaba la aparente discordia entre Martí, Maceo y Gómez. Le preguntó a Martí de sopetón: «¿Cuál es la razón par a las confrontaciones y divergencias entre Uds. tres?»

Martí contestó sin ambages: «Probablemente ya sabes que nos reunimos en el hotel de *Madame Griffou*, en el 21 9th Street. Yo le había enviado a Maceo una carta con Flor Crombet en la que le decía que…»

«…*el problema de Cuba tiene sus respuestas en una solución social y no política. Y esta solución sólo se puede alcanzar con el amor y el respeto mutuo de una raza por la otra y con la prudencia digna que anima su corazón elevado y noble. Para mí, el que promueva el odio en Cuba o el que trate de aprovecharse de lo que exista, es un criminal…*»

«Maceo generosamente respondió:»

«Mi espada y mi aliento están al servicio de Cuba; Cuba será libre cuando la espada redentora lance a sus antagonistas al mar…»

«Una vez más nombró a Gómez como el hombre que mejor podría dirigir la batalla de los cubanos—y estuve de acuerdo con él.»

«Entiendo que Maceo vino inmediatamente a New York en respuesta a su llamado,» dijo Gonzalo.

«Sí, en pocos meses renunció a su trabajo y responsabilidades en Honduras y Panamá y con Gómez y José Rogelio Castillo vino a New York a bordo del *Lámparas*. Tenían reservaciones en el hotel de la *Madame Griffou* y fue allí que nos reunimos los tres. Era la primera vez que veía a Maceo.»

«¿Qué pasó entonces?» preguntó Gonzalo.

«Lo primero que hay que decir, realmente, es que cuando los hombres están en guerra deben ser juzgados con cierta manga ancha con respecto a sus temperamentos…Las pasiones se alteran y las palabras salen disparadas sin malas intenciones; ya sabes cómo reaccionó Maceo cuando en Enero pasado se tiró al mar un cargamento de armas destinado a Kingston, viajando en el vapor *Morning Star*; Crombet dio esa orden. Pues Maceo retó a Crombet a un duelo, el cual por suerte y por el bien de la causa, fue *"pospuesto."* »

«Ya lo sé,» contestó Gonzalo.

«Entonces probablemente sabrás que después de dos rondas de correspondencia muy caliente el general Máximo Gómez decidió más nunca volver a hablar con el general Antonio Maceo. Me parece que fue por una disputa sobre dinero; también Maceo estaba harto del gesto autoritario y de superioridad de Gómez al levantar la barbilla y virar su cabeza hacia un lado en medio de cualquier argumento. Esta última desavenencia afectó enormemente a Maceo, quien se sintió muy mal; comenzó a caminar sin rumbo por las calles de Kingston, quizás para despejarse. Por más de ocho años había deseado con ansias volver a la manigua. Ahora que veía llegar el momento, su liderato era cuestionado, su contribución subestimada y obstaculizada, y su sueños rotos nada menos que por su mejor amigo convertido ahora en adversario.»

«Comprendo todo eso,» replicó Gonzalo. «La tensión que desciende sobre todos en momentos como estos es algo pavoroso.»

«¡Prepárate para oír mi versión de la reunión y de nuestros estados de ánimos…! Me disgustó tanto como te va a disgustar a ti… Para ser justos, debes preguntarles a ellos directamente, Gonzalo: ambos merecen el mayor respeto, que siempre les tuve, la verdad. Máximo Gómez, sin embargo, no sabía o pretendió no saber, por qué yo estaba interesado en hablar con ellos. Me dio la impresión de que pensaba que yo era todo palabras y no acción; no me puede visualizar en la manigua y probablemente piensa que soy mejor poeta que soldado. Mencionó que en una guerra, los civiles molestan, que lógicamente son dejados atrás por los soldados; él cree que yo no podré asumir un papel que no sea de protagonista. Sus palabras —y su actitud— traicionaron su desprecio por un civil débil, con manos delicadas y no encallecidas por el fusil, por el poeta vestido de negro con corbata… Lo encontré fantásticamente pomposo y arrogante. Le dije, con respeto y un toque de humor (que no sé si interpretó correctamente), que era algo difícil escoger entre él y las autoridades españolas. Mis palabras exactas fueron: *Uno no crea una nación nueva, mi general, como se organiza un campamento militar.* Se insultó ante mis palabras y salió de la reunión como un bólido.»

Para Martí esto era, evidentemente, muy penoso. Sin embargo, continuó narrando:

«Maceo, por otra parte, dejó saber desde el comienzo que yo no era de su agrado. Dijo que seguramente yo no era de confiar, que era un buscapleitos buscando su propia gloria y no la de Cuba. Habiendo llegado a la lucha a última hora y no habiendo podido probar mi cubanía en la Guerra del '68, Maceo no veía ninguna garantía de que yo era genuino. Cuando Gómez se paró y se fue, yo le dije a Maceo que *yo no podría ser cómplice de ningún cabal entre militarotes con látigos en las manos y espuelas liderando a los hombres en la batalla para luego convertirse en sus señores y dueños.* A Maceo no le gustó lo que dije, obviamente, y moviendo su cabeza, siguió a Gómez fuera del salón.»

«Mi madre,» dijo Gonzalo, «¿y entonces…?»

«Pensé que se habían comportado como un par de capitanes, celosos de quien ellos percibían quería quitarles *su guerra*; se comportaron como caudillos y no como patriotas. Debo confesar, sin embargo, que tan pronto como salieron del cuarto, me sentí mal por haber usado palabras tan fuertes. Mi conducta no fue la indicada, dado lo que yo quería lograr con esa reunión. Mis pensamientos y mi pasado me traicionaron. Yo he sufrido la presencia de los militares en mi vida desde que tengo 16 años, en San Lázaro; me horroriza aún pensar en lo que le pasó a Céspedes en *Bijagual* y *San Lorenzo*, cuando chocó con los militares cubanos. Y, la verdad, al final, estoy acostumbrado desde que llegué a New York, a dirigir y a mandar en cualquier situación, sin que se cuestionen mis motivaciones. Estaba disgustado desde que me di cuenta que Gómez y Maceo no estaban listos para aceptar mis juicios o aceptar mi temperamento. Nada, que no lo hice bien, situación difícil, situación que me tomó por sorpresa, lo que quieras…un error de mi parte. Ya cuando salí de *Madame Griffou* estaba pensando cómo resolver este *impasse*.»

«¿Pudiste suavizar la situación a tiempo?»

«No. Al contrario, las noticias de nuestra desavenencia se regaron como pólvora por todo New York y en poco tiempo, la cosa llegó a la Florida. Lo cierto es que Gómez tiene una trayectoria de disciplina, buen juicio y dedicación; yo no. Estaba tratando de darme a conocer a todos los cubanos sin tener un quehacer que me respaldara… Una campaña para honrar a Gómez y hundirme a mí fue comenzada por varios veteranos de la Guerra de los Diez Años. Me salí de todo por un tiempo, porque necesitaba aclarar mi mente y descansar un poco, sin estar en el fragor de la lucha.»

Para cuando los amigos terminaron de conversar, era tarde y ambos salieron a caminar hacia sus casas, por las calles desiertas. Desde ese día, Quesada, con 21 años, se convirtió en el hijo o hermano espiritual de Martí, quien ya tenía 36 años. Juntos, montarían la batalla más encarnizada por la libertad que España jamás había visto en las Américas.

Unos meses después, en 1890, Martí fue nombrado Cónsul de la Argentina y Paraguay en New York; también comenzó a enseñar en la escuela nocturna del New York Central School, en 220 East 63rd Street. Gonzalo de Quesada se graduó de abogado y por la intervención de Martí, recibió su primera tarea internacional como secretario de la delegación argentina al Congreso Panamericano en Washington, D.C. Inmediatamente después del Congreso, Gonzalo fue invitado a visitar la Argentina y regresó a los Estados Unidos como Cónsul General de la Argentina en Filadelfia. Poco después fue cuando Herman Norman, artista sueco, pintó un retrato de Martí al óleo, en su oficina de 120 Front Street; fue este retrato el único a colores hecho a José Martí.

In 1891, Martí estaba abrumado por su pesada carga de trabajo y la desgarradora carga de haberse enfrentado a la realidad de que sus adorados Carmen e Ismaelillo no iban a vivir con él en New York. En una carta a Fernando Figueredo Socarrás le decía: «*Me siento como si el cielo me hubiera caído en la cabeza. Entre satisfacer la frivolidad y aceptar la austeridad del exilio, he tenido que escoger —y me ha costado la felicidad. He perdido mi hogar para siempre.*»

Fue con ese espíritu que Martí se decidió a renunciar a sus obligaciones diplomáticas y comenzó a trabajar a tiempo completo por la causa de la independencia de Cuba. Sacrificaría inclusive su pasión por escribir para poder dedicarse por más tiempo a reclutar seguidores y a organizar eventos para levantar fondos para la guerra. En una carta a Nicolás Domínguez Cowan en México, escribió:

> «Hay adversidades e infortunios que hacen muy difícil abrir el alma para poder escribir. Hay obligaciones públicas que debilitan el espíritu e invaden su carácter. No puedo escribir nada que no tenga que ver con Cuba y con su independencia. Hace falta que lo entiendan a uno los que uno ama y aprecia. De otra manera, "*lasciate ogni speranza*" (Desecha toda esperanza).»

Una vez liberado de todos los trabajos bien pagados que tenía, excepto el de traductor para *Appleton House*, Martí se mudó a una nueva casa en 361 West 58th Street y comenzó a visitar de Nuevo a los clubes cubanos por todos los Estados Unidos y el Caribe. Néstor Leonel Carbonell lo invitó a hablar en el Club *Ignacio Agramonte* en Tampa en Septiembre de 1891; fue recibido por una banda marcial a pesar de la fuerte lluvia. Había impreso su discurso en un panfleto titulado *Dos Discursos Patrióticos: Con todos y para el bien de todos* y *Los pinos nuevos*, ambos discursos pronunciados en el Club Cubano de Tampa. Comenzó a trabajar día y noche en el *Partido Revolucionario Cubano* (PRC) que había fundado en el Hotel Duval de Cayo Hueso en Abril de 1892. De vuelta en New York, habló varias veces en *Hardman Hall* y no queriendo que nadie lo fuera a llamar Presidente, se hizo titular *delegado* del PRC. También fundó el periódico *Patria* el 12 de Marzo de 1892 y nombró a Gonzalo de Quesada como Secretario del PRC y miembro del Consejo de Dirección de *Patria*. Gonzalo comenzó a llamar a Martí *el Apóstol* en público y *Maestro* en privado.

> «A todos los cubanos que viven en Cayo Hueso. La hora ha llegado para hacer la manifestación final de honor y de afecto a nuestro huésped bien amado, Don José Martí. Se tiene que ir a New York. Pronto estallará la guerra. Con esto en mente, esperamos que ni un cubano amante de la libertad tendrá a bien estrechar su mano y abrazarlo, Este patriota muy especial nos ha mostrado cómo amar y respetarnos los unos a los otros y cómo cumplir con el deber solemne hacia nuestro país.»

El autor de estas palabras había sido Gonzalo de Quesada.

El *Instituto San Carlos* fue fundado en Cayo Hueso por patriotas cubanos con el expreso propósito de ayudar a la independencia de Cuba. Allí habló José Martí el 3 de Enero de 1892 (ver foto izquierda). También lo hicieron en su tiempo Carlos Manuel de Céspedes hijo, Salvador Cisneros Betancourt, Francisco Vicente Aguilera, Máximo Gómez, Antonio Maceo, Calixto García, Manuel Sanguily, Gonzalo de Quesada y muchos otros patriotas. Al ser abrogada la república en 1959, Cuba dejó de brindar apoyo al Instituto y esa responsabilidad fue de inmediato asumida por los exiliados cubanos en los EEUU.

Martí confronta a los autonomistas en Cuba y en el extranjero

Nunca antes de la retirada de Arsenio Martínez Campos de Cuba había sido el autonomismo tan popular en la isla. Martí y Maceo entendían muy bien que España no tenía la menor intención de hacer nada que beneficiara a Cuba; el pueblo cubano, sin embargo, aún tenía esperanzas de que sin derramar sangre, los cubanos tuvieran más control sobre su destino.

Martí continuó hablando en cualquier medio donde se pudieran oír sus ideas sobre la libertad de Cuba; inclusive habló en una reunión autonomista auspiciada por el periódico *La Libertad* en *La Acera del Louvre*, el popular lugar de reunión del primer piso del Hotel Inglaterra en La habana, el 21 de Abril de 1879. Su discurso terminó así: «*El hombre que reclama vale más que el que suplica.*»

EL mismo día el Capitán General Ramón Blanco, quien reemplazó a Martínez Campos, se enteró de las palabras de Martí por un agente del gobierno español. Seis días después, invitado por su amigo Nicolás Azcárate, Martí dio un discurso en el *Liceo de Guanabacoa* en honor a Rafael Díaz Albertini, el músico; repitió las mismas palabras de su discurso anterior en la presencia de Ramón Blanco. El 17 de Septiembre fue tomado prisionero y deportado a España. Poco después, se escapó de Madrid y llegó a New York en Enero de 1880.

Cuando Martí llegó a New York de su segundo exilio en España, encontró que muchos de sus amigos exilados se habían incorporado por inercia a las filas autonomistas. Rafael Montoro predicaba que el reformismo estaba funcionando para Cuba, como forma de satisfacer sus necesidades; José María Gálvez afirmaba que la paz era tan importante como la independencia; Antonio Zambrana había accedido a ser candidato para las Cortes Españolas. Muchos antiguos separatistas en New York ya planeaban regresar a Cuba. Martí decidió tratar de convencerlos que no lo hicieran.

«No debemos ir; nuestra vida aquí puede ser cruel, pero allá es brutal. Vinimos para hacer la Guerra y lo que nos une es aborrecer la tiranía. ¿Para qué iríamos a Cuba? ¿Para oír el ruido de los látigos sobre las espaldas de los hombres, de los hombres cubanos? ¿Para apretar con afecto o con hipocresía la mano que nos castiga? ¿Para qué iríamos a Cuba ahora? Para ser testigos del consorcio repugnante de nuestros verdugos con los hijos de nuestros héroes y hasta con nuestros héroes, ambos disminuidos por la vagancia, por la pereza? ¿Para saludar, preguntar, sonreír a los moscardones negros nacidos de la pila de estiércol en la carretera? ¿Para ver a un pueblo entero, sin sabiduría hoy, igual que sin valentía ayer? ¿Para verlos deshonrarse a sí mismos en la cobardía y el disimulo? ¡Que otros vayan a la Cuba de hoy! ¡Una herida en mi corazón sería menos dolorosa que lo que siento sobre ir a Cuba hoy!»

Foto: La tribuna que usó Martí en el Liceo de Guanabacoa en 1879.

8

"Antiguamente a nadie se le permitía pensar libremente; ahora se puede, pero ya nadie piensa. Ahora la gente piensa en lo que se supone que piensen; y piensan que ésto es la libertad."
OSWALD SPENGLER (1880 - 1936)

Unos días después del Aniversario 26 del Grito de Yara en Octubre 10, 1868, el día en que comenzó la Guerra de los Diez Años, en Yara, en Oriente, José Martí invitó a Gonzalo de Quesada a su oficina en 120 Front Street. Gonzalo, casi desde su adolescencia, había sido un devoto admirador de las ideas de Martí y lo había acompañado en muchos de sus viajes, siempre presentándolo como *el Apóstol*. Ahora en 1894, Gonzalo tenía 26 años y Martí 42. Gonzalo se había convertido en el más fiel discípulo de Martí y estaba llamado a ser el ejecutor de su testamento literario en apenas un año.

La oficina de Martí era bastante sencilla. De acuerdo con sus propias palabras, «*reina en ella un pintoresco y grato desorden.*» Su escritorio era grande y arriba de él normalmente había gran cantidad de papeles, documentos y manuscritos; lucía ser un mueble importante, de esos que se heredan pero ya había visto tiempos mejores cuando Martí lo compró en una tienda de muebles de segunda mano en Broadway. Su cómoda silla de piel negra había sido desechada por *Appleton and Company*, la editorial donde trabajaba como traductor desde principio de los 1880s. Un sofá, varias sillas que no pegaban una con la otra, libreros y una mesita habían sido regalos de viejos amigos y colaboradores. Esta era, después de todo, la sede de la delegación del *Partido Revolucionario Cubano* y la oficina principal de la editorial que traía al periódico *Patria* a los neoyorquinos. En las paredes habían unos cuantos retratos impresos, el más prominente de todos era el de Carlos Manuel de Céspedes. Compitiendo visualmente con el retrato de Carlos Manuel, sin barbas, estaba uno del escritor americano favorito de Martí, Walt Whitman, a cuya faz no le cabía un pelo más. Otros retratos eran en honor a sus héroes favoritos: Darwin, Bolívar y Lincoln. Dos ventanas hacían entrar la luz y los ruidos de la baraúnda en esa calle del bajo Manhattan.

Sobre su escritorio, Martí tenía como pisa papel un eslabón de la cadena que había marcado su tobillo para siempre en las *Canteras de San Lázaro* en La Habana. Había sido considerado como «*una amenaza adolescente en contra del imperio español.*» Doña Leonor, su madre, le había enviado el eslabón; también le había mandado un anillo de hierro hecho por un herrero con los restos de otro eslabón que habían cortado al liberarlo. Ambos habían sido recogidos por Don Mariano, su padre, el día que Martí había sido liberado de las mazmorras en las Canteras de San Lázaro. Martí mantuvo el anillo de hierro —oxidado, pulido, oscurecido—en su mano izquierda por el resto de su vida.

El pisa papel sería reemplazado en su función y en su lugar por un regalo recibido de su queridísimo Fermín Valdés Domínguez con motivo de su 41º cumpleaños: un hacha taína de pétalo. Era un objeto sólido, misterioso, liso y redondeado de un lado y cortante como cuchillo del otro. Fermín se había encontrado el hacha en las colinas de Baracoa y enseguida pensó que su mejor lugar sería en el escritorio de Martí por no haber nada más cubana que una pieza taína. Martí, en su modestia, rara vez mostraba el pisa papel del eslabón a sus visitantes; se enorgullecía de su hacha taína por ser ésta a la vez «*un instrumento de trabajo y un arma de combate.*» La acariciaba casi sin pensar en un gesto habitual, antes de pasarla a las manos de sus visitantes. Siempre decía: «*He aquí mi talismán secreto…venga y toque un pedazo de Cuba.*»

Después que Gonzalo se acomodó en una de las sillas, y después que ambos compartieran unas tazas del fuerte café que Martí siempre tenía (unas veces de Palma Soriano en Oriente, otras de Maricao, en las montañas de Puerto Rico) la conversación esta vez fue sobre si había o no una nación cubana. Martí fue siempre un maestro nato y aprovechaba estas conversaciones con el cultísimo joven Gonzalo de Quesada para ordenar sus pensamientos y expresarlos muy libremente. «Ojalá hubieras conocido a Nicolás Azcárate (1828-1894) cuando visitó a New York,» dijo Martí comenzando el diálogo. «Fue en el verano de 1880, poco después que me mudé aquí permanentemente; me lo encontré en la librería *Ponce de León* en Broadway, cerca del *Trinity Church*. Lo había conocido diez años antes, poco después del *Pacto del Zanjón*, cuando trabajé por un tiempo en su oficina de La Habana. Fue en su bufete que conocí a Juan Gualberto Gómez, a quien espero que conozcas pronto. Azcárate fue una figura importante en los círculos legales y literarios de La Habana en esa época. A través de él conocí a varios patriotas, o en persona o por sus trabajos, particularmente luego que fundó el *Liceo Artístico y Literario de Guanabacoa*, del cual me hice miembro: Juan Clemente Zenea, Luisa Pérez Zambrana, Enrique Piñeiro, José Morales Lemus, y Gertrudis Gómez de Avellaneda, entre otros.»

Martí cerró los ojos rememorando esa época. Continuó: «Cuando vi a Azcárate por primera vez en New York era un reformista desilusionado; había sido deportado a México por Blas Villate y de la Herra, Conde de Valmaseda, y Capitán General de Cuba. Antes lo había visto en casa de Miguel Mercado. Yo me había escapado de mi propio exilio en España y estaba en México reclutando para una nueva guerra; huelga decir lo contento que me puse al verlo en New York…»

«Me doy cuenta que debe haberse desilusionado con la justicia española si había sido exilado, ¿pero por qué cayó en desgracia con los poderes coloniales?» preguntó Gonzalo.

«Azcárate, siempre trabajando en pos de la educación, había introducido en Cuba la costumbre de tener lectores en las fábricas de tabaco para entretener y educar a los trabajadores mientras confeccionaban a mano un tabaco a la vez en sus estaciones de trabajo. Los capataces pensaron que esto mantendría a los torcedores absortos en su trabajo en vez de estar chachareando con los otros. Los materiales de lectura cubrían una amplia gama, desde periódicos, hasta novelas, inclusive ensayos políticos.» Martí fue caminando hacia una de las ventanas abierta buscando aire fresco y continuó: «De vez en cuando, las ideas más subversivas eran leídas en alta voz a los torcedores con impunidad. Siempre pensé que la práctica de la lectura en alta voz en los talleres de tabaco los convertía en púlpitos para la libertad y la independencia; se lo comenté a Azcárate, quien se sonrío con la expresión de un gato relamiéndose de tomar crema espesa. *El Fígaro* fue la primera factoría que introdujo la práctica, seguida de la factoría de Don Jaime Partagás. Cuando estalló la Guerra del '68 en contra del despotismo Borbón, lo primero que hicieron los españoles fue silenciar las plataformas de las fábricas de tabaco. Culparon a todos los que de una manera u otra habían tenido algo que ver con la educación del pueblo cubano; la Corona no podía pasar por alto las consecuencias de la creación de Azcárate de tener lectores en las fábricas de tabaco. Por suerte sólo fue exilado…» «¿Cómo fue que te exilaron a ti también? ¿Juan Gualberto fue exilado contigo?»

«Yo vivía en Amistad # 42, entre Neptuno y Concordia,» respondió Martí. «Me quedaba relativamente cerca del bufete de Azcárate y Juan Gualberto venía a almorzar con frecuencia a la casa que alquilé para mi mujer y mi hijo. En una de estas ocasiones vino un hombre a quien Carmen recibió en la sala; vino hasta el comedor y me dijo que el hombre era un policía, ella estaba segura, quien había estado antes, preguntando por mí. Le pasé a Juan Gualberto mi maletín con mis papeles y me fui con el tipo, habiéndole recomendado a Juan Gualberto que los guardara bien y que contactara a Azcárate para ponerlo al día. Juan Gualberto nos siguió a pie, caminando media cuadra detrás de nosotros hasta que me metieron en un coche en la esquina de Consulado y Neptuno; por suerte, tuvo la idea de coger otro y seguirme hasta llegar a una estación de policía. Inmediatamente fue a buscar a Azcárate y decirle dónde yo estaba. Gracias al prestigio y a las conexiones de Azcárate, me deportaron a España por orden del Capitán Blanco en vez de ser presentado para un proceso legal frente a las autoridades.

La acusación fue que mi conferencia en el Liceo de Guanabacoa había sido inflamatoria. El maletín con mis papeles, buscado obsesivamente por los españoles, estuvo a salvo en manos de Juan Gualberto. Su modesta posición en la sociedad lo hacía casi invisible para las autoridades; estaba equivocado: dos años después fue apresado y deportado a Madrid. El maletín de marras, sin embargo, encontró su camino hasta Las Villas y las manos de Calixto García. Contenía documentos confirmando la traición de uno de nuestros tenientes coroneles de la Guerra del '68 quien se hizo agente de España después del Zanjón. La audacia y la ingenuidad de Juan Gualberto salvo muchas vidas de insurgentes al no vacilar en hacérselos llegar a García inmediatamente.»

«¿Qué sabes de Azcárate, además de que es una enciclopedia caminante del Derecho…?»

«Azcárate sin duda es una de las mentes preclaras que tenemos; ahora que ya se dio por vencido con lo de esperar reformas de España, se ha concentrado en el asunto de descubrir si los cubanos ya llegaron a sentirse nación, si hay algo que se le pueda llamar la *Nación Cubana*.»

«Interesante…» respondió Gonzalo. «¿Y qué piensan Uds. sobre la nación cubana?»

«Lo primero, creo, es considerar si los líderes de un pueblo saben que la independencia política es necesaria pero no suficiente para formar una nación. Para ser nación, hay que tener cierta originalidad, cierto vínculo común, que diferencie a un pueblo de otros grupos sociales contemporáneos y que los haga únicos. Ambos Azcárate y yo llegamos a la conclusión que la búsqueda de la 'originalidad' a la que me refería comienza con el desarrollo de una literatura que valga la pena. Las semillas de una identidad nacional son sembradas por los hombres de letras, ya sea que escriben poesía, como Plácido, Julián del Casal y Heredia, sociología como Saco y la Avellaneda, filosofía como Varela, Varona y Luz y Caballero, ficción como Villaverde y Anselmo Suárez o memorias y sagas como las de la Condesa de Merlín y Figueredo Socarrás.»

«Me pregunto cuán importante es la cuestión de la raza; ¿cuál de las razas en Cuba puede ser considerada cubana y cuál excluida? Por mucho tiempo, sólo los blancos nativos fueron considerados así. Aun después de la abolición de la esclavitud quedaba la pregunta de que si los negros nacidos en Cuba eran cubanos o no,» comentó Gonzalo.

«Mira, me parece a mí que lo importante no es cuál raza está incluida en la mezcla sino cuál raza siente la necesidad de estarlo…Un asunto similar, y quizás tan importante como el de la raza, es el de las creencias políticas; los criollos, y hasta los españoles aplatanados fluctuaron por años entre el anexionismo, el reformismo, el autonomismo y el independentismo. ¿Cuál de estas creencias era más cubana que las otras? La Guerra del '68 no aclaró quién era quién. ¿Es que la Guerra contribuyó a la integración de individuos con semejante cultura—cultura como creencias, valores, inclinaciones, formas de ver la realidad—y produjo, en diez años, una definición de *Cubanismo*? No lo creo…»

«Estoy de acuerdo en que el episodio de una guerra no necesariamente le muestra a la gente dos posiciones: les muestra un espectro amplio de opiniones aceptables. En 1868, estabas con España o en contra de España, por Cuba o por España,» añadió Gonzalo. «Pero estando por Cuba, podías ser autonomista o independentista; estando por España, podías ser monárquico, reformista o autonomista. La guerra no resolvió el asunto falaz del nacimiento de una nueva nación.»

«Azcárate pensaba que uno se podía volver "nominalmente" cubano por un acto de la ley, por haber nacido en Cuba o por conveniencia. Pero la única manera de ser cubano de veras, pensó él, era por el sentimiento de ser cubano. Había que tener la conciencia de ser cubano y la voluntad de sentirte cubano. Lo cubano no salía de la tierra hacia arriba, sino que salía de la mente hacia abajo. En ese sentido, quizá hubo unos cuantos cubanos e los siglos XVI al XVIII, aunque el sentido de pertenecer a una nación cubana primero fue reconocida en la primera parte y a mitades del siglo XIX.»

«Ya veo que tú piensas que hemos tenido tres etapas en el desarrollo de la nación cubana: primero, los españoles nacidos en Cuba se convirtieron en *criollos* al sentirse mejor en la isla que en la metrópolis. Este fenómeno se veía con toda claridad, más y más, a partir del siglo XVII, ¿no?» dijo Gonzalo.

Gonzalo pausó como para poner sus pensamientos en orden y Martí, muy interesado en ver cómo pensaba su joven amigo, le acució un poco: «Sigue, sigue…»

«La segunda etapa fue cuando los criollos ya eran cubanos, pero sin un compromiso verdadero; entre otras cosas, sus intereses personales tenían más en común con los de sus vecinos que con los habitantes de la península. Esto ocurrió con bastante rapidez, en pocos años, con el deterioro del imperio español en época de Napoleón; el impulso de la industria azucarera al Cuba estar más adelantada en su propia revolución industrial que España; de colofón, el despertar a las posibilidades del comercio, sobre todo con los Estados Unidos, al tomar los ingleses La Habana. España responde aumentando su explotación de Cuba como 'la última colonia.' Entre todas estas cosas, comenzó a definirse y a crecer la nacionalidad cubana.» Gonzalo pausó brevemente para confirmar que Martí estaba en onda con su análisis y al ver un gesto leve de su mentor, continuó.

«Entonces vino el desenlace de la Guerra de los Diez Años. Ya no había donde esconderse; o eras cubano o eras español. Las posiciones grises como el autonomismo o el reformismo se hicieron insolventes.»

«… ¡de total acuerdo, querido Gonzalo…! Ya cuando terminó la Guerra, la nación cubana había comenzado a surgir con la aparición de las primeras olas, fuertes y profundas, de intelectuales cubanos y con la total convicción que los habitantes de la isla estaban en mejor posición para reconstruir la economía de la isla que los españoles. Desde la perspectiva cultural, pareció esto un fenómeno regional que sólo tocaba a unos pocos intelectuales en sus torres de marfil ya los hijos de los ricos quienes habían sido sus discípulos en el *Seminario San Carlos*, la *Universidad de La Habana*, el *Colegio Carraguao*, el *Colegio Salvador* en La Habana, el *Colegio La Empresa* en Matanzas, y otros más. En ninguna otra parte de la América había tenido un grupo de graduados de estas pocas escuelas la oportunidad de cambiar la sociedad en formas en que estos hombres la tuvieron, alterando para siempre los destinos de Cuba.»

Estas realidades culturales no eran desconocidas para un joven tan bien educado como Gonzalo, quien había estudiado en la Universidad de New York y luego, derecho e ingeniería en Columbia. Las realidades económicas y tecnológicas no se le escapaban tampoco. Sabía, sin la menor duda, que el desarrollo económico tendría una influencia profunda en los sueños personales y las ambiciones de los residentes de Cuba y en cómo se sentiría la gente en cuanto a vivir en Cuba, a sentirse cubanos.

La siguiente intervención de Gonzalo fue una larga explicación, la cual Martí disfrutó con orgullo. «Ya para 1850, mi querido Martí, Cuba había suplantado a Santo Domingo como la colonia tropical más rica que hubiera en ninguna parte. En 1750, Cuba era una comunidad de unidades agrícolas pequeñas, de exploradores intrépidos y de burócratas sin importancia; todos juntos no pasaban de 180,000 personas. El tabaco y el café eran las cosechas más importantes. Era casi imposible en La Habana encontrarse con una calle pavimentada. La mayoría de la población se encontraba en las costas de la isla y un gran número estaban metidos en algún tipo de contrabando. Cien años después, la población había crecido a 1,400,000, las calles de La Habana estaban pavimentadas y tenían nombres y las casas estaban numeradas. La economía cubana evolucionó, de estar basada en las unidades pequeñas agrícolas, a una sociedad de plantaciones corporativas. Interesantemente, ese crecimiento no fue causado por nuevos inmigrantes, sino por los esfuerzos y sacrificios de las familias cuyos distinguidos antecedentes precedieron las aventuras del crear una nueva sociedad en Cuba. Si fuéramos a estudiar la genealogía de las 500 familias más cubanas, encontraríamos que más del 80% habían venido a Cuba antes del 1800. Su mayoría era católica, sin la menor traza de sangre judía o árabe por lo menos desde el 1700."»

Martí parecía estar cautivado por la historia de Gonzalo, así que éste continuó:

El cultivo de la caña de azúcar y la producción de azúcar turbinada —azúcar prieta— se convirtió en una cosecha fabulosa para hacer dinero de inmediato para los hombres de negocios con capacidades altas de riesgo; esto creó una aristocracia cubana que casi desde el principio estuvo en contra de la metrópolis. Cuba también se convirtió en un serio productor de café, particularmente después de la inmigración de cientos de familias francesas de Haití a Mayarí, Holguín, Santiago y Guantánamo en el este de Oriente, así como en La Habana, Artemisa, Alquízar y Mariel en el Occidente de la isla.»

«Cuba pasó por períodos muy difíciles,» añadió Gonzalo, «y de forma predecible eso ayudó a consolidar el sentido de nación en muchos de sus habitantes. La invasión de Napoleón a España resultó en un sentimiento anti-francés, a pesar de los vínculos comunes cultivados por los Borbones. Inglaterra se convirtió en aliada de España, Francia en enemiga. Una vez que los mercados europeos se le cerraron a los productos cubanos, los precios del azúcar y del cafés se fueron abajo, y todas las importaciones subieron de precio. Los franceses fueron casi expulsados de la isla y con ellos se fue el cultivo del café, nuestra segunda fuente de riquezas. España ya no podía ofrecernos una red de seguridad. Su vida política se convirtió en un cachumbambé: primero, la constitución de 1812, luego la restauración de la monarquía en el 1814, el regreso del constitucionalismo en el '20, luego echarlo abajo en el 1823. ¡No es raro que hayamos empezado a gozar los primeros aires de secesión…! Primero, una conspiración dirigida por los blancos Joaquín Infante y Román de la Luz, apoyada hasta el fin por negros y mulatos. Luego, los *Soles y Rayos* y *La Escalera* y los levantamientos de Frasquito y Joaquín Agüero. Más de 4,000 residentes de Cuba fueron implicados en esas conspiraciones; 50% eran negros libertos y mulatos, 25% eran esclavos, no se sabía la etnia del otro 25% y sólo 2% eran blancos. De más de 400 llevados al cadalso, solamente dos eran blancos. Unos 435 fueron sentenciados a ser exilados: todos eran blancos.»

Durante esta pausa en la conversación, los dos estaban parados frente a la ventana, como si buscaran testigos para el diálogo altamente racional que estaba ocurriendo en esta pequeña pero erudita oficina de *Patria* y del *Partido Revolucionario Cubano*.

«Bueno, en el medio de todo esto, los aristócratas cubanos buscaron y adquirieron en Inglaterra las maquinarias para su propia revolución industrial,» apuntó Martí. «De Norteamérica, le dieron la bienvenida a la tecnología y al capital para domar las máquinas y atarlas a la economía azucarera. Vinieron los ferrocarriles a Cuba sin que un solo español se metiera en ese negocio. Fue liderado por criollos poderosos, como Martínez de Pinillos, el *Conde de Villanueva* en 1837, Gaspar Betancourt Cisneros y Francisco Vicente Aguilera a principios de los '40 y Joaquín Pedroso a fines de la década. Estos pioneros ferrocarrileros hicieron posible que ocurriera el desarrollo económico más extraordinario que la América jamás había visto. Con la facilidad de transportar cañas de azúcar de los cañaverales hasta los ingenios y azúcar desde los ingenios hasta los puertos, surgió la oportunidad de expandir la capacidad de las factorías. Los trapiches movidos por bueyes fueron reemplazados por molinos movidos por vapor; los ingenios se convirtieron en centrales azucareros. Los empresarios cubanos se fascinaron con el capital americano y por primera vez comenzaron a pensar en unir sus destinos al de la nación americana. Por primera vez reciprocaron el deseo de unirse a la Unión, deseo que existía desde la época de Thomas Jefferson.»

«Lo interesante,» respondió Gonzalo, «es ver la reacción de España: su contraoferta ante todo este adelanto y dinamismo, fue la Orden Real de Abril 19, 1837 la cual segregaba la provincial de Cuba del reino español y la convertía en una colonia cualquiera, a ser gobernada por la voluntad arbitraria y el deseo absoluto de los Capitanes Generales, nombrados por la Corona. Esa ordenanza, más que nada, ha sido fuente de resentimiento en contra de España en las mentes de los criollos, resentimiento que no se ha abatido en cincuenta años.»

Martí habló lenta y deliberadamente: «En cuanto al creci-miento al sentido cubano de nacionalidad, Azcárate definió las etapas sucesivas en formas muy similares a las tuyas: primero, los descendientes de los inmigrantes, sin estar muy seguros de dónde debían de estar sus lealtades, se identificaron con una porción de la tierra. Se llamaron santiagueros, camagüeyanos, villareños, habaneros... Esto subraya la importancia del territo-rio en el desarrollo de la nueva identidad. La segunda etapa tenía que ver con el darse cuenta que lo que los caracterizaba como miembros de la comunidad era más que solo compartir el territorio: tenían una similaridad de valores, intereses, ambi-ciones y formas de ver y de responder a los retos de la vida. Los santiagueros se dieron cuenta que ellos eran musicales; los camagüeyanos se enorgullecían en su amor por el campo, los habaneros, en su conciencia de la actualidad, los matanceros, de su pasión por lo cultural y los pinareños estaban orgullosos de ser auto-suficientes. Primero estos valores compartidos, es-tas características comunes con los coterráneos, luego, el darse cuenta de que un sentimiento nacional se clarificaba... En Cu-ba, como en muchos otros países, una identidad más amplia (en nuestro caso, de toda la isla) ocurrió, en la coyuntura de los criollos dares cuenta que sus valores, sus sueños, sus fantasías, sus decepciones, sus sufrimientos y su sentido de hermandad era compartido más allá de los límites del terruño provincial. El territorio era la isla entera. Que los matanceros tenían más en común con los santiagueros que un amor compartido por la música o por la literatura. Cuando esta comunidad de intereses formó un vínculo entre santiagueros, habaneros, villareños y Camagüeyanos, el sentido de pertenencia era mayor que el de la finca, la provincia, el terruño. Los intereses eran diferentes, sin embargo, y a veces en conflicto con los de los madrileños, los catalanes o los asturianos. Les gustó a los cubanos esta per-sonalidad más amplia, particularmente al compararla con las gentes de otros territorios, los dominicanos, los mexicanos, los españoles... y vieron en esos otros territories prácticas, cos-tumbres, valores, características que no les eran tan afines como los que ya habían descubierto con sus coterráneos en la isla.»

«¡Así fue cómo surgió la definición de *cubano*!,» interrumpió Gonzalo.

«Exactamente. Fue, como siempre es, una auto-definición. Llamarse a uno mismo *cubano* fue la consecuencia lógica de sentirse *cubano*. Pero no olvidemos que el adoptar esta nueva identificación comenzó con la credencial de pertenecer a cierto territorio, seguido por el descubrimiento de que uno pertenecía a una comunidad mayor de intereses y valores. La cultura, me temo, vino al final y jugó un papel secundario. Los cubanos nos hicimos cubanos luego de ser camagüeyanos, matanceros, lo que fuera, y luego fundirnos como cubanos al mirar más allá de nuestras fronteras y gustarnos lo que vimos: *éramos* diferentes, además de tener un territorio diferente, que los españoles, los mexicanos, los argentinos, los dominicanos. Sus intereses, los de los cubanos, ya estaban en contra de los intereses de la metrópolis; no nos hicimos cubanos por gustarnos cierta música, cierta literatura o cierto arte. La cultura no provoca o incita sino que enriquece y refuerza la nacionalidad.»

«¡Bueno, Martí, no me mantengas más en vilo! La pregunta es si ya hay una nación cubana o no...» dijo Gonzalo.

«Mi respuesta es: no había una nación cubana durante los levantamientos de Aponte y los dos Agüeros, Francisco and Joaquín, a principios del siglo. No creo tampoco que hubiera una nación cubana en el momento de las conspiraciones de *La Escalera* y *Rayos y Soles de Bolívar*. Para el 1850, lo que teníamos eran expresiones más o menos fuertes, más o menos dramáticas, de oposición a la esclavitud —en otras palabras, revueltas de esclavos. Contribuyeron a formar una opinión pública más fuerte con respecto a las injusticias de la esclavitud, pero en honor a la verdad, muchos españoles compartían estos sentimientos, es decir, no eran éstos un vínculo sentimental nacional cubano. Durante las expediciones filibusteras de Narciso López y otros, una fragmentada, pequeña e incipiente alma cubana, aún inmadura pero ya racional, no pudo comprender cómo un puñado de extranjeros desembarcando aquí o allá, hubiera podido encender las llamas de la independencia. Narciso López no pudo persuadir a los cubanos del exilio y acabó por desembarcar con la gente equivocada en los lugares correctos. No tuvieron apoyo porque los invasores no tenían realmente nada que ver con los criollos…ni siquiera un lenguaje común.»

Martí paró brevemente para constatar, en las expresiones de Gonzalo, que este seguía su tren de pensamiento perfectamente: concluyó que sí.

Siguió: «Yo diría que a pesar de los sacrificios y las gestas generosas y hasta gloriosas de la Guerra de 1868, la nación cubana era aún muy inmadura, muy en embrión, muy poco desarrollada como nación, para apoyar plenamente esa Guerra. En realidad, se podría hasta decir que no existía todavía la nación cubana. Sólo hay que pensar en la fuerza de los regionalismos: los de Bayamo estaban listos a pelear—pero no necesariamente junto a los de Las Tunas; los occidentales —*pinareños*, *habaneros* y *matanceros*– no confiaban en los insurgentes de Oriente y Camagüey y apenas le prestaron atención a su quehacer; Vicente García, el *León de Santa Rita*, no quería pelear en Las Villas y los holguineros proclamaron su propia república, de unas cuantas millas cuadradas, y proclamaron que sólo lucharían para proteger su *terruño*. Nada, que el cubanismo no había todavía suplantado al regionalismo. Bajo esas condiciones, fue fácil predecir la debacle que resultó en Zanjón y Loma Pelada. Máximo Gómez, Calixto García y otros, estaban desencantados y depusieron sus armas; Antonio Maceo, Ramón Leocadio Bonachea y un puñado más peleó hasta el último momento pero más tarde o más temprano fueron derrotados no por los españoles, sino por el *regionalismo*. Bonachea, por cierto, fue el último en darse por vencido y el primero en morir cuando tomó las armas de nuevo con Calixto García en la Guerra Chiquita, cuando fue capturado y fusilado en 1885. Cuando Bonachea dejó de pelear en 1878, simplemente se desvaneció en la selva cubana con sus hombres. Enterró sus armas y salió caminando. Nadie en el ejército español puede decir que Bonachea y sus hombres se rindieron: decidieron parar sus operaciones por el momento y eso fue todo.»

«¿Y ahora —es que hay una diferencia? ¿Sería diferente si empezamos una nueva guerra de independencia en estos momentos…? ¿Ya se habrán fundido los regionalismos en una sola nación?,» preguntó Gonzalo ansiosamente.

Con una sonrisa ante la impaciencia del joven y sin dudar, Martí respondió: «Sí.»

«También me pregunto si tú crees que nuestro destino está atado, para bien o para mal, a la presencia de una enorme nación, los Estados Unidos, junto a nuestras orillas, o de otra perspectiva, nuestra presencia tan cerca de *sus* orillas.»

«Mi querido Gonzalo,» respondió Martí luego de reflexionar por unos minutos, «ignorar la presencia de los Estados Unidos en la historia y en el futuro de Cuba sería como ignorar la presencia de un enorme roble en medio de un cantero de rosas. La suave sombra de sus ramas al mediodía podría proteger un poco a las matas de rosas del ardiente sol, pero sus raíces podrían acabar con ellas al robarse todos los nutrientes del suelo que las rodea.»

«Siempre me ha interesado saber tu opinión sobre los Estados Unidos; ya sé que es imposible ignorar su influencia en la región,» comentó Gonzalo. «También conozco, para ser sincero, que hay muchos exilados aquí en New York que se preguntan qué quiere decir tu frase, aquella de "*viví en el monstruo y conozco sus entrañas.*" ¿Cómo vislumbrar la coexistencia de la futura república cubana con el gigante a pocas millas de sus costas?»

«Repasemos la historia: ha sido tradicional que un gran poder tenga una isla bajo su esfera de influencia o hasta como colonia para proteger sus orillas. Francia e Italia lo han hecho con Córcega y Sicilia; Inglaterra con cualquier cosa que flote en sus alrededores; España con las Islas Baleares y las Canarias; Grecia, el Imperio Otomán, la India, Japón, Noruega, Colombia, la China y Ecuador, por el estilo; esta regla me parece que se aplica a las naciones ricas y poderosas tanto como a las pequeñas que tienen una isla o un archipiélago frente a ellas. Históricamente hubiese sido inevitable que los Estados Unidos intentaran hacerlo con todo el Caribe. De hecho, desde los días de Jefferson han estado hablando sobre este tema. Cada uno de sus presidentes se ha ocupado de este tema: de Monroe hasta John Quincy Adams a Arthur, Cleveland y Harrison. El instrumento que han usado los americanos es el dólar. *Todos* los presidentes han intentado comprar a Cuba de España, a pesar de que hubiera sido muy fácil tomar la isla por la fuerza.»

Luego de una breve pausa Martí siguió: «Debido a su filosofía de gobierno y sus proclamas y promesas, establecidas en su Constitución, de proteger los derechos fundamentales de la vida, la libertad y la búsqueda de la felicidad, los Estados Unidos ya era un gigante en 1776 cuyo destino era crecer aún más. Los Fundadores decidieron muy temprano estabilizar sus fronteras y eso significó expandirlas hacia el oeste, el sur y el norte. Excepto por el período a principio del siglo XIX cuando con inmensa energía y fuerza fueron de océano a océano, las ambiciones territoriales de los Estados Unidos han sido relativamente modestas. Todo el continente era de ellos —si lo querían. Lo que tomaron era relativamente árido e infértil, vacío, poco productivo. Si dudas esto, recuerda el precio por acre que Napoleón le cobró a Jefferson por casi la mitad del presente territorio de la Unión. Hay que conceder que la expansión a la fuerza en las tierras de España y México fue dramática, así como la violencia y la intrusión en las vidas de los habitantes nativos de las Américas fue terrible; recuerda que a principios de siglo esto no era tan serio como lo sería hoy: era la forma y la conducta de la época.»

Gonzalo fue a hablar pero Martí siguió, con gran brío.

«Claro, cuando Francia, Inglaterra, España y Portugal, los holandeses y cada país de México a la Argentina vio el enorme potencial de crecimiento de los Estados Unidos, la obsesión fue prevenir el crecimiento de los Estados Unidos y de cualquier manera, prevenirlo, haciendo nacer el mito del Imperio Americano. España, en particular, no tenía argumentos válidos para justificar su desalmada explotación de Cuba excepto la de "estábamos aquí primero." La cantaleta de acusar al supuesto *imperialismo americano* se convirtió en grito de batalla, aunque si los americanos hubieran querido, los hubieran eliminado a todos de un simple manotazo.»

«Me parece que tú no crees en las intenciones imperialistas de los Estados Unidos,» dijo Gonzalo, con algo de sorpresa en su tono.

«Mira, me parece que si se le puede acusar de algo a los Estados Unidos tiene que ser de la imposición, a veces inmisericorde, a veces obsesiva, de lo de *la vida, la libertad y la búsqueda de la felicidad* como el más fundamental de los principios y el mejor de los valores de cualquier ciudadano de cualquier país sobre la faz de la tierra. Nunca se ha visto en la historia una nación tan poderosa como los Estados Unidos que no haya invadido y hecho parte de sus posesiones a otras naciones. Los Estados Unidos no ceja en querer imponer a otras naciones los principios que inculca y exige para sus propios ciudadanos: libertad para escoger la opción que quieran, libertad de religión, de movimiento, de economía, de oportunidad, de la prensa y sobre todo, la responsabilidad personal por tu propio éxito. Al final, esta es la característica más grande que uno puede poseer: ¡ser dueño de tu propio destino! Tú eres el único que puede ejercitar ese derecho. El gobierno sólo debe estar presente para quitar todos los obstáculos de manera que puedas realizar este derecho y para prevenir que tú te conviertas en obstáculo de que otros realicen sus propios derechos.»

«En otras palabras,» interrumpió al fin Gonzalo, «el verdadero carácter del imperialismo americano es de naturaleza metafísica. No es militar, ni religioso, ni territorial, ni fiscal, ni siquiera económico; es una fuerza creada por los intereses de los hombres y las mujeres en toda sociedad y en toda civilización: su derecho indiscutible a la vida, la libertad y la búsqueda de la felicidad.»

«Absolutamente. Con respecto a la nación americana me he convencido que es esa fuerza, la fuerza de la noción de la libertad, la que la anima —no el mito de ser una nación imperialista. Soy hijo de los Estados Unidos tanto como hijo de Cuba. He vivido tanto aquí como en Cuba. Aquí es donde he tenido la oportunidad de ser periodista, pensador, político… Mis ideas y mis ideales han sido influenciados por los años que he vivido aquí. Admiro apasionadamente a Ralph Waldo Emerson, a Walt Whitman, a Washington, a Jefferson, a Lincoln; he conocido a Whitman y a James en persona, como amigos, y a otros pensadores políticos como Charles Dana, editor de *The Sun*; he publicado artículos en periódicos americanos los cuales me han abierto sus brazos. No podría decir lo mismo de españoles brillantes como Emilio Castelar, Marcelino Menéndez y Pelayo, Armando Palacio Valdés, Fernán Caballero, Benito Pérez Galdós, Juan Valera o José Echegaray. Estos españoles brillantes no han logrado influir tanto en mi como los americanos, a pesar de que yo aprecié enormemente el mundo de Montaigne, Goethe, Lamartine y Rousseau. Tengo la idea que los intelectuales contemporáneos de Europa, pero no los americanos, están atravesando una profunda crisis espiritual. La única excepción la brinda Herbert Spencer, ya sabes, de *Man Versus the State*; es él el primer intelectual de fama mundial en oponerse a las ideas socialistas de William Gladstone. Fue Spencer el primero, y quizás el único filósofo en la historia, que haya vendido un millón de copias de sus libros; me empapé de sus libros a cabalidad porque *Appleton* era su editor en New York. Me convertí en discípulo intelectual suyo, en cuanto a sus ideas de automejoramiento y de depender de uno mismo, de ser responsables por nosotros mismos; compartí sus ideas de que el individuo debe tener el derecho de ignorar al Estado. Spencer mantuvo que los gobiernos deben dedicarse a defender la libertad personal y no a promover una legislación social que malcría y emascula; él pesaba que un gobierno paternalista era lo mismo que uno socialista, una versión agazapada de la esclavitud, es decir, uno que limita la libertad humana. Para rematar mi fervor por Spencer, él atacó con vigor el entusiasmo reinante de anexar colonias, algo muy cerca de mi corazón...»

«Oye, ¡fantástico! A pesar de haberlo leído superficialmente en la Universidad, no me daba cuenta del alcance de sus ideas: ha condenado fuertemente, entonces, a los europeos como no pensantes en cuanto a la política, a la economía, hasta la literatura...» reflexionó Gonzalo en alta voz.

«¡Por el amor de Dios, Gonzalo! Te cuento algo: en una conferencia en Madrid que dictó Armando Palacio Valdés[5], comentó sobre su libro *El Nuevo Viaje al Parnaso*. Allí anunció su conversión al cristianismo como consecuencia del asco que sintió al leer un pasaje de Nietzsche que decía: *"Cuando entro en contacto con un hombre religioso, siempre siento que me debo lavar las manos."* Al leer esto, Palacio Valdés salió corriendo a una iglesia, se postró ante una Cruz, besó los pies del Cristo con unción y se convirtió. ¡Qué aberración! ¡Qué estupidez! Pura decadencia espiritual europea... Imagínate que este señor es la cima de la intelectualidad española del momento...»

«Bueno, ¿y lo de *"viví en el monstruo y conozco sus entrañas,"* ¿qué me dices de eso?»

Martí se echó a reír. «Ha levantado polvo esta cita mía... mira, tú sabes perfectamente lo que queremos decir los cubanos al decir que algo es un *"monstruo."* Queremos decir que algo es grande, extraordinario, sobresaliente, poco usual. Para nosotros, la palabra *"monstruo"* es igualmente positiva como negativa. Un éxito de librería es *"un monstruo de libro,"* una mujer bellísima es un *"monstruo de mujer";* un hombre musculoso y fuerte es un *"monstruo..."* Con *"Vivir en el monstruo"* quise decir vivir en un país enorme, grande, importante; puede que otros no lo entiendan, pero siendo cubano, tú sí. En cuanto a las entrañas: una pequeña lección, algo pedante, sin duda, de etimología: es una palabra original del siglo XIV; viene del inglés medieval *entrailles*, ¿quizás del anglo-francés? Del latín medieval también, *intralia*, alteración del latín *interanea*; el plural *interaneum*, intestinos, también *interaneus*, que al final significa *"interior."* Fíjate que es la misma raíz que el español *entrañable*, que en realidad quiere decir *"endearing,"* en inglés en referencia evidente a *"cercano al corazón."* Usé la palabra en el mismo sentido

---

[5] Armando Palacio Valdés (1853 - 1938) fue un escritor, historiador y crítico literario español, perteneciente al *Realismo* del siglo XIX. Fue muy influenciado por François Guizot, el primer ministro francés amigo de Carlos Manuel de Céspedes y de Miguel Aldama, al leer su *Historia de la Civilización Eu*ropea y su *Historia de la Revolución Inglesa*. Se dice que en la primera de esas obras descubrió la *Filosofía de la Historia* y tras releerla varias veces decidió aprendérsela de memoria.

que decimos en inglés *"las entrañas de las casas editoras,"* refiriéndonos al mundo de autores, casas impresoras, editores, encuadernadores, libreros, etc. Cualquier interpretación de mis palabras al contario es puramente política, pero no etimológica, filóloga, lingüística, etiológica, morfológica, taxonómica o toponímica,» terminó Martí riéndose abiertamente.

Aquí terminó la interesante plática entre maestro y discípulo joven. Martí y Gonzalo de Quesada se dijeron adiós. Fue solo uno de muchos momentos en los cuales compartieron los amigos su pasión por Cuba y sus planes para liberarla. Sólo duró la amistad unos pocos años, pero la lealtad y compromiso con Martí duró hasta el fin de sus vidas, tanto de Gonzalo de Quesada y Aróstegui (1868-1915) como de su hijo Domingo de Quesada y Miranda (1900-1976), quien ni siquiera conoció a Martí personalmente.

□ ◊ □

Nicolás Azcárate, propulsor de la lectura en Cuba

En la foto, la portada del periódico *El Museo* del 25 de Marzo de 1883, mostrando a Nicolás Azcárate al ser nombrado Presidente del Liceo de La Habana. Entre sus muchas contribuciones a la cultura cubana y al sentimiento patrio, Azcárate fue el hombre que inventó y estableció el oficio de *lector de tabaquería*.

El Museo fue el primer rotograbado producido en Cuba y uno de los primeros en el mundo; era un semanario de contenido literario y noticioso que se imprimió entre 1882 y 1884. Casi todo su personal se trasladó a *La Habana Elegante* y *El Fígaro*.

A la muerte de Azcárate, el gran propulsor de la lectura en Cuba, José Martí escribió una crónica en *Patria* en que lo caracterizaba diciendo «*Ha muerto el amigo, el periodista, el organizador, el orador... mejor que nunca se le pudo ver en la soledad del destierro, que es la ocasión en que enseña el hombre el valor propio, cuando se le van, con el suelo nativo, los puntales y las andaderas...*» A la izquierda una de las pocas imágenes de Azcárate que se conservan.

El regalo más preciado que jamás recibiera José Martí

El *hacha en pétalo taína*, a la derecha, fue regalo de Fermín Valdés Domínguez a José Martí en
su cumpleaños número 41, una celebración que
tomó lugar en New York. Martí tuvo el hacha
sobre su escritorio y la utilizó como pisa papel
hasta que partió a Cuba; fue recogida en su
oficina del *Partido Revolucionario Cubano* en el
120 Front Street, también dirección del periódi-
co *Patria*, por Gonzalo de Quesada después de la muerte de Martí. Allí estaba también Horacio S. Rubens quien años más tarde dio testimonio sobre la
proveniencia de la pieza. El hacha en pétalo proviene de la antigua cultura
agro-cerámica taína de Baracoa, Cuba. Es a la vez un instrumento para cortar alimentos y pieles y un hacha guerrera. A ratos, sentado en su escritorio
y tocando el hacha, Martí decía: *'esta es la única forma en que puedo tocar
a Cuba...'*

Martí – Humor, Sensibilidad y Pan Patato

Hay pocas anécdotas en las biografías de Martí que muestren su sentido
del humor, su vida cotidiana y sus retos y preocupaciones personales. Probablemente como muestra de respeto por las inmensas responsabilidades
de Martí como el principal organizador de la Guerra del 1895, pocos biógra-
fos han mencionado, por ejemplo, que sus diarios de *Playitas* a *Dos Ríos* en
1895 están llenos de detalles sobre los alimentos que les ofrecieron a su
grupo los campesinos de la zona. Por ejemplo: *'15 de abril, Puerco asado,
plátanos y boniatos...20 de abril, para desayuno, plátanos dulces, queso de
cabra, té de canela y anís bien caliente...22 de abril, huevos fritos, tocino
frito y pan de maíz."*

Poco se sabe del único ejemplo en el que Martí ofrece la receta de uno
de sus platos favoritos en sus escritos: el *pan patato*. (Cf. *Obras Completas*,
Vol.22, page 214, Ed. Ciencias Sociales, La Habana, 1975) En las palabras
del propio Martí: «*Pan-Patato: rallaban el boniato crudo, lo mezclaban con
calabaza y yuca y le añadían coco rallado y luego le echaban miel de abejas
o azúcar y manteca. Lo cocinaban en cacerolas rodeadas de calor. Servía
para cuatro o seis días.*» Sigue la versión del autor de la receta de Martí:

Pan Patato

Ingredientes: Media libra cada una de yuca, boniatos blancos y calabaza. Media taza de coco rallado. Dos cucharadas de mantequilla. Media
taza de miel fresca. Sal a gusto.

Preparación: Pelar y hervir las viandas en cazuelas separadas. Una
vez que estén blandas, poner en un recipiente apropiado y majar hasta
crear una masa uniforme. Mezclar la miel, la mantequilla y el coco hasta
que todo se una. Ver si necesita algo de sal; echarle si fuese necesario.
Deje que descanse; caliente el horno hasta 300°F.
Mientras, cubra un molde con caramelo; ponga las
viandas majadas en el molde y hornee por 20 minutos o hasta que un palillo insertado en ella salga limpio. Sáquelas del horno y deje enfriar antes de
cortarlo.

Poco se sabe del sentido de humor o de la sensibilidad de Martí. De hecho, existe sólo una foto en la que
Martí se esté riendo, de 1880, a la derecha. En cuanto a

su sensibilidad, hay muchas anécdotas que atestiguan su generosidad y compasión:

Se cuenta que en un banquete en su honor en 1883, en New York, había entre el servicio de la mesa, unos pasamaniles—unos pozuelos que se usaban para mojar y lavar la punta de los dedos al final de una comida que así lo requiriera. Un comensal cercano a Martí vio que tenía un limón y creyó que era limonada; al final del banquete se tomó el agua del pasamanil. Para evitarle una vergüenza a este señor, a quien Martí no conocía, muy ceremoniosamente alzó Martí el suyo—y se tomó el agua del pasamanil.

Desembarcos insurgentes importantes en Cuba durante la Guerra de 1895

1895

1 Marzo 30
Antonio y José Maceo, Flor Crombet y Francisco Agramonte desembarcan en Baracoa del velero británico *Honor* en una expedición proveniente de Costa Rica.

2 Abril 11
José Martí, Máximo Gómez y ocho otros patriotas llegan de Haití a la playa de *Playitas de Cajobabo*.

3 Mayo 20
Los coroneles Lacret y Torres desembarcan al oeste de Santiago con 220 hombres; la expedición proviene de Jamaica.

4 Junio 5
El general Carlos Roloff con 353 hombres, 1000 rifles y 500 libras de dinamita desembarcan del remolcador *George W. Childs* cerca de Sagua La Chica en Las Villas.

5 Octubre 27
El general Carlos M. de Céspedes (hijo) desembarca cerca de Baracoa con 60 hombres, 100 rifles y 10,000 pertrechos de municiones del barco canadiense *Laurada*.

1896

6 Enero 12
Fernando Freyre de Andrade trae con éxito 5,000 rifles y 1,000,000 cartuchos desde Francia; desembarca en Puerto Príncipe.

7 Marzo 12
Una expedición proveniente de Charleston, S.C. a bordo del barco *Commodore* desembarca en Las Villas.

8 Marzo 25
Calixto García desembarca cerca de Puerto Padre, Oriente, con 125 hombres y armas que venían abordo del *Bermuda*. Había perdido en altamar otra expedición en el vapor *J.W. Hawkins*. Su barco, el *Bermuda,* había sido capturado una vez anteriormente.

9 Marzo 25
El general Enrique Collazo desembarca con una gran expedición en Matanzas, que venían abordo del *Three Friends* y el *Mallory*, dos de los tres barcos de la fallida expedición de Fernandina. El vapor danés *Horsa* es capturado por las autoridades americanas.

10 Abril 25
Alfredo Laborde, a bordo del velero *Competitor* es capturado en las costas de Pinar del Rio.

11 Abril 27
Los Coroneles Vidal y Torres fallan en su intento de desembarcar desde el *Bermuda* en Punta Samá, Oriente, con tropas, armamentos y municiones, desde Jacksonville. Tiran todo el cargamento por la borda.

12 Mayo 16
El general Juan Fernández Ruiz desembarca del barco *Laurada* cerca de Baracoa. Es su tercera expedición exitosa.

13 Mayo 19
Del vapor *Three Friends* se desembarca un gran cargamento de armas destinado a Las Villas.

14 Junio 15
Luis Zárraga, Dr. Joaquín Castillo Duany y Rafael Cabrera desembarcan del *Three Friends* y el *Laurada* sendas expediciones en Rio Seco. El *Three Friends* ha completado cinco expediciones con destino a Camagüey hasta ese momento.

15 Septiembre 18
El Coronel Francisco Leyte Vidal y Panchito Gómez Toro desembarcan con 1,000 rifles, 2,000 libras de dinamita, 500,000 cartuchos, un cañon con 100 cargas y tres operadores expertos cerca de Mayarí.

16 Diciembre 15
El *Three Friends* fracasa en su intento de desembarcar hombres y armas en la boca del rio San Juan, en Matanzas.

17 Diciembre 31
El *Commodore*, zarpando desde Jacksonville, es hundido a 16 millas de la costa de la Florida. No hubo bajas.

1897

18 Marzo 30
El *Laureada* desembarca en Banes con tres cañones de dinamita, una ametralladora Hotchkiss y muchísimas municiones.

9

"Todo depende de cómo vemos las cosas y no como son ellas en realidad."
CARL GUSTAV JUNG (1875 - 1961)

Según se aproximaba la renovación de las hostilidades entre Cuba y España, el mundo era cada vez más complejo, o así le parecía al observador interesado; nunca había habido tantas noticias malas o preocupantes. Nadie parecía poder predecir cómo es que los eventos cotidianos, lejos de sus hogares, podrían impactar sus vidas. Lo que sí sabía todo el mundo, sin embargo, es que la noticia que antes tomaba una semana o hasta dos en saberse, ahora se conocía en veinte y cuatro horas —o menos. Para un joven como Gonzalo de Quesada, inmerso en un ambiente académico y legal en el cual tenía él por necesidad que estar enterado de todo, el exceso de noticias era más de la cuenta.

En los años de la década del 1890 Wilhelm II, emperador de Alemania, había rechazado la doctrina del Canciller Otto von Bismarck, terminando así la carrera del hombre que había unido a las Alemanias. Durante los mismos años, la Torre Eiffel en París fue terminada y la era de los grandes edificios de ladrillos y hierro comenzaba. En Uganda, los alemanes abandonaron sus reclamos sobre Zanzíbar y otros territorios ocupados por Inglaterra a cambio de la isla de Helgoland, la supuesta Gibraltar del Mar del Norte. En 1890 Vincent van Gogh se suicidó, habiendo vendido sólo un cuadro en toda su vida. Los aranceles más altos de la historia americana (49% en la mayoría de los productos) se hicieron ley como parte de la *McKinley Tariff Law*, con gran júbilo por parte de los intereses comerciales y financieros de la costa este de los Estados Unidos. En el resto del último quinquenio del siglo 19, Ellis Island se inauguró en New

York; 15,000 negocios, 600 bancos y 74 ferrocarriles se fueron a la bancarrota en el Pánico de 1893; los 'barones' azucareros americanos se alzaron contra de la monarquía hawaiana nativa; Debussy compuso *Prelude a L'Apres-Midi d'un Faune*, (Preludio a la Tarde de un Fauno); un verdadero ejército de desempleados invadieron Washington, D.C. y fueron arrestados luego de pedir ayuda para lidiar con la depresión económica que los hundía; el autor escocés de *Dr. Jekyll and Mr. Hyde*, Robert Louis Stevenson, de 44 años, moría de una hemorragia cerebral al intentar abrir una botella de *Pauillac* (*Château Pedesclaux*) en su casa de Samoa.

Las guerras entre los chinos y los japoneses comenzaban a estallar, con el resultado de que *Taiwan* y las islas *Pescadores* cayeron en manos del Japón y los chinos perdieron a Corea y tuvieron que pagar una enorme suma a los japoneses. *Sun Yat-Sen* fracasó en su primer intento de derrocar a la dinastía Manchú. En el África Oriental los franceses tomaron los territorios de Guinea, Mali, la Costa de Marfil y Senegal, organizando su capital colonial en Dakar. Los etiopes derrotaron a los italianos en la Batalla de Adwa y los italianos se vieron obligados a reconocer la independencia del país en la capital, Addis Adaba. Ghana fue tomada por los ingleses; Theodore Roosevelt le advirtió al Almirante Dewey en las Filipinas que mejor estuviera preparado, en caso de una guerra en contra de España. Mientras tanto, en Fashoda, un punto remoto en el Sudán, Inglaterra y Francia estaban al filo de de la Guerra por decidir quién controlaría el rio Nilo. Se compusieron ambas naciones cuando Francia reconoció el derecho de Inglaterra a toda la cuenca del Nilo, e Inglaterra reconoció la validez del reclamo francés sobre las tierras del desierto de Sahara y el Sudán Occidental. Las naciones europeas estaban listas para distribuirse a África entera entre ellas.

En cuanto a los eventos que ocurrían en España, el asunto de Cuba ya era crítico para fines de la década del 1880. Cuba era la «ultima posesión importante de España y controlar a la isla era imperativo por cuestión económica, pero aún más por razones de prestigio y del *"honor de España."* En la mente de muchos españoles lo importante era «*mantener la bandera Española en alto.*» El Primer Ministro conservador Antonio Cánovas del Castillo (1828-1897), quien había estado alternando como Primer Ministro con el progresivo Práxedes Mateo Sagasta (1825-1903), temía que la pérdida final del imperio generaría un choque tan severo en España que hasta podría hacer caer no sólo al gobierno sino a la dinastía de Borbón. De acuerdo con los términos del *Pacto del Zanjón* en Cuba, la esclavitud había terminado en 1886, pero la prometida autonomía no había sido instituida. Luego de darse cuenta de la brutal mentira que se les había dicho, los delegados cubanos a las Cortes españolas habían regresado a Cuba con asco y un enorme disgusto ante la perfidia española. Cada vez, era evidente que el mercado natural para Cuba eran los Estados Unidos. España no podía ni absorber ni pagar por las exportaciones cubanas, ni proveer a Cuba, a los precios necesarios, los productos y mercancías que Cuba necesitaba. Las tres quejas más vitriólicas en Cuba, hechas aun por miembros del *Partido Unión Constitucional* (cuyo objetivo era mantener a Cuba en manos de España) eran los impuestos, los aranceles y la corrupción.

Cuando le llegó el turno a Sagasta de ser Primer Ministro en 1892, su *Charge d'Affairs* para las colonias, Antonio Maura y Montaner (1853-1925) propuso reformas que hasta Máximo Gómez se sintió tentado de aceptar. Sagasta no pudo hallar apoyo alguno para esas reformas en las Cortes y Maura renunció en el acto. Fue esta probablemente la última oportunidad de España de mantener su colonia cubana: la guerra en Cuba ya era inevitable.

La situación en Cuba estaba más que madura para la guerra desde finales de los 1880 y principios de los 1890. Cuba era todavía una colonia mucho más que ninguna otra posesión de España en el continente; la esclavitud africana había sido abolida mucho después que en el resto del continente; los cubanos nunca desarrollaron los lazos que otras colonias tenían con la Iglesia Católica, por lo tanto, su apoyo no tenía sentido alguno; en vez de una sociedad de campesinos autosuficientes, Cuba se había convertido en una sociedad de trabajadores rurales sin

tierra y de terratenientes ausentes. Los primeros estaban desti-
tutos, los segundos, inseguros; excepto por los descendientes
de esclavos y algunos orientales, todas las clases blancas en
Cuba eran de origen español—la población indígena había sido
totalmente extinguida en el siglo XVI. Sin embargo, los blancos
en Cuba estaban, en su mayoría, descontentos. Había demasia-
da corrupción, favoritismo, explotación y restricciones para
comerciar, demasiadas restricciones para expresar opiniones,
para buscar oportunidades y tener acceso a las riquezas en el
que era, evidentemente, un país rico.

Durante los siglos XVI al XVIII la importancia de Cuba para
España era solamente por su localización geográfica, *la llave del
golfo*, y no por su patrimonio mineral, el cual había sido por
años el motor que impulsara al imperialismo español. Para
1880, sin embargo, apuntalada por la importación de esclavos
en el siglo XIX y fortalecida por la revolución de Haití, Cuba se
había convertido en el proveedor de una tercera parte de todo
el azúcar producido en el mundo. Gran cantidad de inversionistas americanos se tiraron de cabeza en esta economía del
azúcar y el bienestar de la isla más y más dependía de los alti-
bajos del mercado americano y menos de la voluntad o indulgencia de España. Un año antes del comienzo de la Segunda
Guerra de Independencia, por ejemplo, el Congreso Americano, en 1894, terminó sus convenios comerciales con España, y
restituyó aranceles no favorables al azúcar cubano. El trauma y
la herida a la economía cubana fue masiva—e instantánea. Esto
aprestó los éxitos de Martí levantando fondos entre los exilados
y los de Maceo y Máximo Gómez reclutando insurgentes en las
maniguas de Cuba. Los astutos políticos e inversionistas americanos sabían cómo tocar la política de la isla para que "*the ripe
fruit would gravitate to the United States as predicted by the laws of
nature*," como aseveró John Quincy Adams (1767-1848) en 1823.
La realidad era que ya para el 1895, España había perdido sus
esperanzas de estar en control de Cuba.

Muy conscientes de estas condiciones favorables para reini-
ciar la Guerra de Independencia en Cuba, José Martí, Antonio
Maceo y Máximo Gómez no tenían la menor duda de que ten-

ían que salvar las diferencias entre ellos tres antes de mandar nadie a Cuba a arriesgar sus vidas.

Martí, muy generosamente, tomó la iniciativa. Estaba él en buena posición económica, con ingresos mensuales de más de $185 —fijos— y recibiendo $100 por cada uno de sus artículos, el mayor emolumento recibido por ningún periodista de su época en New York. En ese momento, un trabajador con destrezas y oficio especiales, recibía un sueldo de $52 por una semana de trabajo de 48 horas. Además, Martí vivía muy frugalmente en un pequeño apartamento en 361 West 58th Street, ahorrando todo el dinero que podía para la causa cubana. Ya había desaparecido su pasión por comprar libros en Brentano y en la librería *Ponce de León*. Ahora usaba la biblioteca pública, *Lenox Library*, en la Quinta Avenida y la Setenta. Habían desaparecido también los días de vino blanco de buena cosecha, los parguitos fritos en el restaurante de *Madam Laurel* en Broadway y la 21st Street y las especialidades de *Delmonico* en la 5th Avenue y la 14th Street. Ahora era cuestión de *Arroz a la Vizcaina* en la *Fonda Polegre* en Pearl Street, y de vez en cuando, una copa de *Vin Mariani*, el vino popular y barato favorito de la Reina Victoria, el papa León XIII y Thomas Edison.

En Mayo de 1893 Martí decidió comenzar el proceso de reconciliación visitando a Máximo Gómez en la República Dominicana. Su ruta: por mar a Santo Domingo vía Kingston, por tierra a Santiago de los Caballeros, entonces a Laguna Salada y finalmente, Montecristi, donde el presidente Don Isidro Jiménez le había otorgado a Gómez varios acres donde desarrollar una colonia al estilo cubano en Enero de 1889, en un momento en que Martí terminaba su *La Edad de Oro* en New York. Como recuerdo a uno de sus campamentos en Cuba, en el cual había nacido su hijo Panchito, Máximo Gómez le había puesto a su nueva propiedad *La Reforma*. Allí, en una finca rodeada de platanales, maíz, hojas de tabaco, boniato y naranjales, fue firmado el compacto de dos generaciones: los hombres de 1868 se unieron en las armas con los de 1895. Martí le describió la ocasión a Gonzalo de Quesada cuando se vieron en New York:

«Al cruzar la cerca frente a la propiedad, me bajé del caballo con gran respeto, caminando junto a él unas cincuenta yardas hasta entrar en la finca. El general me esperaba en su portal; podía yo ver sus ojos a los 20 pies. Quise leer en ellos una mirada que me escudriñaba con cierto afecto. Nos abrazamos y él se echó para atrás como un pie, sin soltar mis brazos que estaban en sus hombros como los de él en los mios. Inició un segundo abrazo, creo que con agradecimiento hacia el viajero que había viajado tantas millas sólo para hablar con él. Le dije que lo que le traía eran los aludos de todos los cubanos a quienes él les había dado esperanza. No pudo contener sus lágrimas y tapó mis labios con sus dedos viejos y temblorosos. Los presentes, amigos y parientes, comenzaron a aplaudir y el general, con su sombrero en la mano, les indicó que pararan: *"Bienvenido a mi casa, José Martí,"* dijo con emoción, *"Bienvenido a mi casa."* »

«Se estaba haciendo tarde y alguien comenzó a alumbrar las lámparas; entramos y encontramos una mesa cubierta por un mantel de hilo natural, con un lechón asado entero, hocico arriba, con las cuatro patas extendidas a los cuatro puntos cardenales en una gran fuente; había plátanos maduros, yuca, arroz blanco y frijoles colorados y una gran ensalada de berro. A un lado de la mesa había varias botellas de *Ron Bermúdez,* de Santiago de los Caballeros, esperando a ser bebidas… Comenzamos a conversar y todos los demás se fueron discretamente a otros puntos del gran comedor para que pudiéramos hablar sin ser escuchados.» Martí miró a Gonzalo por unos breves minutos y luego continuó:

«La conversación fue desde los detalles triviales de mi viaje hasta los asuntos más profundos que nos apasionan a los dos. Ni por un minuto se me ocurrió brindarle elogios, aplausos o felicitaciones; él nunca expresó dudas, reparos o reservas de ningún tipo. Siempre supe que este viejo glorioso no dejaría descansar a sus huesos hasta haber terminado su misión en la vida, que como la de la mía, era la libertad de Cuba. Temía yo, sin embargo, que un malentendido dejara a nuestros ejércitos sin el mejor estratega militar que jamás tuvo Cuba. La primera hora de las conversaciones fue una hora llena de ansiedad y de complejidades, pero el viejo general seguía tratando de que yo me sintiera en mi casa, insistiendo de mil maneras que no había duda alguna que estaba listo a unirse a Maceo y a mí. Finalmente se paró, a las tres horas de estar conversando, y ceremoniosamente me apretó la mano primero; entonces me apretó contra su pecho y allí me mantuvo hasta que mi pecho oyera el latido de su corazón. Suavemente me dijo: *'Gracias, Martí, por haberme devuelto el sueño más importante de mi vida.'* Dicho eso, me acompaño a pasear, de cabo a rabo, por toda La Reforma. ¡Esas palabras aún susurran en mis oídos!»

Martí se pasó tres días en conversaciones con Máximo Gómez y se fue el 7 de Junio, temprano por la mañana, habiendo dormido sólo por cuatro horas. Años más tarde, Gonzalo de Quesada relataría como Martí se fue de *La Reforma* sintiéndose como Alonso Quijano (Don Quijote) cuando se fue de la Venta luego de haber sido iniciado como caballero: «… *el gozo le reventaba por las cinchas del caballo…* »

Luego de haber firmado un pacto con Máximo Gómez, Martí partió camino a Haití, Panamá y finalmente, el 29 de Junio, a Nicoya, en Costa Rica. Aún, sentía Martí, que tenía que arreglar el entuerto con Antonio Maceo y restaurar la confianza en la completa unidad de los líderes de la próxima insurrección cubana. Maceo tenía fama, con toda justicia, de ser el hombre más valiente en la lucha por la independencia de Cuba. En 1878, el general Martínez Campos lo había visitado en Baraguá para convencerlo de que depusiera sus armas, de hombre a hombre, de soldado a soldado, de general a general. No se dejó impresionar por la visita que le había otorgado Martínez Campos, el general de más rango en Cuba, ni se dejó tentar por las vastas sumas de dinero ofrecidas por el español; con gran vigor, Maceo rechazó pactos y dineros y reiteró su decisión de seguir luchando en contra de España —por la independencia de Cuba. De acuerdo con la leyenda, el cocinero gallego de Martínez Campos, testigo de la reunión entre Maceo y su jefe, le dijo a sus compañeros en la tropa: «*Seu corpo enteiro está cheo de coraxe.*» Maceo era realmente adorado por todos los cubanos, negros y blancos, ricos y pobres, civiles y militares, por su audacia, por su galantería y por su total falta de miedo al liderar las tropas.

Martí comenzó a preparar su reunión con Maceo escribiéndole mucho antes, el 26 de Mayo de 1893:

«Mañana me embarco para ir a visitarle. Espero llegar a Puerto Limón alrededor de Junio 30. Espéreme con los brazos abiertos: sé que lo único que su corazón espera es la oportunidad de comenzar una nueva guerra. Espero que la encuentre ahora.»

Maceo había fundado una comunidad agrícola autosuficiente en una península aislada frente al Océano Pacífico, en Costa Rica. En efecto, había creado una cooperativa moderna, con un ingenio de tamaño mediano, almacenes, talleres, casas para todos los trabajadores y sus familias, una oficina de telégrafos y un correo, tiendas y todo lo necesario para un pueblo pequeño. Alrededor de cien familias vivían allí, incluyendo algunos de los guerreros bajo su mando en la Guerra de los Diez Años: Flor Crombet, José y Tomás Elizardo, Juan Rojas, y su propio hermano José Maceo.

Maceo y Martí se reunieron en el Gran Hotel de San José, la capital de Costa Rica. Flor Crombet y José Maceo vinieron a la reunión desde Punta Arenas. No tomó mucho tiempo para que Maceo y Martí se apretaran las manos y se abrazaran; estaban rodeados de patriotas cubanos quienes anticipaban este encuentro como un hito, el momento en el cual se vislumbraría el éxito y se olvidarían todos los viejos agravios. Martí, Maceo y Antonio Zambrana visitaron el *Colegio de Abogados* para hacer oficial el acuerdo sobre las estrategias para la Guerra y las decisiones de los dos líderes. «Durante toda la estadía del Apóstol en Costa Rica, nunca estuvo lejos del general Antonio,» escribiría luego Gonzalo de Quesada al recibir las noticias en New York. El 8 de Julio Martí salió de Costa Rica y le escribió a Máximo Gómez:

«Nunca soy magnánimo con la censura o con la absolución, pero me complace decirle que nosotros dos debemos estar muy felices con el apoyo universal y entusiasta del general Maceo a este esfuerzo, que es tanto suyo como nuestro.»

Maceo comenzó inmediatamente a prepararse en la tarea de salirse ordenadamente de sus responsabilidades en Nicoya.

Martí volvería a Costa Rica en Junio de 1894; más temprano ese año, Martí había celebrado su cumpleaños en la pensión de Manuel Mantilla y Carmen Miyares, en la calle 57 entre la 8 y la 9 avenidas, en New York, con un grupo de distinguidos artistas y autores de la América Latina: José María Vargas Vila (1860-1933), un escritor colombiano quien se había peleado con Rubén Darío; Martí intervino y salvó la amistad; Patricio Jimeno (1865-1912), un artista peruano quien le presentó a Martí a Hermann Norman, el pintor del único óleo de Martí; Juan Antonio Pérez Bonalde (1846-1892), poeta venezolano, íntimo amigo de Martí; José Asunción Silva y Rubén Darío, precursores del Modernismo en la literatura latinoamericana; José Eloy Alfaro Delgado (1842-1912), un ecuatoriano, futuro presidente del Ecuador desde 1895-1901 y 1906-1911, a quien Martí invitó a que le ayudara con el plan de Fernandina y Fermín Valdés Domínguez, quien viajó desde La Habana para estar con Martí en su 42 cumpleaños. Huelga decir que la conversación estuvo obsesivamente centrada en lo inmediato de la Guerra de Cuba. Durante el transcurso de la animada noche, Martí reveló que en ese momento ya tenía $30,000 procedentes de honorarios por sus discursos, sus viajes a los *Cuban Clubs* y sus propios ahorros.

El 29 de Agosto Martí le envió un extensivo informe a Máximo Gómez con los detalles de las recientes comunicaciones recibidas de la isla. Martí le dijo a Gómez que ya sabía quiénes eran los tres que estarían esperando por las expediciones que se estaban preparando; sabía sobre la cantidad de dinero en mano para enfrentarse a gastos futuros; le comentó de sus planes para llevar a cabo un viaje más para recolectar dinero y los nombres de los veteranos del 1868 ya en camino a Kingston, Key West y Tampa.

Viajó una vez más a Key West, Jacksonville, Tampa, Ibor City, Ocala, Filadelfia, Washington, y de vuelta a New York. Durante los últimos días antes que el planeado asalto a la isla recibiría malas noticias de vez en cuando, pero seguiría trabajando incansablemente a pesar de los obstáculos. El 3 de Abril de 1894, por ejemplo, una gran expedición organizada por Enrique Loynaz del Castillo fue descubierta y desarmada en Camagüey; la expedición traía 200 rifles Remington y 48,000 balas, con un valor de $2,500, todo capturado por los españoles. Malas como eran esas noticias, no hicieron pestañar siquiera a los exilados que habían contribuido los fondos y la preparación de la expedición.

Máximo Gómez llegó a New York el 8 de Abril y el 14 acompañó a Martí, a su propio hijo Panchito Gómez Toro y a otros patriotas a Filadelfia, y luego a Central Valley, en el estado de New York, para reunirse con Tomás Estrada Palma.

Don Tomás Estrada Palma (1832-1908), bayamés, fue general en la Guerra de 1868, presidente de la República en Armas en 1875, ahora exilado en New York luego de haber sido capturado por el ejército español en 1877; estuvo preso hasta el fin de las hostilidades en 1878. Había estudiado leyes en la Universidad de Sevilla, pero nunca practicó. Su madre murió de inanición al ser capturada por los españoles en la Guerra del '68 y Tomás heredó enormes cantidades de bienes raíces en Cuba, todo confiscado por el gobierno español. Antes de New York, había estado en Honduras, donde se convirtió en el oficial de más rango en la Administración de Correos de ese país, y donde se casó con la hija del presidente de Honduras, Santos Guardiola. Estrada Palma tenía la reputación de tener mal genio, de ser testarudo y hasta obstinado. Una vez en New York, se fue a Central Valley, donde estableció una escuela para niños latinoamericanos; Central Valley era un pueblito cuáquero y muy alemán, a orillas del Hudson, cerca de la Academia Militar de West Point, unas 50 millas al norte de la ciudad de New York.

Martí y su grupo llegaron a Central Valley luego de un viaje de tres horas en un tren que bordeaba el rio Hudson hacia el norte. Allí, de acuerdo a Martí, «…entre árboles de limón, de manzano y abetos, Estrada Palma, maestro de vocación como ninguno, creó una escuela privada sin par.»

Don Tomás pertenecía la vieja escuela, la de *los Pinos Viejos*, en lenguaje martiano. Recibió a Martí, a Panchito Gómez Toro y a Máximo Gómez en la forma gentil y meticulosa de los bien nacidos: una gran bandera cubana era llevada en alto por el mayor de los alumnos; una parada desde la estación de trenes hasta la escuela; y luego, el himno de Bayamo, cantado *a cappella* por el coro de la escuela.

Después de pasar el día visitando esta espléndida escuela ante la impresionante vista de montañas americanas, Martí, Estrada Palma, Gómez y su hijo se reunieron en el salón de recreo de los maestros, en el piso de arriba de la escuela. Desde sus ventanas Martí podía ver un fresco mar de blancas cúspides escondiendo bajo ellas jardines, senderos por el bosque y campos deportivos.

> *«Triste refugio este mar de nieve / que sin dejar de aliviar mi dolor / no todo el tiempo ya me conmueve / sabiendo me espera de fuego el sol.»*

Martí y Gómez habían ido a Central Valley a buscar una opinión sobre cual era un buen momento para iniciar la Guerra y la probable reacción de los americanos del hombre que mejor conocía la idiosincrasia y las tradiciones americanas. También buscaban, claro, su apoyo y su voluntad de participar en la Guerra cuando fuera el momento preciso; vieron con gran agrado que Don Tomás, de naturaleza cautelosa y conservadora, pensara que había llegado el momento justo para los americanos, para los cubanos y hasta para los españoles.

«El valor y la voluntad de los cubanos nunca nos defraudará,» dijo Estrada.

> *«Los españoles no tienen principios, riquezas, simpatizantes, soldados y hasta líderes que tengan fe en la justicia de su causa. Esta vez, miren hacia el oeste y no paren hasta que los caballos beban de las aguas del Golfo. Ignoren los comentarios de los cobardes, las negligencias de los inmaduros y los lamentos de los cansados; los que pierden el tiempo sin tomar decisiones y prefieren esperar son las armas más efectivas de nuestros enemigos. La victoria no se hará esperar hasta otro siglo: está al alcance de nuestras manos. Tratemos a los españoles con humanidad pero con gran firmeza. Nadie los debe percibir como un pueblo de vagos, enanos inmorales, o bullangueros inútiles, incapaces para la acción y hostiles*

a trabajar. Tampoco nadie debe percibir a nuestros vecinos al norte como bestias hambrientas listas a devorarnos; los Estados Unidos son una nación impregnada de un siglo de libertades ganada por la sangre de hombres amantes de la libertad. Nunca utilizará su poder en quitarle a su vecino más cercano la dignidad que con tanto orgullo hemos ganado.»

□ ◊ □

Los viajes de Martí en preparación para la Guerra
(LOS NÚMEROS SE REFIEREN AL CRONOGRAMA, DEBAJO, ASCENDIENTE POR FECHA)

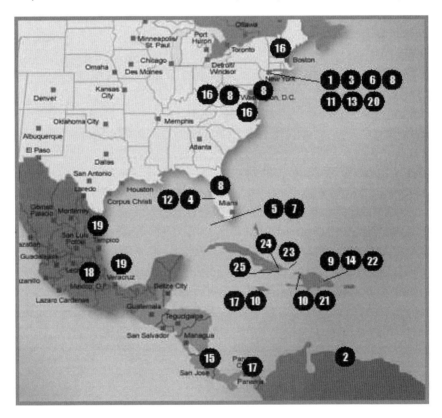

1880

(1) Llega a New York procedente de España, vía París, el 3 de Enero. Se queda unos días con Calixto García y luego alquila una habitación en la pensión de Manuel Mantilla.

1881

(2) Se muda a Caracas, Venezuela en Enero. Enseña gramática, oratoria y literatura y escribe para *La Opinión Nacional* y *La Revista Venezolana*. Conoce a Cecilio Acosta, el gran escritor venezolano. El 27 de Julio, el Presidente de Venezuela, Antonio Guzmán Blanco, le ordena salir del país.

(3) En Agosto regresa a New York y vuelve a alquilar en la pensión de Carmen Miyares y Manuel Mantilla. Continúa escribiendo para *La Opinión Nacional* bajo un pseudónimo. El 5 de Septiembre comienza a publicar sus *Cartas de New York* en *La Opinión Nacional* en Caracas, *El Partido Liberal* en México, *La Nación* en Buenos Aires, *La Opinión Pública* en Montevideo y *La América* in New York.

1882

Escribe sus *Versos Sencillos.*

1883

Recibe a su padre en una visita que éste le hace en New York.

1884

Recibe a Máximo Gómez y a Antonio Maceo en New York. Ambos son de la creencia que la Guerra del '68 se perdió por la excesiva interferencia de la autoridad civil. Martí difiere y decide no interferir pero no apoya su proyecto de invasión a no ser que la dirigencia máxima esté en manos civiles.

1885

Muere Manuel Mantilla.

1886

Escribe ensayos sobre política, asuntos sociales, arte, traduce, escribe una novela, escribe poesía y es corresponsal de varios periódicos latinoamericanos.

1887

Su padre, Don Mariano Martí, muere en Cuba. Trae a su madre, Doña Leonor Pérez, New York.

Conoce a Enrique José Varona.

1888

Debate con Flor Crombet en el *Club de Independientes* en Pythagoras Hall en New York City.

1889

(4) Visita <u>Tampa</u>. Comienza en Julio a publicar *La Edad de Oro*, una revista mensual. Ofrece un discurso en Hardman Hall.

1890

Nombrado Cónsul de la Argentina y de Paraguay en New York, en Julio. Desde Abril del '87 ya era Cónsul del Uruguay.

1891

Publica *Nuestra América* en la *Revista Ilustrada* de New York, Enero 1.

En Octubre renuncia a sus nombramientos como cónsul de los tres países suramericanos (Uruguay, Paraguay, and Argentina) para dedicarse a tiempo completo a la independencia de Cuba.

Vienen en una última visita a New York, el 30 de Junio, su mujer Carmen Zayas-Bazán y su hijo, Ismaelillo. Se marchan a Cuba el 27 de Agosto.

(4) Visita de nuevo a <u>Tampa</u> el 25 de Noviembre. Presenta su discurso *Con Todos y para el Bien de Todos* en el Club Ignacio Agramonte. El 27 de Noviembre presenta *Los Pinos Nuevos* en la Liga Patriótica de Ibor City, cerca de Tampa.

(5) Visita a <u>Key West</u> a fines de Noviembre.

(6) Regresa a New York, cuando Herman Norman pinta el único óleo que se conoce de Martí, en su oficina.

1892

Inaugura y él mismo paga por el periódico P*atria* en New York, Marzo 14.

(7) El 10 de Abril en una visita a Key West funda el *Partido Revolucionario Cubano* en el Club San Carlos y en el Hotel Duval House, donde se reúne con los presidentes de varias organizaciones patrióticas.

(8) Visita a los clubes cubanos en Julio, así como a las fábricas de tabaco en Florida, Washington, Filadelfia y New York.

(9) Visita a Máximo Gómez en Montecristi, República Dominicana, el 31 de Agosto.

(10) Visita clubes cubanos en Haití y Jamaica durante el mes de Octubre.

(11) Regresa a New York en Noviembre.

(12) Visita los clubes cubanos en Tampa el 16 de Diciembre, cuando hay una intentona de envenenamiento en contra de Martí.

1893

(13) Breve regreso a New York el 24 de Mayo. Se reúne con Rubén Darío después de un discurso en Hardman Hall.

(14) Regresa a la República Dominicana el 26 de Mayo y visita de Nuevo a Máximo Gómez en Montecristi.

(15) Visita a Antonio Maceo en Costa Rica, Junio 30.

(16) De Julio a Diciembre visita Filadelfia, Washington, Boston, Richmond, buscando el apoyo para la causa cubana de los clubes cubanos y de los trabajadores de tabaco.

1894

(17) Viaja a Panamá y a Jamaica buscando fondos y apoyo para la Guerra.

(18) Visita a Manuel Mercado en México City. Se entrevista con el Presidente de México, Porfirio Díaz.

(19) Visita a cubanos en Veracruz y Tampico.

1895

(20) Vuelve a New York. El desastre del *Plan de Fernandina* se da a conocer el 12 de Enero. Los vapores *Lagonda*, *Amadis* and *Baracoa* son confiscados en Fernandina en la Florida. El Coronel López de Queralta es el traidor que hs denunciado los planes a España.

La órden de levantamiento en Cuba es emitida en New York, firmada por Martí, José Mayía Rodríguez y Enrique Collazo.

(21) Martí viaja de New York hacia *Cabo Haitiano*, en Haiti, con Mayía Rodríguez y Enrique Collazo el 30 de Enero.

(22) Visita a Máximo Gómez el 7 de Febrero en Montecristi en la República Dominicana.

El 25 de Marzo emite el *Manifiesto de Montecristi,* que firma conjuntamente con Máximo Gómez.

La expedición hacia Cuba parte el 10 de Abril desde la Republica Dominicana a bordo del vapor *Nordstrand*, después que el capitán de una pequeña goleta llamada *Brothers* se niega a cumplor su contrato.

(23) Desembarca en *Playitas de Cajobabo*, Oriente, Cuba, cerca del cabo Maisí, el 11 de Abril, con Máximo Gómez, Francisco Borrero, Angel Guerra, César Salas y Marcos del Rosario.
Los generales Antonio Maceo y Máximo Gómez designan a Marti como *mayor general del Ejercito Cubano* el 15 de Abril.

(24) El 19 de Mayo, José Martí muere en *Dos Rios*, un campo en la confluencia del Río Cauto y el Rio Contramaestre, en un encuentro con tropas al mando del general Español Ximénez de Sandoval.

(25) El cuerpo de Martí es enterrado en *Remanganaguas* el 20 de Mayo; es exhumado y embalsamado el 23; el 26 lo llevan a Santiago de Cuba y lo entierran temporalmente en el cemeterio de *Santa Ifigenia*, nicho 134 de la parte sur. En 1907 los restos son mostrados a Carmen Zayas Bazán, su viuda. En 1947 los restos son trasladados al *Retablo de los Héroes* de *Santa Ifigenia* y el 30 de Junio, 1951 son finalmente colocados en un monumento construido en su memoria en el mismo cementerio de Santiago de Cuba.

Algunas fotos de un posible Álbum de Viajes de José Martí entre 1880 y 1895.

Primera fila: una calle en reparaciones de la ciudad de Panamá en la época que visitó Martí; la casa donde Martí y Máximo Gómez firmaron el *Manifiesto de Montecristi* en la República Dominicana.

Segunda fila: esquina donde comienzan los Paseos de la Reforma y Bucareli en la Ciudad de México y el monumento y estatua de Simón Bolívar en Caracas.

A la izquierda: Martí en Ibor City, Tampa, con patriotas tabacaleros cubanos.

10

*"Ten siempre presente que tu propia resolución
de triunfar es lo más importante de todo."*
ABRAHAM LINCOLN (1809 - 1865)

Luego de la visita a Estrada Palma, Martí viajó a Panamá, donde fue recibido por Manuel Coroalles, miembro de la Clase de Ingeniería de 1897 en *Rensselaer Institute of Technology*. Coroalles había levantado una gran cantidad de dinero para la Guerra; era hijo de Manuel Coroalles Pina, originario de Sancti Spiritus, veterano de la Guerra de 1868, quien se había exilado en Panamá al terminar la guerra. Después de Ciudad Panamá Martí viajó a Colón, Panamá y luego a Kingston, Jamaica. Le escribió a Gómez sobre los últimos detalles de su plan para una expedición triple a Cuba, concebida como un extraordinario y sorpresivo comienzo de la insurrección en Cuba. Volvió a New York el 26 de junio en el vapor *Ailsa* con Panchito Gómez Toro y salió de nuevo para Centroamérica y México el 13 de Julio. El 26 de julio, acompañado de su amigo Manuel Mercado que ahora era Ministro del Interior de México, fue a visitar a Porfirio Díaz, Presidente de México, para que se hiciera de la vista gorda si los expedicionarios cubanos tenían que salir de territorio mexicano o quedarse en el mismo por poco tiempo; Díaz aceptó con gusto.

De vuelta en los Estados Unidos, Martí visitó Filadelfia antes de regresar a New York. Otra vez salió para Tampa y Key West, después de pocos días en su casa; en esas ciudades Serafín Sánchez y Carlos Roloff le dieron un reporte final sobre los arreglos para la triple expedición.

Totalmente absorto en planear la Guerra, recibió Martí al Coronel Mayía Rodríguez de vuelta en New York, quien traía noticias de los arreglos de última hora de Máximo Gómez. Martí le pidió a Benjamín Guerra que depositara algún dinero ($9,000) en lo que él llamaba *la cuenta de las armas* en el *Importers and Traders National Bank*; escribió un cheque por $2,000 a la compañía de armas Remington para la compra de 20 rifles Remington 1840, calibre .36, sin martillo y con expulsores automáticos, un arma mucho más avanzada que cualquiera que pudiera tener el ejército español. Desafortunadamente, una vez en New York, tuvo que lidiar con el llamado asunto Queralta.

Fernando López de Queralta se había hecho famoso cuando como Coronel y líder militar del vapor *El Salvador* había echado a perder una expedición en Septiembre de 1870, precipitando la pérdida de más de 1,200 rifles, 200 cajas de municiones, más de 200 machetes y provisiones de comida empaquetada, así como uniformes y botas dirigido todo a apoyar la insurrección en Las Villas.

El Salvador había sido un vapor diseñado para romper bloqueos durante la Guerra Civil Americana y luego de haber sido adaptado en talleres navales en Jersey City, había sido usado con éxito en una expedición a Nuevas Grandes, dirigida por Rafael de Quesada, hermano de Manuel de Quesada, primer expedicionario a bordo del *Galvanic* y cuñado de Carlos Manuel de Céspedes. El vapor lucía como uno de esos botes del rio Mississippi, habiendo sido adquirido por $900: enseguida se vio que tendría problemas. Tenía dos enormes chimeneas de gran peso, demasiado pesadas para un barco de ese tamaño; su construcción era de planchas de hierro muy delgadas, ya oxidadas de popa a proa a nivel de la línea de flotación. Sus calderas habían sido reconstruidas varias veces; al probarlo, el barco sólo lograba alcanzar once kilómetros por hora, cuando la mayoría de los barcos españoles viajaban fácilmente a 14.

Fernando López de Queralta había recibido instrucciones de salir de Nassau y llegar al pueblo y puerto de la costa sur de Cuba, Tayabacoa, donde el general Federico F. Calvada y sus tropas estarían esperando. Había contratado a un capitán llamado M. H. Halker; el tal capitán desconocía por completo la costa sur de Cuba. Luego de salir de las costas de Bermuda, los navegantes se dieron cuenta que *El Salvador* no tenía ni un cubo para achicar agua, y mucho menos, bombas de sacar agua; cuando la popa se empezó a inundar, los hombres tuvieron que sacar el agua con platos. Pronto se había acabado el carbón, no había instrumentos de navegación ni forma alguna de descargar mercancías o equipo.

El capitán y el piloto se enredaron en una pelea desesperada cuando vieron unas luces en la distancia; uno de los tripulantes mató de un tiro al capitán cuando este desobedeció a Queralta y se negó a acercarse a la costa. Obedeciendo órdenes del nuevo capitán, Queralta, *El Salvador* encalló en la playa esa noche y la tripulación bajó todo el cargamento en la playa oscura. Por la mañana, se dieron cuenta que estaban dentro del Puerto de Casilda, a menos de una milla de Trinidad, completamente controlada por los españoles. Sin que la tripulación pudiera achicar el agua que inundaba el barco, este se hundió en ocho brazas de agua; sus 37 expedicionarios fueron atrapados por los españoles y la mayoría, fusilados. El general Calvada había estado esperando al barco a solo 20 kilómetros al oeste en la costa. Sólo sobrevivieron 5 personas; desafortunadamente para la causa cubana, Fernando López de Queralta fue uno de ellos. No regresó Queralta a los Estados Unidos después del fracaso de *El Salvador*; se fue a Bogotá donde, en 1881, defraudó a un grupo de inversionistas con un plan imaginario de traer luz eléctrica a la capital. En un plazo de dos años, gracias a las pobres memorias y a los corazones blandos de sus compañeros insurgentes, Fernando López estaba de vuelta en New York, trabajando en la oficina de un negocio de importación-exportación y buscando contactos con revolucionarios cubanos para asegurarse de tener un papel en la inevitable tercera guerra por la independencia de Cuba.

Cuando Martí fue puesto al día sobre estos asuntos por Gonzalo de Quesada, pensó que ya tendría que lidiar con Queralta en algún momento, pero decidió archivar el tema en ese momento y aceptar su participación en la guerra. Más adelante admitiría que esto fue un señalado error.

Luego de más de quince años de promover y organizar el regreso de las hostilidades, las actividades diarias de Martí llegaron a ser tan enormes y complicadas que comenzó a confiarle más y más de ellas a Gonzalo de Quesada. Gonzalo se le hizo indispensable a Martí, no solo por su cuidadoso control de la agenda de Martí y de sus responsabilidades, sino por ser el que mejor podía interpretar las intenciones y estrategias de Martí. En una conversación con Horacio Rubens, Enrique Collazo y Enrique Loynaz del Castillo en Jacksonville en Enero del 1895, Gonzalo transmitió al grupo las decisiones estratégicas que Martí había preparado para organizar expediciones a Cuba.

«Hasta ahora y por los últimos 50 años, los cubanos hemos adquirido armamentos y municiones sin coordinarnos; en nuestro fervor y entusiasmo por la causa, hemos actuado abiertamente sin cuidado de levantar sospechas; hemos hablado explícitamente sobre planes que debieron haber sido confidenciales. Era muy fácil para los españoles averiguar lo que estaba pasando y pedirle a las autoridades americanas que detuvieran las expediciones ilegales…Por eso han fracasado nuestros planes de reunir y embarcar materiales de guerra y expedicionarios a la manigua cubana—ha sido fácil para los espías españoles: todo lo que tenían que hacer era notificar a las autoridades en Cuba dónde y cuándo esperar a nuestras expediciones y allí decimarlas. Hemos sido definidos a las autoridades americanas como invasores temidos por la población cubana; en Cuba, por la historia de arrestar a nuestros hombres y capturar nuestros armamentos por parte de los americanos somos vistos como bandidos perseguidos por los americanos. A este estado de cosas tenemos que poner fin de inmediato.»

Luego de una pausa para atraer la atención de sus oyentes, Gonzalo continúo.

«La historia va a recordar a José Martí como un gran poeta, precursor de movimientos literarios, genio de la palabra, periodista, el hombre que reunió lo que hacía falta para la guerra que se avecina con su energía, sus discursos, sus trabajos sin tregua... Pero ya se descubrirá una nueva faceta por generaciones futuras: Martí como estratega y organizador sin par. Se me pidió que me reuniera con Uds. para elaborar sobre la organización y la coordinación de las expediciones.»

Sorprendidos por la formalidad con la que Gonzalo presentaba la agenda, todos se acercaron más a Gonzalo: «De ahora en adelante va a haber una comisión coordinadora de las expediciones. Para Martí, necesitaremos tres funciones específicas en esta comisión. La primera es estar al corriente de las leyes. La compra de armas y materiales bélicos es legal en los Estados Unidos pero no el exportarlos a territorios o países que como España son amigos de este país. Cada vez que vayamos amover un rifle o una escopeta, y mucho más un cargamento completo, Horacio Rubens y su grupo estarán listos a intervenir si hay bloqueos, detenciones, confiscaciones o disputas en altamar. La segunda función es la de saber escoger armamentos, cuáles son los mejores y cómo y dónde se procuran éstos. Como contamos con tomar armas de los soldados españoles, hace falta una buena fuente de municiones para los *Máuser* fabricados por Loewe & Co. en Berlín, quienes son los proveedores de los españoles. Martí le ha pedido al general Emilio Núñez que sea nuestro experto en armamentos. Nos hace falta un rifle superior al *Máuser*, y el general Núñez ha escogido el *Remington*, con el cual ya estamos familiarizados y de los cuales tenemos cientos enterrados en Cuba.»

Luego de una pausa, en la que se palpaba la energía del grupo, Gonzalo prosiguió: «Finalmente, he sido escogido para coordinar el esfuerzo de establecer metas para que los clubes cubanos puedan recoger dinero y armas personales; crear itinerarios de cómo recoger esas armas y hacérselas llegar a nuestros mambises.»

Horacio tomó la palabra:

«Varios clubes de mujeres cubanas en New York, Filadelfia, Tampa, Ibor City, Baltimore, Nueva Orleans y Cayo Hueso ya se han comprometido a comprar un rifle por persona cada dos meses de ahora en adelante. Estas mujeres son costureras, maestras, empleadas de oficinas y enfermeras, así que este es un compromiso muy fuerte para sus finanzas, ya que un Remington vale $125. Martí me ha encargado que funde más clubes que contribuyan armas, así como el desarrollo de un plan logístico para almacenarlas en lugares seguros hasta poderlas transportar a nuestros barcos para mandarlas a Cuba. Nos rodean los agentes *Pinkerton* contratados por el gobierno español, así que el silencio más absoluto y la mayor discreción son esenciales. Loynaz del Castillo estará a cargo de la seguridad de todo el proyecto. Lo asistirán un grupo de patriotas en las diferentes ciudades, los cuales le reportarán a él, cuyos nombres no necesitamos conocer.»

Gonzalo tomó la palabra de nuevo:

«He guardado por varios meses dos cartas escritas por veteranos de la guerra del '68 a Martí, las cuales le enviaron en abril de 1892 cuando se fundó *Patria*. Nunca han sido publicadas y Martí espera el momento preciso para hacerlas públicas. Las cartas muestran qué ocurre cuando hay falta de cuidado por nuestra parte así como la inmisericorde brutalidad el ejército español si no tomamos el mayor rigor en nuestras defensas. Una carta es de Narciso Martínez de Las Tunas, tripulante sobreviviente de una expedición:»

«Diez y siete de los tripulantes de El Salvador fueron apresados en la costa. El infatigable Juan Osorio murió fusilado en Nuevitas; su hermano Pascual, macheteado; José Feu y el habanero Jackson murieron de hambre; Pedro Ambrosio y Joaquín Pizano, ahorcados por el enemigo: José Botella, graduado alférez, enfermó de fiebre, y murió de dos balazos; Manuel Pimentel, Teniente Jefe de la escolta de Agramonte, murió también de dos balazos cuando quedó dormido por el cansancio y fue sorprendido en una pradera; Eduardo Toralla, asaltado en un rancho, murió defendiéndose con un pedazo de machete que había encontrado en el camino.»

Un silencio absoluto rodeó la lectura de esta carta. Gonzalo abrió la segunda.

«La segunda carta,» continuó Gonzalo, «fue escrita por uno de los hombres que escapó del naufragio de *El Salvador*, el Dr. Vicente Rodríguez de la Barrera, de La Habana, de 44 años, el médico de la expedición. Un mes después que encallara *El Salvador*, casi lo cogen preso a unos kilómetros de la playa. Dice así: »

«*Calados de agua hasta los huesos, hinchados los pies por el ir y venir sobre la costa pavimentada de 'diente de perro', famélicos, rendidos por el insomnio de dos noches y las fatigas y emociones del desembarco; sin guía, ignorantes de la topografía del lugar, estuvimos vagando al azar en la eterna penumbra del bosque. En vano, demacrados y derrotados; como caravana de mendigos atormentados por la sed, buscamos un manantial o charco en que saciarla; el suelo era árido como un arenal, y no lográbamos dar con la salida de aquel laberinto de árboles. A la sed, se unió el hambre. Para distraer la primera, sorbíamos gotas de rocío de las hojas de algunos árboles; para entretener el hambre, comíamos raíces y hojas. ¡Qué dolores tan punzantes, qué vértigos, qué desequilibrio! No teníamos fuerzas para pensar; nos había invadido el mutismo de las bestias; parecíamos una gavilla de locos escapados de un manicomio. Pasado el tercer día de permanencia en el bosque, pudimos saciar la sed en una corriente; hasta el sexto día, no engullimos bocado alguno. Fue entonces que dimos con una patrulla que, gracias a Dios, era mambisa.*»

Un profundo silencio rodeó de nuevo a los amigos. Se miraron, comprendiendo profundamente las palabras de Gonzalo sobre la importancia de sus funciones y de toda la misión.

Unas semanas después, Gonzalo le presentó a Martí, a principios de diciembre, algunos detalles de lo que éste bautizó como el *Plan de Fernandina*. Al reporte le siguió una reunión de toda la comisión coordinadora, esta vez con Martí y Gonzalo. Gonzalo abrió la reunión:

«Ya hemos comprado suficientes armas y municiones para equipar mil hombres más allá del nivel al que están las tropas españolas. Van a ser enviadas a Fernandina, en Amelia Island, al norte de la Florida en cajas de madera y barriles rotulados como aperos de labranza, clavos, picos y palas para una mina de manganeso el este de Cuba.» Un aparte se hizo para que Martí explicara sobre Fernandina, ya que los participantes no la conocían.

«Fernandina,» explicó Martí, «es una playa en Amelia Island, de hecho un cayo de 14 millas entre el sur de Georgia y el norte de la Florida. La islita ha estado bajo nueve banderas diferentes a través de los años: descubierta por un francés en 1562, ha estado en manos de España dos veces, de los ingleses una vez, de los patriotas floridanos de 1812 otra, de los rebeldes de Gregor McGregor, pariente de Bolívar, de origen escocés, una vez, de una alianza de aventureros Mexicana-Francesa otra en 1817, bajo bandera americana dos veces y bajo la Confederada una vez. *Fort Clinch* fue construido por el ejército del norte; fue nombrada en 1861 en honor del héroe de las guerras con los Seminoles. La isla había sido lugar frecuente de turistas de New York, incluyendo a los Rockefellers y a los Carnegies. Hemos alquilado, como nuestro cuartel general, una cabaña grande en el *Florida House Inn*, un hotel muy privado cerca del final el pueblo.»

Gonzalo entonces continuó con el plan de Fernandina.

«Un amigo, Nathaniel B. Borden, dueño de varios negocios en Fernandina Beach, ha sido el responsable de alquilar los mejores barcos posibles para nuestra expedición. Dos grandes barcos, el *Amadis* y *La Gonda* y un vapor de carga de frutas, grande también y muy rápido, el *Baracoa*, son los escogidos por su velocidad sobre la de cualquier barco español conocido. Los papeles de aduanas del puerto indicarán que van a América Central. De hecho, uno de ellos, *La Gonda*, va a parar en algún punto de la costa este de la Florida y recoger a Carlos Roloff y a Serafín Sánchez con 800 hombres. Su destino será la costa norte de Santa Clara. El segundo barco, el *Amadís*, sí que irá, lo más rápido posible a las costas de Costa Rica a recoger a Antonio Maceo, Flor Crombet y como 200 hombres más. Entonces los desembarcará en Camagüey. El tercer barco, el *Baracoa*, con Martí, Enrique Collazo y Mayía Rodríguez desembarcará primero en la República Dominicana para recoger al grupo de Máximo Gómez y tomar rumbo a Oriente. Todos los hombres van a ir vestidos de campesinos, con herramientas y aperos de labranza a bordo de los barcos, donde se puedan ver, mientras que los cajones y baúles con las armas, las que incluyen 600,000 municiones, estarán almacenadas en los pantoques. En altamar, cargado con nuestros hombres y oficiales, los barcos cambiarán de rumbo hacia Cuba a un destino que sólo un hombre en cada barco, escogido para esto, sabrá. Si las tripulaciones o capitanes, quienes sean no combatientes, objetan, se les hará prisioneros y se les confinará a las bodegas hasta el final de la misión.

En Cuba, habrá tres hombres que sabrán los puntos de desembarque, para verificar que la seguridad y la disponibilidad de tropas estén ahí para proteger los destinos finales de cada expedición. Son todos veteranos de la guerra del 1868 y como precaución, no se conocen entre sí. Nuestros anfitriones armados en Cuba serán tres grupos de más de 100 hombres de la Infantería y 15 de la Caballería en cada zona de desembarque potencial. Los hombres no sabrán hasta el último minuto el punto hacia donde tienen que correr cuando nuestros barcos estén ya a medio día de la costa.»

«¡Fabuloso! ¿Cuánto hemos invertido en esta operación?» preguntó uno de la comisión, visiblemente excitado.

«Tres años de preparación y $58,000 de nuestros fondos de guerra,» contestó Gonzalo. «También hemos puesto nuestro prestigio en la línea. Nuestra gente en Cuba ha sido notificada de nuestra salida próxima, sin detalles. Maceo ha sido notificado, y arde en ganas de acabar de llegar a Cuba. Un puerto cerca de Sabana Laguna y Punta Arenas ya ha sido preparado para atracar allí el barco que recogerá a Maceo y a sus hombres. Sólo el general Maceo sabe el punto exacto a donde llegará el barco. De nuestras oficinas de New York han salido los fondos hacia Costa Rica para pagar por materiales de construcción para habilitar un puerto temporal. Los materiales han sido comprados en Panamá para desconcertar a nuestros enemigos. El istmo está repleto de agentes españoles. Las comunicaciones con Flor y Maceo han sido codificadas par usarse solo una vez, con una clave al final para ser usada en el próximo mensaje. Cualquier decisión sobre el terreno es ahora de Maceo.»

«Ahora mismo,» continuo Martí, «los cajones camuflageados con armas están llegando a Fernandina consignadas a *Carlomagno*, el *nom-de-guerre* de nuestro hombre manejando lo de las armas allí. En botes alquilados están siendo cargadas de inmediato en nuestros tres barcos. La residencia de *Ludovico*, el *nom-de-guerre* del sobrino de *Carlomagno,* está siendo vigilada por tres agentes *Pinkerton* que trabajan para los españoles y a los cuales hemos identificado en Jacksonville y Fernandina. No están cerca de nada porque sólo hay movimientos de mentira en los alrededores de *Ludovico*. Este magnífico hombre es nuestro señuelo; ha sometido a su familia a todas las inconveniencias de ser vigilados por los Pinkertons. Afortunadamente también nosotros tenemos espías—en las casas de Enrique de Mariátegui, el cónsul español, y de Juan Potous, su vice-cónsul. Hasta ahora, no tienen sospechas…a pesar de estar desesperados por agarrarnos *in flagrante* [6]. Y, añado, en *locus delicti* [7],» apuntó Gonzalo con una sonrisa, para deleite de su audiencia, la cual comenzó a reírse, incluyendo a Martí.

«¿Quién está a cargo de todo esto en Cuba?» preguntó alguien.

«Los dirige el más confiable de todos: Juan Gualberto Gómez, coordinando y dirigiendo el plan,» dijo Gonzalo. «No puedo dar más detalles pero habrán varios levantamientos en toda la isla para distraer al ejército español y asegurarnos de la seguridad de Martí, Gómez y Maceo al desembarcar en Cuba.»

Gonzalo y Martí tenían los detalles de los levantamientos: Saturnino Lora se levantaría en *Baire*, el 24 de Febrero; Juan Gualberto Gómez en *Ibarra*, cerca de Matanzas; Rafael Casillas Monteagudo y Leoncio Vidal Caro en *Camajuaní*, Las Villas, cerca de Caibarién; Juan Bruno Zayas en *Vega Alta*, al noreste de Santa Clara; Guillermón Moncada, Quintín Banderas, los hermanos Sartorius, los hermanos Rabí y Rafael Portuondo Tamayo en *Santiago de Cuba*; Bartolomé Masó en *Bayate*, al noroeste de Guantánamo y Pedro Agustín Pérez en *Guantánamo*; Julio Sanguily cerca de La Habana y Joaquín Pedroso en *Aguada de Pasajeros*. Listos a desembarcar en Cuba antes que el ejército español pudiese reorganizarse después del Plan Fernandina, había seis veloces barcos alquilados por Gonzalo en la costa este de los Estados Unidos bajo la dirección de Emilio Núñez; zarparían de Fernandina, Key West, Kingston y Cabo Haitiano, cada uno equipado, a un costo de $30,000, con un cañón, 1000 revólveres, 500,000 cartuchos y no menos de 500

---

[6] Atrapado en el momento de cometer un crimen.
[7] El lugar donde se comete un crimen.

hombres, cada barco estará bajo la dirección de un oficial cubano veterano de la guerra de 1868.

A pesar del planeamiento estelar, la dedicación de los hombres a cargo del plan, a pesar de tener fondos suficientes, de la confidencialidad y el secreto en que se manejaron y se movieron las armas, y la manera sigilosa en la que miles de hombres se movieron a sus posiciones, un incidente de último momento paró y luego hizo fracasar al Plan de Fernandina.

El traidor fue Fernando López de Queralta, el hombre cuya ineptitud hizo hundir *El Salvador* dentro del Puerto de Casilda cerca de Trinidad, en la guerra de 1868 y a quien Serafín Sánchez le diera una segunda oportunidad para luchar por su país en 1895. Pretendiendo ser del círculo íntimo en la organización de las expediciones, Queralta le hizo unas ofertas estúpidas a George Handler, dueño del *Amadís,* luego de preguntarle si le interesaba alquilar su barco para otras expediciones. Un chivato español que trabajaba para Handler contactó enseguida al vice-cónsul de Jacksonville, Juan Potous, quien hizo redoblar la vigilancia de los *Pinkertons* sobre todo el movimiento de cargamentos en la playa de Fernandina. Gonzalo enseguida se enteró, por su propio espía en el consulado español; Martí dejó todo lo que estaba haciendo y se fue a Fernandina, sentando cuarteles en un modesto cuarto del *Travelers Hotel,* en la esquina noroeste de las calles Bay y Cedar en Jacksonville, para pasar desapercibido a los Pinkertons. Ordenó Martí que se separase a Queralta de la expedición en *La Gonda*, la cual iba a recoger a Roloff y a Serafín Sánchez en la costa de la Florida; ordenó también que se mantuviese al tipo bajo vigilancia constante. Mortificado al extremo al verse fuera de su esperado papel de héroe desembarcando en Cuba, Queralta se vengó en forma deshonrosa: aún tenía algunas armas bajo su control en New York y le pidió a su querida que se las mandara por tren a Jacksonville marcadas «artículos militares.» Las armas fueron inmediatamente confiscadas en New York y un día después, Enero 14 de 1895, el gobierno federal detuvo a los tres barcos y confiscó todo el cargamento del Plan Fernandina.

Martí sufrió un gran golpe emocional. Aparte del gasto gigantesco de tiempo y dinero, pensó que también sería una pérdida terrible de prestigio y de confianza en él —y en el liderazgo revolucionario. Gonzalo, el único que se atrevió a acercársele en su depresión y angustia, lo animó diciéndole:

«Horacio ya ha puesto en juego sus destrezas legales con el coronel James Buchanan Anderson, inspector general del Ejército Americano en la Florida y ya consiguió que no nos confiscaran los rifles ni las municiones, ya que no hay evidencia física alguna de que éstos iban para Cuba—lo demás es suposición. Mira, ya verás como más tarde o más temprano, lograremos meter todo este armamento en la isla. Ahora lo que hay que hacer es rentar un almacén para proteger las provisiones de los elementos, ya que los capitanes de los tres barcos están ansiosos de irse de Fernandina.»

Martí, quien era abogado, se sabía estos hechos de memoria, pero apreció con una sonrisa los esfuerzos de Gonzalo, otro abogado, para animarlo.

«Escucha —esta catástrofe aparente tendrá el efecto opuesto de lo que te lamentas. La gente, en todas partes, incluyendo los de aquí en los Estados Unidos, pero ciertamente dentro de Cuba, va a asombrarse del alcance de este proyecto, ahora que ha sido revelado. Tanto insurgentes como exilados se van a impactar positivamente al enterarse. La noticia les dirá que existe un liderazgo capaz y competente, el que pudo organizar hasta el último detalle este evento, llevándolo a cabo profesionalmente, en secreto y con toda la confidencialidad del mundo, hasta el último momento fatídico. Esto nos define no como un grupo de bandidos o aventureros sino como parte de un ejército profesional, bajo la dirección inspirada de civiles, capaz de organizar la guerra ahora y de dirigir un país más tarde.»

Martí pensó que Gonzalo estaba siendo más racional y menos emocional que él mismo en evaluar los sucesos de Fernandina.

«Si quieres más razones de que esto, al final, hará bien a la causa, tienes aquí la confirmación de que estamos rodeados de espías y traidores y de que toda la cautela que utilicemos todavía no será suficiente. Hay muchos cubanos que creen que nuestras advertencias son exageradas; bueno, hemos aprendido bien la lección. Mira, los abusadores en el poder necesitan rodearse de espías, cimbeles, delatores y chivatos: ya tiene nuestro pueblo evidencia de que sí existen estos personajes y ahora tendrán más cuidado.»

Hubo un largo silencio. Gonzalo seguía pensando en argumentos para levantarle la moral a Martí y Martí seguramente en cómo seguir adelante con los planes para comenzar la guerra… «Mira, esperemos a saber qué está pasando en Cuba con todos los levantamientos planeados alrededor del Plan Fernandina. Si bien es cierto que nuestros líderes están regados, también es cierto que son hombres de temple capaces de responder a estos retos y a más.»

Pronto hubo noticias de que Antonio Maceo, Máximo Gómez y todos los comandos militares y civiles estarían listos a embarcarse hacia Cuba por los medios que fueran. Martí y Gonzalo se alegraron mucho de ver que el esfuerzo de lanzar la guerra seguía vivo, listo a continuar. Era el momento de retomar su causa mientras esperaban más noticias de la isla.

□ ◊ □

El filibusterismo en el siglo XIX

La palabra *filibustero* ha adquirido diferentes significados en diferentes épocas. Originalmente, era una palabra holandesa antiquísima, *vrijbuiter*, que significaba un barco o embarcación libre. De ahí, derivó en *Freebooter* en inglés y *Filibustero* en español, y en ambos casos, la palabra fue conectada con la piratería. En los siglos XVI y XVII el término *freeboot* significó atacar a un estado libre ilegalmente, es decir, en una acción pirata. En el siglo XIX significó proveer a insurgentes con materiales militares. George Washington se refirió a los franceses que furtivamente  te ayudaban a proveer a sus tropas como *filibusteros*. John Adams se refirió como *filibustering* a las acciones de Francisco de Miranda al zarpar de Nueva

York en tres expediciones para liberar a Venezuela. Jefferson fue el primero en utilizar la palabra *filibuster* para describir la acción de Aaron Burr cuando, por debajo de la mesa, intentaba bloquear el avance de una ley en el Congreso. John Quincy Adams denunció los viajes que salían de orillas americanas para ayudar a insurgencias en otros países como *expediciones filibusteras*. Finalmente, al principio del siglo XX, se definió como una obstrucción deliberada al proceso legislativo.

En el siglo XIX, los más notables *filibusteros* en América fueron Narciso López en el oeste de Cuba, William Walker en Nicaragua y el vapor *Virginius* en el este de Cuba. Los términos *blockade running* y *gun running* usados por las tropas Confederadas durante la Guerra Civil americana fueron en efecto maniobras filibusteras. La legalidad o justificación de las acciones filibusteras siempre dependían del consenso de la opinión pública. Durante la Guerra cubana de 1868-1878, la mayoría de los americanos consideraban a los filibusteros como fuera de la ley; en la Guerra del 1895, como patriotas.

THE THREE FRIENDS READY

TO TAKE ANOTHER FILIBUSTERING EXPEDITION TO CUBA.

Bonds Have Been Given in the Libel Proceeding, So that She May Sail at Any Time—Her Previous Trips.

JACKSONVILLE, Fla., Dec. 5.—The Three Friends and three revenue cutters are lying in the river. The boat has been put into the little steamer so that fresh water may be made at sea. She has thirty-days' coal capacity, and when equipped with the evaporator can stay in the open sea or lie among the Florida reefs for a month at a time.

The crew of twenty-two men, most of whom are ashore, rendezvous nightly at Bettini's, an all-night restaurant and barroom, within a block of the river front. They wait there for word to go aboard. Charles Silver, pilot, of Key West, who knows the reefs that for a hundred miles or forty are sown off the southern tip of Florida, and Santos, pilot, of Havana, who knows the Cuban coast, both of whom are members of the crew, lodge in the neighborhood. John Daly, an Irishman, who is the engineer, sleeps aboard.

The libel proceeding brought by the Collector of Customs on behalf of the United States, will, it is understood, not interfere with the Three Friends sailing at the proper time, as bonds have been given. The owners, Napoleon Bonaparte Broward, Montcalm Broward, and Amanda Barrs, have contracted with the Cuban Junta in New York to land three more cargoes of fighting material, and then they propose to go out of the perilous business.

La foto de la página 182 muestra el barco filibustero **The Three Friends**, propiedad de su capitán Napoleon Broward, alguacil del condado de Duval en la Florida. Tenía él un contrato a largo plazo con la Junta Cubana de New York de proveer a Antonio Maceo con pequeños cargamentos, cada uno de unos $20,000 en provisiones; el costo a la Junta era de $9,000 por viaje. A la izquierda, un artículo del New York Times sobre el barco *The Three Friends*.

La **Florida House Inn**, en Fernandina Beach, en la costa norte de Amelia Island en la Florida, lugar desde donde José Martí dirigió en 1895 las operaciones de la expedición de Fernandina para liberar a Cuba. Allí se había alojado en 1880 Ulysses Grant en camino a Cuba. Años después fueron huéspedes también Mary Pickford, Stan Laurel, Oliver Hardy, Henry Ford y Thomas Alva Edison.

11

"Hay algunas derrotas que son más triunfantes que las victorias."
MICHEL DE MONTAIGNE (1533 - 1592)

Luego del desastre de Fernandina Beach, las noticias que llegaron de Cuba no eran todo lo buena que hubieran podido ser. Como el desembarque de los jefes había sido pospuesto, cada levantamiento local tuvo que tomar decisiones para las cuales los líderes locales a veces no estaban preparados. La mayoría decidió quedarse escondida, esperando la palabra de Gonzalo en New York y de Juan Gualberto en Cuba. La alarma se hizo oír, sin embargo, por toda Cuba, confirmando la sospecha que la gran insurrección había llegado; los periódicos españoles en Cuba publicaron artículos sensacionales del debacle de Fernandina; las autoridades españolas en Cuba corrieron a tomar medidas que decapitaran y aplastaran al movimiento insurgente. Las palabras de Gonzalo resultaron proféticas: Fernandina tuvo un impacto positivo, ya que la mayoría de los escépticos se convencieron de que Martí no era solamente un ardiente y poético soñador pero también un hombre de palabra; la fe de los cubanos y el miedo de los españoles se multiplicaron cien veces. Martí se disponía a viajar a Santo Domingo cuando las cosas comenzaron a desordenarse en Cuba. En La Habana, la insurrección fue descubierta antes de que naciera y sus líderes, detenidos o fusilados. En Pinar del Rio los insurgentes no pudieron formar un grupo lo bastante fuerte para levantarse en armas y todos se quedaron en casa. La rebelión en Matanzas se desbarató en pocos días y Juan Gualberto fue hecho prisionero; otros líderes en el oeste de la isla fueron arrestados y muertos. No mucho ocurrió en Las Villas y Camagüey. Al perder la dirección central, los insurgentes se fueron a la manigua solo capaces de mantener el más ligero control sobre territorios vastos y lejanos. Las únicas noticias marginalmente buenas venían de Oriente. En pocas semanas, los territorios alrededor de Holguín, Manzanillo, Baracoa, El Caney, Bayamo, el Cobre, Las Tunas, San Luis y Santiago fueron denegados a las tropas españolas. ¡Las tropas españolas no se atrevían a salir de los límites de las ciudades!

En balance, no eran demasiadas buenas las noticias, pero al menos había comenzado la guerra y muchos se sentían como si un cañaveral hubiera cogido candela: con sólo una esquina en llamas, la conflagración se extendería por todas partes.

Sin embargo, lo que se podía observar no lucía nada bien. Tan pronto como el Plan de Fernandina se hizo inoperable, Martí se lanzó a la acción. El elemento de sorpresa se había perdido para dar un golpe enorme y brutal, pero en enero 29, con Mayía Rodríguez representando a Gómez, Enrique Collazo como delegado de la Junta de La Habana y Martí, de la Junta de New York , se hizo una *Orden de Levantamiento* la cual fue cablegrafiada a Juan Gualberto Gómez en Cuba.

Al día siguiente los tres salieron hacia *Cabo Haitiano*, con la misión de reunirse con Gómez en Montecristi. Juntos Gómez y Martí pusieron los últimos toques al *Manifiesto de Montecristi* sabiendo que el peor escenario era realidad: las mejores tropas estaban confinadas al lado este de la trocha de Júcaro-Morón y la guerra podría correr el riesgo de repetir la insurgencia de 1868—un grupo de conflictos aislados y locales.

El *Manifiesto de Montecristi* fue expedido el 25 de marzo de 1895 desde Montecristi, el punto más occidental al norte de la República Dominicana, de donde era Máximo Gómez. En él se especificaban la política de Cuba y la justificación para la Guerra de Independencia; los negros y los blancos eran absolutamente iguales como combatientes. La participación negra era indispensable; los españoles que no participaran en la Guerra no sufrirían ninguna acción hostil; las propiedades rurales no serían destruidas a no ser que estuvieran sirviendo los fines de España; una nueva vida económica surgiría como consecuencia de la independencia de Cuba.

Con Gonzalo de Quesada como el punto focal de las comunicaciones en New York, Martí, Gómez y otros patriotas contrataron al barco *Brothers* el 1 de abril para llegar a Cuba. El capitán del barco se echó para atrás cuando llegaron a la isla de *Inagua,* cerca de la costa de Cuba, y dejó a los patriotas literalmente embarcados allí. Afortunadamente, un barco frutero alemán dirigido hacia el Cabo Haitiano los ayudó, y allí consiguieron otro barco. El 11 de abril, gracias a la intervención del cónsul alemán en Haití y al pago de $1,000, pudieron abordar el *Nordstrand,* el cual los llevó a un sitio llamado *Playitas de Cajobabo* en la costa sureste de Oriente. Martí estaba cumpliendo su sueño máximo: estaba en suelo cubano listo para pelear por la independencia de Cuba.

Era medianoche; salir de Playitas para buscar refugio en las montañas era tan difícil como desembarcar en primer lugar. La playa parecía estar tallada en las montañas con un risco de 60 pies que la rodeaba por todas partes menos por el mar. El barco que usaron para desembarcar del *Nordstrand* se estrelló en contra del farallón y se hundió delante de sus ojos, mientras ellos llegaban a la costa. Gómez, Martí y casi todos los demás cayeron de rodillas y besaron la blanca arena que los rodeaba. Descansaron unos minutos, tomaron pequeños sorbos de un vino de Málaga, una bebida nutritiva fortalecida con extracto de quinina, la cual se pensaba era muy apropiada para trabajar en los trópicos. Se echaron las provisiones a la espalda: 12 rifles, 2,000 balas y un saquito con quesos duros y galletas. Comenzaron a escalar el terreno pendiente, entre rocas, riscos y matojos espinosos. Gómez tenía una brújula, pero sin saber donde estaban exactamente, decidió dirigir al grupo hacia el norte. Pronto, llegaron a Cajobabo, un pueblito cerca del camino de Guantánamo-Baracoa. Allí fueron recibidos por guajiros amigos quienes se ofrecieron para ayudarles a buscar las tropas de Maceo y lo que era más importante, a evadir a las tropas españolas que ya los buscaban.

Los días que siguieron fueron de prueba para José Martí, un hombre pequeño, aparentemente débil, quien pocos creían pudiera resistir los rigores de la lluvia, la vegetación impenetrable, los terrenos escabrosos, la carga de armas pesadas y las noches frías del lugar. Para Martí, fueron días de gran felicidad y de buenas experiencias.

Martí fue nombrado *Mayor General del Ejército Libertador*; se alimentó de boniatos, *guarapo, chopos de malanga*, sopa de plátanos, una salchicha, naranjas o un pedazo de *pan patato* [8]; bajo las frondas de los grandes árboles, sentado en un cajón o en su hamaca, leía *La Vida de Cicerón*, entre otros libros; escribía extensamente a sus amigos, y un diario para él mismo y para generaciones futuras; lavaba su ropa en los ríos y las secaba con el calor de hogueras improvisadas; se curaba algún que otro dolor de barriga con culantro de Castilla; siempre animaba a los guajiros a que le contaran historias de la Guerra de 1868. Tomaba café hecho con platanillo molido o borra con el mismo gusto que si fuera de preciosos granos de Arábica.

Sobre el camino, observaba con admiración la evidente autosuficiencia de los habitantes del lugar: «*La casa de yaguas,*» le escribió a Gonzalo, «*se las da el campo. Los puercos se pueden criar en el monte. Comer, lo da la tierra. El calzado se saca de la yagua y la majagua. La medicina de las yerbas y cortezas. El dulce, de la miel de abejas.*»

En otra ocasión le mencionaba a Gonzalo, consumado hombre de ciudad: «*Las cataratas se curan con la sal-leche de Itamo, un líquido milagroso que le puede restaurar la visión a un gallo ciego. El que tenga úlceras sólo necesita aplastar bien las espinosas hojas del romerillo. Para una herida grande, la mejor forma de parar la sangre es meter en la herida hojas aplastadas de yaguama; si la herida es superficial, lo único que hay que hacer es sentar al herido bajo la sombra del árbol de yaguama. Para el asma, el mejor remedio es preparar un té con las grandes hojas del arbusto de la yagruma; no las pequeñas, que esas dan estreñimiento. Para la congestión del pecho, lo mejor es un té con hojas de Guanábana. Ahora, para el que se siente mal, lo mejor es una purga de higuereta.*»

---

[8] Guarapo: el jugo de la caña de azúcar; *Chopos de Malanga*: pedazos hervidos de un tubérculo de la familia del *Arum, Xanthosoma* genus, un alimento muy rico, lleno de almidón, hipoalergénico y muy nutritivo; *Pan Patato*: una mezcla asada de yuca, boniatos y calabaza, endulzada con miel, postre favorito de los campesinos orientales cubanos.

Durante marzo y abril, mientras estos eventos tomaban lugar, Antonio Maceo estaba abrumado y lleno de mortificación en San José, Costa Rica. Le escribió a Martí el 22 de febrero, frustrado porque dado el fallo del *Amadís* de recogerlo a él, a Flor Crombet y a sus hombres cuando el colapso del Plan Fernandina, se le habían prometido fondos para montar una expedición alterna—y aún no habían llegado. Había sugerido contratar un barco americano, habiendo llegado a un acuerdo con su capitán de pagarle $3,500 por sus servicios: un viaje de una vía a algún lugar en la costa cerca de Maisí, el punto más al este de Cuba. Ya tenía 50 rifles, 50 machetes y 50 revólveres y bastantes municiones, «*todo lo que necesito para comenzar una campaña para sacar a los peninsulares de la isla.*»

El dinero finalmente llegó, pero no la suficiente cantidad para poder pagar al *Adirondack*. Entonces, el buen emprendedor maceo, con su hermano José y catorce patriotas más, abordaron el 31 de Marzo un velero de trece toneladas, el *Honor*. Era propiedad de un amigo americano de Maceo, Joseph Farrington, quien había representado a los Estados Unidos en Costa Rica hacía unos años. La pequeña expedición alzó velas peligrosamente a través del Caribe, con una tripulación de dos personas y desembarcó a las once de la noche en la playa de Duaba, en la boca del rio Toa, cerca de Baracoa. La costa era puro diente perro: el inexperto capitán del *Honor* trató de maniobrar acercándose a la costa, pero no pudo: el velero se estrelló contra las rocas y el asistente del capitán, atrapado bajo el barco, se mató. Esto era un augurio tenebroso para los hombres que iban a encender el fuego de la independencia en la provincia de Oriente.

Descansaron hasta el amanecer. Entonces Maceo y sus hombres abrieron las cajas que habían logrado salvar, distribuyeron las armas y se adentraron en la maleza de la jungla que los rodeaba. Caminaron sin rumbo por tres días, siempre loma arriba, comiendo boniatos crudos y a la vez, siendo devorados por los jejenes y mosquitos, hasta que hicieron contacto con unos guajiros que los llevaron a lugar seguro y los alimentaron. El 10 de abril, exhaustos y todavía con hambre, se vieron rodeados por tropas españolas en un lugar conocido como los *Altos de*

Palmarito, cerca de Baracoa en Oriente. Antonio y José Maceo estaban en buena condición física y lograron escapar. Flor Crombet, impedido por una herida sufrida al desembarcar en Duaba, no pudo escapar y fue muerto por tres tiros de los españoles; un soldado joven lo acribilló después a tiros, destrozando su cadáver. Francisco Adolfo Crombet y Tejera, de 44 años, veterano de la Guerra del '68 quien peleó junto a Carlos Manuel de Céspedes; patriota que se unió a Maceo en Baraguá y que sobrevivió las prisiones españolas de África; pero no fue su destino vivir y pelear ni un solo día en una Cuba libre.

Por fin, a fines de abril, el grupo de Maceo se unió al de Martí y Gómez. Eran las 11 de la mañana, cerca de Arroyo Hondo, cuando el grupo de Martí podía oír los tiros de rifles en los bosques cercanos. José Maceo peleaba en contra de una patrulla de españoles, apoderándose de sus caballos. Ese día Martí le escribió a Gonzalo:

> *«En el camino mismo del combate nos esperaban los cubanos triunfadores: se echan de los caballos abajo; los caballos que han tomado a la patrulla Española: se abrazan y nos vitorean: nos suben a caballo y nos calzan la espuela. ¿Cómo no me inspira horror la mancha de sangre que vi en el camino? ¿Ni la sangre a medio secar de una cabeza que ya estaba enterrada, con la cartera que le puso de descanso uno de nuestros jinetes? Al sol de la tarde emprendimos la marcha de victoria, de vuelta al campamento de José Maceo.»*

Hubo júbilo en el campamento; verdadera euforia al encontrarse los dos grupos. Celebraron con una botija de ron casero de *junquillo y pomarrosa* y un poco de chocolate *La Imperial* de Santiago de Cuba, regalo a José Maceo de un hombre en Vega Batea.

La marcha occidental de Martí y Gómez continuó hacia Aguacate, ahora con los hombres de José Maceo junto a ellos, buscando todos al general Antonio. Martí había aprendido como curar a los heridos y pasaba la mayoría del tiempo en esos menesteres. En el próximo campamento trajeron a un hombre con heridas de entrada y salida de bala, del tamaño de una aceituna grande. Lavó Martí las heridas, las empapó de yodo y las taponó con algodones empapados en alcohol fenílico. Un segundo herido tenía la herida en el muslo izquierdo; hizo lo mismo Martí. Un tercero tenía herida de entrada en el pecho y Martí tuvo que sacar la bala con sus dedos y un cuchillo de campaña. Empapó el pecho del herido con alcohol, presionando en el hinchado pecho, antes de ponerle unos vendajes en toda el área. El mismo Martí estaba algo asombrado de sí mismo, ya que nunca pensó que pudiera hacer algo así. Ninguno de sus pacientes falleció bajo su cuidado…

Ese día, mayo 2, Martí recibió a George Eugene Bryson, periodista del *New York Herald* y ambos conversaron hasta las tres de la madrugada; Bryson estaba feliz de tener un artículo completo. A las 5 ya se había levantado Martí, tomándose una buena taza de café americano cortesía de la prensa neoyorquina. Ese día, caminó 26 kilómetros con carga completa: tampoco había creído que pudiera hacer eso… Al caer la noche, estaba cansadísimo y se retiró a una hamaca que un soldado le preparó, utilizando un gran sombrero de yarey [9] como almohada. Aun dormía cuando un insurgente conocido como Masabó fue juzgado, condenado y fusilado por su crimen de asalto y violación a una mujer. Gómez dio testimonio en el juicio: «Este hombre no es un compañero soldado; es un vil gusano.»

Por fin, el 5 de mayo, se reunieron en las ruinas del ingenio La Mejorana Maceo, Gómez y Martí. No estaban de acuerdo en muchísimas cosas. Una vez más, el asunto de la autoridad civil vs. la militar en el medio de una guerra continuaba separándolos. Más de cien hombres, soldados, trabajadores, sirvientes, seguidores de la insurgencia de todo tipo, estaban celebrando el encuentro de los dos grupos, pero sin la menor duda, Maceo y Martí resentían la presencia el uno del otro. Martí se ofendió con las palabras de Maceo. Maceo no invitó a Martí a pasar revista a sus tropas ni quiso seguir hablando con Martí. Al final de la reunión, se separaron decepcionados y tristes. Pronto, lle-

---

[9] El Yarey. Conocido también como la *Palma de Cera Cubana*; familia *Arecaceae*, Genus *Copernicia*, Species *Hospita*. Su follaje es plateado-gris y crece muy lenta mente y casi exclusivamente en Cuba. En otras latitudes la planta progresa sola mente si se hibridiza en el tronco. Las hojas fuertes, largas y delgadas pueden ser tejidas con facilidad y se han usado por los cubanos para manufacturar *sombreros de yarey*, el preferido de los insurgentes cubanos, desde el siglo XVI.

garon a Baraguá, donde Maceo, 17 años antes, defendió el derecho de Cuba a ser libre, en gesta inolvidable.

Durante todo el viaje, Martí conversaba sobre la necesidad de sacar al enemigo de las ciudades, al campo, donde eran más vulnerables; así mismo, de la necesidad imperiosa de romper las líneas de abastecimiento a las tropas españolas. De vez en cuando se encontraban con veteranos del '68. Muchos lloraban al ver a Martí. Uno de ellos se le acercó y bajito le dijo:

«*Cuídese mucho. La última Guerra se perdió cuando la infamia de deponer y luego matar a nuestro líder [Céspedes] no fue castigada severamente. Nos llenó de una tristeza enorme. Luego de eso, la causa tomó rumbo atrás. Lo que necesita nuestra gente es un buen hombre, con carácter, a cargo de la lucha. Ud. Podría ser hijo mío: le ruego que se cuide las espaldas.*»

El 15 de mayo Martí se bañó por la mañana en el rio Contramaestre, a ciento veinte yardas de donde se une al Cauto. Un convoy llegó al campamento con velas, ropas, cebollas, ajos, papas, aceitunas, vino y tabaco y además, *aguardiente de caña*. La noticia les llegó que un convoy español de Bayamo estaba por la región, cargado de correo y provisiones para todos los pueblecitos entre Bayamo y San Luis. Gómez decidió que no sería mala idea acosarlo y quizás tomarlo, con todas sus provisiones; organizó una patrulla con 40 jinetes. Martí se dedicó a escribir un memorándum a los jefes y oficiales en Jiguaní, una carta a Maceo y otra a Bartolomé Masó; comenzó a escribirle a Miguel Mercado, lo que interrumpió para cabalgar alrededor de Dos Ríos. Cuando volvió al campamento, se dirigió a los presentes, parado en los estribos de su caballo. Como ocurría con cierta frecuencia, los veteranos del '68 lloraban ante las palabras patrióticas del Apóstol. Fue después que averiguaron que las tropas de Bartolomé Masó se acercaban, ya que Masó quería abrazar a Martí y jurarle su amistad y su devoción.

La zona alrededor del campamento de Martí era muy llana, con un camino real que iba de Remanganaguas hasta la cercana finca de *La Vuelta Grande*. Habían acampado en un lugar llamado *La Jatía*, en una casa de cedro con techo de latón, abandonada pero aun cómoda, anteriormente propiedad de Agustín

Maysana. Debido a la gran caballería que acompañaba a Masó, decidieron mudarse a La Vuelta Grande, territorio bien protegido con abundante pienso para los caballos. Eso hicieron a las 4 de la mañana. La noche antes, la del 17, Martí estaba cansadísimo; no escribió en su diario y sólo le había escrito una carta a Máximo Gómez antes de irse a dormir. Desde el desembarco en Playitas, habían marchado por 38 días y cubierto 175 kilómetros, de los cuales una tercera parte había sido a pie. Habían hecho campamento 25 veces, sólo unos 8 bajo techo.

Una hora después de salir del campamento, detrás del convoy español, Máximo Gómez volvió; había averiguado que el mismo iba dirigido a *Las Ventas de Casanova* y que su misión era abastecer los pequeños fuertes y cuarteles que el ejército español había establecido en la región. Gómez llamó a más guerreros, ya que había decidido llevar a cabo un ataque serio y no una escaramuza. Como estaban esperando a Masó, dejaron el campamento ligeramente protegido con Martí y el resto de las fuerzas. Masó, después de todo, estaba al llegar siguiendo las órdenes de Gómez.

Luego de una cabalgata intensa, Gómez no encontró evidencia alguna de las tropas españolas en Las Ventas, así que viró, en dirección a Remanganaguas. Según se acercaba al pueblo, el convoy español le entraba por el otro extremo; eran las 6 de la mañana de mayo 18. Gómez decidió armar una emboscada y enfrentarse al convoy en las afueras del pueblo. Uno de sus hombres se trepó en el árbol más alto para poder observar los movimientos de los españoles. A las 9 am le avisó a Gómez que los soldados ya estaban empaquetando con la intención de salir de allí. Gómez alertó y posicionó a sus hombres. Una hora después, aun no se habían movido los españoles. Un gran silencio pareció envolver la región.

Mientras todo esto ocurría, Masó llegó al campamento donde estaba Martí; este le envió un mensaje a Gómez. El general le respondió: «*Que acampe y espere. Yo estoy ocupado.*»

El hombre a cargo del convoy español en Remanganaguas era el coronel José Ximénez de Sandoval, un tipo graduado de la academia militar de La Habana, quien había vivido en Pinar del Rio, nacido en España, quien se unió al ejército español antes de la guerra de 1868; había peleado contra los mambises por diez años. Estaba familiarizado con las estrategias de las tropas cubanas, ya que a veces lo confundían con ser cubano, puesto que no tenía ni sombra de acento español. Había engañado a infinidad de campesinos preguntándoles por informaciones concretas pretendiendo ser parte del ejército cubano. Las tropas de Gómez estaban cansadas, incómodas y hambrientas, entre otras cosas por las legiones de mosquitos que allí había. Gómez decidió a las cinco de la tarde buscar un mejor lugar para acampar y volver por la mañana. Ignoraba que a eso de las dos de la tarde, un chivato le había informado a Sandoval que Gómez le tenía tendida una emboscada en el camino a Las Ventas.

La mañana del 19, Gómez envió a un hombre al pueblo de Remanganaguas a conseguir café para los hombres. El hombre volvió diciendo que no había tropas en el pueblo, ya que el convoy se había ido a escondidas a medianoche. No trajo el café por pensar que ahora podrían tomarlo en el café del centro del pueblo; Gómez se sintió enormemente mortificado, sintiéndose culpable por la oportunidad perdida. Ya que Masó y Martí le esperaban en La Jatía, dio órdenes a la tropa de ir por la ribera derecha del Contramaestre hacia el campamento, siendo esta la mejor ruta de Remanganaguas hacia Dos Ríos. . Ignoraba que en su ausencia el campamento había sido transferido a *La Vuelta Grande.* Al no encontrar a nadie en La Jatía, siguió el sendero marcado en la vegetación y llegó a La Vuelta Grande a la 1 pm.

En Vuelta Grande, gran alegría reinó por el encuentro de los tres generales. A las 2 pm los tres se sentaron a almorzar con las tropas, almuerzo que incluyó al menos seis pollos, algún puerco, boniatos y pan patato.

Mientras tanto, el coronel Ximénez de Sandoval recibió un reporte de un explorador sobre la presencia de tropas mambisas cerca de Vuelta Grande. Sin decir nada, dirigió a las tropas a que mantuvieran silencio absoluto y marcharan en fila india en la ribera izquierda del Contramaestre, hasta pasar la aldea de Limones, allí cruzando el rio para entonces seguir por la ribera derecha desde Remanganaguas hasta Dos Ríos. Media hora después de cruzar el rio, una avanzada española le trajo a Sandoval al campesino que encontraron en el camino, un tal Carlos Chacón, nativo de Islas Canarias quien vivía en Vuelta Grande. El hombre inmediatamente identificó dónde estaban las tropas cubanas. Tenía en su posesión cuatro dólares que le había dado Martí para comprar comida en Remanganaguas. A Chacón le dijeron que tenía dos opciones: ser fusilado en el acto, o quedarse con los cuatro pesos y dirigir a los españoles hacia el campamento mambí. Llevó a Sandoval y a su tropa hasta La Jatía, la cual encontraron vacía excepto por un guajiro, Rosalío Pacheco quien, al presentársele la misma opción que a Chacón, informó a Sandoval que más de 300 insurgentes cubanos se encontraban en Vuelta Grande.

Sandoval, con información de primera, colocó a sus 400 tropas haciendo un cordón alrededor de Dos Ríos, bien escondidos y estratégicamente posicionados.

En el campamento en *La Vuelta Grande* las tropas descansaban luego del almuerzo celebratorio de la reunión de Gómez. Masó y Martí, particularmente, el juntarse con la tropa de Masó. De repente, se oyeron tiros en dirección a Dos Ríos; la tropa de Sandoval había atacado a una patrulla exploradora cubana. La voz corrió: «*Enemigo a la Vista.*» Gómez inmediatamente reaccionó «*¡A Caballo!*» Miró a Masó y ordenó: «*Sígame general con toda la tropa detrás de mí.*»

Gómez encontró a Dos Ríos rodeado por las tropas de avanzada de Sandoval. Pensaba él en un nuevo Palo Seco, la batalla que había ganado el 2 de diciembre de 1873 en la zona de Jobabo, cerca de Las Tunas. Allí, había decimado a las tropas españolas del teniente coronel Vilches. Había logrado separar a la caballería de la infantería española y luego atacar a la caballería con una carga de *machete a degüello* [10]. Sólo perdió 3 hombres, con 17 heridos; Vilches y 300 españoles más murieron en esa

---

[10] Una carga a machete con las tropas de ataque moviéndose muy rápido a caballo, sin utilizar rifles o pistolas, sino el machete en alto, creando pánico en las tropas sorprendidas.

batalla, donde hicieron prisioneros a 70 españoles. Ocupó Gómez 208 rifles, 12,000 cápsulas, 57 caballos, 27 mulas, medicinas, uniformes, joyas, machetes y provisiones.

Las tropas de Gómez atacaron a las de Sandoval con gran fiereza, rompiendo su línea de defensa. Fue en ese momento que Gómez vio a Martí a su lado e inmediatamente le ordenó: «*Martí: ¡váyase para atrás de las líneas, para atrás! ¡Este no es lugar para Ud.!*» Martí pareció obedecer la orden, pero a 100 pies detrás de Gómez vio a Ángel Guardia, el joven asistente de Masó. Sacó su revólver y le dijo «¡ *Joven, a la carga!*»

Martí, seguido de Ángel Guardia, cruzó el Contramaestre, subió por una pequeña senda y dobló el camino, lo cual lo colocó en medio de la línea de fuego en La Jatía. Salieron por una apertura en una cerca de piedras detrás de la cual había francotiradores de Sandoval, defendiendo sus tropas. Tal parecía que los dos hombres eran blancos de tiro, con el tiroteo intenso de la columna española, pero ya no había la menor esperanza de que Martí moderara o abandonara su carga. Le mataron el caballo a Ángel bajo sus piernas, pero el joven se levantó y corrió hacia la derecha, salvando así su vida. Los tiros estaban dirigidos a Martí, sin embargo, ya que este seguía cabalgando sin el menor cuidado por su vida. Su caballo aguantó el paso frente a un árbol de *dágame* al sentir un peso sin control en su grupa; Martí cayó cara arriba, como había pedido en el más popular de sus *Versos Sencillos*…

No me entierren en lo oscuro / A morir como un traidor / Yo soy bueno y como bueno / Moriré de cara al sol.»

El cuerpo de Martí fue examinado cuidadosamente por los españoles en contra de los cuales había ido a la carga. Estaba vestido de civil, no de militar y eso sorprendió a todos. Su sombrero negro de castor estaba en el suelo junto a él. Tenía puesto un saco oscuro, pantalones de un color más claro, botas negras; al cuello, le colgaba un revólver con la culata de nácar colgado de una cinta de seda. Su fina camisa de seda blanca estaba ensangrentada, con algunos botones abiertos —tal como si hubiese tratado de tocar su pecho para sanarlo con una de sus curas. Tenía encima documentos personales, algunas cartas, $500 y en su mano izquierda, un anillo de hierro con la inscripción «Cuba.»

Don Enrique Situé Carbonell, el *Aidé-de- camp* de Sandoval, quien había conocido a Martí en Santo Domingo, identificó el cadáver. Lo envolvieron en una hamaca y lo llevaron a caballo hasta Remanganaguas. La columna española fue retada a cada punto del camino por las fuerzas de Gómez, pinchándolos para que pararan y pelearan, tratando de recobrar el cadáver de Martí. Sandoval sabía el valor de su trofeo y en ningún momento arriesgó perderlo. Como son las cosas, el muy español coronel José Ximénez de Sandoval, no podía entender el alcance del daño que le había infligido a la nación cubana.

□ ◊ □

Patria, el periódico de José Martí en New York

El 14 de Marzo de 1892, José Martí fundó *Patria* en New York, el futuro órgano oficial del Partido Revolucionario Cubano. Antes, en Enero de 1869, cuando tenía 16 años, comenzó a publicar *La Patria Libre* en La Habana, periódico que tuvo que cerrar en Octubre de ese mismo año cuando fue acusado de traición y enviado a la prisión por seis años. *Patria* comenzó a aparecer como un semanario por cinco centavos, cada Sábado.

El periódico comenzó con cuatro páginas en un tamaño poco usual de 36 por 52 cms (14 x 20 pulgadas). Rápidamente, y a petición de sus lectores, se convirtió en un diario (número 183 de 1895). Llegaba a los tabacaleros en Tampa y Key West por correo y Martí mismo lo repartía por los estanquillos de New York. Sotero Figueroa, un patriota puertorriqueño, era el linotipista y figuras notables como Gonzalo de Quesada (quien era el revisor), Benjamín Guerra (quien fungía como emplanador), Enrique Loynaz del Castillo y Tomas Estrada Palma eran todos articulistas frecuentes. Todos ellos, en un momento u otro, habían llevado los pesados paquetes de *Patria* a distintos correos de Manhattan, por los seis años en que se publicó (522 números, finalizando en diciembre 31 de 1898). Gonzalo de Quesada escribiría «*ese hombre sereno y extraordinario, la mayoría de las veces dulce y tranquilo, se convertía en ardilla humana una vez que el periódico estaba impreso, tomando los escalones de dos en dos para llegar al tren elevado lo más rápido posible....*» Luego de cada salida de *Patria*, Martí y sus amigos se iban a la *Villa Garibaldi*, un bar y restaurant italiano, para celebrar y para comenzar a planear los artículos del próximo...Cada viernes por la mañana, una reunión más formal tomaba lugar en las oficinas de Martí en el 120 de Front Street.

Después de la muerte de Martí en Dos Ríos, *Patria* cambió su diseño y su dirección política. Por primera vez, varios cintillos aparecieron en grandes letras, cuando nada mayor que letras de un centímetro había sido la práctica en época de Martí. El periódico comenzó a publicar crítica de otros artículos en otros periódicos como *Diario de la Marina* y *La Lucha* en La Habana, *El Imparcial, El Heraldo, La Época* y *El Nacional* de Madrid. El foco en influenciar la opinión pública en pro de la independencia de Cuba, un foco de proselitismo a la causa, cambió a uno que reportaba eventos nacionales e internacionales, un foco noticioso. En vez de artículos insistiendo en la necesidad de unidad, la importancia de la guerra y los beneficios de una república cubana «con todos y para el bien de todos," el *Patria* de 1898 imparcialmente y sin emoción reportó sobre el incidente del *Maine*, las ofertas españolas de autonomía y la infame carta de Dupuy de Lôme insultando al Presidente McKinley (la cual fue reproducida en su totalidad). Con respecto a la catástrofe del *Maine, Patria* nunca expresó opinión alguna.

Al faltarle trabajadores voluntarios para la tarea de publicarlo a diario, *Patria* comenzó a depender de tener anuncios y se convirtió en un periódico comercial, en vez de seguir su camino ideológico y político. Gonzalo de Quesada cesó de colaborar; en su opinión, *Patria* tendría que ceder, más tarde o más temprano, a la influencia de ricos anunciantes españoles en New York. ¡Comenzó a publicar artículos de la prensa española celebrando la fuerza y las proezas de la Armada Española! Un tal artículo decía: «La flotilla de Cervera, camino a Cuba, se moverá a New York después, pasando por los puertos de la costa este...sin permitir ni una canoa en quehaceres mercantiles.»

Finalmente, el 31 de diciembre de 1898, Tomás Estrada Palma decidió cerrar el periódico, a la vez que se disolvió el *Partido Revolucionario Cubano,* ya que ambos habían dejado de ser necesarios. En opinión de Gonzalo, «al morir Martí se perdió la pasión y la militancia que este le había imbuido al periódico...»

Fotos: Página anterior, el número de *Patria* con el recuento de la muerte de Martí; arriba, el edificio donde estaba la oficina de Martí, donde estaban las oficinas del periódico *Patria*.

□ ◊ □

Las conversaciones Martí-Gómez-Maceo en *La Mejorana*

Mayo 5, 1895. José Martí había estado en las montañas de Oriente desde abril 11. Había cubierto 268 kilómetros de terreno escabroso, abismos inesperados, montañas casi inescalables, trillos asfixiados por el marabú y otras enredaderas; había encontrado árboles extintos y gigantescos bloqueando caminos, arbustos espinosos, gran frio por las noches, valles con yerbas por la cintura, junglas vírgenes densas y oscuras, jubos y serpientes, piedras pre-históricas al lado del camino, haciendo a este difícil, ataques de jejenes y mosquitos y suelos cubiertos por hojas podridas... A pesar de su constitución frágil, había saltado por encima de todos estos obstáculos al lado de Máximo Gómez, hombre con músculos de acero y temple de guerrero. El viejo general, de 59 años, diría después: «Vi a Martí pasar por las abruptas montañas de Baraguá sin una queja, con el rifle al hombro y una mochila pesada a la espalda; nunca pidió ayuda. La verdad es que parecía un guerrero experimentado bajo la protección de Dios mismo...»

Luego de vencer todos los obstáculos del camino, llegaron al Valle de Guantánamo donde estaba el enemigo. Martí podía oír los tiros, no lejanos, de la tropa de José Maceo con los españoles; esto ocurría en Arroyo Hondo. Martí se reunió con G.E.Bryson, corresponsal del *The New York Herald*, en la

Finca Leonor, y le dio un artículo. Fue testigo de la ejecución de un criminal de nombre Masabó en la plantación de café *Rita Perdomo.* Pero faltaba la parte más difícil del viaje: la reunión con Antonio Maceo y sus tropas. Martí escribió sus impresiones con estas palabras: «*Maceo montaba un magnífico caballo dorado; su uniforme era de un elegante gris; su montura parecía ser plateada y llena de estrellas...*»

La gente comenzó a venir a las ruinas del ingenio *La Mejorana* (ver foto de las ruinas), que había sido destruido en la Guerra de 1868, donde tomó lugar la reunión. Desde el portal de un bohío cercano se podían ver a los tres generales conversando; el guajiro le pidió a su mujer que preparara un convite, «*con 14 de nuestras mejores gallinas, vermouth y tabaco.*»

Los líderes no estuvieron de acuerdo. Maceo defendía la necesidad de una estructura y un mando militar bien definidos. Martí abogaba por un gobierno civil capaz de mantener a todos los militares dentro de su ámbito de poder, evitando así las rivalidades que consumieron las energías de los mambises en el '68. Maceo se disgustó, visiblemente, ante las apasionadas palabras de Martí; Máximo Gómez, aunque coincidiendo con Maceo en que era un lujo prematuro formar un gobierno civil, expresó que ambas posiciones eran compatibles. Pensó que había convencido a Maceo de que el esfuerzo en el que se hallaban comprometidos en ese momento se debía a la voluntad y persistencia de Martí.

Antes que oscureciera, Maceo se fue para los campos del norte de Oriente y Martí y Gómez continuaron en su ruta al oeste. Sería la última vez que los tres hombres estarían juntos.

Foto: El abandonado ingenio de *La Mejorana* donde los tres se reunieron.

□ ◊ □

Los alimentos de la manigua en la Guerra de 1895

Adobo: Sazón para pescado y carnes. También llamado *mojo criollo*. Era también el nombre de una comida hecha con chayote (especie de calabaza verde clara, en forma de pera), berenjena, ají, frijoles, cebollas y aceitunas.

Agualoja: Una bebida refrescante casera, hecha con agua, azúcar o miel, con especies como clavo o canela. Popular durante la guerra del '68.

Ajiaco: El gran potaje cubano, hecho con viandas (boniatos blancos, yucas, plátanos, calabaza, etc.), cocinado a fuego lento con mazorcas de maíz y con un par de pedazos de carne, como tasajo, puerco o res. Una vez cocinado, se le echa limón fresco y pimienta fresca también. El ajiaco era una verdadera fiesta para los campesinos. El nombre se deriva de voces aborígenes que significan *con pimienta*. El plato tiene vínculos con rituales de santería *Eggún y Orisha*.

Bienmesabe: Un dulce hecho con coco rallado, yemas y nueces. También conocido como *Sopa de Fraile*.

Casabe: Un pan sin levadura, redondo y aplastado, hecho de yuca rallada, de la cual se saca todo el líquido y se pone en un horno de piedra hasta que esté bien seco. El nombre viene de voces aborígenes y fue conocido por los conquistadores tan temprano como en 1528. En el África Islámica del siglo XI había un alimento similar.

Cuajada: Un queso blanco sin sal, preservado en hoja de plátano.

Frangollo: Un dulce seco hecho con plátanos verdes aplastados y fritos, sirope de caña de azúcar, claras de huevo y azúcar, cubierto por nueces ralladas y tostadas, el cual se horneaba hasta quedar firme al tacto.

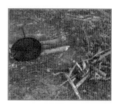

Frupanga: También llamado *sambumbia*. Licor hecho con sirope de caña. Miel y agua, con un toquecito de pimienta picante. Se conoce en Cuba desde el 1795.

Gandinga: Almuerzo favorito de campesinos. Órganos internos de lechones, particularmente del área abdominal (hígado, estómago, corazón, riñones, e intestinos) cortados en pedacitos pequeños, cocinados y servidos en una salsa espesa. También conocido como mondongo, o asadura. La expresión *Come-Gandinga*, significa ser un personaje rudo y algo bruto.

Jigote: Dado a los enfermos o heridos. Era una sopa de gallina fortificada con carne molida, huevos duros picaditos y tajadas de pan frito, con nueces ralladas encima. En el momento de servirlo, se le echaba un chorrito de ron blanco. Se servía en grandes copas. El jigote estaba destinado como ofrecimiento a *Odduá*, la deidad orisha con derechos de vida y muerte sobre los hombres.

Matahambre: Dulce hecho de yuca molida, huevos, azúcar, manteca de puerco, cubierta con semillas de ajonjolí y cocinadas en el horno hasta que quedara firme.

Fotos: Un *ajiaco* en la manigua; *pan de casabe*, cocinado sobre hornos de piedra; cocina improvisada en el campo.

Un dibujo de la época muestra la reunión de Martí, Maceo y Máximo Gómez en *La Mejorana*. Martí y Maceo no pudieron ponerse de acuerdo con relación al tipo de gobierno que la Cuba en armas necesitaba. Maceo prefería una especie de Junta Militar. Martí abogaba por un gobierno civil al cual estuviera supeditado el ejército. Los soldados ubicados en los alrededores escucharon muchas expresiones de enojo en alta voz. Al día siguiente Maceo invitó a Martí a pasar revista a la tropa. Más de mil hombres lo aclamaron con júbilo. Los tres grandes se abrazaron, pero días después Maceo lloraba la muerte de Martí y lamentaba que no se hubiesen puesto totalmente de acuerdo.

12

"Nunca, nunca creas que ninguna guerra va a ser suave y fácil;
o que cualquiera que se embarque en esa extraña aventura pueda medir las
mareas y los huracanes con los que se va a encontrar."
SIR WINSTON CHURCHILL (1874 - 1965)

La muerte de Martí fue un severo golpetazo para los patriotas en Cuba y en el exilio, pero a la vez sirvió para inspirar más actividad y más compromiso con la guerra, en vez de rechazar la guerra y la causa; en vez de desanimar a los patriotas, sirvió para fortalecerlos. Después de todo, no se habían levantado para seguirá un hombre, por grande que fuera este, sino para defender sus derechos y —ser libres.

En New York, Gonzalo de Quesada, ahora hecho cargo de *Patria*, recibió multitud de cables, cartas y visitas personales de cubanos que trataban de encontrar a alguien a quien darle el pésame por la muerte de Martí. Una larga carta de Bartolomé Masó decía:

> *«Ciego de coraje, corrió a unos pocos pies de las líneas enemigas. Su cuerpo delgado se cayó de la montura para no levantarse nunca más. Su cara, que inspiró a tantos, había sido destruida por una bala que se llevó las esperanzas de los cubanos y la patriótica y sublime poesía del mejor de nuestros hijos. Sus ojos, llenos de melancolía hasta unos momentos antes de ser muerto, ya no soñaron más; sus labios fueron sellados para siempre; por llevar un rifle, sus brazos nunca más llevarían una pluma. ¡No pude dormir por días al saber que José Martí estaba muerto!»*

Un veterano de la Guerra de 1868 dejó una nota en las oficinas de *Patria* diciendo: «*Guillermón Moncada y Flor Crombet ya están muertos, pero sus recuerdos nos darán cientos de nuevos generales. El espíritu de Martí se multiplicará y habrá muchos Martís.*»

Otra nota leía: «*Nos vengaremos de la muerte de Martí asegurando que alcanzaremos la independencia de la tierra por la que él murió.*»

El ímpetu dado a la Guerra por la muerte de Martí no fue poético sino real. A las pocas semanas, Antonio Maceo, contrito por no haber zanjado su última desavenencia con Martí, ya había controlado casi toda la provincia de Oriente con la excepción de algunas ciudades en las costas y algunos campamentos. Sus ejércitos estaban perfectamente organizados y observaban todas las reglas de una guerra civilizada y profesional. Maceo mantenía un alto grado de movilidad, evitando encuentros grandes, gastando la moral de los españoles con marchas forzadas, ataques sorpresivos, y movidas innovadoras e inesperadas.

Maceo, culto y estudioso de las tácticas militares, llamaba a sus propias técnicas *las estrategias de Fabio*; el evadir batallas "*formales*" y en su lugar irritar, gastar la voluntad y destruir la moral del oponente con una Guerra de agitación constante. Las estrategias de Maceo, que sabía que el tiempo estaba de su parte, eran similares a las utilizadas por *Quintus Fabius* para destruir a Aníbal de Cartago en el sur de Italia durante la Segunda Guerra Púnica (c.210 BC). También las utilizó el general francés Bertrand de Guesclin al enfrentarse al Príncipe Negro durante la Guerra de los Cien Años, y también Washington y su Ejército Continental en contra de los ingleses en 1775.

Maceo sabía que la mayoría de la fuerza española eran los Voluntarios, que esperaban tener batallas campales rápidas en las que podían aplastar al enemigo, dándoles asi la oportunidad de saquear a los pueblos pequeños y a los ingenios. Sabía el general Antonio que el tiempo destruiría al ejército español. Pensaba él que la combinación de sus *estrategias de Fabio* con las de *quemar la tierra* de Máximo Gómez, aun si estas exigían sacrificios de los no combatientes, eran una combinación poderosa que no aparecía por ninguna parte en los libros militares de Arsenio Martínez Campos.

A los éxitos de Maceo, los cubanos ahora añadían otros: Jesús Rabí ocupó Victoria de las Tunas y decimó a un batallón español en Jiguaní; los autonomistas de Camagüey se viraron y comenzaron a tomar partido por los *Independentistas*; una enorme fuerza española fue destruida por José Maceo en Guantánamo; Quintín Banderas sorprendió a un convoy por tierra, con pertrechos españoles, y capturó numerosas armas y municiones, uniformes, botas y comidas secas; los ferrocarriles estaban siendo destruidos para fracturar las comunicaciones españolas; Máximo Gómez rompió la famosa trocha de Júcaro a Morón y llevó la guerra a Camagüey y Santa Clara; Carlos Roloff tomó el norte y el oeste de Santa Clara mientras que el general Alfredo Zayas tomaba el sur.

Gonzalo de Quesada escribía en *Patria* y en otros periódicos por toda la América que «*los ejércitos cubanos, comportándose como las legiones romanas de otros siglos, no perdonan tierras, oros, miembros ni vidas.*» Por otra parte, Martínez Campos se fue al campo militar personalmente, tratando de repetir los movimientos de pacificación y las promesas que dieron lugar al *Pacto del Zanjón*. Hizo su jugada cuando Antonio Maceo había puesto sitio a la ciudad de Bayamo, cerrando todos los caminos entrando y saliendo de la ciudad y amenazando rendirla por hambre.

Maceo engatusó a Martínez Campos a dejar la relativa seguridad de Manzanillo un 12 de julio y los comprometió a tratar de romper el sitio de Bayamo. Martínez Campos cayó en la trampa y con su *aide-de-camp*, general Fidel de Santocildes, al frente de dos columnas y un tren bien surtido de municiones, se apareció en las alturas de Peralejo, en el rio Mabay, cerca de Bayamo, determinado a levantar el sitio y aliviar a los bayameses de su sufrimiento.

Una serie de despachos telegráficos comenzaron a llegarle a Gonzalo de Quesada en las próximas 24 horas, en las oficinas de *Patria*. Lo estaban manteniendo exactamente al día con los sucesos en los territorios cerca de Bayamo.

«*El general Martínez Campos salió para Bayamo con su batallón Isabel La Católica, tres compañías del Sexto Batallón Peninsular, una compañía de ingenieros, dos compañía de caballería y 1500 regulares…*»

Otro:

«*Los españoles marchan en el siguiente orden: primero, 25 exploradores; segundo, un grupo de avanzada de 500 hombres bajo Santocildes; tercero, una milla detrás, el general Martínez Campos con el resto de las tropas, incluyendo los ingenieros y la compañía de caballería; cuarto, una retaguardia con la segunda compañía de caballería...*»

Un cable más:

«*Maceo, con Masó y Rabí, esperaban por Martínez Campos en Peralejo, un cruce de caminos cercano; han burlado las maniobras y les han ganado a los ejércitos españoles hasta el punto donde estuvieron a punto de tomar prisionero a Martínez Campo con su equipo de mando completo; solo la heroica defensa de Santocildes, quien dio su vida para proteger al 'soldado más grande de España', salvó el día para los españoles. La batalla duró seis horas...*»

Seguía el cable:

«*Martínez Campos recibió un balazo en el talón derecho. Otro balazo hirió a su pura sangre árabe, un bellísimo caballo negro, al cual tuvo que ultimar el general de un tiro. Santocildes recibió tres balazos en el pecho mientras protegía a un inválido y desmontado Martínez Campos. Cuando mató a su caballo, Martínez Campos corrió a su retaguardia con pánico evidente...*»

«*El corre-corre en el seno de la jefatura militar de Martínez Campos después de la caída de Santocildes y la forma poco digna en la que el general salió corriendo hacia la retaguardia, ha producido un frenesí de alegría y de bravura en nuestras tropas; han intensificado sus ataques a los españoles con renovado vigor...*»

Más aún:

«*El general Martínez Campos no fue apresado porque tomó ventaja de nuestro buen trato y respeto con los heridos y porque se hizo colocar en una camilla cubierta con sábanas manchadas de sangre; se le permitió cruzar las líneas en dirección a Bayamo, solamente acompañado de dos camilleros negros...*»

Según Gonzalo recibía estos cables, los clavaba en la puerta de la oficina de *Patria*, lo que produjo un constante desfile de exilados por el edificio para leer las nuevas.

Un cable final recibido por Quesada y clavado en la puerta leía así:

«*En las últimas horas de la batalla, Maceo permitió a casi mil españoles, los desperdicios desbaratados del ejército de Martínez Campos, tomar refugio en Bayamo. Ya llevan una semana allí, rodeados e inmovilizados.*

El Ejército Español no podía contemplar a su comandante supremo siendo humillado, así que despachó a 10,000 hombres para rescatarlo, bajo el mando del general Suárez Valdés. El día antes que tenían que llegar a Bayamo, Maceo retiró a sus fuerzas durante lo más profundo de la noche. La mayor movilización de tropas españolas durante esta Guerra ha sido por nada; no había que defender nada ni atacar a nadie; no había nadie a quien dispararle; no había equipos que destruir o tomar. Todo eso ocurrió con gran pérdida de tiempo, moral, prestigio y fondos para el gobierno español.»

Una semana después, Gonzalo de Quesada escribió un resumen de la *Batalla de Peralejo* para los exilados, la prensa, los contribuyentes a la Guerra cubana, y para algunos funcionarios escogidos del gobierno federal en Washington. Las pérdidas españolas fueron de más de 300 muertos y heridos; entre los muertos, el general Santocildes y su estado mayor completo, dos tenientes, un teniente coronel y un capitán. El ejército cubano perdió a dos coroneles, Goulet y Machado, tenía al Coronel Góngora seriamente herido y sus pérdidas totales fueron 50 hombres.

Maceo le escribió una importante carta a Martínez Campos el 6 de julio:

«Muy estimado señor: Con el mayor deseo de brindar el mejor y más eficiente cuidado a los soldados españoles heridos, dejados atrás por sus tropas, he ordenado que se les instale temporalmente y allí sean cuidados, en casas de familias cubanas en los alrededores del campo de batalla, hasta que Ud. mande por ellos. Estas casas serán identificadas por una tela azul colgada de la puerta principal. Los oficiales tomados prisioneros han sido permitidos de quedarse con sus armas y están en buena salud bajo mi custodia y protección. Tiene Ud. mi palabra que las fuerzas que Ud. envíe para escoltar a los oficiales y a los heridos de vuelta a su campamento no recibirán ninguna acción hostil por parte de mis soldados. Tengo el honor de quedar, Suyo, respetuosamente, Antonio Maceo.»

Gonzalo de Quesada comentó más de una vez a sus amigos en Washington que la Cruz Roja nunca fue permitida por el ejército español a que inspeccionara sus campamentos-hospitales, donde se sabía que los prisioneros cubanos eran maltratados y golpeados o hasta cruelmente asesinados. Mencionaba Gonzalo nombres específicos de españoles que eran inmisericordes y vengativos con los prisioneros cubanos, particularmente dos oficiales, Garrido en Oriente y el general Luque en Santa Clara.

«Nuestros soldados no reciben cuartel; nuestros líderes son abusados y exterminados, son sometidos injustamente a juicios de burla y asesinados.»

Ninguna organización internacional prestó la más mínima atención a esas quejas.

En agosto de 1895 la gran victoria en Bayamo fue sobrepasada por la batalla de *Sao del Indio* en la cual ambos José y Antonio Maceo fueron los protagonistas. Un informe recibido por Gonzalo de Quesada fue publicado en *Patria* como artículo en forma resumida. Fue precedido por algunas notas interesantes que ofreció Fermín Valdés Domínguez en una carta que Gonzalo recibió un poco antes.

Fermín Valdés Domínguez, el hombre a quien Martí llamaba siempre 'hermano,' había pasado tres años en Baracoa, Oriente, como médico e investigador botánico. Martí le había escrito desde Guantánamo pidiéndole información sobre los nativos taínos de la región. Fermín le contestó, pero la carta se perdió después de la muerte de Martí y Fermín, pensando que tal información podría ser importante para la campaña en Oriente, decidió escribir de nuevo, esta vez a Gonzalo y a Benjamín Guerra, tesorero de la Junta en New York, con la misma información que le había mandado a Martí.

«Todos pensaban que los taínos nativos de Cuba estaban extintos, pero quedan muchos vivitos y coleando. Son descendientes directos de los habitantes de estas partes que se encontró Colón, y luego de aceptar nombres hispanos, escaparon a las montañas para escapar el látigo de los Conquistadores. Viven en grupos pequeños, en la zona comprendida de Tiguabos al oeste hasta Sagua de Tánamo en el norte, Sabanilla al este y los Caños y Caimanera en el sur. Muchos han sido reclutados por un líder local de los Voluntarios llamado Pedro Garrido Romero, quien ha estado usando su experiencia del lugar a beneficio de España, rastreando a los insurgentes y enfrentándose a ellos en batallas, con su fiereza de guerreros montañeses. Son letalmente efectivos y fueron responsables por el rastreo veloz y la captura de Flor Crombet a los pocos días de que desembarcara con los Maceo, quienes por fortuna, escaparon. La carta que

Martí me mandó desde Guantánamo decía que él pensaba que los taínos de Garrido siguen muy de cerca nuestras huellas y que el peligro es real y constante... Sé que Martí pasó una noche en un bohío taíno y allí averiguó el papel de los tainos en la muerte de Crombet; el nombre del asesino taíno de Flor es Guadalupe Ramírez Rojas, también conocido como Rojitas. Sé también que Martí le recomendó a Maceo y a Gómez que trataran de reclutar a los taínos para el ejército independentista. Conoció a un cacique menor, Ramón Ramírez Suárez y lo reclutó él para la causa cubana, junto a su esposa Cristina Pérez, una comadrona montañesa y sacerdotisa religiosa muy bien vista en las montañas por su supuesta habilidad de hablar con los cemíes, las piezas de piedra que contenían el espíritu del dios Yocahú. La leyenda es que ella tenía la protección de famosos caciques muertos hace tiempo como Mayahabo y Guanatabey. Cristina, bajo la influencia de su marido, se volvió simpatizante de la causa cubana y el 13 de mayo de 1895, llevó a cabo una ceremonia en presencia de todos los caciques de la región donde ella descifraría la voluntad del Consejo de los Caciques Sublimes sobre la guerra en Cuba. A la luz de las hogueras, cayó Cristina en trance y se hizo toda ella la voz de Mayaguao, uno de los grandes caciques del pasado. Estas fueron las palabras de Mayaguao:»

«La hora de la independencia nacional cubana ha llegado. A unas leguas de aquí, el hombre que la conseguirá, está allí acampando, el gran Antonio Maceo. Maceo escucha mi voz y, como Uds. la escuchan también, les pido que hagan honor a sus deseos, con toda la fuerza y lealtad que puedan conseguir los últimos valientes de nuestra raza victimizada. En vez de luchar en su contra, únanse a su causa. Es necesario que Cuba sea libre.»

«Luego de esas palabras en voz sepulcral, los caciques pasaron la noche en meditación, mientras Cristina esperaba su decisión en un bohío cercano. Sabía ella que o creían en sus palabras o la ejecutarían. Al amanecer todos vinieron a su bohío: en sus frentes traían un punto negro dibujado con cenizas. No hubo que explicar lo que esto significaba. Ese mismo día se unieron a una escaramuza en El Jobito ya del lado de los cubanos. Fueron conocidos como el Regimiento Hatuey, en honor al nombre del primer cacique taíno ejecutado por los españoles en 1513.
A las órdenes siempre.
(firmado) Fermín Valdés Domínguez.»

El informe recibido por Gonzalo de Quesada y preparado para ser publicado en *Patria* leía así:

«La batalla de Sao del Indio tomó lugar el 31 de agosto de 1895. José Maceo se había enfermado y estaba descansando en un hospital insurgente en Casimba, recobrando su fuerza, cuando un desertor español quien se había unido a su tropa, resultó ser un espía y le avisó a las autoridades españolas del lugar donde estaban. Una columna de 1,200 hombres con dos cañones y un escuadrón de caballería salieron de Guantánamo hacia el campamento en Casimba, el cual se encuentra entre Santiago y Caimanera. José Maceo envió a algunos francotiradores para que detuvieran en lo posible la avanzada de estas tropas y despachó un correo a su hermano Antonio. Este tenía con él 2,000 hombres, pero estaban en Puerto Escandel, a siete millas de Santiago. Los hombres marcharon hasta las 4 de la mañana y llegaron a un punto cerca de Casimba. A pesar de haber hecho una caminata casi forzada de más de 40 millas atravesando montañas, las tropas de Antonio Maceo tomaron el alto en la orilla izquierda del rio Baconao tan rápido como pudieron. José, a pesar de no estar bien, dejó su cama y con algunos de sus hombres tomó posiciones para defender la orilla derecha. El balance de la batalla se viró hacia el bando cubano, luego al otro, por un buen tiempo. Pero Maceo, el mejor estratega allí presente, finalmente les tendió una trampa a los españoles dejando abierto el camino que habían usado para llegar a Casimba. Una tercera parte del ejército del general Antonio había salido disimuladamente del campo de batalla para tomar posiciones a ambos lados del camino. El ejército español tomó el camino para escapar y fue decimado durante su retirada. Tuvieron que abandonar a sesenta muertos, y a ochenta heridos que no podían mantenerse a la par con sus camaradas. Luego de una hora de este desastroso escape de Casimba, constantemente bajo el fuego de los hombres de Maceo, se fueron a una sección del camino bajo la cual habían enterrado los cubanos cargas de dinamita mientras la batalla ardía. La explosión causó unas cincuenta muertes más y un pánico total entre las tropas españolas. Los cubanos, ahora aliados con varios taínos muy bien armados quienes se les habían unido, siguieron a los españoles hasta que cayó la noche. A la siguiente mañana encontraron que la tropa colonial que quedaba le había prendido fuego al tren de las provisiones y se había dispersado. José Maceo, cuyo caballo había sido muerto de un balazo bajo sus piernas, cogió un azabache que pertenecía a un voluntario y lideró a sus tropas en una carga salvaje, donde al fin lo que quedaba de la tropa española se rindió. Luego de esta batalla de 36 horas, los españoles tenían bajas de 200 soldados muertos, 275 heridos, 9 oficiales muertos y 124 heridos. Los cubanos sufrieron la muerte de un capitán, un teniente coronel y dos tenientes heridos; de las tropas de estos oficiales, hubo 12 soldados muertos y 32 heridos. Los taínos perdieron a 3 hombres y tuvieron 4 heridos. La gran mayoría de los combatientes taínos de la provincil de Oriente, casi 185 hombres y mujeres, expertos en rastreos, exploración, remediso médicos, cómo sobrevivir en la jungla y cómo encontrar alimentos en terrenos inhóspitos, jamás volverán a pelear del lado de España.»

Las noticias que llegaban a New York en esos momentos no podían haber sido mejores. En *Sabana*, en el punto más oriental de Cuba, los insurgentes le prendieron candela a un fuerte hasta que se quemara del todo cuando vieron que refuerzos españoles estaban por llegar de Baracoa. En Baire, donde comenzó la insurgencia, Jesús Rabí capturó la guarnición completa y le prendió candela al fuerte. Aun en Pinar del Rio, donde no habían ocurrido desembarcos ni invasiones algunas, el descontento y el apresto para la Guerra ya ganaba fuerza.

Bajo estas condiciones y siguiendo el modelo que Martí había promulgado, los insurgentes decidieron organizar un gobierno civil permanente. Una convención había sido llamada en el Valle de Yara el 15 de julio y una Declaración de Independencia Cubana fue proclamada apenas dos meses después de la muerte de José Martí. Se designó a Bartolomé Masó como Presidente, Máximo Gómez como Ministro de la Guerra, a Antonio Maceo como Jefe del Ejército, a Salvador Cisneros Betancourt como Ministro del Interior y a Gonzalo de Quesada como Secretario de Asuntos Exteriores. Había llegado el momento para tener una convención constitucional.

La convención tomó lugar el 7 de agosto, en Nájasa, cerca de Guáimaro, en Camagüey. Fue presidida por Cisneros Betancourt, el viejo *Marqués* de *Santa Lucía*, quien había renunciado a su título.

El 16 de septiembre una constitución fue promulgada en Jimaguayú. Entre los representantes de la Nación en Armas que la firmaron se encontraban Salvador Cisneros Betancourt, Rafael Manduley, Rafael Portuondo, Fermín Valdés Domínguez, Enrique Loynaz del Castillo, Orencio Nodarse, José Clemente Vivanco y otros 13. La Constitución de Jimaguayú fue un documento trans-generacional que resumió los sueños de los cubanos que habían luchado en la Guerra de 1868 y de los que estaban involucrados en la recién comenzada guerra de 1895. Cuando se proclamó, Bartolomé Masó tenía 64 años; Salvador Cisneros 63; Fermín Valdés Domínguez 43; Rafael Manduley 39; Rafael Portuondo 28; Orencio Nodarse Bacallao 26 y Enrique Loynaz del Castillo 24.

El gobierno le fue confiado a un Consejo de Ministros: Presidente, Salvador Cisneros de Camagüey; Vice-Presidente, Bartolomé Masó, de Manzanillo, Oriente; Secretario de la Guerra, Carlos Roloff de Santa Clara; Asuntos Exteriores, Rafael Portuondo de Santiago; Comandante en Jefe, Máximo Gómez; Vice Comandante en Jefe, Antonio Maceo; Ministro Plenipotenciario, Tomás Estrada Palma. La convención dejó la creación de un cuerpo legislativo para el momento en el que Cuba fuera libre, ya firmado un tratado de paz con España. Mientras tanto, Martínez Campos se preparaba para un esfuerzo prolongado de guerra, ya dando por descontado una repetición del *Pacto del Zanjón*. Pidió grandes refuerzos a España y en pocos meses, ya contaba con 60,000 soldados de infantería, 20,000 voluntarios, 2,500 de caballería, 1,000 artillería e ingenieros, 4,500 guardias civiles, 2,700 infantes de marina, 1,200 hombres entrenados para guerra de guerrillas y 40 embarcaciones para patrullar las costas.

El ejército cubano contaba con 12,000 hombres bajo Maceo en Oriente, 9,000 bajo Máximo Gómez en Camagüey, junto con 3,000 bajo Roloff y Serafín Sánchez en Santa Clara. En una carta de Maceo a Gonzalo de Quesada, sin embargo, se hizo evidente que la desventaja numérica de 2 á 1 no le molestaba en absoluto al ejército cubano y menos a Maceo:

«*La ventaja que parecen tener (los españoles) no es real. Más de la mitad de las tropas españolas tienen que hacer guardia en las guarniciones en pueblos y ciudades, particularmente en los pueblos costaneros. Somos dueños de los mares, a pesar de sus buques patrulleros. Podemos entrar y salir de Cuba literalmente cuando nos dé la gana. No tenemos miedo alguno a ser interceptados en alta mar o capturados al desembarcar; el único problema que tenemos es el obstáculo que representan las restricciones de zarpar de tierras americanas. Lo cierto es que tenemos mejor moral y disposición por estar defendiendo a nuestra propia tierra, que los españoles, quienes están a tres mil millas de distancia de su casa. De vez en cuando tenemos mala suerte, claro: Juan Gualberto y sus camaradas acaban de recibir una sentencia de 20 años en Ceuta…*»

Al cerrar la Convención Constitucional podía sentirse el renovado vigor de las tropas cubanas. Antonio Maceo y Máximo Gómez prepararon la gran invasión del Occidente de Cuba, concebida por Gómez y llevada a cabo por Maceo. Martínez Campos, estacionado en Sancti Spiritus, se convirtió en espectador, sin poder hacer nada, de la marcha de Maceo hacia Occidente. Tanto temía que se supiera de la insurgencia fuera de Cuba que impuso una severa censura de prensa. Las noticias de la guerra sólo podían ser publicadas siempre que fueran las expedidas por sus cuarteles. Sólo los corresponsales españoles y extranjeros que cumplieran con este edicto podrían viajar con sus ejércitos. Ningún periodista cubano, por supuesto, podía visitar el terreno bélico.

¿La respuesta de los cubanos? Una nueva cañonera que España acababa de comprar en los Estados Unidos fue abordada, despojada de todos sus armamentos, echada a pique, y hundida por el ejército cubano en la boca del rio Cauto. El general Enrique Collazo, con una fuerte partida proveniente de la Florida, desembarcó en la costa norte de Camagüey; Carlos Manuel de Céspedes, el hijo del viejo presidente, trajo un enorme cargamento de armas desde New York; los generales Francisco Carrillo y José María Aguirre desembarcaron dos expediciones provenientes del Canadá sin percance alguno; Maceo llegó a Las Villas con 8,000 tropas; Gómez aumentó el número bajo su mando a 5,000 y abandonó la zona entre Remedios y Sagua la Grande para asentar cuarteles cerca del límite con Matanzas, uniéndose a las fuerzas de Lacret; Maceo derrotó al general Navarro cerca de Santa Clara, mientras Gómez barrió con el ejército del general Suárez Valdés cerca de Caibarién.

El general Martínez Campos comenzó a sentir verdadero pánico. Pidió y obtuvo 30,000 tropas adicionales de Madrid. Comenzó a reclutar soldados en Brasil, Argentina, y Uruguay, pensando que estos estarían más acostumbrados al clima tropical de Cuba. Casi deliraba en su preocupación de que iba a ser vencido por el clima y no por las tropas cubanas. Gonzalo de Quesada, a través de sus contactos consulares en New York y sus credenciales periodísticas en Sao Paulo, Buenos Aires y Montevideo, comenzó a publicar la verdad sobre Cuba, deteniendo los desvaríos de la prensa madrileña. La soldadesca española, irritada y frustrada, comenzó a ser abusiva e innecesariamente brutal con la población civil que simpatizaba o ayudaba a la causa insurgente. En honor a la verdad, Martínez Campos trató de frenar estos abusos, e inclusive expulsó de la isla a dos generales, Bazán y Salcedo. A pesar de todo, la situación se hacía cada vez más desesperada para España.

El 15 de diciembre de 1895, una notable acción militar acabó la desmoralización de Martínez Campos: fue en *Mal Tiempo*, cerca de Las Cruces, a treinta millas al norte de Cienfuegos. Martínez Campos estaba viviendo en el Hotel Unión en Cienfuegos y sus tropas estaban estacionadas por toda la ciudad; 20,000 hombres, incluyendo los batallones de Bailén e Islas Canarias. Un campesino negro, convertido en general insurgente, Quintín Banderas, comenzó a hostigar las fuerzas españolas que protegían la ciudad y logró que un gran contingente de tropas españolas le dieran caza a los cubanos. La batalla de Mal Tiempo se convirtió en una de las más significativas de toda la guerra, aunque solo involucró a 2,000 hombres de cada bando. Fue *Mal Tiempo* la primera batalla en la que los cubanos solo usaron machetes para pelear contra un enemigo muy bien armado: hojas de acero contra rifles. Los héroes del día fueron Gómez, Maceo, Eugenio Sánchez, Banderas y Enrique Loynaz del Castillo. Aniquilaron por completo a las tropas españolas: 200 muertos, 180 heridos, 80 prisioneros; 150 desertores; 150 rifles Remington capturados, 16 cajas de municiones, documentos con mapas al día de la región occidental y de las estrategias españolas para defenderlas, equipo médico, más varias docenas de caballos y mulas y tres banderas españolas. Del lado cubano hubo 4 muertos y 23 heridos, incluyendo al *aide-de-camp* de Maceo.

Justo antes de *Mal Tiempo*, una vez en julio y dos en noviembre, Máximo Gómez había expedido proclamas exhortando y pidiendo a los dueños de ingenios a que pararan la molienda y cerraran sus operaciones. No se le prestó mucha atención. Después de Mal Tiempo, los ingenios cerraron, el trabajo agrícola del azúcar cesó, y todo el equipo productor de la industria azucarera se desmanteló, se destruyó o se paralizó.

Esto fue un desastre económico para España. La batalla de Mal Tiempo también les brindó credibilidad a las tropas de la insurgencia cubana y abrió la puerta hacia el oeste de Cuba a los mambises. Las estadísticas del ejército cubano hablaban por sí solas: cuando Martínez Campos llegó a Cuba en abril de 1895, había 3,000 insurgentes, todos en Oriente; en junio había 8,000, ya en Camagüey y Las Villas también; en agosto, el número había llegado a 15,000, con muchos en las provincias del centro y de occidente; ya en diciembre, los cubanos alzados eran más de 25,000 en todas partes de la isla.

Políticamente, la batalla de *Mal Tiempo* también alteró las percepciones y expectativas de los residentes cubanos y españoles de Cuba. Los lealistas podían, en ese momento, ser clasificados como constitucionalistas, reformistas y autonomistas. Los Constitucionalistas, en su mayoría miembros del *Partido Unión Constitucional*, encabezado por Santos Guzmán, estaban casi unánimemente en contra de Martínez Campos, y abiertamente lo rechazaban y lo detestaban; lo criticaban por ser demasiado benevolente y comedido con el enemigo, incapaz de responderle con los métodos salvajes pero efectivos ulilizados por Valmaseda en la guerra del 1868.

Los autonomistas, representados por Rafael Montoro, eran los mejores amigos y partidarios de Martínez Campos; respetaban ellos su digno rechazo de la crueldad en la Guerra y deploraban la desolación que la guerra estaba causando en Cuba; actuaban como un grupo de apoyo al profundamente deprimido Capitán General de Cuba. Su esperanza era que un cambio de actitud en España pudiera traer a Cuba al seno de la Madre Patria en el futuro. Los Reformistas unieron fuerzas con los Autonomistas, ambos siendo miembros del Partido Liberal, con la esperanza de que pequeños cambio en la política española hacia Cuba contentaran a los cubanos haciéndolos deponer sus armas para lograr la paz en Cuba. Se decía por esos tiempos que Martínez Campos había pensado en renunciar, pero dadas las expresiones de apoyo de Reformistas y Autonomistas, decidió continuar en su puesto, convencido de que él era el mejor, si no el único capaz de traer la paz a Cuba.

Mientras tanto, con nuevos bríos por la victoria de *Mal Tiempo*, Gómez y Maceo marchaban sin pausa hacia La Habana y Pinar del Rio. Los animaba una fe y una pasión arrolladora en su destino, como la de los israelitas con sus columnas de fuego en su marcha a Egipto; lo que dejaban detrás era un corredor de destrucción similar al de Sherman en su Marcha al Mar durante la Guerra Civil Americana. Podía parecer brutal y sin conciencia quemar cañaverales y fábricas a su paso, pero esas eran las fuentes de la riqueza y de los alimentos del enemigo. Máximo Gómez, con una anuencia reacia por parte de Antonio Maceo, había llegado a la conclusión que era más humano hacer que la disputada tierra cubana fuera inhóspita para los coloniales, que tener que perder miles de vidas en el campo de batalla. Realmente no había nadie que pensara que España iba a ganar la guerra.

□ ◊ □

Monumento a la **Batalla de Mal Tiempo** en Cruces, cerca de Cienfuegos. El 15 de diciembre de 1895, bajo las órdenes de Máximo Gómez, las tropas cubanas abrumaron a las tropas españolas en una batalla de tres horas, causándoles 300 bajas. Al filo del machete, la bisoña tropa cubana puso fin al mito de invulnerabilidad de la estrategia de «*cuadro*" español, que tan exitosa había sido en la guerra de 1868.

El día 1º de abril de 1874 el Gobierno de la República en Armas ordenó erigir un monumento al Mayor General Ignacio Agramonte en el potrero de **Jimaguayú**, el lugar donde había muerto el 11 de mayo de 1873. En ese lugar, al pasar las fuerzas cubanas en marcha invasora hacia el Occidente, y por disposición de Máximo Gómez, cada soldado libertador dejó caer una piedra, para marcar el lugar preciso. Años después, al iniciarse la Guerra de 1895, se habían constituido cuatro cuerpos de ejército: dos en Oriente, bajo el mando de Antonio Maceo y Bartolomé Masó; uno en Camagüey y el último en Las Villas. Fue entonces importante la creación de un Estado Nacional en la manigua y para crearlo se convocó una asamblea que se reunió en **Jimaguayú**, Camagüey, el 16 de septiembre de 1895. Allí se proclamó la *Constitución de Jimaguayú*. El escudo de la ciudad muestra a la izquierda ganado rodeando un algarrobo (árbol típico de la región) y a la derecha el rescate de Julio Sanguily por tropas de Ignacio Agramonte en la Guerra de 1868.

Calidad y Prestigio del Gobierno de Cuba en Armas

La foto muestra al gobierno de la República en Armas en septiembre de 1897, después de la Asamblea Constituyente de La Yaya (29 de Octubre de 1897), la cual tomó lugar dos años después que la Asamblea Constituyente de Jimaguayú (16 de Septiembre de 1895).

Sentados, de izquierda a derecha: Vice Presidente y Brigadier General **Domingo Méndez Capote**, 34, Doctor en Leyes, Universidad de La Habana, diplomático, secretario de la Compañía Hispano-Americana de Electricidad; **Presidente Bartolomé Masó**, 63, terrateniente, veterano de la Guerra del '68; **Manuel Ramón Silva**, 30, Secretario del Interior, Doctor en Medicina.

Fila de atrás, de izquierda a derecha: Ernesto Fons Sterling, 28, Secretario del Tesoro, propietario y miembro de una de las familias más ricas de Cuba; **Andrés Moreno de la Torre**, 38, Secretario de Asuntos Exteriores, Doctor en Leyes, terrateniente; **José B. Alemán**, 34, Secretario de la Guerra, editor y dueño del periódico *La Defensa*.

(Tomado de *Harpers Weekly*, Feb 19, 1898).

Proclamaciones de Gómez después de la muerte de Martí (Fragmentos)

Najasa, Camagüey, julio 1, 1895

A los ganaderos y dueños de ranchos de ganado:

...Por cuanto todas la explotaciones de cualquier producto son recursos del Gobierno en contra del cual luchamos, se ha resuelto por el general en Jefe que la introducción de artículos de comercio, así como carnes de res y ganado en los pueblos ocupados...son ayuda al enemigo...estos serán considerados enemigos, tratados como traidores y juzgados de esa manera...
Máximo Gómez,
General-en-Jefe

Territorio de Sancti Spíritus, noviembre 6, 1895

A todos los residentes de la zona:

HE ORDENADO LO SIGUIENTE:
I. TODAS LAS PLANTACIONES SERÁN TOTALMENTE DESTRUIDAS, SU CAÑA Y EDIFICIOS QUEMADOS, LAS CONEXIONES DE FERROCARRIL DESTRUIDAS...
II. LOS TRABAJADORES QUE AYUDEN A LAS PLANTACIONES DE AZÚCAR SERÁN CONSIDERADOS TRAIDORES A SU PAÍS...
III. Los que sean encontrados como violadores del articulo II serán fusilados... **Máximo Gómez,** General-en-Jefe

Sancti Spíritus, Noviembre 11, 1895

A los hombres honestos víctimas de la antorcha:

NO PODEMOS DUDAR ENTRE LA RIQUEZA DE ESPAÑA Y LA LIBERTAD DE CUBA

No podemos manchar la tierra con sangre sin afectar sus propósitos por escrúpulos pueriles y por miedos que no concurren con el carácter de los hombres alzados, retando la furia de uno de los mejores ejércitos del mundo...Dejemos que España envíe sus soldados a poner cadenas en sus esclavos; los hijos de esta tierra están en ella armados con armas de libertad. La lucha será terrible pero el éxito coronará los esfuerzos de los oprimidos.
Máximo Gómez, General-en-Jefe

13

*"La crueldad, como todos los vicios, no requiere un motivo
fuera de sí misma; sólo requiere oportunidad."*
GEORGE ELIOT (1819 - 1880)

«Los cielos de medianoche de Cuba se tiñen de rojo por doquiera que pasan nuestras tropas,» había escrito Fermín Valdés
Domínguez a Gonzalo de Quesada después de la batalla de
Mal Tiempo. «Cañaverales, ingenios, haciendas de españoles,
los edificios en los pueblos, líneas de ferrocarril, plantaciones
de café, almacenes, tendidos de tabaco… todo encuentra la antorcha de nuestras tropas. Nuestros ejércitos, en su avanzada,
están dejando por doquiera que pasan un ancho trillo de cenizas y destitución, resultado de su inescapable y patriótica gua-
daña. Las altas y oscuras chimeneas son los únicos testigos aun
parados de nuestra resolución de ser libres. Día tras día este
infernal y terrible pasillo de destrucción se va acercando a La
Habana. Ya cerca de Marianao se pueden ver las caravanas de
residentes huyendo hacia el oeste. Los ayudamos lo mejor que
podemos y hasta les ofrecemos lugares donde dormir. Com-
prenden estoicamente, ya que saben que esta es su propia guerra. Muchos hombres dejan a sus familias en su marcha hacia el
oeste, volviendo sobre sus pasos para unirse a nuestras tropas.
Las mujeres y los niños se turnan para dormir bajo la protección de maquinarias quemadas y enrevesadas, bajo techos re-
negridos que aún quedan en pie, como guardando los pisos
desolados de las fábricas. La Habana está aislada; los trenes
han dejado de operar. Todos los caminos a la ciudad están en
manos de nuestras tropas. Quintín Banderas y Antonio Maceo
han cercado a Martínez Campos mientras Máximo Gómez ha

penetrado las líneas españolas y ya tiene a todo su ejército en Pinar del Rio.»

Unos días después, le llegó a Gonzalo otra carta, esta vez de Bartolomé Masó:

«Este es el final de camino para Martínez Campos. A pesar de su ley marcial, la isla entera está en llamas. Pinar del Rio le ha ofrecido todos sus hijos a Gómez, quien no tiene tiempo de entrenar a tantos insurgentes novatos; se unen al ejército y se entrenan sobre la marcha. Todas las plantaciones de tabaco de Vuelta Abajo, anteriormente en manos españolas, son ahora campos yermos. Se acabó la economía de exportación de Cuba. Desde la batalla de Peralejo, Oriente es nuestra, y ahora los orientales brindan apoyo a la Guerra en otras partes de la isla.»

José Galán Martínez, un infiltrado cubano en los cuarteles de Martínez Campos, también le envió una carta a Gonzalo, esta vez del propio Capitán General. Estaba dirigida a Marcelo de Azcárraga, Ministro de la Guerra en el gobierno del Primer Ministro Cánovas. Decía:

«Enero 3. El enemigo avanza a través de nuestras líneas al norte y sur de La Habana. Una fuerza separatista contundente se encuentra en San José de las Lajas, un pueblo a 29 kilómetros de La Habana. Viene destruyendolo todo. Queman estaciones de ferrocarril. Hay partidas en Guara. Hay otras fuerzas insurrectas en Melena del Sur, no lejos de Batabanó. Llegan a La Habana numerosas familias que huyen de pueblos cercanos. El pánico es extraordinario. (firmado) General Martínez Campos.»

Lo que la carta no decía es que bajo la presión de las tropas de avanzada de Máximo Gómez, Antonio Maceo, Carlos Roloff, Serafín Sánchez y José Lacret, Martínez Campos había tenido que mover sus cuarteles de Cienfuegos a Santa Clara; de vuelta a Cienfuegos; luego a Remedios; entonces a Colón, seguido de Jovellanos, Limonar, Matanzas y finalmente, a La Habana, siempre en retirada. Tal era el ímpetu de los ejércitos cubanos en su campaña de *"empujar a los españoles al mar."* Ya estaban en posición de tomar la capital a la fuerza, habiendo conquistado los pueblos circundantes de Güira de Melena, Alquizar, Ceiba del Agua, Vereda Nueva y Hoyo Colorado. En varios de estos pueblos los Voluntarios se habían quitado sus uniformes, depuestos sus armas y pedido entrada en el ejército cubano. Maceo dio órdenes de mandarlos a casa, luego de preguntarles a los vecinos sobre su conducta personal, no queriendo darles entrada a espías en sus propias filas. En una carta a quesada, el general José Miró Argenter, Jefe de la Guardia de Maceo, veterano de la *Protesta de Baraguá,* cronista de la Guerra, escribió:

«Nuestros triunfos se deben a la rapidez de nuestras marchas y a la condición física espléndida de nuestros heroicos hombres. No les importa estar a caballo 16 o 18 horas al día por todo un mes. Al escuchar a Maceo, muchos de origen español se convierten a nuestra causa, habiendo sido hostiles a ella previamente. La conducta ejemplar de nuestros ejércitos nos ha ganado muchos simpatizantes y hasta seguidores. No nos faltan provisiones. Entre Cienfuegos y Matanzas nuestras tropas han recibido nuevas ropas. Hemos capturado más de 2,000 rifles y 100,000 cartuchos del enemigo. A pesar del plan excelente y bien concebido de Martínez Campos para impedirle a Maceo entrar en el Occidente, allí está, victorioso luego de la gran batalla de Coliseo. La caballería española nos huye y no los culpo…»

La situación interna del ejército cubano, sin embargo, no era tan brillante como esas cartas y comunicados pretendían indicar. El eterno conflicto de la autoridad civil vs. la militar en el mando cubano aún no estaba resuelto. Ya había causado tres grandes infortunios: la deposición de Carlos Manuel de Céspedes en Bijagual en 1873, su muerte en San Lorenzo en 1874, probablemente como resultado de Bijagual, y el conflicto de Martí y Maceo en el *Hotel de Madame Griffou* en 1884. Aun todavía en Noviembre 21, 1895, con Martí ya muerto, un hombre del patriotismo y generosidad como era Antonio Maceo, le escribía lo siguiente a Manuel Sanguily:

«No hemos tenido suerte en la composición del nuevo gobierno. De nuevo hemos sido víctimas del vano esfuerzo de algunos que tratan de crear una democracia en una república que aún no ha sido constituida. Ignoran que tenemos a un brutal enemigo delante y que no somos los dueños de la tierra sobre la que caminamos. Como bien Ud. comprenderá, mientras dure la guerra, sólo debe haber soldados y machetes en Cuba, o por lo menos, hombres que sepan pelear y que sepan cómo lograr la redención final de nuestro pueblo. Cuando esto se logre, que es el objetivo al que están dirigidos todos nuestros efectos, entonces ya llegará la hora de formar un gobierno civil. Tal gobierno civil deberá ser democrático y capaz de manejar los asuntos públicos con moderación, con atención a nuestras necesidades políticas y sociales.»

A pesar de la ausencia de Martí y la negativa constante del gobierno del Presidente Cleveland en los Estados Unidos de reconocer el derecho a la beligerancia de los patriotas cubanos, estos estaban muy optimistas a fines del '95; tanto así que ya se vislumbraban las ambiciones políticas entre exilados e insurgentes. Salvador Cisneros comenzó a buscar el apoyo de Maceo en su campaña para ser Presidente de Cuba. En una carta que le escribió en Septiembre, intimó que un alto cargo en el gobierno era para Maceo con solo pedirlo si este le apoyaba en su búsqueda de la presidencia de la nueva república. Esto tomó a Maceo por sorpresa en un momento en que comenzaba a descansar algo, luego de la tensión de la batalla de Sao del Indio y de planear con Gómez la invasión de Occidente. La respuesta de Maceo fue clara y contundente:

«No olvide Ud. la naturaleza de mi temperamento si se le ocurre de nuevo hablarme de puestos y destinos que jamás he solicitado. Como bien sabe, tengo la satisfacción de jamás haber ejercido un cargo conseguido como un favor de alguien; al contrario, he mostrado bien claramente mi manifiesta oposición a tal cosa. Lo humilde de mi nacimiento me ha evitado colocarme, desde que empezó la guerra, en las alturas a las que otros jefes creen que se merecen por su nacimiento…»

Nunca jamás estuvieron de acuerdo, en nada de importancia, Maceo y el antiguo Marqués de Santa Lucía.

Llegó el momento en que Martínez Campos, derrotado y sin el brillo con que llegó a Cuba, le tocaba volver a España. El 6 de enero de 1896, Martínez Campos, de 65 años, recibió una carta de su soberana, la Regente María Cristina, que decía: «sírvase recibir el aprecio de mi gobierno por sus actividades, por su celo y por su habilidad al frente de las operaciones militares. Haga extenso este agradecimiento al ejército, a la marina, y a los Voluntarios por su bravura y su devoción a España.» Ese mismo día, el Ministro español de la Guerra, Marcelo de Azcárraga, escribía en su diario «la retirada de Martínez Campos es la primera gran victoria de los cubanos ante España, los Estados Unidos y el resto del mundo. Es también una victoria para los intransigentes entre nosotros, como Garrido, Tejeda, Benítez, Molina y Luque, quienes quieren imponer en Cuba un reino de terror y le pidieron a Martínez Campos que se comportara no como un general sino como un asesino.»

En los días que siguieron, el general español Sabas Marín, actuando *ad interim* hasta que el sucesor de Martínez Campos llegara a Cuba, trató de atrapar a Maceo en la zona entre Candelaria y Artemisa. Tres columnas españolas avanzado al encuentro de las tropas cubanas bajo el mando de Maceo fueron innoblemente arrasadas, con una pérdida de 100 caballos y muchas provisiones. Martínez Campos recibió la noticia mientras abordaba el buque que lo levaría a casa. No sintió la menor pena por Sabas Martín.

Martínez Campos había sido el único hombre en 1895 con las credenciales correctas para mantener a Cuba en manos de España. Había decisivamente derrotado a los carlistas [11] de una vez por todas. Junto al Primer Ministro Cánovas del Castillo, restauró a Alfonso XII al trono de España en 1876; había ya pacificado a Cuba una vez, en el 1878, con acumen político y militar. Ahora se le pedía en efecto que pacificara a Cuba con una política de acabar con los cubanos rebeldes; realmente, estaba agradecido de salir de Cuba, entregar su renuncia y ser substituido por el general Valeriano Weyler.

---

[11] Seguidores de Carlos, hermano de Isabel, la hija pequeña de Fernando VII, futura Isabel II, cuya sucesión Carlos retó en 1833, dando lugar a una prolongada guerra civil y a disputas que perduran aun hoy en día en España.

Valeriano Weyler Nicolau, *Marqués de Tenerife*, tenía 58 años en ese momento. Había sido Capitán General de la Filipinas, donde primero había ensayado la táctica genocida de la reconcentración, la que le ganó el nombrete de *Carnicero*. Había estado en Cuba anteriormente, como lugarteniente del feroz Valmaseda durante la Guerra de los Diez Años. Weyler representaba un viraje en la política española: de una guerra convencional a un conflicto cruel y brutal. Martínez Campos comentó al saber de su nombramiento que «hasta los muertos se alzarán contra Weyler. Es un *Torquemada*, la más sangrienta hiena de España; el que lo conozca, sabe que es un carnicero, como ya lo sabrán los cubanos…»

En el momento de la llegada de Weyler a Cuba, los exilados en New York estaban más y más optimistas sobre el progreso de la Guerra. El azúcar y el tabaco de Cuba se cotizaban a los precios más bajos en que habían estado por muchos años, ya que no podían ser exportados con confiablidad. Los impuestos, sin embargo, estaban más altos que nunca; hasta los españoles más leales favorecían un cambio de gobierno o de *status*. Gonzalo de Quesada le escribió a varios amigos diciendo:

«El pueblo de Cuba está con nosotros. Los únicos recursos que hay en la isla dependen de nuestra decisión de que puedan ser comercializados o no. Tenemos multitud de hombres capaces de alcanzar para Cuba una prosperidad sin anarquía. Nuestros jóvenes han viajado por todo el mundo. Seguimos una tradición comenzada hace siglos en Grecia y seguida no hace tanto tiempo por los americanos: la libertad sobre todas las cosas. O conquistamos nuestra libertad o tendrán que echarnos al mar. A diferencia a los fundadores de la república americana, no tenemos una Francia que nos defienda contra nuestra Inglaterra. Estamos solos. No puede haber vacilación alguna esta vez. Estamos derrotando las tropas cerca de La Habana, un soldado tras otro. Las montañas son nuestras y según desertan los españoles, nuestros enemigos se convierten en amigos.»

En París, Ramón Emeterio Betances, desde su casa en *6 (Bis) rue de Châteaudun*, cerca de donde la calle *La Fayette* cruza la *Richelieu*, próximo a la *Gare de Saint-Lazare*, recibía noticias de sus escuchas en Madrid y se las pasaba a Gonzalo de Quesada y a Estrada Palma en New York. Cuestionado por Gonzalo sobre la prensa española, que aparentemente reportaba que el lado español estaba ganando la guerra en Cuba, Betances le respondió: «*Los telegramas en clave desde Cuba no confirman tales noticias, sino, al contrario, las fuentes en Cuba aseveran que la rebelión gana terreno a diario.*»

Contrario a lo que publicaba la prensa española, en el gabinete real en el Palacio de Oriente había verdadera preocupación por los asuntos de Cuba. El día en que Martínez Campos fue reemplazado por Valeriano Weyler, al Nuevo Capitán General se le prometieron $2,000,000 en fondos adicionales para sostener la Guerra. Se contrataron barcos; el llamado de los hombres en *quintas* [12] se aceleró. Se hizo una enorme redada de caballos por toda España, incluyendo los que habían sido entrenados para las *corridas de toros*. Se les pidió a las damas que donaran joyas; los adornos de bronce en las ciudades se sacaron de las fachadas de los edificios; todas las estatuas de bronce fueron copiadas en arcilla para ser vaciadas en un futuro y el bronce fue fundido para hacer cañones. Esto incluyó a 6 de las 27 estatuas hechas en 1591 por Leoni para la *Capilla Mayor del Escorial*, la estatua de Felipe II en la Plaza Mayor de Madrid y la mayoría de las estatuas del Retiro, entre otras joyas históricas erigidas o creadas en los días del esplendor español. Weyler veía su misión en Cuba en términos altamente concretos. En una carta vanidosa y arrogante a Antonio Cánovas del Castillo, prometió:

«Limpiaré las provincias de Occidente (Pinar del Río, Habana y Matanzas) de rebeldes para Marzo 15. En ese momento, ya tendré a todos los centrales azucareros moliendo de nuevo; veré que todos los decretos de Máximo Gómez sean impedidos; impediré igualmente que haya más desembarcos con provisiones para los insurgentes; acabaré con esta Guerra en dos años;

---

[12] Una lotería de azar que consistía en llamar al servicio armado a cada quinto hombre de los disponibles en listas de ciudadanos. Por $500 un nombre se borraba permanentemente de la lista, y el servicio militar era cumplido por el recipiente de los $500.

trabajando con mi amigo Dupuy de Lôme, Ministro en Washington, evitaremos cualquier expresión americana de simpatía por la causa cubana.»

Se dijo que Martínez Campos, en ese momento el militar más condecorado de España, inmediatamente comenzó a conspirar para que se retirara a su sucesor de Cuba. El primer error militar de Weyler fue retirar la mayoría de las tropas españolas del este para concentrarlas en el Occidente. La decisión abrió las costas orientales a lo que el general Rabí llamó «las expediciones de recreo.»

Muy pronto, el general cubano Félix Ruenes Aguirre controlaba la región de Baracoa; José Maceo era dueño de Guantánamo; Demetrio Castillo tenía rodeada a Santiago de Cuba, Rabí, a Manzanillo; Rojas a Holguín; José M. Rodríguez a Camagüey; Rego a Cienfuegos; Serafín Sánchez a Santa Clara; Nuñez a Cárdenas. Lacret se convirtió en un general itinerante, impidiendo que los centrales azucareros recomenzaran sus operaciones —doquier que se encontraran. Matanzas dejó de ser escenario de guerra para convertirse en territorio cubano. Llegó y pasó la fecha de Abril 1 de 1896 y las predicciones de Weyler se las había llevado el viento.

La provincia occidental era, en 1896, la más rica y la de mayor población de Cuba; fue allí que Weyler movió la mayoría de sus tropas. Varias batallas importantes tomaron lugar. Maceo, al salir de Mantua, el punto más occidental de la isla y el objetivo final de la Invasión, volvió hacia el este y obligó a los españoles a pelear en la batalla de Paso Real. En Paso Real Maceo y Zayas retaron a los españoles bajo el mando del Coronel Juan Hernández. Hernández dirigió dos compañías del Batallón de Savoya, una del Batallón de Galicia y tres compañías del infame *Batallón de San Quintín*. El frente de batalla tenía una extensión de dos kilómetros. Al final, el general Luque, que estaba allí como observador, fue herido en una pierna y deshabilitado; 112 oficiales y 200 hombres fueron muertos; 250 fueron heridos. Otras victorias de los cubanos tuvieron lugar en Candelaria, Nueva Empresa y Rio Hondo. Mientras, el general Serafín Sánchez devastaba las tropas del general Cornell en Palo

Prieto. Maceo, el 12 de Febrero y sin la menor dificultad, cruzó la trocha hacia La Habana y derrotó al propio Weyler en la Batalla de Jaruco, zona que estaba protegida nada menos que por el Batallón de Guadalajara. Cuando el pueblo hizo amagos de resistir, luego de haberse rendido, Maceo lo mandó a quemar y siguió con sus tropas hasta El Gato, donde las tropas españolas se habían refugiado.

Mientras, todos los corresponsales de la prensa madrileña enviaban a la capital colonial reportes de las gloriosas victorias del ejército español. A Máximo Gómez le atribuyeron una huída para refugiarse en los bosques de Siguanea; a Maceo le achacaron que tuvo que dividir sus fuerzas en grupos pequeños para facilitar su escape; reportaron falsamente un *Te Deum*, con la catedral repleta de feligreses y ciudadanos, para agradecer a la Providencia sus bendiciones en el campo de batalla; de la imaginación de alguno salió un banquete con 200 invitados en la Quinta de los Hernández Morejón en Matanzas, descendientes de un médico de la corte de Fernando VII. Todos estos cuentos eran falsos. Gómez, con más de 6,000 tropas, se posicionó alrededor de Colón para pegar un golpe brutal a las tropas españolas, mientras Maceo, con más de 3,000 hombres, estuvo en Coliseo, rondando los pueblos cercanos Guamacaro, Sabanilla del Encomendador, Bolondrón, Jovellanos y Cárdenas; ambos estaban tomando pueblos y sacando de sus guaridas al ejército español. Se dieron a la búsqueda del general español Baudilio Prats, asesino confirmado de varios habitantes, civiles todos, de Nueva Paz en el sur de Matanzas. Tomaron prisioneros a toda su escolta; a él, lo amarraron a un gran sicomoro, con todas sus condecoraciones en el pecho y un letrero que decía:

«*El momento de la tolerancia se acabó. Hubiéramos colgado a este cobarde del árbol, pero en vez de hacer eso, ensuciándonos las manos, preferimos que los súbditos de Su Majestad lo hagan.*»

Luego de enterarse de otros abusos de generales bajo el mando de Weyler, Maceo le escribió una carta en la que le informó:

«Siempre pensé que era imposible para un soldado de su rango y para sus generales cometer tantos crímenes y atrocidades; siempre pensé que Ud. les daría a mis hombres, a los heridos y a los prisioneros de guerra, el mismo trato que mis tropas le han brindado a sus hombres. Desafortunadamente, la dominación española siempre ha estado acompañada de gran infamia y solo cerrando mis ojos y mis oídos podría yo dejar de ver y de oír su ferocidad hacia los indefensos y la impunidad de sus crímenes y asesinatos. He confirmado la desgraciada reputación de la que Ud. disfruta. La licencia para quemar las chozas de Nueva Paz y El Gato que Ud. le brindó a sus coroneles Molina y Vicuña le muestran culpable ante la humanidad. Su nombre está manchado por la infamia. Le invito a que dé un paso atrás, reprima estos crímenes y vea que de ahora en adelante no haya derramamiento de sangre fuera del campo de batalla. O Ud. tiene misericordia con los desafortunados e inocentes ciudadanos, o mi honda será como la de David, buscará la justicia con la misma intensidad. Atentamente, (firmado) A. Maceo.»

La respuesta de Weyler fue una declaración hecha a varios periódicos de Madrid, *El País, El Progreso, El Imparcial* y *ABC;* decía que sólo quedaban pequeñas bandas de insurgentes en La Habana y Pinar del Rio y que él consideraba esos territorios ya pacificados. *«Cualquier insurgente capturado por mis tropas será considerado como bandido e incendiario. Será fusilado sumariamente. Los dueños de ingenios y de plantaciones azucareras deberán comenzar a moler en muy poco tiempo.»* Máximo Gómez respondió con una proclama fechada en La Rosa, los cuarteles generales del Ejército Libertador:

«La molienda de azúcar sigue estando suspendida. La quema de cañaverales se prohíbe de ahora en adelante. Cualquiera que viole estas disposiciones será tratado con gran severidad. Si algún dueño resume su trabajo, sus calderas, maquinarias y equipos serán destruidas; de otra manera, su propiedad será protegida. Todos los habitantes pacíficos de la isla de Cuba, cualquier que sea su nacionalidad, serán respetados. (firmado) General en Jefe, M. Gómez.»

El reto del momento era establecer quién podía probar que la provincia de La Habana era suya. Maceo andaba por toda la región impunemente, apenas con pequeñas resistencias aquí y allá. Consciente de que tenía que dar un golpe digno de una gran noticia, dejó que los generales Lacret y Juan Bruno Zayas fueran por toda la provincia reclutando hombres y él se dirigió con sus tropas a Batabanó. Eran las 8 pm cuando llegó y las 10 pm cuando se fue. En esas dos horas las tropas españolas que intentaron reforzar a sus camaradas, atrapados en el pueblo, fueron rechazadas por la caballería cubana. La marina española trató —sin lograrlo— de bombardear a los insurgentes para sacarlos del pueblo. Batabanó quedó echando humo y sin defensas; no quedó un solo edificio en pie, después del ataque español. Pero las tropas españolas perdieron sus rifles, municiones, provisiones, uniformes y botas. El episodio no recibió atención alguna por parte de la prensa en Madrid, pero logró las primeras páginas de los periódicos en New York.

Como no encontraba suficiente reto en la provincia de La Habana, Maceo decidió buscar operaciones más interesantes en Pinar del Rio. Yendo para Pinar del Rio, abrumó a la oposición española en el pueblo de Alquizar y en las haciendas Neptuno, Esponda y Galope. El 15 de Marzo corrió a atravesar la trocha Mariel-Majana, [13] casi igual a la que había atravesado en Júcaro-Morón en el este, y el 17 se enfrentó a tres batallones españoles en las afueras del pueblo de Candelaria. Ahí, el coronel español Suárez Inclán puso en juego su artillería. Fue una cuestión de cañones contra machetes. Maceo, al frente de su tropa, cargó machete en alto contra los españoles, con Miró Argenter, su Jefe del Estado Mayor, atacando el flanco. Luego de dos horas de feroz carga al machete, las fuerzas de Suárez Inclán se vieron reducidas a un montón de españoles corriendo por doquier, dejando atrás sus cañones; las mulas y los caballos cargados con armamentos, municiones y granadas, que fueron recogidas en el campo de batalla por los hombres de Maceo.

Los prisioneros fueron dejados en libertad luego que escucharan una advertencia del victorioso Maceo:

"Vuelvan a sus casas y queden en paz o únanse a nuestras fuerzas. Respetamos la dignidad con la que han peleado en esta batalla. No olvida-

---

[13] La trocha *Mariel-Majana* fue diseñada y construida por Weyler para aislar a Maceo en Pinar del Rio durante la Guerra del 1895. Era muy moderna, y hasta estaba equipada con electricidad. La trocha Júcaro-Morón era muy primitiva, construida por Martinez Campos durante la Guerra de 1868 para mantener las tropas cubanas en Oriente.

remos sus caras, sin embargo; si los confrontamos de nuevo, no seremos
tan generosos como ahora en perdonarlos. ¡Viva Cuba Libre!»

Pinar del Rio, como La Habana, estaba siendo dominada por los patriotas cubanos. En la Batalla de Cayabos el 18 de Marzo, el ejército español perdió 300 hombres entre muertos y heridos, pero los periódicos en Madrid reportaron que hubo «siete soldados muertos y 3 oficiales y 44 soldados heridos.»

Mientras, el mismo día de la batalla de Cayabos, el general Lacret quemaba una plantación de azúcar en Marianao, a las puertas de La Habana. El humo atrajo la atención de dos columnas de tropas españolas, las cuales buscaban precisamente a las tropas de Lacret y del general Juan Bruno Zayas. La primera columna, de 300 hombres, se atrincheró detrás de las ruinas de un fuerte pequeño previamente destruido, a eso de las 8:30 pm. La segunda columna española con 450 hombres, era parte del infame Batallón de San Quintín y llegó a las 10 de la noche. Al acercarse al pequeño fuerte a la entrada de Marianao, se les detuvo con el usual «*¡Alerta!, ¿Quién Va?*» La respuesta fue el nombre del batallón: «*¡San Quintín!*» Se le repitió la contraseña al coronel español Gómez Ruano, a cargo de las avanzadas defensivas. Oyó este «*Quintín*» pensando en Quintín Banderas, el bien conocido general de las tropas cubanas, quien en aquel momento peleaba cerca de Consolación del Sur. La columna atrincherada abrió fuego sobre el Batallón de San Quintín; un tiroteo intenso siguió, en batalla encarnizada. Luego de una hora, la columna atrincherada se rindió, y al llegar los atacantes al fuerte, vieron con horror que los muertos eran españoles —como ellos. Entre victoriosos y conquistados, murieron 80 hombres.

El primero de Abril de 1896, le llegó a Weyler un informe de su antiguo compañero en el Colegio de Infantería de Toledo, general José de Valderrama. Valderrama, quien había servido con Weyler en las Filipinas, había lealmente compartido y escondido una verdadera fortuna hecha por Weyler en Manila al cambiar favores e influencia a través de sobornos y regalos de diamantes y piedras preciosas, hechos por residentes chinos de las Filipinas. Weyler sabía que Valderrama no le mentiría, así que su reporte tendría información objetiva y verdadera: no eran buenas noticias.

«Sus planes no han tenido éxito. Toda molienda de caña ha sido detenida en Pinar del Rio. Los generales cubanos Maceo, Banderas, Miró, Socarrás, Delgado y Sotomayor continúan peleando en esa zona. Estimo que sus fuerzas sobrepasan los 4,000 insurgentes. Nuestra trocha de Mariel a Majana ha sido violada y la pasan los cubanos cada vez que quieren, a pesar de que hemos estacionado 50,000 en esa línea. En el sur de La Habana, los generales cubanos Aguirre, Díaz y Collazo han logrado detener todo tráfico por ferrocarril. Los rebeldes ejecutaron a un dueño de plantación que no les obedeció y eso ha convencido a los otros a no desobedecer sus edictos. En la zona de Matanzas, los generales Lacret, Arnieva, Cárdenas y Roque asaltan aldeas y pueblos a voluntad y poseen absolutamente la zona rural. El general Gómez se separó de Maceo y se fue hacia Santa Clara, donde él y el general Leoncio Vidal tomaron la ciudad el 24 de Marzo. Nosotros seguimos con nuestros problemas de comunicación: una columna al mando del coronel Holguín tomó a una bajo Godoy por una patrulla cubana y comenzaron a dispararle: el balaceo duró 20 minutos hasta que se dieron cuenta de su error. El tal error nos costó 150 hombres. Los generales cubanos Sánchez, Zayas, Pérez, Rego y Nuñez controlan Las Villas. Se preparan para una nueva avanzada hacia occidente al terminar esta campaña. En Puerto Príncipe (Camagüey), los generales Rodríguez y Suárez han cercado a nuestras tropas en las ciudades; no se atreven a salir de ellas. En Santiago, los generales Rabí, José Maceo, Cebreco y los coroneles Sánchez, Echeverría, Estrada y Ruenes nos engañan y confunden a las tropas españolas cada vez que se acercan y pretenden atacar nuestras guarniciones en los puertos. Creo firmemente que los insurgentes, con unos 60,000 hombres cuando más, controlan el 80% de la isla. Ya no son grupos de bandidos; están bien armados y uniformados, bien organizados y excelentemente dirigidos.»

Weyler se desanimó de tal manera al leer este reporte que se refugió en el palacio del Capitán General en La Habana y no se mostró en público por más de una semana. Los rumores decían que estaba metido en su lujosa bañadera romana la mayor parte del tiempo, bañadera disfrutada por cada uno de los Capitanes generales anteriores como parte de las prebendas que España le daba a sus hijos por estar tan lejos de ella. Weyler razonaba que sus problemas eran similares a los de cada Capitán General anterior a él; cada uno que había tenido que luchar en contra de una insurgencia.

Sus tropas estaban entrenadas para actuar al unísono; se les hacía marchar formalmente; requerían largas y substanciales líneas de abastecimiento, algunas veces siendo el punto inicial la Península. Sus oponentes eran guerreros ágiles quienes practicaban ataques y retiradas veloces y vivían de la tierra, mezclándose con la población general cuando les convenía. Weyler llegó a la misma conclusión a la que habían llegado otros Capitanes Generales antes que él: para derrotar al ejército cubano, habría que separar a los insurgente combatientes de los civiles no combatientes. Esto sólo se podría lograr vaciando los pueblos rurales y estableciendo lugares seguros donde los cubanos estarían *"protegidos"* por tropas españolas leales. Es más, esa estrategia evitaría que los civiles brindaran ningún tipo de ayuda los soldados enemigos. Y así se convirtió esa idea, sin consideración alguna de los efectos que tendría, en el asunto primordial en las estrategias de guerra y la agenda de Weyler: una reconcentración de todos los civiles en pueblos y campo en toda la isla.

□ ◊ □

A pesar de sus crímenes en Cuba, **Valeriano Weyler** continuó por muchos años recibiendo honores de España. A su retorno de Cuba en 1895 Weyler fue Ministro de Guerra tres veces y capitán general de Madrid. A la izquierda el monumento en su honor erigido en Tenerife, Islas Canarias. A la derecha, en 1922, Weyler, luciendo todas sus condecoraciones, escucha en silencio un discurso de Miguel Primo de Rivera en el Alcázar de Toledo.

Las Víctimas de Valeriano Weyler, el General Español que inventó en Cuba los Campos de Concentración en 1897.

Thousands Have Perished in Cuba From Starvation.

HAVANA, Nov. 11.—It is no exaggeration to say that since the date of the first news of the famine in September until the present time, 150,000 persons have died of hunger in Cuba. A correspondent writing from Santo Domingo, Santa Clara, says: "In a town like this of only 4500 inhabitants, it is horrible to think that no fewer than fifty persons are dying every day. The cause of so many deaths is fevers and hunger, principally hunger. Most of the dead remain unburied and their bodies are thrown out in the open country because there is no place for them in the cemetery."

"The spectacle of misery and starvation among the reconcentrados is beyond description," writes a Spanish correspondent from Sagua, Santa Clara province.

Numerous cases of suicide of persons who were threatened with starvation are reported.

No fewer than 33,000 sick Spanish soldiers are now in the hospitals of the islands. To-day the mail steamer Isla de Panay, which left Havana for Spain, carried 68 officers and 500 sick soldiers.

Para fines de 1897, *Valeriano Weyler* había relocalizado a más de 300,000 cubanos en campos de concentración por toda la isla, en un esfuerzo por separar a la población de los insurgentes. Fue él quien le dio nombre a esa estrategia, más tarde usadas por los ingleses en la *Segunda Guerra Bóer* y después, trágicamente, fue utilizada por *Stalin* y *Hitler* en los campos genocidas de concentración del siglo XX.

Presidente Benjamin Harrison (1889-1893)

Benjamin Harrison, el 23º Presidente de los Estados Unidos, era el biznieto de Benjamin Harrison, el firmante por Virginia de la Declaración de Independencia; era también el nieto de William Henry Harrison, el décimo presidente de los Estados Unidos, el victorioso líder de la batalla de Tippecanoe y uno de los héroes de la Guerra de 1812 en contra de los ingleses. Es probablemente el menos conocido de los presidentes americanos, en parte porque su término como presidente (1889-1893) fue intercalado entre los dos términos de Cleveland (1885-89 y 1893-97). La mayoría

de la gente lo confunde con su famoso abuelo y han olvidado sus logros. Algunos de los eventos importantes de su presidencia: el primer intento por parte de los Estados Unidos de cerrar filas con el resto del continente a través de la Conferencia Pan Americana de 1889; la proclamación de la ley anti-monopolio, la ley *Sherman Anti-Trust Act* de 1890; el primer intento de anexar a Hawaii en 1892 y la admisión a la Unión de North y South Dakota, Montana y Washington State en 1889; Idaho y Wyoming en 1890.

En términos de las relaciones de Estados Unidos con Cuba, Harrison firmó con España en 1890 un tratado de reciprocidad arancelaria para darle libre acceso al azúcar cubano en los mercados americanos, por encima de las protestas de un Congreso republicano proteccionista. Todas las clases sociales en Cuba le dieron la bienvenida a tal acuerdo, lo que solidificó las simpatías de los anexionistas por los Estados Unidos, pero también reafirmó la determinación de los grupos pro-independencia en Cuba de estar en plena libertad de poder firmar tratados con el resto del mundo y no solo con España. Eventualmente el presidente Cleveland rescindió el acuerdo arancelario, en 1894, y antes de un año, la isla estaba en plena revolución.

Fotos, de arriba a abajo: Presidente Benjamin Harrison; Afiche de la Campaña electoral de 1889; el gabinete de Harrison.

El Presidente Grover Cleveland (1885-1889 y 1893-1897)

El Gabinete del Presidente Grover Cleveland

En la extrema izquierda: El presidente americano Grover Cleveland fue electo como Demócrata en 1884 luego de 23 años de control republicano en la Casa Blanca. La primera crisis de su gobierno ocurrió cuando confirmó que había tenido un hijo fuera del matrimonio con una tal María Halpin y su mantenimiento voluntario de ese niño por muchos años. Su primer mandato (1885-1889) fue tranquilo, caracterizado por su firmeza, su honestidad y su justicia. Perdió en contra de Benjamin Harrison en 1888 y vio con disgusto como los republicanos decidieron complacer a España al repeler todos los aranceles azucareros, que eran más de $60 millones al año. Fue re-electo presidente en 1892 otra vez como Demócrata, y en 1895 provocó un choque diplomático sin igual con Gran Bretaña al invocar la Doctrina Monroe en su disputa fronteriza con la Guayana Británica. No permitió que Venezuela interviniera ni que avanzara su opinión sobre esta cuestión de fronteras.

El 12 de Junio de 1895 declaró la neutralidad de los Estados Unidos en el conflicto Hispano-Cubano. Durante su segundo término, los cubanos fueron perseguidos por violaciones a la política de neutralidad de Cleveland, mientras España fue permitida a comprar armas y provisiones en el mercado americano. Cleveland se mantuvo inflexible en su posición de no permitir a los cubanos que siquiera presentaran su opinión sobre su derecho a la beligerancia; tenía una opinión muy baja de los cubanos. «Los rebeldes cubanos,» dijo una vez, «son los más salvajes e inhumanos asesinos del mundo.»

Una carta del Secretario de Estado de Cleveland, Richard Olney, a Lord Salisbury, el Primer Ministro británico declaró el 20 de Julio de 1895, diez semanas después del Grito de Baire: «*Los Estados Unidos es el soberano de las Américas y nuestras decisiones son ley en estos territorios. Por nuestros recursos infinitos y nuestro aislamiento somos los dueños de nuestro destino y somos invulnerable ante cualquier poder o coalición de poderes.*" A través de todos estos sucesos, Cleveland siguió tratando de comprarle Cuba a España.

14

En 1896, a pesar de la vigilancia de las marinas norteamericana y española, las provisiones que traían las expediciones insurgentes a las costas de Cuba eran suficientes para satisfacer las necesidades del ejército cubano. Los periódicos en Madrid y New York hacían un gran revuelo cada vez que una expedición era atrapada, pero las exitosas eran conocidas sólo por los rebeldes en Cuba. El dinero no era el gran problema que muchos anticiparon; antes de morirse Martí había creado una infraestructura de donantes que mantenía las expediciones activas. Durante Marzo de 1896, por ejemplo, el barco *Hawkins* fue enviado a Cuba por Calixto García, uno de los héroes de la Guerra de los Diez Años. Se perdió en alta mar con más de 4,000 rifles, dos piezas de artillería y 100,000 cartuchos y municiones de todas clases, por suerte, con sólo muy pocos hombres a bordo. En pocas semanas, Calixto ya tenía otro barco, el *Bermuda*, en camino a Cuba con más provisiones y refuerzos. Esta vez la expedición fue detenida por las autoridades federales y García fue arrestado; veinte días más tarde, ya había formado otra expedición, la cual llego a Cuba sin percances. Mientras, Enrique Collazo fue detenido en los Cayos de la Florida en el *Stephen R. Mallory*; una vez más la intervención legal casi mágica de Horacio Rubens, el abogado de la *Junta de New York* y gran amigo de Martí, salvó la situación. Collazo fue liberado y pudo desembarcar su cargamento en Matanzas. Los siguientes barcos fueron tomados por las autoridades americanas: *Horsa*, *Commo-*

dore y una vez más, el *Bermuda*. Todos, más tarde o más temprano, llegaron a Cuba antes de fines de Abril de 1896. Algunos barcos, como el *The Three Friends* (cinco veces en 1897) y el *Laurada* (tres veces en 1897) hicieron múltiples viajes y Fernando Freyre de Andrade continuó mandando expediciones (2 en 1896) desde tan lejos como Francia, una de ellas llevando 5,000 rifles y 1,000,000 de cartuchos. El ímpetus se debía en parte a la resolución de Abril 6 de 1896 por el Congreso de los Estados Unidos reconociendo la beligerancia en Cuba, pero también a la positiva identificación del pueblo americano con la independencia de Cuba, y la creencia general de que el pueblo cubano no iba a aceptar otra cosa que no fuera la independencia sion compromisos.

Una medida del optimismo del gobierno civil cubano sobre la conducta de la guerra fue expresada en Junio 15 en una carta de Bartolomé Masó a Gonzalo de Quesada:

«Hemos mudado nuestro gobierno revolucionario de la parte sur de la Sierra Maestra, en la zona entre Santiago y Manzanillo, primero a Las Tunas y ahora a la Sierra de Cubitas, en la provincia de Camagüey, a la mitad entre la ciudad de Camagüey y la costa norte. Ahora fabricamos dinamita, machetes, uniformes y botas y acabamos de enviarle al general Maceo un revolver experimental de dinamita. Tenemos nuestra propia prensa y nuestro equipo; continuamos empaquetando carne seca y galletas horneadas y esto parece un parque industrial o una cooperativa auto-suficiente. Nuestro sistema de correos cubre a toda la isla y hace llegar las cartas más rápido que el sistema español, por el mismo precio; estamos entrenando a la guardia rural para que terminen el contrabando y del tráfico ilegal de mercancías en todas partes. Las únicas operaciones inseguras, deshonestas y enrevesadas que quedan en Cuba son las del gobierno español.»

Gonzalo de Quesada se aseguró que una copia de esta carta se exhibiera en la puerta de la oficina de *Patria* en Manhattan.

La intensidad de la campaña de Maceo dejaba a todos sin aliento. Maceo había recibido un gran cargamento de materiales de guerra en una expedición bajo el mando de Francisco

Leyte Vidal, [14] la cual desembarcó en la costa sur de Pinar del Rio por la Ensenada de Corrientes el 23 de Junio de 1896. Estaba invicto luego de campañas en Pinar del Rio, Las Tumbas de Torino, San Francisco, Guayabitos, Viñales, San Felipe, Cacarajícara, Tunibar del Tornillo, Manaja, Ceja del Negro y Guamo. Su única pelea cerrada había sido en Guayabitos. Maceo había vencido seis veces en un mes al general español Weyler, a pesar de que Weyler contaba con 36,000 hombres a su mando.

En momentos de calma, Maceo conducía talleres para el montaje y reparación de armas y para la manufactura de cartuchos. Cuando Weyler averiguó a través de un agente secreto que Maceo quería salir de Pinar del Rio y volver a La Habana, colocó a 10,000 hombres más para atrapar a Maceo y 28,000 más para defender la trocha de Mariel a Majana. Antes que estos hombres fueran desplegados, Maceo cazaba a los cazadores, y a su propio tiempo y gusto, comenzó a pelear con los españoles que venían hacia el oeste desde La Habana. Weyler, desesperado y bajo la presión de ser llamado a cuentas por el gobierno de Madrid, redobló sus esfuerzos para encontrar mejores agentes secretos de los que tenía infiltrados en la organización de Maceo. Aparentemente los encontró.

En Octubre de 1896, las tropas de Maceo estaban exhaustas después de estar batallando en forma continua por varios meses; habían usado casi todas sus municiones, estaban cortas de provisiones y habían experimentado más bajas que lo usual en sus batallas con los españoles.

Hizo una decisión de trasladarse a La Habana; esto se justificaba por la necesidad de dar descanso a sus hombres y de reforzar sus exhaustas columnas. Esto era un secreto altamente confidencial pero un infiltrado de Weyler, posiblemente dentro del estado mayor de Maceo, averiguó esa noticia, mandó a decirlo al comando español y preparó a Weyler a que le tendiera una trampa a Maceo para tomarlo vivo o muerto. Para el 21 de

---

[14] Primo de Arcadio Leyte Vidal, el brigadier general de la Guerra de los Diez Años que fue asesinado en Nipe en Septiembre de 1879 por tres marineros españoles luego de haber sido invitado a cenar por el comandante del torpedero español *Alarm*. Este acto criminal fue ordenado como venganza por el general español Polavieja.

octubre Weyler había ocupado los terrenos baldíos que rodeaban a Galalón, Puerta de la Muralla, Soroa, Lechuza, Yagua,
San Miguel y San Claudio. Ordenó que cada uno de estos campamentos mantuvieran 35,000 soldados, cerrando todas las sa-
lidas de la Sierra del Rosario. Fue una movida sin precedentes.
El 10 de noviembre se presentó personalmente en el Mariel, con
tropas adicionales de La Habana. El resto de la historia la contó
Juan Rius Rivera en cartas a Gonzalo de Quesada en New York
y a Máximo Gómez en Las Villas:

> *«La Sierra del Rosario en pleno ardía con las llamas de la Guerra.*
> *Maceo trató varias veces de cruzar la trocha por tierra por un lugar con-*
> *veniente. Cuando esto se hizo imposible, la sobrepasó en un bote cruzan-*
> *do la bahía. Sólo 20 hombres cruzaron con él, en un día lluvioso. Incluían*
> *estos al coronel Charles Gordon, el general Pedro Díaz, Panchito Gómez*
> *Toro [hijo de Máximo Gómez], el brigadier general Miró, el coronel*
> *Orencio Nodarse, el Dr. Zertucha, y los comandantes Justis y Ramón*
> *Umaha. Una vez en La Habana, cortó hacia el sur, donde se unió a 200*
> *mambises de las tropas del brigadier Silverio Sánchez en el campamento*
> *de San Pedro. El 4 de diciembre el detestado Batallón de San Quintín y*
> *una patrulla de voluntarios del Peral, bajo el mando del comandante Ci-*
> *rujeda, sorprendieron a una tropa de 1,200 mambises en Montes de Oca,*
> *cerca de Bauta, y los dispersó por toda la región, con considerable pérdida*
> *de hombres, caballos y municiones. Tres días después en el campamento*
> *de San Pedro, donde Maceo y algunos hombres de Montes de Oca se es-*
> *taban reorganizando, la misma columna bajo Cirujeda sorprendió una*
> *vez más a los mambises, quienes otra vez se dispersaron por toda la zona.*
> *Maceo, a caballo, trató de organizar una defensa sin la menor preocupa-*
> *ción por su vida, bajo una lluvia de balas; súbitamente fue herido de*
> *muerte por una bala que le entró por la barbilla y le salió por la nuca.*
> *Panchito Gómez Toro, primero tratando de proteger el cadáver de Maceo*
> *y luego tratando de moverlo a un lugar seguro, resultó muerto también.*
> *No murió enseguida. Herido, en el suelo, fue traspasado por una espada*
> *en la parte derecha del pecho, le dieron un machetazo que casi le cortó el*
> *brazo izquierdo y otro horrible que le abrió la parte de atrás de la cabeza y*
> *la parte izquierda de su cuello.»*

El 11 de diciembre el *New York Times* publicó una nota en la
primera página, bajo el cintillo *"Gran Alegría en España,"* donde
el periódico reportaba las manifestaciones populares de regocijo en Madrid por la muerte de Maceo:

> «Una muchedumbre excitadísima se reunión en frente a la Prefectura
> y el Ayuntamiento, dando vivas y gritando hasta que el Alcalde apareció
> en el balcón y dio vítores por España y por el ejército español. La multi-
> tud hubiera marchado sobre el legado de los Estados Unidos, pero la po-
> licía lo impidió.»

Al día siguiente, también en la primera plana, el periódico
tenía otro cintillo que decía *"Se duda la muerte de Maceo,"* en cuyo artículo se reportaba que los cubanos en La Habana no podían creer que hubiera muerto Maceo y por primera vez, el
periódico nombraba al Doctor Máximo Zertucha, médico de
Maceo, como posible doble agente; fue Zertucha el único sobreviviente del grupo de Maceo en San Pedro. En la misma
página, el *Times* reportaba un comentario de Tomás Estrada
Palma:

> «Maceo ha muerto pero su espíritu vive. Su sangre es el precio de la
> libertad de Cuba. Maceo era sumamente cuidadoso y un hombre de
> enorme experiencia: cuando supe que había muerto no me quedó duda
> que había sido por el cuchillo de un asesino. El lugar de Maceo lo tomará
> el brigadier general de 41 años Juan Rius Rivera.»

Otro reporte en la misma página comentaba las palabras del
cubano Isaac Carrillo, prominente neoyorquino que había subsidiado a Maceo financieramente en sus muchos proyectos y
luchas por la independencia:

> «No creo los cables que dicen que a Maceo le pusieron una trampa o
> lo sorprendieron. Maceo fue asesinado. Conozco a Zertucha y no dudo los
> reportes de que es un traidor. Es un hombre de mala reputación y posi-
> blemente logró llevar a cabo su traición enviando noticias a los españoles
> de que Maceo estaría en Punta Brava el 7 de Diciembre con sólo 40 hom-
> bres.»

Todos se preguntaban quién sería ese Máximo Zertucha. El
Dr. Máximo Zertucha Ojeda era un buen amigo de Maceo antes
de los sucesos en San Pedro. Durante el asalto español al campamento, las tropas cubanas bajo Maceo se dispersaron y Zertucha declaró que se escondió en el bosque. Inmediatamente al
saber de la muerte de Maceo, supuestamente por la profunda
depresión que sufrió al oír la noticia, se rindió a las tropas es-

pañolas pidiendo perdón y prometiendo volver a la vida civil. Enseguida fue perdonado.

Los rumores de que había habido juego sucio comenzaron a circular enseguida. Algunos periódicos aseveraron que Maceo había sido envenenado por su médico personal. El mayor Antonio Serrano, veterano de la Guerra de los Diez Años y acompañante de Maceo, fue citado por haberle dicho a Maceo que *«Zertucha es un vicioso y algún día lo entregará a usted por dinero.»* El líder del movimiento pro-independencia en Melena del Sur le reportó a la prensa que el Dr. Zertucha había pedido trabajo como médico al ejército español meses antes de ser nombrado médico de Maceo. Por otra parte, el general Enrique Loynaz del Castillo, el general Mayía Rodríguez, Orestes Ferrara, secretario de Máximo Gómez, el general Dr. Eugenio Molinet Amorós, el general Dr. Daniel Gispert, el colonel Manuel Piedra Martel y Urbano Gómez Toro, otro hijo de Máximo Gómez, defendieron todos la integridad de Zertucha.

Numerosos escritos vieron la luz en esa época tratando de explicar las circunstancias de la muerte de Maceo. Uno de ellos relataba que un agente secreto de confianza de La Habana, escribiéndole a su contacto en Cayo Hueso, expresó que el Marqués de Ahumada, en ausencia de Weyler, le había escrito a Maceo pidiendo negociaciones para acabar la guerra. De acuerdo a esta versión, a Maceo se le permitió atravesar la Trocha con una compañía de mambises y cuando legaron a su *rendezvous*, fue traicionado; 800 españoles los esperaban y mataron a todos menos a cuatro que estaban trabajando para España, entre ellos se incluía Zertucha.

Otra historia indicaba que Maceo había sido muerto por asesinos profesionales, ayudantes frecuentes de la causa española bajo la dirección del mismo Weyler. Su pago había sido $50,000 en la forma de un boleto ganador en la lotería de La Habana que Weyler había controlado.

Una tercera historia, que una minoría pensaba que era tan probable como cualquier otra, contaba de una llamada urgente de Gómez a Maceo para ir a prestarle ayuda en la provincia de Las Villas. Sin que él lo supiera, Gómez estaba celoso de la atención que se le estaba dando a un mulato y decidió salir de él antes que la guerra terminara, temiendo tener a un presidente de color como cabeza de la nación.

Otra, falsamente atribuida al propio Zertucha, contaba que este había descubierto que el hombre a cargo de las provisiones de Maceo se había hecho agente español y le quitó su apoyo a las tropas, hasta que Maceo murió de hambre. Esta versión incluía a un siniestro voluntario acribillando el cuerpo de Maceo a balazos después que Maceo había muerto por inanición.

En un intento de que pararan estas versiones fantásticas sobre la muerte de Maceo, el coronel Manuel Piedra envió un reporte a Gonzalo de Quesada y a Tomás Estrada Palma en New York y a Salvador Cisneros Betancourt en Camagüey.

"A las autoridades civiles en el exilio en New York y en Camagüey: yo fui parte de una procesión fúnebre que llevó el cuerpo inerte del general Maceo y que cruzó los bosques afuera de La Habana buscando un lugar secreto donde enterrar su cuerpo. En el momento del entierro, yo coloqué en el bolsillo de arriba de su chamarra una nota que identificara sus restos sin la menor confusión en caso de que no estuvieran accesibles para un entierro solemne por algún tiempo. Mi nota decía: «*Polvo, cenizas, miserable escoria, al fin de la jornada eso es el hombre; sólo perdura en el recuerdo un nombre que bajo arcos de luz entra en la Historia.*» El 8 de Diciembre, el día siguiente a la muerte de Maceo, los generales Miró y Díaz, el Dr. Zertucha, el capitán Souvanell, el teniente Urbina, Benito y Ricardo Echevarría, Juan Pérez, José Delgado, Andrés Cuervo y yo llegamos a un sitio llamado la Loma del Hambre. Zertucha fue unánimemente rechazado por todo este grupo, y aun maltratado, y fue al día siguiente que desertó e hizo un trato con las tropas españolas. No escapó realmente una vez que se encontró a Maceo muerto. Revisó y luego limpió las heridas de Maceo sin demora alguna. Estuvo presente en la procesión fúnebre. A Maceo le gustaba conversar con él porque era un hombre instruido y un conversador estupendo. La única objeción que le tenía Maceo era que el hombre bebía mucho ron y Maceo tenía una posición muy fuerte en contra de las bebidas alcohólicas. El Dr. Zertucha era un amigo fiel de Maceo; su hermano era el único sobreviviente del incidente de los Estudiantes de Medicina en La Habana en 1871 y era amigo de Fermín Valdés Domínguez. Los

Zertuchas son patriotas; Máximo, ciertamente, no se merece los cuentos que circulan a su respecto.»

En lo que todos estaban de acuerdo era que después de la muerte de Maceo las tropas cubanas cayeron en pánico y se dispersaron, dejando a los españoles a que tomaran los campos, saquearan los pueblos y vejaran, robando, a los muertos. Los españoles no sabían que habían dado muerte al segundo líder al mando de las tropas insurgentes de la Guerra cubana. Un guía nativo que estaba explorando para España reconoció el cuerpo de Maceo; los españoles trataron de cogerlo para ponerlo arriba de un caballo cuando refuerzos cubanos al mando de Pedro Díaz se aparecieron, furiosos y encendidos de coraje por la pérdida de Maceo. Una pelea salvaje y brutal en su intensidad tomó lugar terminando en total confusión, resultando en una derrota para los españoles y la recaptura del cuerpo de Maceo por los mambises.

Cuando las tropas españolas llegaron a su cuartel y reportaron que habían matado a Maceo, nadie los creyó. Weyler, circunspecto y astuto, amenazó al jefe del batallón con ser degradado; no es que subestimara a sus hombres, pero no podía creer que Maceo había podido cruzar su impenetrable trocha sin que él se diera cuenta. Weyler finalmente aceptó la noticia cuando Zertucha se acercó al cuartel español y se entregó. Zertucha trató de congraciarse con Weyler diciendo en su primera reunión con el español:

«General, con Maceo muerto, Ud. como el ganador de la batalla entre dos gigantes, es el dueño sin discusión de todos los cubanos.»

El español, cediendo ante el encanto de las palabras de Zertucha, le otorgó un perdón absoluto y una amnistía, hechos que por supuesto contribuyeron a dar credibilidad a todas las historias de traición y de engaños por parte suya.

La pérdida de Maceo fue irreparable para la causa cubana. Cuando Bartolomé Masó se enteró, le escribió a Salvador Cisneros Betancourt que

«…nadie le pasaba a Maceo en valor personal, resolución, inteligencia estratégica, energía, conocimiento del arte de la guerra y realmente, de todos los elementos concebibles de grandeza militar.»

Salvador Cisneros, aunque nunca fue fanático de Antonio Maceo en el pasado, le respondió:

«Será considerado como uno de los grandes militares de todos los tiempos. Ahora los cubanos tendremos que redoblar nuestras energías y nuestra dedicación para poder compensar, en parte, por la ausencia de Antonio Maceo.»

Inspirados por Maceo, Máximo Gómez, José Maceo, Serafín Sánchez, Mayía Rodríguez, José Lacret, Bartolomé Masó y otros unieron sus fuerzas para asestarle a España un golpe final. Ya tenían a 20,000 hombres acampados en distintos lugares del sur de la provincia de Las Villas. Gómez se quedó en Santa Clara donde España apenas tenía control sobre Cienfuegos; dos de las columnas bajo Lacret fueron asignadas a tomar Remedios. Un movimiento general hacia el oeste comenzó, siguiendo las huellas de José Maceo. Enrique Collazo y Calixto García fueron llamados de Oriente y Camagüey para contribuir a la Invasión de Occidente con 25,000 tropas.

Calixto García, en particular, ya tenía 57 años pero se mantenía tan sagaz y fuerte como el día en que se había unido a Donato Mármol en Santa Rita y Baire durante la Guerra de los Diez Años. Seguía inspirándose en los sentimientos que había tenido a los 32 años, sentimientos de jamás caer en manos de España. En San Antonio de Baja, en Oriente, en 1871, al verse rodeado de españoles, tomó su pistola, se puso el cañón de la misma debajo de la barbilla y disparó. Una cicatriz en el centro de su frente era mudo testigo del paso de la bala: atravesó su lengua, pasó por el cielo de la boca, detrás de la nariz, por los senos frontales y salió por la frente. Burlándose de sí mismo, le decía a sus amigos: *«Tanta cosa para verme exilado en 1881 nada menos que en Madrid, trabajando como cajero de banco.»* En 1896 estaba desembarcando en Baracoa, su alma consumida por una tercera intentona de liberar a Cuba de sus cadenas coloniales.

La Invasión de Occidente por los rebeldes cubanos fue premiada con varias victorias. Durante Mayo, el batallón entero del coronel español Segura fue hecho prisionero en Holguín; a principios de Junio, los batallones del general Jiménez Castellanos fueron decimados en Najasa; Calixto acabó con sus enemigos en las Ventas de Casanova; José Maceo derrotó al coronel Vara del Rey en la Loma del Gato, donde José, hermano de Antonio, desafortunadamente fue cercado y dado muerte en combate; Juan Bruno Zayas y José Lacret entraron y salieron de La Habana como quisieron, pero un golpe de mala suerte causó la muerte de Zayas; Calixto capturó Guáimaro; Rabí, Banderas y Carrillos andaban por la libre por todo Camagüey; Aguirre y Máximo Gómez controlaban todo el campo de Las Villas y Matanzas, luego de cruzar la trocha de Júcaro a Morón cuando querían; grandes cantidades de provisiones fueron tomadas cuando Guanabacoa (a cinco kilómetros de La Habana) fue atacada; Juan Rius Rivera volvió sobre la ruta de Antonio Maceo con gran éxito. Por todas partes, la imagen de Maceo muerto y de Panchito asesinado inspiraba a las tropas cubanas.

Mientras estos eventos tenían lugar en la manigua, Gonzalo de Quesada ejercitaba sus mejores esfuerzos políticos y diplomáticos en Washington. El Presidente Grover Cleveland, en 1896, estuvo por fin de acuerdo en decir lo que los cubanos querían oír: en su mensaje anual al Congreso, comentó el asunto cubano extensamente. Confirmó la validez de la Doctrina Monroe y aseveró que España tenía que reconocer que los Estados Unidos tenían intereses especiales en Cuba, tan importantes como los de España aunque no fueran tan antiguos. Dijo:

«El pueblo Americano no puede ignorar el espectáculo de ruina total de una de las tierras más fértiles y encantadoras del globo. Los Estados Unidos tienen un interés pecuniario en las fortunas de Cuba, casi tanto como España, y se encuentran inextricablemente involucrados en este conflicto no solo costoso sino vejaminoso… es obvio que la incapacidad de España de lidiar exitosamente con la insurrección ha demostrado que la soberanía de España se ha extinguido en Cuba… el conflicto actual es una lucha sin esperanza para restablecer el poder de España y ha ido degenerándose en un conflicto inútil con gran sacrificio de vidas humanas…»

Dado el hecho que Grover Cleveland era el presidente de los Estados Unidos más conocido por su oposición a inmiscuirse en los asuntos de otros países, así como el opositor más fuerte ante la idea de la conquista o anexión de Cuba, estas palabras, conseguidas por Gonzalo, fueron interpretadas por la Junta en

New York y por el Gobierno de Cuba en armas casi como una declaración de Guerra en contra de España a favor de los cubanos.

Finalmente, en Marzo de 1897, luego de tres meses de investigaciones y entrevistas, asi como convocatorias a agentes cubanos secretos para que se reunieran con sus contactos entre prisioneros españoles, una comunicación de Bartolomé Masó llegó a manos de Estrada Palma. Se trataba del asunto inconcluso de la muerte de Maceo y del papel que jugó el Dr. Zertucha. Este intentaba ser el documento que plasmara la verdad definitiva y aclarara y resumiera los eventos del 7 de Diciembre para terminar de una vez por todas los rumores que circulaban en New York y en la manigua con respecto a la muerte de Maceo:

«Es cierto que el campamento del general Maceo fue tomado por sorpresa por los hombres bajo el mando del Comandante Cirujeda. La irrupción de los españoles en un campamento sin protección enfureció a Maceo, quien se dio cuenta de lo que estaba pasando cuando le despertaron los tiros. Maceo se incorporó y ensilló su propio caballo, como hacía siempre, y pidió que un corneta sonara la alarma para poder concentrar a sus soldados para un contraataque. En medio de la confusión nunca apareció el corneta. Maceo actuó con la rapidez que lo caracterizaba. Durante los primeros 20 minutos, el enemigo sufrió 28 muertos y varios heridos. Cuando las tropas españolas se retiraron bajo el fuego continuo de nuestras tropas, se guarecieron detrás de una cerca de piedra zigzagueante en el camino de Corralillo a Punta Brava.»

«Nuestros hombres tuvieron que suspender el fuego debido a esa posición española. Maceo trató, en vano, de desplazarlos de sus resguardos, sin lograrlo. En ese momento, Maceo se podía haber retirado al campamento en San Pedro, pero eso no estaba en su carácter. Se paró en los estribos con el machete en alto y fue al galope hacia la cerca de piedra; la saltó hacia el lado español, y se detuvo brevemente en una cerca de alambres de púas que había que cortar para atacar a los españoles desde su propio lado de la cerca. Mientras esperaba a que la cerca fuera cortada, estuvo expuesto a un fuego intenso por los españoles. De repente, le dieron un tiro y se inclinó hacia el lado izquierdo de su caballo como si un rayo le hubiera dado; su machete salió volando a unos 30 pies. Una bala lo había atravesado desde el lado derecho de su cara, saliendo por el lado izquierdo del cuello. Quería seguir peleando y un soldado lo ayudó a ende-

rezarse en su caballo, cuando una segunda bala le desbarató el pecho. Otra bala le pegó a su caballo y Maceo cayó al suelo. Un chorro de sangre salía del lado derecho de su cara; su quijada estaba fracturada; su arteria aorta había sido desgarrada; su pulsó cesó; su palidez indicaba que la muerte estaba cerca; en dos minutos dejó de respirar y murió.»

«En pocos minutos las tropas cubanas se dispersaron y el cuerpo de Maceo quedó solitario, inmóvil e indefenso, pero escondido por los matojos de la manigua que él tanto amaba. Panchito Gómez Toro, el aide-de-camp de Maceo, había sido herido media hora antes y tenía un brazo en un cabestrillo improvisado. Cuando se dio cuenta de la ausencia de Maceo, supo que le habían disparado frente a la cerca de alambre. Con cautela, se arrastró hasta el punto donde había visto a Maceo por última vez. No estaba armado y fue blanco fácil para los españoles que habían acribillado a Maceo unos minutos antes. Le dieron dos tiros y cayó en el suelo al lado de Maceo; continuó el tiroteo. Sabiendo que iba a morir, sacó lápiz y papel de su bolsillo y le comenzó a escribir a su madre. Distraído por la necesidad de despedirse de su familia, perdió conciencia de sus alrededores y de repente sintió un fuerte golpe en la cabeza, otro en el brazo, en su cara, seguido de otro a su cuello. Ya no podía respirar y perdió el conocimiento. Un soldado español lo ultimó casi cortándole la cabeza. Su carta totalmente ensangrentada, estaba a su lado. Bernarda del Toro nunca la recibió.»

Ese fue el final del reporte. Sin más comentarios. Nadie pudo jamás aclarar el papel de Zertucha.

□ ◊ □

Panchito Gómez Toro (1876-1896), hijo de Máximo Gómez, fiel acompañante de Antonio Maceo, al lado del cual murió tratando de rescatar su cadáver.

¿Fue Zertucha el hombre que traicionó a Maceo?

Maceo murió el 7 de Diciembre de 1896 en San Pedro, La Habana, víctima de una bala que fracturó su vena carótida izquierda. Panchito Gómez Toro, hijo de Máximo Gómez y Bernarda del Toro, murió a su lado tratando de recobrar su cadáver. En esa misma acción fueron heridos los generales José Miró y los coroneles Alberto Nodarse, Rafael Cerviño y Alfredo Justas.

El médico de Maceo, el teniente coronel Máximo Zertucha y Ojeda (1855-1905) *desapareció* de la escena de acuerdo al periodista Ramón Vasconcelos (1890-1965), director del periódico *Alerta;* Vasconcelos reportó que Zertucha se rindió a los españoles el 9 de Diciembre, recibió una amnistía, jamás volvió a las tropas insurgentes y se mudó permanentemente a España; otros historiadores reportaron que se re-alistó en el ejército cubano en Mayo de 1898 con el rango de capitán y se mudó a Melena del Sur donde murió de cáncer de la garganta.

Las pruebas, o falta de ellas, parecen indicar que el Dr. Zertucha, de hecho, fue un leal amigo de Maceo en vez del traidor que ocasionara su muerte en una emboscada española.

◻ ◇ ◻

El Presidente William McKinley (1897-1901)

William McKinley (1843-1901), primero a la izquierda en la foto superior, fue el 25^{avo}. Presidente de los Estados Unidos (de 1897 hasta 1901) y el último veterano de la Guerra Civil que tuvo un papel político influyente en los Estados Unidos. Puso en vigor el arancel más alto en la historia del país en 1897 en un esfuerzo por proteger empleos para los americanos. En 1900, firmó el *Gold Standard Act*, estableciendo que el oro era la base de la moneda Americana. Su política exterior fue caracterizada por la Guerra Hispano-Cubano-Americana de 1898, es decir, la Guerra de Independencia de Cuba, y por sus esfuerzos por acabar con la Rebelión de los Boxers en 1900.

Se distinguió como protector del pluralismo y de los grupos étnicos en la vida Americana. En 1901, fue asesinado por un anarquista, León Czolgosz, y su sucesor a la presidencia fue el vice-presidente Theodore Roosevelt.

En el asunto de Cuba, resistió por varios meses las expectativas del público para intervenir en Cuba, a pesar de la presión de la prensa sensacionalista de Hearst y Pulitzer en New York. Cuando comenzaron a surgir historias de atrocidades y horribles masacres en el campo, así como de un hambre espantosa, particularmente rodeando a los campos de concentración de Weyler, se decidió a actuar. España —era evidente—no podía controlar la rebelión cubana, a pesar de sus promesas repetidas de nuevas reformas, las cuales invariable y repetidamente eran pospuestas por Madrid. Incapaz de conseguir que España actuara con

cierta astucia y mesura en el asunto de las reformas en Cuba, McKinley le entregó el asunto al Congreso, el cual, después del incidente del *Maine,* votó por la guerra, dándole a España una última oportunidad, en efecto, un ultimátum, para considerar un armisticio y una paz permanente.

Dibujo arriba: El asesinato del Presidente William McKinley por León Czolgosz, Búfalo, NY, 6 de septiembre de 1901.

Fotos tomadas horas después de la muerte de Antonio Maceo y Panchito Gómez Toro. La familia y amigos del campesino Pedro Pérez, recogieron y protegieron los cadáveres.
El bohío de los Pérez con la bandera cubana y los féretros de Antonio Maceo y Panchito Gómez Toro dentro del humilde bohío en
Santiago de las Vegas.

15

*"La esencia de gobernar es el poder; y el poder, entregado
a manos humanas, siempre será susceptible al abuso."*
JAMES MADISON (1751 - 1836)

Durante 1896 los esfuerzos casi heroicos de España de ganar
la batalla de relaciones públicas en los Estados Unidos eran tan
importantes para Madrid como el trabajo de sus soldados en el
campo de batalla. El ministro español en Washington recibió
más de un millón de dólares para influir en la opinión pública
y prevenir que hubiera resoluciones del Congreso que fueran a
favorecer a los insurgentes cubanos. Muchos artículos y opiniones, nacidas dentro de la Embajada española, pero circula-
dos como artículos de periodistas objetivos, llegaban a los
periódicos americanos regularmente, proclamando que los rebeldes cubanos eran bandidos, hombres fuera de la ley, y negros en el medio de una revolución racista, dirigida a repetir en
Cuba lo que había sucedido en Haití. Los hechos, sin embargo,
no le daban credibilidad a esta campaña.

En la Florida surgían ciudades donde antes sólo había are-
nales y mosquitos; estas eran gobernadas por hombres y mujeres, exilados cubanos, capaces y responsables. En la Legislatura
de la Florida cubanos como Fernando Figueredo Socarrás daban ejemplo de ser magníficos representantes; otros eran estupendos funcionarios civiles; en Jacksonville, un cubano fue
electo como alcalde; en Key West la mayoría de los líderes municipales eran cubanos, tales como el periodista José Dolores
Poyo, ejecutivo tabacalero y gran contribuyente a la causa independentista; Eduardo Gato (el agente William), y el Comisionado del Condado y dueño de bodegas y tiendas de
alimentos Carlos Recio, importante apoyo económico de José

Martí. Podían verse como precursores de una futura república donde el orden y las buenas prácticas iban a traer armonía y prosperidad. En el comercio y las profesiones, los exilados cubanos adquirían logros y éxitos por encima de lo normal:

En New York, Enrique José Varona, editor de *Patria*, tenía fama como filósofo notable y profesor de *Columbia University*; Nestor Ponce de León era un gran ensayista y autor. En una reunión llena de entusiasmo en *Chickering Hall* en Febrero 25 de 1896, bien reportada por el *New York Times* en su Sección A, más de mil patriotas celebraron el primer aniversario del Grito de Baire, [15] reafirmando su compromiso con la Independencia de Cuba. Entre los asistentes se encontrab un grupo verdaderamente impresionante de cubanos, todos hombres de prestigio en sus diferentes campos en la vida de New York: Juan Fraga, periodista; Tomás Estrada Palma, maestro y director de escuela; Enrique Trujillo, periodista; Gumersindo Rivas, director de periódico; Dr. Eusebio Hernández, médico; Dr. Joaquín Castillo Duany, médico; Luis A. Baralt Peoli, médico y periodista; Emilio Agramonte, compositor; Alfredo Zayas, co-editor de *Cuba Literaria*; Ramón Luis Miranda, quien había sido el médico de Martí, de la Facultad de Medicina de *Columbia University*; Mario García Menocal, ingeniero, graduado de *Cornell University*; Gonzalo de Quesada, abogado y oficial consular; Ignacio Cervantes, pianista and compositor; Figueroa Sotero, historiador— para mencionar a unos cuantos. El *Times* comentó la reunión con estas palabras:

> *«En el momento actual Cuba está camino a la conquista de su libertad y de su independencia. España continúa tratando de romper el espíritu de los patriotas cubanos y de mantenerlos subyugados. Esa fue la razón para enviar a Cuba al tirano Weyler como jefe del ejército español de allí. A estos hechos bárbaros, Cuba le opondrá su determinación más*

---

[15] Algunos historiadores han señalado que el verdadero inicio de la guerra el 24 de Febrero de 1895 debe conocerse como el *Grito de Bayate,* donde se alzaron, entre otros, Enrique Céspedes Romagosa, sobrino de María del Carmen y Carlos Manuel de Céspedes, junto a Bartolomé Masó y muchos otros patriotas. En *Baire* se alzaron Saturnino y Mariano Lora, que en ese momento eran autonomistas; en *Ibarra* Juan Gualberto Gómez y Antonio López Coloma; en *Guantánamo* Emilio Giró y Periquito Pérez. Los Lora –grandes patriotas- se unieron poco después al movimiento independentista.

fuerte y más austera de lograr la victoria a cualquier preci; Cuba está lista para sacrificar al último de sus hijos o dejarle al enemigo un montón de ruinas.»

Esto se repetía en otras partes de la costa noreste de los Estados Unidos: Emilio Nuñez, por ejemplo, no sólo organizaba y subsidiaba expediciones, si no que era un conocido dentista e inversionista en Filadelfia; Leonardo Sorzano Jorrín, quien se había graduado de *Georgetown University*, era entonces profesor en esa prestigiosa institución; Juan Guiteras era profesor de Patología en la *Universidad de Pennsylvania*. Por todos los Estados Unidos, se oía y expresaba la simpatía del pueblo americano con la causa cubana. Los buenos deseos de las cámaras de comercio, las asambleas municipales, las juntas de las universidades, las iglesias, las asociaciones profesionales —todas les deseaban a los cubanos que acabaran de vencer al tirano, a España; no parecía haber desacuerdo alguno al respecto. Los exilados cubanos, mientras tanto, daban ejemplo de ser buenos ciudadanos y de seguir triunfando en sus profesiones y negocios para poner el nombre de Cuba en alto.

Horacio S. Rubens, íntimo de Martí y consejero legal de la Junta Cubana en New York, y Gonzalo de Quesada, también íntimo de Martí, su discípulo más notable y su ejecutor literario, eran dos de los más apasionados seguidores de lo que pasaba en Cuba. Al recibir el informe final sobre la muerte de Maceo por parte de Bartolomé Masó, se reunieron en las antiguas oficinas de Martí —y de *Patria*— en el 214 de Pearl Street en New York. Las oficinas estaban exactas a como las había dejado Martí; una atmósfera evocativa rodeaba todas sus posesiones; tal parecía que todavía allí estaba la presencia de Martí. Tomás Estrada Palma, al tomar la dirección del periódico, no había tocado ni movido objeto o mueble alguno. Las fotos en la pared, el escritorio, el paraguas en una esquina, un abrigo de invierno en el perchero, aun estaban en su lugar; allí estaba también el hacha taína utilizada por Martí como pisapapeles, una taza llena de lápices y plumas y dos tinteros, los cuales habían cargado las plumas de Martí para sus muchos escritos. Luego de unos momentos de silencio, como dudando qué hacer, tratando los dos de no romper la solemnidad de un santuario, se sentaron donde antes lo habían hecho para conversar con el Apóstol y comenzaron a conversar los dos solos.

Gonzalo de Quesada y Horacio S. Rubens (1869-1938) eran compañeros de la Escuela de Derecho cuando Quesada le presentó Rubens a Martí en 1893. Desde ese instante, Rubens, judío americano, se puso al servicio del Partido Revolucionario Cubano. Se hizo gran amigo personal de Martí, brindó sus servicios sin cobrar un centavo y procuró armas para la causa de Cuba. A pesar de su juventud, 28 años (un año menos que Gonzalo; Martí tenía 40), Rubens cabildeó por la independencia de Cuba; representó a los cubanos acusados de insurgencia por el gobierno Americano y estuvo a cargo de las batallas legales con las autoridades americanas, tarea crítica y muy difícil.

En la oficina de Martí, Rubens comenzó la conversación de los dos amigos. «Extraño a Martí todos los días, pero nuestro mejor homenaje a su memoria es continuar este trabajo hasta que quede terminado.»

«Sí, estoy de acuerdo, Rubens...» respondió Gonzalo, quien estaba lleno de tristeza, como si estar en la oficina avivara el recuerdo de Martí.

«Mira, Quesada, la historia constatará algún día la brutalidad y la provocación con la que España ha conducido esta guerra en contra de los cubanos. Madrid ha abierto las prisiones de toda España ofreciendo la libertad a cualquier convicto que tome las armas en contra de los mambises. Cientos de estos desgraciados están llegando a Cuba y uniéndose a los voluntarios. Uno de ellos, Lolo Benítez, a quien nombraron teniente coronel, es un asesino, sencillamente un asesino. Después que Jesús Rabí tomó y abandonó el pueblo de Baire, Benítez llegó y asesinó a todos los habitantes, incluyendo a una niña de seis años, dos mujeres encintas, una de las cuales fue obligada a mirar mientras su familia entera era asesinada. La niña fue colgada de una rama, con una nota en el pecho que decía: *«No vale la pena violarla. ¡Muerte a todos los simpatizantes y amantes de la causa insurgente! Les debemos los mil pesos que sus padres ahorraban para comprar armas para esa basura... Los tomamos como nuestros que eran.»* Esta es la versión española de Port Arthur donde en 1894, los japoneses cometieron una masacre con los chinos.»

«No: esto es peor,» dijo Gonzalo. «En Port Arthur, en honor a la verdad, los oficiales japoneses no pudieron contener a sus soldados. En Cuba, los oficiales españoles *incitaron* a que estos crímenes fueran cometidos. Esa es la recompensa que recibimos por el trato humano y digno que les damos a los prisioneros españoles. Recuerdo la anécdota de Maceo, en Sagua después de una victoria contundente en contra de los españoles; se paró en frente a los soldados capturados y de acuerdo con Panchito Gómez, se dirigió a los prisioneros, que estaban aterrorizados, y les dijo que *«Hay dos cosas que pueden hacer: quedarse con nosotros o volver a su ejército. ¿Cuál quieren hacer?»* Once de los veinticinco se unieron a nuestro ejército; los otros, temblando de pavor y asombrados con la oferta de Maceo, quisieron besarle la mano, lo que él, claro, no permitió. Los mandó a las líneas españolas con una bandera de tregua, algo que ningún general español hubiera hecho. Mira, no hay duda qué lado es el más digno y más honorable…»

«Sólo tienes que mirar las órdenes de Máximo Gómez unas semanas después de la muerte de Martí, ya en Agosto de, 1895,» señaló Gonzalo:

«Todos los prisioneros capturados en acción serán devueltos en el acto a su rango; los heridos deberán ser atendidos con cuidado; los muertos, enterrados. Cualquiera de nuestros hombres que rompan estas reglas será juzgado sumariamente. Los soldados de la monarquía serán respetados y devueltos si así lo desean. Los que se nos quieran unir, tendrán la libertad de escoger qué servicio desean, incluyendo las ocupaciones de apoyo como la agricultura si no desean enfrentarse a sus antiguos compañeros.»

«Esa proclama es casi increíble en su generosidad,» concluyó Rubens.

«Sí. Particularmente cuando los prisioneros de Guerra cubanos han sido ejecutados bajo órdenes explícitas de no dejar a nadie vivo. Los heridos son siempre declarados como muertos y contados como bajas en la batalla. Hace unos días, cuando el general Linares fue derrotado por nuestro general Rabí en Descanso del Muerto, cuatro civiles, sin darse cuenta por donde iban, le pasaron por delante y ordenó que los mataran, furioso por su derrota en manos de Rabí. ¡Son unos salvajes!»

«Estoy atónito con los reportes que recibimos de las masacres en Punta Brava y Guatao,» añadió Rubens. «Estamos hablando de 14 kilómetros de La Habana. Los cubanos, como sabes, estaban atrincherados en Punta Brava, pero las tropas españolas los hicieron retroceder hasta el Guatao, a eso de las 11 am, disparando a derecha e izquierda. La gente salió de casitas y bohíos y corrieron hacia el bosque, a esconderse, pero fueron perseguidos y balaceados, uno a uno, por los soldados españoles. Sus cuerpos fueron traídos al pueblo y tirados en un montón, como basura; 29 hombres, mujeres y niños en total. Sin enterrarlos, sin una palabra, los españoles salieron del pueblo a las cuatro de la tarde. Nunca nadie fue investigado por estos sucesos.»

«Cada cárcel en Cuba está llena hasta reventar con jóvenes, que son los peores enemigos de España,» añadió Gonzalo, «así como con viejos, sean estos mercaderes, profesionales, agricultores… gente de todo tipo y de todos los colores se encuentran tirados en esas cárceles, como si fueran mercancía, esperando a que los barcos se los lleven a las horripilantes colonias penales españolas del África. Allí morirán de hambre, de torturas, de enfermedades, de miseria… su lugar temporal de detención es la Isla de Pinos. Weyler ha jurado exterminar todos los insurgente y sus familias, *"para no dejar malas semillas por detrás que puedan luchar contra España en el futuro."*»

«No hay ni un solo llamado *país hermano* en las Américas que nos ayude,» interrumpió Rubens. «Nuestro único aliado es la situación económica de España…» Horacio Rubens sacó un periódico de su maletín. Era el número de Febrero 8 de *The Economist* de Londres. Comenzó a leer el artículo a Gonzalo, luego de advertirle que el autor el Canciller de Hacienda [*Chancellor of the Exchequer*] ciertamente no era uno a quien se le pudiera acusar de parcialidad:

«No contando los préstamos del Banque de Paris et Pays Bas, España solo tiene £8,500,000 sterling a su disposición, así como un portafolio de

bonos cubanos nominales al 5%. La guerra actual ya le ha costado £60,000,000. El monto actual de gastos en Cuba es un millón sterling por mes, lo que está punto de aumentar cuando España envíe 26,000 hombres más en Marzo. El capital del gobierno español en Cuba no excede las £4,200,000, lo cual podrá cubrir gastos hasta Junio más o menos. Conociendo que todas las provincias están invadidas y casi controladas por los insurgentes y que el trabajo de las plantaciones de azúcar, café y tabaco ha sido detenido, el nivel de desesperación de España en Cuba es enorme. Nosotros [The Economist] no pensamos que el Banque de Paris et Pays Bas les prestará más dinero, ya que el colateral de los bonos cubanos del 5% que podría ser usado ya está casi agotado y sigue bajando por minuto. Los jóvenes en España o se van a la Guerra, o emigran, para evitar ir a la Guerra. Los campos de Galicia, Aragón, Navarra, Cataluña, Valencia y Andalucía están desiertos; las industrias están siendo abandonadas; el capital sigue temeroso de los políticos; los impuestos están más altos que nunca y no pueden subir más, exprimiendo a una población a la que se le han secado los fondos; cientos de mendigos, inválidos, veteranos de la guerra y desempleados pululan por las ciudades pidiendo trabajo o limosnas. Es una vergüenza lo que está ocurriendo en España.»

«Creo de verdad que estamos a punto de acabar con esta Guerra,» comentó Gonzalo. «Estrada Palma y la Junta entera nunca han estado más optimistas. Ya estamos preparando nuestra red de diplomáticos internacionales para el día en que haga falta reconocer a una Cuba libre.»

Rubens se sonrió. «Ya me ves, trabajando para preparar ese reconocimiento por parte de los Estados Unidos... Cuéntame de tus gestiones en otros países."

«Estoy de consejero de Estrada Palma, que, como Delegado Plenipotenciario de la República de Cuba, ya está queriendo que establezcamos nuestras futuras relaciones con la América Latina. El Dr. Arístides Agüero (1834-1901), antiguo profesor de la Universidad de La Habana ahora exilado en Santiago, está a cargo de los contactos con Chile, Argentina, Paraguay y Uruguay. El financiero Nicolás de Cárdenas, descendiente directo de otro Nicolás de Cárdenas y Castellón (1735-1799), Marqués de Prado Ameno, está a cargo de Brasil y Perú. Rafael María Merchán (1844-1905), el autor y periodista exilado en Colombia, autor del famoso artículo *Laboremus* en Noviembre de 1868 en el periódico El País, está a cargo de Colombia; el general Rafael de Quesada (1836-1896), hermano de nuestro famoso Manuel, hace el mismo trabajo en Venezuela, donde está exilado; en el ecuador, nos ayuda nada menos que su presidente, Eloy Alfaro (1842-1912), amigo personal de Martí y de Maceo; en la América Central, tenemos a Joaquín Alsina y a Nicolás Domínguez Cowan; en México, nada menos que a un Ministro, Manuel Mercado, que como sabes era íntimo de Martí; en Europa, contamos con Ramón Emeterio Betances en Paris, y José de Zayas en Londres.»

«Extraordinario trabajo, Gonzalo: te felicito. ¿Cómo ves el pensamiento de España en este momento? Te diré lo que yo pienso: luego de la muerte de Maceo. Weyler creyó tener una nueva oportunidad, a pesar de que en España estaban a punto de llamarlo de vuelta…» Rubens abrió otro periódico y comenzó a leer. «Aquí está el London Times de las semana pasada, bajo la firma de un tal Mr. Ackers:»

«El general Weyler ha fracasado completamente tratando de aprovecharse del shock causado a los rebeldes por la muerte de su más arrojado líder… pensó que con Maceo muerto, los rebeldes de Pinar del Rio no pelearían más. Ha sido un error fatal… no ha habido rendiciones… no ha habido captura de armas… a pesar de esto, Weyler está sacando 30,000 hombres de Pinar del Rio; nuestro corresponsal estima que hay por lo menos 8,000 insurgentes, bien entrenados y armados, con todas las armas que necesitan, municiones y comida. Las costas de Cuba son un colador y las provisiones llegan semanalmente. Los generales Rius Rivera y Mayía Rodríguez están siguiendo las estrategias de Maceo hasta la última letra.»

«Mira, Quesada,» continuó Rubens, «súmale a eso el hecho que al este de la trocha de Júcaro a Morón y por todo Camagüey, Cuba es libre. A Calixto García no le cuesta nada mantener a los españoles a raya dentro de las ciudades y fuera de los campos. No se permiten convoyes para abastecer a los españoles. Hemos capturado varios botes armados de patrullas costaneras tres veces en el Cauto y los hemos hundido. Gómez está manteniendo a Weyler cerca de Santa Clara, sin que se atreva a salir a campo abierto. De acuerdo al London Times España necesitaría £100,000,000 para el año próximo, y eso incluye tener que traer toda la comida desde la península...»

«Incluyendo salsa de tomates y chorizos,» se burló Gonzalo. Luego de una buena risa, los amigos siguieron su análisis.

«Exactamente. España ya le ha tenido que vender a una firma inglesa sus derechos monopolísticos al tabaco y a la sal de Cuba. Era la única forma de poder pagar por sus gastos de la guerra en Cuba. Una vez que se acabe ese dinero, no sé que más podrán vender... El *London Times* predice que tendremos gobierno republicano cubano en La Habana en unos dieciocho meses.»

«¿Y en los Estados Unidos, Rubens? ¿Qué está pasando con tu cabildeo del Congreso?»

«La verdad, para ser franco, los resultados no son buenos... Tenemos unos cuantos enemigos, Senadores y Representantes de Estados que pueden perder ventajas cuando Cuba sea libre: turismo, producción agrícola, compras de equipos, barcos y maquinarias... beneficios que ahora tienen comerciando con España. No hemos logrado una Resolución Conjunta del Senado y la Cámara sobre nuestro derecho a ser libres e independientes, a pesar de los bien conocidos abusos de España desde un punto de vista humanitario. De muchas maneras algunos legisladores le están dando ayuda y apoyo a España y le están permitiendo que mantengan sus firmes garras en la isla. ¡Inclusive nos cuesta trabajo que el Congreso reconozca que hay un estado de guerra en Cuba! Para ciertos legisladores, el asunto está dominado por temas internacionales. Aceptan que hay un conflicto sangriento; brutalidad, crueldad y la destrucción de vidas y propiedades; una guerra salvaje que va más allá de los límites de conducta civilizada; sin embargo, todo eso es preferible a hacer una declaración que vaya a mortificar a España.»

«¿Quiénes están con nosotros? ¿Quiénes son nuestros enemigos?»

«Nuestros amigos son Morgan de Alabama, Gray de Delaware, Stewart de Nevada, White de California, Vest de Missouri, Lindsay de Kentucky, Hitt de Illinois, Sherman de Ohio, Gallinger de New Hampshire, Frye de Maine, Lodge de Massachusetts, Allen de Nebraska y Pasco of Florida,» respondió Rubens.

Luego de una breve pausa, añadió:

«Entre todos ellos, el mejor apoyo que tenemos es de John Sherman de Ohio, Presidente de la Conferencia Republicana. Nuestros enemigos son Cafferty de Louisiana, Chilton de Texas, George de Mississippi, Hale de Maine, Morrill de Vermont, y Wetmore de Rhode Island.»

«¿Cómo fue la votación cuando se consideró la Resolución Conjunta?»

«La Cámara la pasó con una gran mayoría, 263 a 17. El debate caliente fue en el Senado. Al llamado de la lista, hubo 64 a favor y 6 en contra. Cuando el público de la galería se dio cuenta que una Resolución Cubana había sido adoptada, explotaron en aplausos, que el Vice-Presidente presidiendo la sesión no pudo controlar; Adlai E. Stevenson de Illinois (1835-1914), era ese día el Presidente del Senado.»

«¿Cómo habrá sido recibida la noticia en España? ¿Te imaginas?», dijo Gonzalo.

«El pueblo y el gobierno interpretaron la Resolución como un gran insulto. Hubo demostraciones populares en todas partes; en Barcelona 10,000 personas atacaron el consulado de los Estados Unidos y casi lo queman. El Ministro español en Washington, Dupuy de Lôme, desesperado, en contra de todo lo que es correcto y diplomático, atacó al Senado en los periódicos, en Washington y en Madrid.»

«¿Lo echaron?» preguntó Gonzalo.

«No. Pero los senadores Henry Cabot Lodge, Teller, Chandler y Morgan contestaron con gran indignación; la opinión pública estaba con ellos en un 100%. En estos momentos, dada la agresividad de España, sólo tiene un defensor en el gobierno, en el Congreso: Charles A. Boutelle, representante por Maine.»

Rubens sacó un diario de su maletín, donde apuntaba sus notas personales. Le leyó a Gonzalo:

«De *La Nación* en Madrid. España no puede permitir ser guiada en sus asuntos domésticos por el gobierno de ningún otro país, ni puede permitir agitación extranjera alguna como injerencia en su manera de manejar a sus colonias rebeldes. España no es Turquía.»

«¡Qué arrogancia! Pero claro, no me sorprende...» comentó Gonzalo.

«Sí. En un testimonio reciente ante el Sub-Comité de Asuntos Extranjeros del Senado, dije: "Los cubanos no se van a rendir sin lograr su independencia... aunque España estuviera lista para darles la autonomía más genuina, ya no la quieren. España sabe que Cuba ya está perdida, pero desea seguir explotando la isla hasta el último momento... lo que quieren es que Cuba —por algúna coartada impredecible— sea la que pague la gigantesca deuda cubana. Sería una burla sangrienta a nuestros muertos que Cuba aceptara pagar esa deuda que ha sido incurrida por España para seguir subyugándonos. Cuba debe y puede comenzar su vida como nación libre sin cargas onerosas, sin obligaciones; cualquier otra cosa, asfixiaría a la joven nación.»

Años más tarde, con la ventaja de haber sido testigo presencial de esos tiempos de luchas, y con la ventaja de mirar hacia atrás, Gonzalo de Quesada dictó unas conferencias en la Universidad de La Habana donde dijo:

«Parte de la respuesta española a la Resolución Conjunta fue el comienzo de los infames campos de concentración —la Reconcentración— de Valeriano Weyler, una política genocida que alcanzó su satánico final en 1897. Todos los cubanos tenían que salir de sus hogares en el campo y entrar en uno de los campos; los campos de concentración eran unos corrales abiertos, rodeados por alambres de púas bajo la custodia continua de voluntarios y soldados españoles. No había provisión alguna para protegerse de los elementos o de recibir comida regularmente. Los amigos de los *reconcentrados* no eran bienvenidos y cualquiera que intentara pasar para ver los campos, se arriesgaba a que le dispararan. En pueblitos y villorrios estaban algo mejor, pero no mucho mejor. Podían quedarse en sus casas pero no podían sembrar y muchos menos tratar de buscar comida en el campo que los rodeaba bajo pena de ser balaceados. El único alimento que podían tener era el que se les daba en comedores populares organizados por el municipio o por las autoridades locales. La mortalidad que resultó de esta aberración en los campos, fue espantosa, ya fuera por hambre, enfermedad o por estar a la intemperie. Esta política de hacerle la guerra a la población civil acabó con cualquier simpatía que España pudiera aun tener en el mundo. Cristalizó la opinión pública en los Estados Unidos; solidificó el rechazo casi unánime de los antiguos amigos de España; cualquier respeto que España pudo haber tenido, se convirtió en horror o desprecio, ciertamente indiferencia con respecto a lo que le pudiera pasar en el futuro. En 1897, Fitzhugh Lee, el muy respetado y capaz cónsul americano en La Habana reportó que había 101,000 *reconcentrados* en la provincia, sin contar 52,000 que habian muerto en los últimos tres meses. No pudo obtener cifras confiables del resto de la isla, pero estimó el número total de *reconcentrados* en unos 400,000.»

«Para escándalo del mundo, el Primer Ministro español Cánovas del Castillo respondió que Weyler era un militar pundonoroso que jamás toleraría abusos o injusticias; por lo tanto, no había necesidad de ser reemplazado. El 8 de Agosto de 1897, Cánovas fue asesinado por un anarquista; el 29 de Septiembre, el gabinete español en pleno renunció. El 4 de Octubre Práxedes Mateo Sagasta fue nombrado Primer Ministro y enseguida nombró a un nuevo Capitán General en Cuba, Ramón Blanco. Weyler se fue lleno de odio hacia Cuba —y hacia los Estados Unidos.»

□ ◊ □

La Prensa Española y la Guerra de Cuba

Malas noticias a diario: propaganda *anti-Yankee*; despedida a los que marchan a Cuba; *Cervera* prisionero en NY; el *Crucero María Teresa* en ruinas; los madrileños no dejan de ir a los Toros; la *Puerta del Sol* sin tráfico; los ricos no van a la guerra.

La Prensa Americana y la Guerra de Cuba

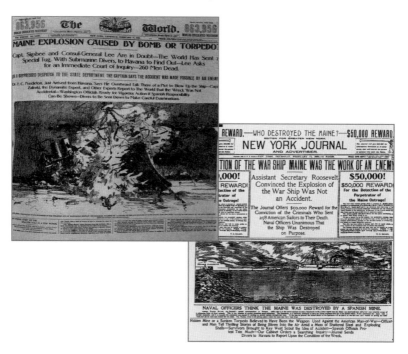

William Randolph Hearst (1863-1951), dueño del periódico *The New York Journal* y **Joseph Pulitzer** (1847-1911), dueño de su rival T*he New York World,* se enredaron en una feroz guerra de circulación de sus periódicos a fines del siglo XIX y durante los primeros años del siglo XX. Sus periódicos aumentaron su circulación de forma astronómica con escritos escandalosos de veracidad dudosa.

Esa guerra periodística incluyó reducciones de precio sustanciales y furiosas campañas para conseguir anunciantes, al lado de gallardas cruzadas por el mejoramiento cívico de las ciudades donde circulaban los periódicos y de campañas sostenidas en contra de la corrupción. Se convirtió en un tipo de periodismo llamado *yellow journalism,* (la prensa amarilla). Durante el 1920, la cadena Hearst incluía a *Los Angeles Examiner*, el *Boston American*, el *Atlanta Georgian*, el *Chicago Examiner*, el *Detroit Times*, el *Washington Herald* y una docena más, bajo la bandera del *San Francisco Examiner*.

Pulitzer compitió más modestamente con el *St. Louis Post-Dispatch* y *The New York World*, el cual se convirtió en el periódico más grande de la nación con una circulación de 600,000. Tanto Hearst (del 1903 a 1907) como Pulitzer (de 1885 a 1887) eran Demócratas y fueron miembros de la Cámara; estuvieron interesados en la política hasta que murieron.

Hearst murió de un ataque al corazón en 1951, en Beverly Hills, a los 88 años. El *Hearst Corporation* continúa hasta el día de hoy como un gran conglomerado de medios, en manos privadas, basado en New York City. Joseph Pulitzer murió en 1911 a bordo de su yate en el puerto de Charleston, Carolina del Sur, camino a su casa de invierno en Jekyll Island, Georgia, a los 64 años. Pulitzer le dejó a *Columbia University* $2 millones en su testamento para que creara el *Pulitzer Prize* de Periodismo, en 1912. La universidad tuvo dudas de aceptar el regalo, por la reputación dudosa de Pulitzer.

Aun mucho más que Pulitzer, Hearst fue el consumado periodista «amarillo.» Usó sus periódicos obsesivamente para buscar apoyo popular para una aventura militar en contra de España y es considerado como el hombre que 1898, «aunque tuvo que inventar hechos y ofensas, mentiras todas, para mover a los Estados Unidos a su enemistad en contra de España y a una guerra asesina,» de acuerdo a las palabras de Upton Sinclair en 1919. Sinclair también acusó a Hearst de reescribir cada mañana las noticias de varios periódicos londinenses y de distribuirlas bajo el nombre de corresponsales inventados de Londres, Paris Roma y Berlín. Sin duda Hearst inventaba historias como cosa de rutina, hacía entrevistas sacadas de su imaginación y partes de prensa de ficción; distribuía fotos y dibujos editados y no tenía el menor escrúpulo en distorsionar la historia que fuera, si es que eso servía sus intereses personales.

Fotos: William Randolph Hearst y Joseph Pulitzer

Lo que quedó del Maine el 15 de Febrero de 1898: arriba, izquierda, el acorazado entrando en la bahía de la Habana. Mapa de su localización dentro de la bahía. Restos y memorias.

16

"Dejamos el tiempo libre para poder tener más tiempo libre,
así como vamos a la guerra para poder tener la paz."
ARISTÓTELES (384BC - 322BC)

En Diciembre de 1896, Gonzalo de Quesada recibió una larga carta y un reporte desde Cuba de uno de sus mejores amigos, George Eugene Bryson, corresponsal del *The New York Journal* [16]. En su carta Bryson describió una reunión interesante con un amigo común y en su reporte le detalló cómo lucía la Guerra de 1895 desde la perspectiva de un hombre que viajaba con insurgentes cubanos por los campos de Cuba

«El 20 de Abril [1896] último, estaba con el general Lacret en un momento en que sus fuerzas estaban tan exhaustas que decretó un descanso en Sabana Grande, al sur de Bolondrón. Esa es una zona poco poblada, donde no había que temer una sorpresa de parte de las tropas españolas. Nuestro cuartel no era otra cosa que una vieja taberna pueblerina. Quedaban allí todavía algunos lujos alcohólicos y el propietario reclamaba que cada botella que uno quería era la última que le quedaba y por eso estaba tan cara. De momento, vi a un viejo amigo nuestro: Leonardo del Monte, al cual, si recuerdo correctamente, los dos conocimos en New York. Su familia tenía grandes plantaciones en Cuba y bajo la égida y la organización de su madre, Rosa Aldama del Monte, recibían frecuentemente a sus amigos en su mansión neoyorquina. Me acuerdo de Leonardo paseándose por la Quinta Avenida con un bombín de seda y un largo chaqué con el paso que llaman en Londres el "contoneo de la caballería." El es algo mayor que nosotros y si te acuerdas, ambos lo admirábamos y queríamos parecernos a él

---

[16] Durante la Guerra de 1895-1898, The *New York World* tenía seis corresponsales cubriendo Cuba y el *New York Journal* más de dos docenas. La mayoría cubrie ron la guerra desde la terraza del Hotel Inglaterra.

cuando tuviéramos su edad —o por lo menos lucir tan distinguido como lucía él. Bueno, pues estando yo sentado en la entrada de un bohío, veo a este personaje en harapos acercárseme, con una barba mal cuidada y cojeando, viniendo hacia mí. Su pie izquierdo tenía los restos de un zapato amarrado con un cordel y el derecho, vendado con un tipo de cabestrillo hecho de una rama de árbol. Sólo podía caminar poniendo todo su peso sobre un bastón grueso; no lo reconocí de inmediato, pero él comenzó a conversar y me dijo que le habían dado un balazo en su pie derecho, lo que le causaba un dolor constante e insoportable. Durante la conversación, reveló que era Ingeniero Civil, graduado de Stevens y que su misión era dinamitar los puentes de ferrocarril en la manigua. Se iba hacia Rio Cañas a volar otro puente, cuando yo le dije que yo conocía a un tipo llamado del Monte, también graduado de Stevens... Nos abrazamos al identificarse él; tu nombre salió a relucir, como es naturl. Unos días después, me enteré que el puente sobre Rio Cañas había sido destruido y me sentí tan orgulloso como si lo hubiéramos volado tú y yo.»

El reporte incluido con la carta de Bryson a Gonzalo era una copia de las notas que Bryson había escrito para adjuntar un artículo sobre la *Batalla de Saratoga*. En forma sucinta, describía la acción y sus circunstancias:

«Era la primera vez que las tropas españolas, bajo el general Jiménez de Castellanos, salían a campo abierto para medir sus armas en contra de Máximo Gómez; las fuerzas de Jiménez consistían en dos regimientos de infantería (alrededor de 2,000 hombres) y una fuerza de caballería (de 200). Dejó Puerto Príncipe (Ciudad de Camagüey) el 9 de Junio, 1896. A las 2 pm Gómez se dirigía hacia la ciudad para enfrentarse a ellos. Estaban acampados en la Finca Saratoga, cerca de las montañas de Najasa. A las 4:30 pm, Gómez comenzó su ataque. Ordenó al coronel cubano Colunga que cortara los alambres de una cerca para facilitar nuestro avance. Le seguía el mayor Sánchez Agramonte. Hubo un tiroteo y el brillar de machetes. Los cubanos disparaban sus Remingtons desde sus monturas. Los españoles tiraban sus Máuseres muy alto y muy rápido. Máximo Gómez montaba a su gusto para arriba y para abajo. Había mandado los escuadrones de Ramón Guerra y Zayas Bazán a que sorprendieran a los españoles desde su retaguardia. Dos cañones españoles disparaban desde una colina al lado del rio. Gómez parecía tener 20 años menos; tenía su sombrero, virado hacia un lado, le daba vueltas a su machete con su muñeca, un truco muy suyo. A las 5:30 pm los españoles interrumpieron su tiroteo. Podíamos oír las andanadas de Guerra y Zayas Bazán atacando desde el norte, por detrás de ellos. A las 8 pm el aire estaba completamente quieto. Al día siguiente, luego de uno que otro tiroteo durante la noche, Gómez estaba listo para reanudar su ataque. Sus tropas avanzaron hacia el enemigo y se retiraron, tratando de sacarlos de sus posiciones. Colunga parecía haber roto las defensas enemigas y haber penetrado el campo español. Al mediodía, los españoles salieron a campo abierto; Gómez les respondió con una carga al machete y los hizo retroceder. A la 1:30 pm comimos algo por primera vez ese día, mientras descansábamos del calor. Podíamos ver a los españoles cavando trincheras en la parte alta de una colina. Al caer la tarde, Gómez decidió mantenerlos despiertos y dio órdenes a Guerra y a Zayas Bazán para que les dispararan salvos intermitentemente. Al tercer día ensillamos nuestros caballos. Nos habían traído municiones de un almacén secreto en el bosque. Nos fuimos a un lugar más alto. Le dieron un balazo a la mula de nuestro cocinero y las cazuelas, *boniatillos* y carne fría se regaron por todas las rocas. Las tropas españolas se estaban retirando y Gómez ordenó entrar en su campamento. Guerra seguía aguijoneando a las tropas en su retirada; encontramos a 60 hombres enterrados, varias docenas de rifles Máuser y municiones abandonados. El único alimento que se veía eran latas vacías de sardinas. Cuatro días después, leí el reporte oficial de Castellanos en un periódico de Camagüey y me enteré que 50,000 rondas de municiones habían sido disparadas. De acuerdo a nuestras bajas, correspondían 4,545 balas para herir o matar a cada una de nuestras víctimas. Entiendo que en la guerra Franco-Prusiana se gastaron 1,000 balas por baja. Los españoles claramente están desperdiciando el poder de sus Máuseres. En el mismo periódico, otro artículo decía que el general español Godoy había llegado a la escena y había obligado a las tropas cubanas a retirarse. Evidentemente las autoridades españolas solo le llaman derrota a la total aniquilación de sus tropas.»

Al leer este reporte, con una sonrisa en los labios, Gonzalo de Quesada comenzó a hacer arreglos para lo que había decidido hacer varios meses antes, unos días antes que Martí muriera en combate. Su decisión había sido que tenía que presenciar y visitar el frente de guerra en Cuba para brindar homenaje tácito a la memoria de Martí y para poder reportar en primera persona sobre la organización y los hechos de los ejércitos mambises; aunque fuera un viaje corto, podría ver el coraje y el estilo inigualable de los mambises y ser aún más convincente al hablar con los contribuyentes a la guerra. La presencia de Bryson en la manigua era la oportunidad que buscaba.

No hay records fehacientes de como Gonzalo de Quesada llegó a Cuba y al Cuartel General del Comandante Supremo del ejército cubano, Mayor General Máximo Gómez. Sus contemporáneos siempre creyeron que fue con la ayuda de un miembro del Senado de los Estados Unidos. Otros pensaron que fue Daniel S. Lamont, el Secretario de la Guerra o Richard Olney, Secretario de Estado durante el segundo término de Grover Cleveland el que hizo posible que Quesada entrara y saliera de Cuba en un período de dos semanas en Junio de 1896. De cualquier manera, Quesada estaba ya con Bryson en el campamento de Gómez un día antes que Gómez se dispusiera a visitar el gobierno civil en San Andrés, pocas semanas después de la batalla de Saratoga. Antes de volver de Cuba Quesada envió un cable [17] al *Journal,* con un artículo en tercera persona, publicado el 23 de agosto:

> «La distancia de Saratoga hasta el pueblo de San Andrés es aproximadamente dos *leguas* [18]; Gonzalo de Quesada, George Eugene Bryson y una escolta de tres hombres de las tropas del coronel Colunga, ordenada por Máximo Gómez, llegaron a una amplia casa de campo en San Andrés a eso de las 11 de la mañana. Era esta la sede temporal del gobierno de Salvador Cisneros Betancourt, *Marqués de Santa Lucía.* Era una casa cómoda, grande, de dos pisos, rodeada por los cuatro lados de un portal ancho que brindaba una deliciosa sombra, cubierto por un techo de dos aguas de tejas de barro. Las oficinas y áreas públicas estaban en el primer piso; los

---

[17] Los dueños de periódicos de New York competían ferozmente por las noticias sobre Cuba. El *New York Journal* pagó $8,000 por el cable de Quesada; los fondos fueron a engrosar la cuenta del Departamento de Expediciones cubano.

[18] La *legua* es una vieja unidad de distancia utilizada por los romanos; presumiblemente representaba la distancia que podía caminar en una hora un caballo con un jinete diestro. Hoy en día es equivalente a 4,435 metros, 3 millas o 24 furlones.

dormitorios en el piso de arriba. La casa quedaba muy cerca del rio Najasa, tenía rejas de hierro forjado en las ventanas y paredes de cal blanca. La puerta del frente, siempre abierta, llevaba a un pasillo de donde salían varios cuartos con mesas de madera; sentados allí había hombres en trajes o camisas blancas afanosamente escribiendo en papeles impresos con el sello de la República de Cuba. Aguantando a esos papeles de la brisa que entraba por las ventanas habían pistolas, machetes y cabos de rifles, apropiados pisapapeles todos. Estaba todo preparado para poder salir de la casa en pocos minutos, sin pérdida de archivos ni papeles. Al final del pasillo había un salón con una hamaca colgada entre dos paredes. Salvador Cisneros Betancourt descansaba en ella, conversando con su Vice-Presidente, el general Bartolomé Masó, sentado en una butaca de piel frente a un escritorio lleno de documentos. Salvador era un hombre grande, vestido elegantemente, con una gran barba, copiosa y blanca, muy bien cuidada. Tendría unos sesenta años, descendiente de una de las familia más antiguas y ricas de Camagüey. Un mismo relato podía describir a Masó, excepto que él era oriundo de Manzanillo. Ambos apellidos, Masó y Cisneros, eran sinónimos de honestidad, coraje y patriotismo.»

«Poco después de que Quesada y Bryson comenzaran a conversar con Cisneros y Masó, un sirviente anunció que ya estaba servido el desayuno. Pasaron a otro cuarto y allí continuaron su conversación. El desayuno consistía de arroz con carne asada y plátanos fritos servidos en platos de latón. Para tomar, limonada de limones frescos y miel de la misma finca de San Andrés.»

«El gabinete en pleno se aprestaba a su reunión trimestral, así que varios miembros comenzaron a entrar al cuarto, cada uno cargando su propia silla; Carlos Roloff de Santa Clara, Secretario de la Guerra; Mario García Menocal de Matanzas, Vice-Secretario de la Guerra; Rafael Portuondo y Tamayo de Santiago de Cuba, Secretario de Asuntos Exteriores; Fermín Valdés Domínguez de La Habana, Vice-Secretario de Asuntos Exteriores; Severo Pina de Sancti Spíritus, Secretario del Tesoro; Joaquín Castillo Duany de Santiago de Cuba, Vice-Secretario del Tesoro; Santiago Cañizares de Remedios, Secretario del Interior; Carlos DuBois de Baracoa, Vice-Secretario del Interior.»

«Los ayudantes se sirvieron en los susodichos platos y se recostaron en las ventanas y marcos de puertas, con sus platos en la mano. Al lado de ese cuarto, había un grupo muy ocupado de copistas transcribiendo o copiando en limpio las notas de los diferentes Secretarios y de las autoridades de la República en Armas.» «La reunión comenzó en presencia de Quesada y Bryson. Se cerraron las puertas y un centinela con rifle se situó afuera. A Quesada le reiteraron que él ya estaba autorizado a compartir secretos de Estado; se le informó a Bryson que los temas de la reunión no debían divulgarse y Bryson accedió de inmediato a respetar la confidencialidad requerida. La reunión duró varias horas durante las cuales varias tandas de café fueron consumidas por los participantes, ninguno de los cuales salió de la habitación. A media tarde, Juan Francisco Vivanco, parlamentario del Consejo, ordenó a un mensajero a que fuera a un pueblo cercano a adquirir café, azúcar, tabacos, ron y chocolate; se le dieron al mensajero diez piezas de oro, cada una con un valor de cuatro dólares; cinco para las provisiones y cinco de regalo para el coronel de la guarnición. Cerca de las 8 pm, terminó la reunión y luego de refrescarse, todos los asistentes caminaron hacia el comedor, donde Fermín, el jefe de los cocineros de Cisneros, había preparado un banquete.»

«A la mañana siguiente, la corneta del amanecer sonó a las 6 am. Cuando Quesada y Bryson bajaron, todo ya estaba empaquetado en la casa. Fermín sirvió rápidamente una jícara de café y el grupo entero comenzó su marcha, casi militar, hacia el pueblo de Najasa, un campamento a unas seis millas; la nueva localización del siempre mobilizado sitio del Gobierno en Armas. Una guardia de avanzada comenzaba la procesión; detrás de ellos, unos treinta hombres de la escolta residencial; los seguía el Gabinete y su *staff*, la *impedimenta* [19] y otros miembros de la casa del presidente.»

«Muchas casas en el camino a Najasa ostentaban escritos hechos por soldados españoles prometiendo torturas al Marqués de Santa Lucía y amenazando a las mujeres cubanas. Había unos pocos letreros insultando a Máximo Gómez. En las laderas de la Sierra de Najasa, se estableció un nuevo campamento. Fue allí exactamente donde la Constitución de Jimaguayú se había firmado el 16 de Septiembre de 1895.»

«Después de cinco días de esperar a Gómez en Najasa, llegó un mensajero para anunciar que el generalísimo esperaba a Cisneros

---

[19] La *impedimenta* es la procesión de equipaje, equipos portátiles y provisiones que lleva un ejército. En 1896 se llevaba en mulas y burros bajo la dirección de un oficial, el comisario general. En el ejército independentista cubano la *impedimenta* consistía de sillas, escritorios, mesas, camas, equipo de acampar y cajas con documentos, además de paquetes de café, azúcar, latas de leche, plátanos, miel, tasajo, quesos, tabaco, mangos, yucas y boniatos.

en San Andrés. En las palabras del Marqués, «Uno no debe oponerse, contradecir, molestar o mucho menos acusar a Máximo; siempre se sale con la suya. ¡Vayamos de vuelta a San Andrés! Mahoma no vendrá a la montaña…»

«Cuando el grupo llegó a San Andrés, la casa había sido decorada con yaguas frescas, flores y banderas cubanas. También la habían barrido con cuidado y el portal estaba recién pintado. Gómez montó su caballo tan pronto como se anunció que Cisneros estaba a dos leguas y gentilmente cabalgó para encontrarse con él. Los dos hombres, quienes no se habían visto desde que la guerra había estallado, cayeron uno en brazos del otro y otros veinte o treinta oficiales y miembros del Gabinete se les unieron, hasta que juntos, formaban un círculo sólido, con cuatro o cinco hombres de profundidad.»

«Como deferencia a Cisneros, Gómez le pidió que se quedara él en la casa y llevó a sus tropas a acampar al aire libre a unas cien yardas del rio Najasa. Los soldados y funcionarios, negros y blancos, cultos y analfabetos, ricos y pobres, jóvenes y viejos, se acomodaron por las riberas del rio entre los dos centros de poder y gozaron de cinco días de nadir y divertirse como si fueran chicos de vacaciones. Como es usual cuando los chicos arman bulla y los viejos se molestan, hubo sus peleas y confrontaciones entre los hombres. Estas pequeñas y naturales escaramuzas se reportaron en la prensa madrileña como «fricción entre el comando militar y el gobierno de Cuba.» Más noticias falsas plantadas por un agente español en filas cubanas. Ignoraban los lectores en Madrid que en San Andrés se zanjaron de una vez por todas cualquier diferencia que hubiera podido existir entre civiles y militares dentro de los rangos cubanos.»

A pesar de los esfuerzos de España para pintar a la Guerra como una de «*negros ignorantes, algunos blancos de clase baja, algunos bandidos y aventureros internacionales,*» la lista del gobierno civil de Salvador Cisneros Betancourt hablaba por sí sola. Salvador Cisneros Betancourt era miembro de dos de las familias más distinguidas de la isla; Masó, de familia distinguida también, era un líder cívico altamente respetado y apreciado por su carácter intachable; Carlos Roloff, nacido en Polonia, era parte de una familia influyente de Cienfuegos; Mario García Menocal, miembro del *United States Corps of Engineers*, había sido uno de los diseñadores del inconcluso *Canal de Nicaragua;* Rafael Portuondo era patriarca de una de las familias principales de Santiago de Cuba; Fermín Valdés Domínguez, el mejor amigo de Martí, era un médico bien conocido, también antropólogo y botanista; la familia de Severo Pina había sido parte de la fundación de Sancti Spiritus en 1519; Joaquín Castillo Duany había sido el médico de la primera expedición exploratoria del Polo Norte; Santiago Cañizares era el hombre más rico de Remedios, bien conocido por su generosa filantropía.

Gonzalo pasó el resto de su estadía en Cuba familiarizándose con la infraestructura del ejército y con el territorio mismo de la futura República. Nunca había visitado el centro de Cuba y se fascinó con los bosques vírgenes de la isla. No tenía la menor idea que había 13 millones de acres de bosques en el interior de la isla, con árboles de maderas preciosas como la caoba, el ébano, el sabicú, el granadillo, el cedro, el palo de rosa, el guayacán, el álamo y el *lignumvitae.* El *cicerone* de esta exploración de Gonzalo fue Fermín Valdés Domínguez. Fermín y Gonzalo eran buenos amigos y habían colaborado en varios proyectos anteriores que tenían que ver con la independencia de Cuba. La devoción de ambos a Martí y a la causa de la independencia era extraordinaria. Fermín llevaba consigo una foto de Martí a los treinta años, en Madrid, con una dedicatoria que decía «*A mi mejor amigo, quien en el peor de los tiempos, ha sabido ayudarme como a un hermano. Junio 12, 1869.*» Gonzalo tenía planes de quedarse en New York para continuar la labor de Martí, interrumpida por la muerte.

«Las únicas operaciones militares españolas en estos momentos,» indicó Fermín, «son los envíos de convoyes entre Bayamo, Jiguaní, Santiago, Las Tunas y Holguín. Cada día todo se hace más difícil para ellos, a pesar de la numerosa guardia con la que cuentan. Los convoyes llevan municiones, ropas y *"herméticas."* [20] Casi todos los convoyes en los últimos dos me-

---

[20] Literalmente «*cerradas al vacío,*" los contenedores de cristal que preservaban todo tipo de comidas como la leche evaporada, salchichas, pescado, frutas azucaradas, granos y sopas.

ses han sido capturados por nuestras tropas; ahora mismo, no tenemos la más mínima escasez de comida o de armas.»

«Oye, he visto muchas fincas abandonadas en el campo; ¿será que los dueños han huido hacia los pueblos? Las puertas están abiertas y las flores crecen frente a sus paredes blancas... Me parece que las casas son respetadas y no vandalizadas: ¿estoy en lo cierto?» preguntó Gonzalo.

«Camagüey y Oriente están tranquilas. Gómez y Cisneros han acabado con cualquier bandidaje que pudiera haber existido. Los prefectos de los distritos son supervisados por los gobernadores civiles Cubanos y ellos le reportan directamente a Cisneros. Se espera que todos los niños vayan a la escuela durante la semana y todas las manos útiles se emplean en algo de la Guerra o en algo de la paz, según sus inclinaciones. En esta región estamos publicando cuatro periódicos: *El Cubano Libre* es el de mayor circulación. Los imprimimos en ediciones de cien números en varias prensas que tenemos en lugares seguros. *El Cubano Libre* llega a toda Cuba, de Oriente a Occidente; en el oeste, se imprime en una prensa al norte de Pinar del Rio, en las lomas cerca de Matahambre. Distribuimos la edición de Pinar del Rio por bote, hasta Quiebra Hacha, cerca de La Habana. Otras ediciones se transportan por jinetes, pasándolas de mano a mano, de alforja a alforja, hasta que están hechas un desastre, pero nunca lo bastante como para no ser bien recibidas y leídas por nuestra gente. Los únicos que saben dónde están nuestras prensas son los editores, los que componen las páginas y los impresores. Las prensas son tan pesadas que se dañarían si hay que moverlas con premura. Son equipos viejos y sólo siguen trabajando por la astucia y creatividad de los mecánicos... En Las Villas tenemos un periódico que hace el papel de una prensa para quesos cuando ya se ha impreso el periódico.»

«Increíble, absolutamente de maravilla, como diría el *New York World,*» comentó Gonzalo con verdadera admiración.

«Deja que veas uno de nuestros talleres del Gobierno,» respondió Fermín.

Estos talleres de la República en Armas abastecían al ejército libertador con ropas, equipos y provisiones lo mejor que podían; reparaban machetes, escopetas y rifles, artillería y cartuchos reciclados para que al ejército no le faltaran municiones ni armas. La localización de los talleres era un secreto bien guardado; en caso de emergencias, las herramientas se podían esconder en minutos bajo escondites bien camuflajeados. Los mambises a cargo de estos talleres estaban bajo las órdenes del gobierno civil y la fuerza laboral se escogía de entre leales soldados que habían sido invalidados en combate y ya no podían pelear.

Gonzalo y Fermín visitaron un taller en Santa Catalina, en el sur de Camagüey, cerca de donce ocurrió la batalla de Moja Casabe en 1873, cuando Camagüey rechazó el liderato de Antonio Maceo por no haber Las Villas aceptado a Máximo Gómez como comandante de las tropas en su territorio.

En Santa Catalina, visitaron uno de varios talleres de zapatos. Las pieles eran abundantes en Camagüey, así que la región se convirtió en la fuente de zapatos, botas, cinturones, cartucheras, alforjas para los mensajes, maletas y bandoleras para todo el ejército. Todos los productos terminados se le entregaban a los prefectos de los distritos, quienes los distribuían entre las tropas. En cada uno de los talleres de zapatos, de seis a diez hombres trabajaban con la ayuda de sus familias. Se distribuían por tierra, en cajones marcados «materias tóxicas» o «provisiones médicas dañadas,» las cuales viajaban hasta el extremo oeste de la isla en trenes o barcos, bajo las barbas y el escrutinio de los inspectores españoles. Para llegar a estos talleres en Santa Catalina, Gonzalo y Fermín tenían que alcanzar un sitio donde escondían a sus caballos, irse sigilosamente entre la maleza, identificarse con las claves correctas y encaramarse por encima de árboles caídos que obstaculizaban el camino. Una vez en Santa Catalina, averiguaron que había otros caminos "sólo conocidos por los trabajadores" que eran anchos, planos, con césped, y bajo las ramas de grandes árboles.

«Los productos de estos talleres son extraordinarios,» dijo Gonzalo. «Parece que luego de engrasar los zapatos y caminar en ellos por un par de días, estos se ajustan a la forma exacta de tus pies… resultando ser muy cómodos.»

«Nuestros zapatos y botas se fabrican con materiales sólidos en los lados y en las suelas, agarrados con puntos de costura de tipo antiguo. Las botas costarían una fortuna en las tiendas para cazadores en Manhattan,» dijo Fermín sonriéndose. «Si te gusta este taller, te encantaría ver el de Gibara, Oriente y lo debes visitar algún día.»

La próxima tienda que visitaron era una instalación manufacturera de monturas, localizada en la vecindad de Sao la Vaca, a mitad de camino entre Carrasco y Santa Cruz del Sur.

«Un amigo de Gómez le envió una montura McClellan nuevecita, del tipo que usa el ejército americano, la cual hemos podido replicar con un cedro muy ligero y piel de ovejas. Cortamos adornos y anillos de bronce en el taller de las armas para terminar este tipo de montura, la cual no tiene faldellines, lleva un pomo de metal forrado y unos anillos; solo le falta una cincha estilo mexicano y un látigo para ser tan buena como las que se producen en Wichita, Kansas. Recuerda que nuestros soldados llevan, además de las armas y las municiones, no más equipo que una frazada, un poncho impermeable y una hamaca. El peso ligero de esta montura es providencial.»

«No creo que sepa exactamente de qué estás hablando,» declaró Gonzalo riéndose, «pero tendrán que poner algo entre el lomo del caballo y la montura, ¿no?»

«Si,» replicó Fermín. Una frazada es demasiado especial para usarse así. Lo que usan es una especie de alfombra de paja que recogen en los campos; cada hombre y cada mujer saben que tienen que cuidar de su caballo y todos saben cómo tejer la alfombra de paja.»

«¿Y los sombreros?»

«Tenemos otros talleres donde un hombre o una mujer se demoran dos días en tejer un sombrero de ala ancha de paja fina. También tejen sogas de la hoja interior de las malangas; es tan fuerte como el henequén. Nuestros hombres amarran a sus caballos por las noches con estas sogas. Otros talleres, más pequeños, hacen velas con cera de las abejas, con pedazos de algodón torcidos como mechas. A unos kilómetros de aquí, tenemos un taller que fabrica jabón con grasa animal y cenizas de la madera de la guásima. Los envolvemos en pedazos de yagua. Los jabones lucen negros, pero huelen bien y limpian muy bien...»

«¿Cómo pueden mover estos bienes a todas partes en estas cantidades tan grandes?,» preguntó Gonzalo.

«Los talleres son responsables de hacerlos llegar a lugares centrales y cuando se acumulan, los cargamos en carretas de bueyes que llevan los productos a todas partes. Las carretas llegan a los campamentos y en el acto salen de ellos monturas, sudaderas, bandoleras, sombreros, cinturones, zapatos y botas, estribos ropas, de todo...»

« ¿Ropa?»

«Compramos dril en ciertos pueblos donde los oficiales españoles son... susceptibles al soborno. Nuestras guajiras han aprendido todos los secretos de los sastres. Los pantalones y los sacos no están a la moda, porque sólo hacemos tres o cuatro tallas. De hecho, con los pantalones y las camisas anchas, nuestros hombres se mueven mejor. Me temo que tenemos pocos esclavos de la moda. El uniforme de los oficiales se hace cerca de Mayarí en un taller en plenas montañas; le llamamos la *Tienda General de Mayarí* y es la más grande de nuestras tiendas en la manigua. La que le sigue está en Remedios, en Las Villas. Allí lo que hay son botas, zapatos y monturas. Todas las herramientas de Remedios fueron hechas en España. Sabíamos que había un convoy llevándolas de Santa Clara a Caibarién y con toda paciencia lo seguimos hasta que se acercaron a Remedios; ese era nuestro lugar preferido para emboscarlos, en un lugar llamado Taguayabón, cerca de la entrada de Remedios; fue allí que interceptamos y capturamos el convoy con toda su carga. Hay que reconocer que los productos españoles de cuero no son tan buenos como los ingleses, pero bastante mejores que los franceses...»

« ¿Y la manufactura y reparación de armamentos?»

«Mi querido Gonzalo, este es el único lugar que te puedo describir sin decirte donde está. Cuando yo fui, me vendaron los ojos y dos hombres me llevaron en una litera o una camilla o algo pareecido la mitad del tiempo, para estar seguros que yo no pudiera reconocer el camino. No puedo siquiera decirte dónde diablos comenzamos el viaje. Funciona en un estricto principio de *"necesidad de saber."* Tuve que ir porque hubo un pequeño brote de malaria y me necesitaban como médico. Te puedo decir que después de dos horas en la camilla aquella, me tuve que bajar y exprimir mi anatomía por un hueco entre dos grandes piedras en un trillo loma arriba. En ese punto comenzamos a descender como por 100 metros y por fin me quitaron la venda de los ojos. Hacía frio; estábamos en lo alto de alguna montaña. Me encontré frente a un letrero que decía: *Taller General Flor Crombet. Fundado Octubre 26, 1896.»*

«Bueno… ¿y qué fue lo que viste allí?»

«Directamente en frente de la entrada había un edificio que parecía ser el más importante; era rectangular y largo, quizás de 150 pies, cubierto por un techo continuo hecho de yaguas de palma y vigas, apoyado en columnas sólidas de madera de 14 pies de altura, sin paredes. A su izquierda había un gran huerto de frutas y vegetales. A la derecha, en una senda en curva, habría más de 200 pequeñas cabañitas individuales, arregladas primorosamente con flores y pequeños jardines decorando las entradas. Detrás de estas construcciones se veían una serie de letrinas y de duchas. En un edificio aparte entre el principal y las cabañas había un edificio cerrado a cal y canto hecho de piedra y cemento, sin ventanas, como de la mitad de tamaño del edifico principal. No vi caballos ni mulas pasado la entrada; pero abajo se veía una cerca que iba a lo largo del camino, del otro lado de la entrada, con caballos y mulas amarrados a ambos lados de la cerca. En una hondonada en el terreno hacia la izquierda del huerto había varios hornos donde evidentemente había carbón para usarse como en una herrería. A la izquierda del jardín, un manantial natural de agua cristalina y fresca constantemente corría de los bordes de una fuente repleta hasta los surcos no muy hondos a todo lo largo del jardín.»

«Un complejo industrial enorme en plenas montañas,» comentó Gonzalo, «no tan diferentes a los que hubo en Virginia y Pennsylvania durante la Guerra de Independencia Americana.»

«Sí, eso es lo que es: un complejo industrial importante,» añadió Fermín.

Siguió: «En el edificio sin paredes había una multitud de estaciones especializadas: junto al suelo había mesas de trabajo, bancos, estantes para las herramientas, estantes para clasificar las armas dañadas, un taller de hacer machetes, máquinas de pulir, máquinas de afilar; latas grandes, del tamaño de una bañadera pequeña, con diferentes tipos de ácidos; cajas y cajas con tornillos, remaches, partes de acero, tubos, ligas, y cartuchos. A nivel de la vista mangueras, sogas, cinchas, maderas, lienzos de alquitrán, latas de pintura, rollos de telas impermeables, capas de agua, piraguas, guantes, botas impermeables, antorchas, fuelles…. En una fila, sobre superficies duras cementadas, había tornos y hombres que trabajaban la madera con herramientas. Cada arma que llega a este lugar para ser reparada es identificada por un boleto, con una copia que se le da al dueño y la que se queda amarrada al arma. Nada se pierde jamás en este taller. Tan pronto como el arma es reparada se le envía a su dueño o a su superior inmediato si es que el hombre ha sido muerto en combate.» Fermín tomó aire y siguió:

«Tuve que quedarme por 72 horas para asegurarme que ya los enfermos estaban fuera de peligro. Me asignaron una cabaña y me dijeron que podía caminar por donde yo quisiera. Vi a algunos hacer empuñaduras de machetes bellísimas, con capas de cuerno de buey, calentadas y formadas con formas de bronce y prensadas por la noche en un tornillo de banco. Al día siguiente eran afianzadas al brillante machete con remaches de bronce y pulidas hasta brillar como un espejo. La verdad es que parecían objetos que podían haber sido vendidos en Tiffany en New York o en Cartier en Paris… Cuando no había mucho que hacer, los hombres cuidaban de los jardines. Los terrenos y las cabañas; se entretenían haciendo tableros de ajedrez incrustados de gran delicadeza y mesas para jugar a las barajas, para brindar diversión a las tropas. Algunos de los mejores artesanos participaban en un concurso permanente para ver quién hacía el mejor escudo de armas de la República para las futuras escuelas cubanas. La ganadora actual, una señora de Victoria de las Tunas, tiene su escudo colgado en el edificio principal. Cada mes, de ahora en adelante, ahí se quedará, a no ser que alguien haga uno mejor. Los hombres le llaman el método de "solera" para tallar maderas.»

Cuando ya se iban de vuelta a Santa Catalina, luego de tomar una taza de café en el refectorio, Fermín, que era un conversador notable con anécdotas famosas, tomó la oportunidad para contarle a Gonzalo una historia interesante. «El presidente Cisneros siempre ha sido un admirador devoto del *Taller Flor Crombet* que te acabo de describir. Tanto así, que a pesar de su edad y de lo difícil que es llegar allí, ha estado numerosas veces y se siente muy orgulloso de todo lo que allí se fabrica. Se invita a ir cada vez que puede, con cualquier excusa, y disfruta de horas de caminar para arriba y para abajo siempre diciéndole a todos:

«¡No puedo creer lo que se logra en este lugar! Este es el mejor esfuerzo de toda esta guerra... Algún día la gente sabrá lo que se hace aquí y todo el mundo estará enormemente orgulloso...»

«Para hacerle una broma, en una de sus visitas, los hombres en el taller decidieron crear una fantasía para demostrar lo que de verdad se podía hacer allí. Cuando era la hora de la merienda, tuvo lugar la siguiente conversación:

«Buenas tardes, General... ¿Té, café o jugo de frutas, señor?»
«Té, por favor.»
«¿De China, India o Ceilán, señor?»
«China, por favor.»
«¿Con limón o sin nada, señor?»
«Con limón, por favor.»
«¿Con leche, crema o sin nada, señor?»
«Con leche, por favor.»
«De que raza de vacas le gusta la leche general, ¿Jersey, Hereford, Guernsey, Holstein o Shorthorn?»

Después de un momento de total silencio, el Mayor General de 69 años, Salvador Cisneros Betancourt, *Marqués de Santa Lucía,* y en ese momento presidente de la República en Armas, estalló en carcajadas y comenzó a brincar con hilaridad sin poderse aguantar; el camarero y todos los que escuchaban la conversación dudaron por un instante y entonces se unieron al general en su regocijo. Tan formal y serio como es Cisneros, probó no ser inmune a una muy buena broma —un buen tipo, ¿no crees?»

□ ◊ □

Las tropas españolas ganan el primer encuentro en la Batalla de las Guásimas

El primer desembarco de tropas americanas en Cuba fue en las playas de Daiquirí y de Siboney, al este de Santiago de Cuba, el 22 de junio de 1898. Las tropas del US 5th Corps bajo el general William R. Shafter establecieron una base de operaciones en la playa de Daiquirí y enviaron una avanzada tierra adentro que consistió de tropas del la primera caballería de voluntarios y del 10° de la caballería regular. Procedieron bajo el mando del antiguo general Confederado Joseph Wheeler. *Siboney* y *Daiquirí* habían sido seleccionados por Calixto García como  lugares óptimos para desembarcar grandes tropas bajo condiciones anfibias protegidas. García también recomendó evadir las tropas españolas y proceder con cautela según avanzaban hacia Santiago; les ofreció y proveeyó exploradores para mejorar la seguridad de las tropas. Wheeler ignoró esa recomendación y una patrulla española que se retiraba voluntariamente de la zona, lo emboscó el 24 de Junio en la batalla de Las Guásimas de Sevilla. Varios soldados americanos fueron muertos, incluyendo al hijo de Hamilton Fish, quien había sido Secretario de la Guerra durante la administración de 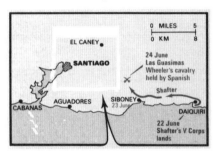 Ulysses Grant. Las fuerzas americanas fueron mantenidas a raya por los españoles, en su primer encuentro con esas tropas.

En Las Guásimas, las tropas americanas aprendieron que las antiguas tácticas de la Guerra Civil no trabajaban efectivamente en contra de tropas acostumbradas a esconderse de sus opositores, es decir, los insurgentes cubanos, campeones de tácticas de guerrilla. Las tropas españolas también habían aprendido a no revelar sus posiciones jamás, cuando estaban a la defensiva y se enfrentaban a las armas modernas sin humo del ejército americano, que eran muy difíciles de localizar, más aun cuando disparaban en medio de los frondosos bosques alrededor de Santiago de Cuba. Luego de un encuentro de más de dos horas con las tropas españolas, los americanos siguieron los consejos de García y retiraron sus tropas en vez de resistir o presionar para una victoria, resumiendo su retiro estratégico hacia Santiago de Cuba. Sin conocer el terreno ni las posiciones de los españoles, las fuerzas americanas pudieron haber sido decimadas, pero los exploradores cubanos se movieron delante de las columnas americanas, dirigiéndolos fuera del territorio enemigo sin más bajas o incidentes.

En New York, la prensa sensacionalista describió estos sucesos como una derrota de la infantería española; en realidad, Wheeler había estado peligrosamente cerca de haber sido vencido escandalosamente. Luego de Las Guásimas, Wheeler se unió a Shafter y a las 5,000 tropas de Calixto García para formar la primera línea ofensiva frente a Santiago de Cuba.

Fotos: El 10mo de la Caballería Americana bajo fuego en Las Guásimas y un mapa del territorio al este de Santiago de Cuba.

La propuesta del General Blanco a Máximo Gómez en 1898

El general español **Ramón Blanco** (1833-1906) era un experimentado militar nombrado por la Corona para substituir a Valeriano Weyler como Capitán General de Cuba. Su misión era clara: reparar el maltrato que los cubanos habían recibido de Weyler, brindar evidencia al mundo que había reformas posibles en Cuba, preparar a la colonia para una invasión americana, y si esta ocurría, defender la isla.

El 5 de Marzo, 1898, el general Blanco le escribió a Máximo Gómez proponiéndole unirse para derrotar a los invasores americanos (ver copia en la próxima página). Una vez que Gómez rechazara su propuesta, [21] el general Blanco razonó que era mejor para España perder a Cuba peleando honorablemente que rindiéndose. Las esperanzas españolas dependían de las acciones de la flota que el Almirante Cervera había traído de España. Blanco fue informado del bloqueo americano impenetrable al puerto de Santiago, donde la flota de Cervera se había refugiado; ordenó a Cervera a salir y luchar «*en lo abierto, ya que lo que esperamos es que la marina española luche y no que se esconda.*» La orden del general Blanco envió a los marinos españoles a una desastrosa derrota, pero «*con la esperanza de que no hubiera gran pérdida de vidas.*»

Uno de los patriotas de las Tres Guerras de Independencia

Francisco Adolfo Crombet y Tejera (1850-1895), conocido como **Flor Crombet**, se unió a Carlos Manuel de Céspedes al comienzo de la Guerra del 1868, el 10 de Octubre, a la edad de 18 años. Entre 1869 y 1870 peleó bajo las órdenes de Donato Mármol, Máximo Gómez, Calixto García, Jesús Rabí y Guillermón Moncada. El 25 de Marzo de 1878 se unió a Antonio Maceo en la *Protesta de Baraguá*. Calixto García lo reclutó para la *Guerra Chiquita* en 1879. Ese año Martínez Campos trató de unirlo a sus fuer-

---

[21] La carta de Máximo Gómez donde rechazaba la oferta del general Blanco mencionaba, entre otras cosas, lo siguiente: «*Me asombra su audacia al ofrecer una vez más términos deshonrosos para la paz, conociendo como usted sabe que cubanos y españoles jamás podrán convivir en paz en Cuba... Usted representa en este continente una monarquía vieja y con las manos llenas de sangre... Usted insiste en que somos de la misma raza y me invita a rechazar al enemigo invasor. Creo que hay una sola raza, la humana; para mi solo hay naciones buenas y naciones malas. Hasta el momento España ha sido una mala nación...*»

zas con ofertas tentadoras que él rechazó. Hecho prisionero se escapó y partió a New York. Trabajó con Maceo en el *Canal de Panamá* durante la *Tregua Fecunda*. Tras el fracaso del *Plan de Fernandina* se unió a la expedición de Duaba para lanzar la Guerra del 1895. El 10 de Abril fue muerto en combate en *Alto Palmarito* al norte de Oriente.

Tropas mambisas al mando del general
Calixto García en *Aserradero*, Santiago, 1898

5 de Marzo 1898.

General Máximo Gómez, Jefe de las Fuerzas Independentistas

Señor:

Con la sinceridad que siempre ha caracterizado todos mis actos, me dirijo a usted, no dudando por un momento que su clara inteligencia y nobles sentimientos, los que como enemigo honrado le reconozco, harán acoger mi carta favorablemente.

No puede ocultarse a usted que el problema cubano ha cambiado radicalmente. Españoles y cubanos nos encontramos ahora frente a un extranjero de distinta raza, de tendencia naturalmente absorbente, y cuyas intenciones no son solamente privar a España de su bandera sobre el suelo cubano, por razón de su sangre española. El bloqueo de los puertos de la Isla no tiene otro objeto. No sólo es dañoso a los españoles, sino que afecta también a los cubanos, completando la obra de exterminio que comenzó con nuestra guerra civil.

Ha llegado, por tanto, el momento supremo en que olvidemos nuestras pasadas diferencias y en que, unidos cubanos y españoles para nuestra propia defensa, rechacemos al invasor. España no olvidará la noble ayuda de sus hijos de Cuba, y una vez rechazado de la Isla el enemigo extranjero, ella, como madre cariñosa, abrigará en sus brazos a otra nueva hija de las naciones del Nuevo Mundo, que habla en su lengua, profesa su religión y siente correr en sus venas la noble sangre española. Por todas estas razones, General, propongo a usted hacer una alianza de ambos ejércitos en la ciudad de Santa Clara. Los cubanos recibirán las armas del Ejército español y, al grito de *¡Viva España!* y *¡Viva Cuba!*, rechazaremos al invasor y liberaremos de un yugo extranjero a los descendientes de un mismo pueblo.

Su afectísimo servidor,

Ramón Blanco Erenas,
Capitán General

17

"El conocimiento viene con los ojos abiertos y manos que trabajan;
no hay conocimiento que no sea poder."
RALPH WALDO EMERSON (1803 - 1882)

En las oficinas del periódico *Patria*, después de la larga conversación en la que habían compartido sus propias experiencias y su conocimiento de lo que estaba pasando en Cuba, Gonzalo de Quesada y Horacio Rubens comenzaron la tarea que los había traído a las oficinas de *Patria* en primer lugar: abrir la copiosa correspondencia que se había acumulado allí, así como revisar los periódicos de todas partes del mundo a los que Martí se había suscrito en su determinación de traer noticias frescas e importantes a sus lectores.

El primer grupo de periódicos que revisaron consistió en varios números de *The New York Journal*, con fecha marzo, 1898. Gonzalo leía y Horacio escuchaba cuidadosamente, ya que la mayoría de los comentarios sobre Cuba eran los de uno de los proponentes más agresivos de la anexión de Cuba, Murat Halstead, oriundo de Ohio, dueño del *Cosmopolitan Monthly* y editor del *Standard Union* de Brooklyn.

«La mejor manera de ajustar las deudas de España no es cargarla a nuestra cuenta a través de un pago por la anexión. El pueblo de Cuba tiene quejas legítimas de España que hacen imperativo que se resista a continuar la dudosa distinción de ser la última de las colonias de España. Por lo tanto, nada se le debe a España. España y Cuba deben liberarse una de la otra; ambas deben ser libres de este mortal abrazo de una guerra desafortunada que es terrible para las dos.»

«El general Weyler es un hombre de muchas promesas pero pocos logros en Cuba, excepto por su ferocidad. Ha fracasado en sacar a los insurgentes de Occidente (Pinar del Rio, La Habana y

Matanzas). Ha fracasado en salvar la porción de la cosecha de azúcar que la antorcha ha dejado; no habrá molienda de azúcar este año, no habrá azúcar para exportar; no habrá ingresos para España proveniente de los ingenios azucareros.»

«Lo mismo ocurre con el tabaco. Si el azúcar es la amiga de España, el tabaco, por ser cultivado a mano por pequeños propietarios, ha sido una gran ayuda para los pequeños negocios cubanos. Los mejores campos de tabaco han sido aplastados por la caballería insurgente y arrasados por la infantería española. Cuando fallan ambos, el azúcar y el tabaco, no se puede contar con nada más en la isla. De los $26,000,000 en ingresos de Cuba, $18,000,000 proviene de la aduana. La catástrofe no es que no se hayan recaudado los impuestos: es que el capital activo de las industrias cubanas se ha evaporado.»

«El general Weyler jamás podrá re-ocupar toda la isla. España ya no tiene amigos en Cuba. El genio militar de Máximo Gómez es evidente en su marcha de 600 millas por todo lo largo de Cuba, a pesar de fuerzas mil veces más grandes al acecho; por no mencionar sus evasiones, a voluntad, de cualquier tropa española.»

Mirando otro grupo de periódicos, Horacio dijo: «Aquí tienes un despacho interesante de *La Época* en Madrid,» procediendo a leer por encima su contenido.

«Hubo otro motín anti-americano en Bilbao el 9 de Marzo, directamente relacionado por las acciones del Congreso de Estados Unidos con respecto a Cuba… había unas 12,000 personas… las autoridades trataron de mantener el orden pero la situación se les salió de las manos… la muchedumbre fue tan numerosa que la policía estaba prácticamente inutilizada… la turba se reunió en la vía principal y marchó hacia la residencia el cónsul americano gritando "¡*Qué viva España!*" y "*¡Abajo los Yankees!*" La residencia del cónsul fue apedreada… los ladrillos volaban a través de las ventanas en las tiendas americanas y las residencias privadas, incluyendo las del cónsul… hubo vehículos volcados… las autoridades enviaron una gran batallón de policías al consulado americano para prevenir su destrucción… la turba, detenida al ver la policía con sus espadas en alto, comenzó a lanzar objetos y piedras con gran fuerza y puntería… los amotinados comenzaron a dispararle a la policía… el desorden duró toda la tarde… la policía en estado de alerta, fue confinada a las barracas, todos los pases cancelados…»

«Escucha esto, de *El Correo* de Madrid,» dijo Gonzalo.

«En Valencia no se ha visto jamás un motín como este. Diez mil personas se reunieron fuera de la plaza de toros e intentaron entrar en el edificio para llevar a cabo una reunión y expresar sus sentimientos anti-americanos... los policías en la plaza no los dejaron entrar... cuando hubo varios gritos de "*¡Qué viva la República!*" los policía se lanzó contra la turba... uno de ellos fue muerto de un balazo. Cuando la policía comenzó a disparar, la multitud buscó protegerse... entonces salió a la calle gritando "*¡Qué viva España!*" "*¡Abajo los Yankees!*"... el Gobernador de la provincia terminó proclamando ley marcial.»

«Mira, una carta de Bartolomé Masó fechada Abril 1896,» dijo Rubens. Sintetizó su contenido con algunos comentarios suyos.

«Weyler ha promulgado que todos los seminaristas en seminarios y conventos en Matanzas, Santa Clara, Puerto Príncipe y Santiago de Cuba que voluntariamente confiesen haber ayudado o simpatizado con los insurgentes serán perdonados, siempre que entreguen sus armas, si las tienen... añade que los profesores de teología en las mismas condiciones serán puestos bajo los comandantes de sus jurisdicciones a no ser que sus superiores católicos estén de acuerdo en repatriarlos a la península... Weyler está a punto de adoptar medidas extremas y la jerarquía española ha estado de acuerdo en echarlos de Cuba, suspenderlos del sacerdocio y excomulgarlos si persisten en sus acciones ilegales... a cualquier religioso (curas y monjas) que ayuden o den abrigo a los *bandidos* que atacan a las tropas españolas.»

« ¡Oye esto, del *Diario de la Marina*!» dijo Gonzalo.

«Cualquier presunto insurgente que haya robado, saqueado, quemado o cometido algún crimen; cualquiera que haya sido señalado como parte de los rangos rebeldes; cualquiera que haya socorrido o ayudado a los rebeldes, o les haya dado amparo en sus casas, será castigado. Los rebeldes que no sean responsables de otro crimen que el de ser rebeldes... y se presenten a la autoridad militar más cercana en un término de quince días... o asistan en la captura de cualquier persona culpable de las ofensas antes mencionadas, no serán molestados, sino puestos bajo la jurisdicción de la autoridad militar española de su provincia.»

«Esto es interesante,» comentó Rubens, hojeando un periódico. «Es del *Chicago Tribune*.»

«Su Majestad Alfonso, Rey de España, ha sido colgado en efigie en la vecindad de Madison Street y Campbell Avenue. La turba entusiasta de jóvenes que cometieron este acto ha escapado sin poder ser identificados. El muñeco fue suspendido 15 pies en el aire de una soga que tiraron por encima de los cables de teléfono. La construcción del monigote era de extraordinaria calidad, lo que algunas gentes atribuyen a algún dibujante, inclusive de este periódico. En el pecho del muñeco había un letrero que decía: «Alfonso XIII, Rey de España. *Sic Semper Tyrannis*.» La figura fue descubierta a las 6 am por una criada camino al mercado. Era tan realista que, colgada, en la semi-penumbra del amanecer, la hizo desmayarse y hubo que llevarla a un hospital cercano. Un estudiante de la *Universidad de Chicago* le añadió un letrero a la figura, el cual le colgó de las nalgas, con la traducción *Siempre tirano*, por lo que fue aplaudido con gran calor por el público.»

Hubo una larga pausa; los amigos revisaban los diez o doce periódicos internacionales que se habían acumulado en las oficinas de *Patria* en ausencia de Martí. Rubens rompió el silencio al encontrar un artículo interesantísimo en el *The Illustrated London News* con fecha de Febrero de 1896, sobre las prisiones en Cuba. Leyó:

«Doscientos doce hombres están confinados en dos celdas en el Morro en La Habana. Aun por los estándares de la justicia española en el 1840, cuando las celdas fueron cerradas y segregadas del resto de la Fortaleza, estos espacios relativamente pequeños fueron diseñados para contener no más de 25 personas cada una. Estos hombres son prisioneros políticos, o sospechosos, en espera de sus juicios. Algunos llevan allí una semana, algunos un mes, algunos un año… dos son americanos, otro es un súbdito británico. Su existencia y sus arrestos no han sido comunicados a sus respectivos gobiernos. Hay inclusive un chico de 14 años, nacido en España, que no lleva el suficiente tiempo en este país como para haber conspirado en contra de España. También hay varios hombres mayores, el más viejo de 76 años. Hay hombres de edad mediana, mercaderes, contadores, ingenieros, granjeros, funcionarios, todos recogidos y tirados como escoria, con muy poca o ninguna evidencia de haber tomado parte en la insurrección.»

«Este artículo es un sombrío juicio en contra de España,» comentó Gonzalo. Horacio siguió:

«Cerca de allí, en la Cabaña, hay cuatro curas, tres médicos y una monja. En otras prisiones por toda la isla hay, de acuerdo a nuestra fuente anónima dentro del consulado británico, quizás hasta 4,000 otras almas desafortunadas. España nunca ha revelado el número exacto. No se permiten visitantes, excepto, algunas veces, parientes y amigos los domingos. A nosotros [el staff de *The Illustrated London News*] nos sido denegado acceso en muchas ocasiones y hasta hemos sido amenazados de que nos van a meter en la prisión si seguimos insistiendo en visitar las celdas.»

«Ahora viene lo interesante,» añadió Horacio.

«Un hombre al que el periódico llama Fernando —por razones obvias no es su nombre real— penetró la prisión de parte del *The Illustrated London News*. Se hizo pasar por un guardia novato haciendo las rondas para familiarizarse con las reglas y regulaciones de la prisión. Su historia es aterrante. Ilustra la desesperación y el cinismo de un poder colonial a punto de ser desahuciado de su última posesión en Ultramar por patriotas íntegros y de gran coraje dispuestos a todo para lograr la libertad y la seguridad de sus hijos.»

Horacio procedió a leer el relato de "Fernando."

«Crucé la bahía de La Habana desde un lugar que se llama Ingenieros, al oeste de La Punta, hacia un atracadero entre el Morro y La Cabaña, en un ferry por el que pagué tres centavos. El pasaje estaba sobrevendido y navegamos muy cerca de la línea de flotación, con varios hombres casi fuera de borda pero aparentemente contentos de que el aire de mar y el salitre les diera en la cara. Debo confesar, sin embargo, que aun dentro de la pequeña cabina del ferry la atmósfera estaba cargada con el olor pútrido de un Puerto muy sucio y lleno de desperdicios. El capitán navegaba de metro en metro, tratando de esquivar las porquerías, basuras y desechos, algunas del tamaño de una maleta, que flotaban por todo aquello. Al desembarcar en un muellecito tambaleante del otro lado de la bahía, con unos tres metros de largo, caminé por una rampa de gravilla que me llevó hacia los muros del Morro, y de allí hacia dentro de la ciudadela. Por donde yo entré a la fortaleza, había unos 200 soldados españoles en el patio central, de los cuales estimé que la mitad estaban de guardia y la otra mitad matando el tiempo esperando por una nueva orden. A lo largo de una de las paredes, habría unos 50 o 60 visitantes más o menos en línea, la mayoría de pie, unos cuantos sentados en el suelo. Se les había ordenado que no hablaran entre sí, so pena de ser devueltos al ferry y a La Habana. Los guardias mantenían una distancia de quizás tres metros entre la primera persona en la fila y una apertura hacia un pasillo, que tal parecía estar tallado en la piedra. Cuando le tocaba el turno a un visitante, dos guardias chequeaban el bulto de ropa y comida que cada uno estaba aparentemente autorizado a traer al Castillo. Tabaco, licor y otros regalos prohibidos se descartaban y ponían sobre una mesa próxima a la puerta. Al llegar frente a una de las dos celdas donde estaban todos los prisioneros, los visitantes estaban bajo constante vigilancia por parte de cuatro guardias que les decían que tenían que hablar con el prisionero que fuera en voz alta. Las esposas hablaban con sus esposos, los hijos con sus padres, y los amigos con sus amigos, sin privacidad ni consideración alguna, por siete minutos—estrictamente siete minutos. El tópico principal de conversación: el status de los esfuerzos hechos por la gente de afuera por los que estaban allí. No había tiempo de hablar de amor, de afecto, del dolor de la separación, de la angustia que sentían o de la ausencia...»

Horacio hizo una pausa para contener su furia ante tal conducta inhumana, pero Gonzalo insistió que siguiera con el cuento de "Fernando."

«Cada una de estas dos celdas del Morro tiene unos seis metros de ancho y 30 de profundidad. Las paredes son de piedra, arqueadas en el techo, y realmente parecen túneles y no espacios donde puedan vivir seres humanos. Las únicas aperturas al exterior se encuentran en los finales de estos túneles. Realmente parecen almacenes, no aptos para habitación humana. Son almacenes donde se encierran a los enemigos del Imperio español: seres humanos que quieren ser libres. Las celdas están puercas y húmedas, infestadas con ratas, parásitos, pulgas, y cucarachas. No hay muebles, excepto por algunos ganchos de hamacas en las paredes. No sirven para nada, ya que se prohíbe tener hamacas porque no habría espacio para casi dos terceras partes de los prisioneros. Más de cien personas están metidas en cada una de las dos celdas, incluyendo a algunas mujeres, para quienes no se ha hecho la más mínima provisión de darles alguna privacidad. Hay dos latas de latón cuadradas, para el agua, cada una como de cinco galones, que se les da a cada celda una vez al día. Son latas de kerosene, muy difíciles de limpiar del todo. Los arreglos para sanitarios son una desgracia. No hay paredes, no hay intimidad alguna; los hombres y las mujeres comparten las mismas instalaciones. Los presos comunes están mezclados con los políticos. Violadores, hombres que maltrataron a sus mujeres, pederastas, asesinos, ladrones, los mentalmente defectuosos y los borrachos agresivos están mezclados en un solo espacio, compartiendo las mismas reglas de encarcelamiento que los otros. Esto es un infierno; un vergonzoso almacén de retención humana. Estas celdas son prueba evidente de las tendencias tiránicas y abusivas de España, de que España está a la altura de la Edad Media en su percepción de lo que es una colonia—su posesión absoluta, sin derechos de ningún tipo.»

Se detuvieron unos minutos para tomar café; Horacio y Gonzalo se acomodaron, ya sospechando que este testimonio, del tal *Fernando*, iba a tomar mucho más tiempo de leer y de analizar. Horacio continuó:

«Ambas celdas fueron diseñadas como espacios de almacenajes y repletas como están con más de cien personas cada una, fuerzan a todos a dormir en el piso, el que nunca ni se barre ni se limpia. Los lugares sanitarios son fétidos y escasos, más sucios que cualquier porqueriza en una finca. Los retretes consisten de simples huecos de 15 cms en el suelo con dos ladrillos a los lados pero con elevación insuficiente para que el desperdicio, el excremento, corra hacia debajo. Al no tener agua para ningún tipo de higiene, e infectados de ratas, cucarachas y otras sabandijas que salen de los orificios, los presos prefieren hacer sus necesidades en las esquinas, con las mujeres tomando turnos haciendo una cortina humana para brindar algo de privacidad.»

Se miraron sin dar crédito a estos cuentos. Gonzalo comentó:

«¡Este hombre describe el interior de una prisión medieval del siglo XIV en Venecia, Florencia o Bologna...!»

«No, Quesada, es peor que eso. En la Florencia del siglo XIV las prisiones servían principalmente como lugares de detención para intimidar a deudores; la idea era hacerles la vida difícil para coaccionarlos a que pagaran sus deudas, ya fuera a mercaderes, impuestos a la corona, o herencias a sus familias. Las sentencias eran cortas y los prisioneros podían comunicarse con su comunidad a través de la familia, oficiales públicos, abogados, amigos y otros. En la Edada Media había iglesias y hasta catedrales cerca de las prisiones; se permitía abrir tiendecitas cerca de las prisiones para servir a los presos; las familias podían traer provisiones; observaban cómo eran tratados los prisioneros y podían exigir que se mejoraran sus condiciones, ya fuera por influencia o pagándole al carcelero por ello. Los presos eran alimentados por sus familias, quienes les compraban comida en tiendas de los alrededores, les traían velas, colchones y sábanas, materiales para escribir y hasta juegos de mesa para que no se desesperaran. Los presos, es verdad, no tenían actividades recreativas, pero tenían acceso prolongado a los patios de la prisión, lo que les permitían estar un poco al aire libre y tener un sentido de cierta libertad. La violencia que había era principalmente entre los mismos presos; las reglas eran estrictas pero bastante lógicas; había pocos reportes de motines o de ataques por parte de los presos a los guardias. Los presos eran puestos en libertad dentro de plazos relativamente cortos. ¡Nada de esto es lo que está pasando en El Morro! »

«Por supuesto, tienes toda la razón. Esto es horrible…»

«En la celda número 1, conocía un hombre llamado Gabriel Santos, de 60 años, de Matanzas; se presentó ante Weyler para acogerse a la amnistía que este había anunciado para cualquier insurgente que se entregara; Santos estaba preso un año después, sin fecha para ningún juicio y creyendo que morirá en la prisión. También conocí a Jesús Silvera, ciudadano americano, quien nunca se unió a la insurrección, pero a quien tomaron prisionero por error. Herido, perdió una pierna como resultado de la falta de tratamiento médico. Su mujer le reportó el caso al cónsul Americano, pero el cónsul le ha dicho que no hay ningún americano preso en El Morro. Ella no lo ha visto, pero sabe que está allí, porque otra gente lo ha visto. Silvera está en medio de un limbo legal y piensa que no saldrá con vida de la prisión. Casi todos los 230 prisioneros en estas dos celdas son blancos y nacidos en Cuba; la mayoría son educados y tienen destrezas. Aparte de esos infelices, hay otros presos en La Cabaña. He oído rumores que un líder rebelde de nombre Sanguily está allí; ha sido hallado culpable; el caso fue apelado y el juez dictó que la evidencia era insuficiente. Aun esta allí, porque el comandante de La Cabaña, un tal Coronel Gonzaga, se ha quedado con los papeles de Sanguily en su escritorio por más de tres meses. Ya ha dicho que Sanguily está libre, que no está allí. No hay nada más que hacer, ya que Sanguily está "libre" oficialmente. Otro americano, Walter Grant Dygert, residente de Güines, fue arrestado e identificado por alguien en su pueblo como el brigadier Henry Reeve, el *Inglesito*. El hombre que lo identificó fue Gabriel Martínez, jefe del batallón de Voluntarios de Güines, quien tenía una gran deuda en la tienda propiedad de Grant. Luego de innumerables esfuerzos por aclarar la identidad de Grant, el coronel Gonzaga rechazó las apelaciones y ha dejado que el caso se quede como está. Tozudamente ignoró el hecho que el famoso *Inglesito* era un veterano de la Guerra Civil nacido en Brooklyn que se hizo filibustero. Desembarcó en Cuba con la expedición del vapor *Perrit* en Mayo de 1869, fue capturado y fusilado. Sobrevivió cuatro tiros de rifle y se quedó sin moverse en el suelo para que pareciera que ya estaba muerto.»

«Luego de escapar del lugar de su ejecución, se unió a las fuerzas insurgentes, fue bautizado como *Enrique el Americano* o el *Inglesito*, luchó con Ignacio Agramonte por dos años, participó en el rescate de Julio Sanguily en Octubre de 1871; se había convertido en jefe de Camagüey cuando Máximo Gómez invadió Las Villas en 1875, y lo mataron, ya como brigadier general en una acción militar cerca de Yaguaramas, Las Villas, en Agosto 6, 1876. No había argumento que convenciera al Coronel Gonzaga de que investigara la identidad del americano preso y de las alegaciones de Gabriel Martínez. No se le podía convencer que el *Inglesito* había muerto veinte años atrás y estaba enterrado en Nuevitas. Pude ver a Walter Grant; sus ojos estaban llenos de lágrimas y sus manos temblaban cuando le hablé en inglés. Me bombardeó con preguntas que no le pude responder:»

«¿Ud. representa la prensa neoyorquina?» «¿Dónde está mi cónsul?» «¿Hay alguien tratando de liberarme?» «¿Se está haciendo algo por mi?» «¿Los representantes Hopkins o Collum, conocen mi situación desesperada?» Mientras estas preguntas se sucedían, las lágrimas le corrían por la cara; estaba arrodillado, como rezando. Continuó: «Sólo pienso en las oraciones que mi madre me enseñó; soy cristiano y no he perdido la fe… tengo 29 años… no me merezco este tormento. Por favor, sáqueme de aquí; Ud. no sabe lo que es vivir en un túnel cerrado, rodeado de gente desesperada. Cuando llegué, mi ropa estaba llena; ahora mire mi cuerpo enflaquecido y hundido, con la ropa enorme… no hablo español, así que no puedo hablar con nadie. Ni sé lo que me gritan los guardias. Es una gran suerte que Ud. me haya venido a ver y que usted hable inglés. Que Dios lo bendiga, a usted y a toda su familia.»

«Me tuve que esconder, para que los guardias no se dieran cuenta que yo estaba encubierto en la celda. La última vez que lo vi estaba de nuevo arrodillado, rezando. Un mes después, supe que Walter habían muerto, después de 18 meses de encarcelamiento en Güines y más de un año en la celda número uno de El Morro.»

Esta historia impactó terriblemente a Gonzalo y a Horacio. Decidieron salir a caminar por las calles de New York y tomar el aire fresco, como le gustaba hacer a Martí. Subieron por Pearl Street hasta la esquina, donde Martí iba a tomar café, a comprar libros o a repartir *Patria*. Después de su café en Polegre Restaurant y una pasada rápida por la librería Ferrer, casi en la esquina de Fulton, volvieron a las oficinas de *Patria* en 214 Pearl Street. Continuando su repaso de documentos y periódicos, encontraron una copia de un telegrama de Maceo a Gonzalo que había sido entregado a la oficina con la intención de que se transmitiera al *New York Journal* de Hearst. Leía:

«Pinar del Río, Cuba, Abril 14th, 1896. Esto es en respuesta a su corresponsal. Considero la batalla del último sábado, cuando mis tropas hicieron correr al batallón Alfonso XIII, una de las más importantes de esta guerra. Les dio confianza a mis hombres y le mostró a España que no somos un enemigo cualquiera. Los soldados españoles se llenarán de miedo cuando piensen en esta derrota. Anticipamos encontrarlos en la trocha. Volveremos a acabar con el ejército español. Mi corazón y el de otros cubanos están lleno de gratitud al ver la amabilidad de la prensa americana. La libertad de Cuba nunca ha estado tan cercana como lo está ahora. Su corresponsal me dice que hay dudas sobre nuestro éxito en Pinar del Rio. Le aseguro al público que lo lee que le hemos dado a esa ciudad un golpe duro; las tropas españolas han tenido que huir; muchas casas y edificios fueron quemados; capturamos bastantes armas como para poner un rifle en las manos de cada uno de mis hombres. (Firmado) Antonio Maceo.

PD. – Este despacho se le envía a través de La Habana y Key West, luego New York, ya que los censores no permiten comunicación directa La Habana-New York.»

Luego de leer por segunda vez el cable de Maceo, Horacio y Gonzalo se quedaron callados por un buen rato. Antonio Maceo había sido el general más intrépido, más talentoso, más inteligente y más bravío en la Guerra del 1868; tanto como en la presente. Su muerte en Punta Brava a fines de 1896 fue el golpe más terrible asestado al ejército cubano. Era casi imposible imaginarse la guerra sin Maceo y este telegrama optimista, fuerte y lleno de confianza, ahora irreparablemente arcaico, replanteaba la pregunta de cómo seguir la Guerra sin él.

Para no pensar en Maceo, los dos amigos siguieron hundidos en papeles, revisando la correspondencia y el papeleo.

Se encontraron con un artículo de Amédée Baillot de Guerville, amigo íntimo de Gonzalo, en *Leslie's Weekly*, la revista ilustrada literaria y de noticias fundada por Frank Leslie en New York a principios de 1880. Varias veces Leslie le había pedido a Martí que le mandara artículos para su revista, y Martí al fin había accedido a enviar desde el campo de Cuba noticias y comentarios de la guerra.

Desde que quedó en ser corresponsal de *Leslie's Weekly*, Martí comenzó a recibir los números de la revista sin tener la oportunidad de leer muchos de ellos. Su muerte inesperada y su actividad intensa cruzando las montañas de Oriente resultó en que *Leslie's Weekly* hacía rato que no recibía artículos de Martí.

Amédée Baillot de Guerville, un año mayor que Gonzalo, era un periodista que había conocido a Gonzalo en un debate entre James Creelman del *New York World* y Guerville representando el *New York Herald*. El debate había sido sobre la masacre de Port Arthur en Noviembre de 1894 durante la guerra Sino-Japonesa. En el debate Guerville defendía a cal y canto a Japón; había conocido a Martí en el *World Columbian Exposition* (Chicago World's Fair) de 1893, la cual Martí visitó. Gonzalo resumió los puntos salientes del artículo de Guerville en el *Leslie's Weekly* para beneficio de Horacio.

«Fui a Cuba bajo un salvoconducto del Capitán General, el cual me permitió cruzar a través de las líneas españolas para observar una batalla cerca de Colón, en los terrenos de la plantación de azúcar Mercedes del Carrillo, al sur de Matanzas. Se esperaba que

Gómez estuviera allí. En ese momento, yo tenía muchos amigos españoles en círculos oficiales y mis simpatías, por supuesto, estaban con el poder colonial. Lo que vi y oí me hizo cambiar de idea. Mi admiración por España ha sufrido un golpe severo. El mundo necesita saber que no es cierto que España lleve la delantera… o que los soldados españoles están ansiosos por pelear, que son victoriosos la mayor parte de las veces y que sus bajas son mínimas… nueve décimas del país está en contra de España. Sus soldados están desmoralizados y sin ánimo y le tienen pavor a los cubanos, que controlan todo el país, menos las ciudades… llegué a Cuba en un viaje largo: primero New York-Tampa, día y medio por tren expreso. En Tampa, tomé el Olivetti, un vapor que tomó treinta y seis horas en llegar al puerto de La Habana. Era un día bello y claro y pasamos por el Morro al entrar. Me recordó por su arquitectura morisca de las fortificaciones de Toledo en España. Me emocionó el pensar en todos los misterios escondidos dentro de estos muros gruesos y sucios que no sueltan los muchos secretos allí enterrados; o los nombres de los cientos que han sido torturados y muerto allí; o mucho menos, los nombres de los que allí esperan ahora mismo para ser enviados al otro mundo, pero pueden aun tener esperanza de que van a regresar a casa… del otro lado del puerto estaba la magnífica Habana, llena de grandes palacios, avenidas anchas, parques impecables y jardines bellísimos, llena de música, de mujeres hermosas y hombres galantes… vida de un lado del canal del puerto, la muerte en el otro. Cuando desembarqué no vi evidencia alguna de que había una guerra en Cuba. Pero el descontento estaba en el alma de la gente. Banqueros, comerciantes, artistas, escritores, abogados prominentes, dueños de ferrocarriles, todo tipo de gentes, no estaban en el campo de batalla porque tenían que seguir machacando en sus quehaceres para que sus negocios y el país funcionara. Si no podían agarrar un rifle, ciertamente apoyaban la causa de la libertad con sus bolsillos; dos terceras parte de ellos, a escondidas, contribuían a la causa de la independencia. No hablaban, porque hablar hubiera significado la muerte, o casi peor, caer en las celdas del Morro. Busqué a un conocido mío, cuyo nombre no puedo divulgar; su hacienda de $500,000 había sido quemada por los insurgentes. Me dijo que el que lo hizo se llamaba Augusto, uno de sus mejores amigos. «¡Bravo! Augusto, gracias a ti, mi honor y mi nombre se ha salvado ya que le has dicho a todos que yo te pedí que le metieras candela…» Más o menos, así se sienten todos los cubanos en la isla. Tomamos un tren en la Habana para ir a Matanzas, donde encontramos la estación fuertemente guardada por los españoles. Todas las estaciones de tren entre La Habana y Matanzas han sido quemadas, igualmente todos los ingenios; por doquier había restos de ruedas y de otros hierros de cientos de carros de ferrocarril quemados por los insurgentes… Esta era la provincia de La Habana, el reducto más fuerte del ejército español… Cuando llegamos a Matanzas, encontramos que no había trenes para Colón… A la mañana siguiente tomamos el tren de las 6 am para Colón, un pueblo de 780 personas *'protegido'* por 1,200 soldados. Un puente que salía del pueblo había sido quemado… ¡a 400 yardas de los 1,200 soldados! Cuando por fin llegamos a los terrenos del Mercedes del Carrillo no había batalla alguna, por ninguna parte. Cuatro sirvientes de la hacienda habían sido balaceados por los españoles, frustrados por haber sido ridiculizados al creer que habría combate. El ejército español había regresado a Colón. La casa de la finca había sido saqueada: vino, bacalao, carne seca, ron y vestimentas, todas fueron robadas. Un soldado español había tratado de abrir la caja fuerte y su superior le había dado un tiro; el cadáver fue abandonado en el portal. Se habían llevado cuatro caballos de los establos. Se habían llevado también, de las bodegas de la finca, varios barriles de manteca y tres sacos de azúcar de 25 libras.»

Cuando ya anochecía, Gonzalo y Horacio decidieron dejar la revisión de *Patria* y de la correspondencia de Martí para otro día. Se alejaron del edificio en silencio, caminando hacia Broadway. No podían ocultar su tristeza, llenos de la presencia de Martí y de Maceo, pensando que sus muertes no serían olvidadas jamás por ellos. Sin decirlo, ambos sabían que pasaría un buen tiempo antes que volvieran a las oficinas de *Patria*.

□ ◊ □

18

*"No hay apenas un solo hombre en el mundo con una opinión
sobre la moral, la política o la religión que no las haya obtenido
gracias a sus amistades y conocidos."*
MARK TWAIN (1835 - 1910)

Durante todo 1896 y 1897 el hombre a cargo de los suministros, refuerzos, municiones y armas a los mambises en Cuba fue el general Emilio Núñez (1855-1922), organizador de lo que Gonzalo de Quesada había llamado muy correctamente el Departamento de Expediciones del Ejército Mambí. Fue la visión y la capacidad organizativa de José Martí, que en 1895 había llegado a la conclusión que proveer a las tropas en Cuba de lo que necesitaban para ganar la guerra tenía que ser una función sistemática, coordinada y centralizada.

El general Núñez, de 42 años, se mantenía en contacto muy directo con Gonzalo de Quesada, de 28, quien estaba a cargo de reclutar, de levantar fondos y de la coordinación general, con Horacio Rubens, a cargo de lo que Martí había llamado el Departamento Legal de la Guerra, un grupo pequeño pero muy efectivo de abogados que cabildeaban, hacían relaciones públicas, llevaban a cabo esfuerzos diplomáticos y representaban, en general, a los exilados comprometidos con ayudar a la guerra en las cortes de los Estados Unidos.

El éxito de este modelo de organización desarrollado por Martí fue excepcional. Durante toda la guerra de 1868-1878 solo habían desembarcado en Cuba 30 expediciones; de esas, solo diez habían sido coordinadas por los exilados; solo una de cada diez había llegado a su destino sin haber sido descubierta. Pero en un solo año, 1896, con el Departamento de Expediciones coordinando el esfuerzo bajo Núñez, 30 desembarcos ya habían llevado provisiones a Cuba y regresado exitosamente —en secreto— a los Estados Unidos; de estas, 28 habían sido coordinadas por Núñez.

Una parte importante de ese éxito en 1896 era la estricta adherencia a las reglas y a los códigos de comunicación para desembarcar desarrollados por Francisco Vicente Aguilera —que no siempre habían sido seguidos por los cubanos. Habían sido inspirados por el buen amigo de Aguilera, Edgar Allan Poe, quien había colaborado con él en numerosos experimentos en criptografía en los 1840s.

Los recursos humanos y materiales entraban en Cuba regularmente desde los Estados Unidos, venciendo la constante vigilancia de los botes armados españoles y la estricta adherencia de los Estados Unidos a la neutralidad, impuesta por el presidente Grover Cleveland. Aun las expediciones organizadas y financiadas fuera del Departamento de Expediciones, eran coordinadas con Núñez. Ese fue el caso del *Dauntless*, cuyo capitán Johnny O'Brien se convirtió en el mejor práctico de las costas cubanas; en menos de dos años, había logrado desembarcar más de 60 toneladas de dinamita en Cuba. De la misma manera, un amigo íntimo de Emilio Núñez, Napoleón Broward, se las arregló para que su bote, *The Three Friends*, llegara sin percance numerosas veces a distintos puntos en la costa norte de Cuba. Broward, quien años más tarde fuera Gobernador de la Florida, evitaba ser capturado al salir de Estados Unidos porque lo hacía con el bote vacío y recogía su cargamento en Bermuda o las Bahamas. Siguiendo una estrategia también anticipada por Martí, el general Núñez decretó a fines de 1896 que tenían que cambiar la estrategia de desembarcar hombres para desembarcar casi únicamente provisiones. Los mambises necesitaban armas y municiones todo el tiempo, pero encontraban relativamente fácil reclutar hombres para pelear en Cuba. El plan general de Martí incluía detalles tales como cuántos hombres y rifles era posible desembarcar con éxito en cada una de las secciones de la costa cubana, y cada qué tiempo eran necesarios. El plan de 1895 de Martí solo necesitaba pequeños ajustes según las condiciones sobre el terreno; Máximo

Gómez y Emilio Núñez se comunicaban telegráficamente con frecuencia para hacer los ajustes necesarios. Este plan se siguió por muchísimo tiempo después que Martí muriera.

El general Emilio Núñez y Horacio Rubens se habían hecho buenos amigos cuando en Marzo de 1896, Núñez contrató a *Dynamite O'Brien* (Johnny O'Brien) para que capitaneara el barco *Bermuda* y llevara a Cuba 2,500 rifles, un cañón Hotchkiss de tipo *revolving*, 1,500 revólveres, 200 carabinas cortas, 1,000 libras de dinamita y más de 15,000 cartuchos, todos empaquetados en cajas marcadas *"codfish"* o *"soap."* La expedición tenía que recoger al general Calixto García, quien ya se quedaría en Cuba, y a Emilio Núñez, quien tendría que regresar a New York; la recogida iba a ser encontrándose con un velero pesquero en un punto a 3 millas fuera de la costa de New York. Las autoridades americanas siguieron al Bermuda hasta Sandy Hook, pero tuvieron que regresar gracias a una inesperada tormenta de nieve. Cuando el *Bermuda* llegó a Cuba, sin embargo, un traidor a bordo del barco, pretendiendo ser un piloto que conocía las costas de Oriente, trató infructuosamente de dirigir al barco hacia Baracoa, donde había cinco barcos de guerra españoles esperándolos. No sabía el apóstata que *Dynamite O'Brien* conocía las costas de Cuba perfectamente; *O'Brien* echó al renegado al mar Caribe sin beneficio de flotadores, a seis millas de la costa cubana.

Al regresar el *Bermuda* a New York, luego de recoger un cargamento de bananas en Honduras, los alguaciles esperaban a Núñez y a O'Brien en el muelle designado. Horacio Rubens ya se había preparado para defenderlos si fuese necesario (era ilegal exportar armas de los Estados Unidos pero el barco no había exportado nada; había estado vacío cuando salió de New York). Salieron libres en un par de horas. El incidente reforzó la amistad y el vínculo que ya existía entre Núñez y Rubens.

Martí le había dicho a Núñez que era imprescindible que antes de sacar cualquier expedición, había que avisarle a Rubens, para que estuviese listo para ayudarlos según hiciera falta. Rubens siempre estaba cerca cuando una de las expediciones de Núñez se disponía a salir. El 12 de Septiembre de 1896, por ejemplo, estaba presente cuando el vapor de 100 toneladas *Commodore* zarpó de Charleston y el 6 de Octubre, cuando el vapor de 900 toneladas *Laureada* salió de Baltimore y de nuevo en Octubre 23, cuando el *The Three Friends* salió de Jacksonville. El 17 de Noviembre el *Commodore* salió de nuevo de Charleston, el *Dauntless* de Georgia unos días más tarde, el *Laureada* de nuevo, esta vez de Filadelfia el 7 de Diciembre y así sucesivamente. Esto creaba un itinerario de viajes extremadamente pesado para Rubens, pero la estrategia de Martí era seguida al pie de la letra, ya que había probado ser acertada. Núñez quien se había convertido en un maestro del subterfugio, posicionaba un barco de amigos cubanos, que luciera oficial, cerca de sus barcos, aparentemente listo para arrestar a la tripulación de cualquier barco con destino a Cuba que rompiera la ley; esta aparatosa mentira siempre llamaba la atención de los alguaciles del puerto, que comenzaban a vigilar al barco señuelo dejando libre de cuidado y de atención al barco que en efecto iría para Cuba.

El general Emilio Núñez y Horacio S. Rubens se sentaban frecuentemente para coordinar sus operaciones, para mantener las provisiones llegando a Cuba regularmente y para minimizar los problemas legales y las pérdidas debido a las intercepciones. En una ocasión tal, Marzo 1, 1897, estaban ambos algo ansiosos con respecto a las futuras acciones en Cuba, ahora que un nuevo presidente electo, William McKinley, tomaría su juramento como Presidente de los Estados Unidos en tres días.

«El colapso de Cuba hacia el caos y la tierra desangrada y destruida por la Guerra va a hacer inevitable que los americanos se metan en Cuba, Horacio» comenzó Núñez. «Los esfuerzos de Martí para que la guerra fuera exclusivamente nuestra están desmoronándose. Corremos el riesgo de no poder recobrar nunca más el control de nuestro destino. El enemigo español está aplastado y en total huída. Hasta hace poco, tal parecía que la Guerra no duraría más que unos meses más. Máximo Gómez, a quien nunca le ha gustado poner fechas límites, ya habla de alcanzar la victoria para fines de este año. Me escribió diciéndome que *los meses de verano son mis mejores generales,* queriendo decir que ese es el mejor momento para pelear. Ya casi estamos en Junio y las tropas españolas se esconden en sus barracas. Sin embargo, el salvajismo de Weyler ha convertido a la Guerra en un asunto apasionado para el público Americano. Los americanos exigen que su gobierno intervenga y no podemos acabar con los españoles porque no salen a pelear. Es imposible tomar ciudad por ciudad, separadamente; eso sería una guerra extendida y muy cara en hombres y en fondos.»

«Los españoles saben que somos dueños del campo,» respondió Horacio. «Aprendieron la lección en Peralejo, cerca de Bayamo. Maceo derrotó a Martínez Campos totalmente, hasta el punto que su *aide-de-camp*, el general Santoclides y muchos de sus hombres fueron muertos; ¡Maceo casi lo toma prisionero! Perdimos una gran oportunidad. Imagínate el precio que hubiéramos podido pedir para devolver a Martínez Campos al seno de España. Creí entonces que estábamos a un instante de lograr nuestra independencia, después de Peralejo.»

«Esos españoles son tan testarudos, sin embargo, que el Primer Ministro Sagasta dijo *"Cuba será española aunque eso tome hasta el último hombre y hasta nuestra última peseta."* Desde entonces, ha sido cuesta abajo para ellos…»

«Tengo muchos amigos que estudiant nuestra guerra y piensan que es tan generosa y tan idealista como la Guerra de Independencia Americana,» añadió Horacio. «Hemos tenido desertores y traidores, hombres que dejan dominarse por sus miedos. Esto pasa en todas las guerras. Recuerda que en nuestra guerra, en 1776, batallones completos de patriotas americanos amenazaron con volver a sus casas si no se les pagaba. Muchos pidieron que se les pagara un bono cuando se re-enlistaron. Los patriotas cubanos han luchado sin recibir un centavo y la mayoría se ha re-enlistado, muchos habiendo recibido heridas serias en el campo de batalla. Maceo tenía 24 cicatrices cuando lo mataron; Calixto fue diagnosticado con una incapacidad tal que no debía montar a caballo; Julio Sanguily necesitaba ayuda: había que amarrarlo a su caballo para que no se cayera, ya que peleó con heridas en tantas batallas que no dejaban tiempo para sanar la pierna y el brazo; asi baldado no podía mantenerse sobre el caballo si no lo amarraban.»

Núñez llevó la conversación de nuevo a la presión sobre los americanos de intervenir en Cuba: «Una cosa es tener a un gobierno español completamente ineficaz, incapaz de controlar a los insurgentes; otra, es el grado de control que tienen los insurgentes sobre los colonos y los azucareros. Los americanos están acostumbrados a un orden institucional que sobre todo respeta la propiedad privada; es difícil explicarles que las cosas están bien en Cuba cuando es Máximo Gómez y no el gobierno español el que toca a la puerta para cobrar los impuestos…»

«Bueno, verás: ven a las tropas cubanas y ven a hombres limpios, muy bien montados, presentando batalla, erguidos, orgullosos de ser cubanos… El mito de que el ejército cubano está compuesto por harapientos y pordioseros es una mentira que España ha insistido en regar, y realmente, trabaja a favor nuestro. Estas mentiras han desacreditado a España. Nuestras provisiones llegan a donde tienen que llegar; nuestros hombres tienen armas modernas; comen bien; recientemente hubo un brote de malaria en Holguín y nuestra gente donó 50,000 píldoras de quinina a las autoridades españolas. Las donó el cuartel de Calixto García, quien había recibido de New York un cargamento de 5 millones de dosis.»

«Mientras», interrumpió Emilio Núñez, «los españoles tratan a sus subordinados con crueldad. Conocemos la corrupción que existe en todos los embarques de provisiones. Las raciones de los soldados las cortan a niveles de hambre. Los soldados rasos, los que pelean, son considerados como inferiores bajo las botas de la nobleza marcial de España. *El Heraldo de Madrid* reportó recientemente que los soldados tienen hambre; que les falta un mínimo de comodidades higienicas; no tienen ropa interior y no se cambian la ropa a veces por meses y meses; si se enferman, la enfermedad se convierte en un martirio; los sacan antes que se recuperen o los envían inmediatamentede vuelta a sus posiciones. Eso no es lo que les pasa a los oficiales. Cuando los vapores llegan a España desde Cuba, el precio del oro en la bolsa de valores sufre una caída drástica. ¿Por qué? Porque los generales repatriados llegan a Madrid con vastas sumas que depositar en sus cuentas. Por otra parte, los soldados viven sin cobrar un centavo durante ocho, y hasta diez meses. Los ricos pagan por las *quintas* para sus hijos, así que los reclutas son los muchachos más pobres de entre los pobres de España: pero son los que se ven obligados a pelear por ella. ¿Te sorprende que no sean siquiera rivales mediocres para nuestros soldados?»

«Fíjate bien lo que digo, Emilio; el imperio español se está desmoronando en todos los frentes. Se han convertido en bárbaros por su desesperación, si es que hay una explicación posible para el salvajismo y la crueldad. La gloria que fue España ya no lo es; ha sido destruida por la arrogancia, las malas obras y la corrupción interna. Cuando Weyler declaró la reconcentración el 21 de Octubre del año pasado, fue realmente una política de exterminación en contra de su propio pueblo; una serpiente que se come su propia cola. Muchos de los afectados eran ciudadanos americanos. Llevó eso al primer acto de interferencia de los Estados Unidos en los asuntos de Cuba cuando el Congreso designó $50,000 para brindarles ayuda. Los fondos fueron distribuidos por Fitzhugh Lee, el cónsul general americano en La Habana; el gobierno español comenzó a circular rumores de que una intervención Americana había sido promovida por la prensa sensacionalista, los periódicos de Hearst y Pulitzer, pero ese no fue el caso. Tal atención fue aplaudida por los hombres más honorables y justos de Europa y de la América.»

«Veremos qué pasa ahora, mi querido Rubens. McKinley es menos beligerante y más tolerante que Cleveland. Veremos qué diablos hace y entonces, qué hacen los españoles.»

Las cosas se empezaron a mover rápidamente en Cuba, España y los Estados Unidos en los últimos meses de 1897 y en los primeros días de 1898.

En España, el Primer Ministro conservador Antonio Cánovas del Castillo (1828-1897), un favorito del general Martínez Campos, Isabel II y su hijo Alfonso XII, el hombre que restauró la monarquía constitucional de los Borbones y acabó con la amenaza de los Carlistas, fue asesinado el 8 de Agosto; el gabinete en pleno renunció Septiembre 29 y el 4 de Octubre, el liberal Práxedes Mateo Sagasta (1825-1903), asumió poderes como Primer Ministro por la octava vez, como parte del acuerdo del *turno pacífico* que alternaba a conservadores y liberales en el más alto cargo de España.

En Cuba, el 1 de Noviembre de 1897, Weyler fue reemplazado como Capitán General por Ramón Blanco y Erenas, Marqués de Peña Plata (1833-1906). Blanco había estado en Cuba dos veces anteriormente, la última vez durante la Guerra Chiquita en 1880; también había sido gobernador de las Filipinas, donde fue retirado del poder por la llamada *frailocracia*, un conclave de Dominicos conservadores con gran poder político que ferozmente se oponían a la independencia de las Filipinas. Tan pronto como llegó a Cuba, el general Blanco abolió la política de los campos de concentración y consiguió un crédito de $100,000 del gobierno español para rehabilitar las propiedades rurales y asistir a los campesinos en Cuba.

Blanco vació las prisiones y echó abajo todas las sentencias de muerte. Reafirmó, con un sincero esfuerzo, las políticas liberales que Sagasta había prometido al tomar el poder en España; Blanco, por cuenta propia, anunció la formación de un Gabinete Autonomista efectivo Enero 1, 1898.

En los últimos días de Diciembre de 1897, Gonzalo de Quesada y Horacio Rubens se reunieron para almorzar en el nuevo *Delmonico*, en Beaver y William Street. Ya Máximo Gómez les había anunciado que el ejército español estaba atrincherado en los pueblos y ciudades, como de costumbre. En contra de las expectativas de Gómez, no había habido ninguna acción importante durante el invierno. La situación estaba paralizada. Gómez no quería lanzar a sus tropas a una guerra urbana, en la cual tendrían que tomar calle por calle y casa por casa. Por otra parte, el ejército español no quería abandonar la seguridad de las ciudades donde estaban protegidos por las paredes y por la presencia de una población civil; era fácil, parapetados en posiciones en los techos de las casas y dentro de las mismas, emboscar a cualquier rebelde que se apareciera por los laberintos interminables de callejuelas estrechas de los pueblos cubanos.

El nuevo *Delmonico* estaba en los primeros dos pisos de un edificio nuevo, de los de estructura de acero y hierro forjado, de ocho pisos, por el cual se decía que Charles C. Delmonico había pagado $360,000. Para que los olores, el calor y el ruido de la cocina no molestaran a los comensales, la cocina y salones de trabajo estaban en el octavo piso. El diseño del exterior del edificio era de un estilo Restauración Renacentista. Un gran énfasis se le dio la fachada redondeada de la esquina, rodeada de columnas gigantes y una entrada semicircular con puerta doble con una balaustrada superior. La entrada incorporó una sección de la cornisa de mármol y dos de las columnas pompeyanas de la entrada del *Delmonico* original de 1835; Martí lo había visitado cuando estaba en 341 Broadway y Aldama, acabado de llegar a New York en 1845. Estas columnas eran vistas como talismanes de buena suerte y la mayoría de los comensales, incluyendo a Martí, las tocaban al pasar. El interior del nuevo *Delmonico* estaba elegantemente decorado con elementos renacentistas, muchos de ellos en terracota rústica y en yeso, traídos de Florencia; paneles en relieve de hojas, volutas, grandes lámparas de cristal, estantes cubiertos de arabescos, frisos, balaustradas y pequeñas ventanitas circulares en las partes altas del salón.

Una vez sentados, Gonzalo y Horacio comenzaron a leer de sus notas mientras se aprestaban a revisar la situación de la guerra a fines de 1897.

«Esta Guerra es el clímax de un siglo de esfuerzos y luchas para lograr la independencia… en los últimos tres años hemos visto a cinco Capitanes Generales españoles fracasados en Cuba: Emilio Calleja (principios del 1895), Arsenio Martínez Campos (de 1895 a 1896), Sabas Martín (1896, provisional) Valeriano Weyler (de principios del 1896 a fines del 1897) y Ramón Blanco y Erenas, el Marqués (fines de 1897 hasta…hoy). España ha tenido bajas de 55,000 soldados, 47,000 soldados repatriados heridos o con incapacidades, 45,000 incapaces de pelear, actualmente hospitalizados; aun tiene 70,0000 regulares y 20,000 *voluntarios*… De nuestro lado: 250,000, la mayoría mujeres y niños, muertos por hambre y exposición a los elementos en campos de concentración, de una población de 1,250,000 en toda la Isla. De esta población general, puede que tengamos a unos 150,000 opuestos a la independencia. Tenemos 25,000 en la infantería y 3,000 en la caballería conservadoramente... Calixto García, con sus lugartenientes Jesús Rabí, Mario García Menocal y Pedro Pérez controlan Camagüey y Oriente; el mayor general Francisco Carrillo, con José Rodríguez, Higinio Esquerra, José Miguel Gómez y José González están en control de Santa Clara; el mayor general Mayía Rodríguez, con Pedro Betancourt, Alberto Schweyer, Alejandro Rodríguez, Pedro Vias, Juan Rius Rivera and Juan Lorente están en control de Pinar del Río, Habana y Matanzas... todos ellos se han asentado cómodamente en sus posiciones y cuentan con los hombres y provisiones suficientes para mantener los territorios bajo su control... Bartolomé Masó es ahora Presidente y Domingo Méndez Capote, Vice; tenemos un gobierno civil capaz y con enorme conocimiento del país; lleva a cabo sus deberes con la dificultad natural impuesta por la guerra, pero es más eficiente que la administración española en La Habana...Blanco está mandando emisarios a las tropas cubanas invitándolos a que se rindan, sabiendo perfectamente que el Principio de Spotorno se ha revivido por nuestras tropas: cualquier persona que se aproxime a uno de los líderes con una proposición de rendimiento es inmediatamente enviado a un juicio militar, condenado y fusilado en el acto... El decreto de autonomía fue adoptado el último Noviembre 25, en gran parte debido a la insistencia del Congreso de los Estados Unidos y las buenas intenciones del general Blanco, quien jamás ha sido tiránico ni cruel; si bien, para propósitos prácticos, Blanco es un absolutista; ha tratado de que los autonomistas y los reformistas apoyen su proyecto de una legislatura bi-cameral, sufragio universal y una Cámara de Representantes con un elector por cada 25,000 ciudadanos. El, sin embargo, sería siempre la autoridad máxima. Los intransigentes miembros del partido Unión Constitucional en Cuba no querían nada que ver con esas posiciones, aunque el cubano Julio Pérez Apezteguía, Marqués de Apezteguía, dueño del Central Constancia, el más grande de Cuba, es el presidente del partido, y está dispuesto a que probemos la autonomía... Imagínate que el partido se puso en contacto con Weyler y le pidió que tratara de regresar a Cuba antes que esta se perdiera... Bueno... Blanco ha organizado un gabinete autonomista, con la bendición de la jerarquía católica de Cuba: su cabeza es José María Gálvez, de 63 años (1834-1906), fundador del Partido Liberal Autonomista en 1881 y antiguo Presidente de la Sociedad Económica de Amigos del País... El poder real está en manos de Rafael Montoro (1852-1933), quien tiene 46 años, el Castelar cubano, como le dicen; fundador principal del partido en el '79, un abogado extraordinario, orador, erudito, escritor... Otros en ese gabinete son Antonio Govin, Francisco Zayas, Laureano Rodríguez, y el reformista Eduardo Dolz, realmente, todos hombres honorables y de buena reputación. Algunos insurgentes se están rindiendo y buscando la amnistía que el general Blanco ha prometido; algunos exilados están volviendo de New York; el argumento principal de Blanco para reclutar a esos hombres es que el status que él ha inaugurado en Cuba es idéntico al de Canadá bajo la bandera británica. Masó advierte desde Camagüey que el papel de Inglaterra en Canadá (al no ejercitar poderes ejecutivos) es totalmente diferente al papel de la Corona española en Cuba (intención total de ejercitar su poder de mando, su poder ejecutivo, a través de Blanco). Si solo fuera por los Autonomistas y Reformistas, todavía se podría pensar que las cosas en Cuba estaban bien, pero al incluir a los Constitucionalistas en la ecuación, se desgracia todo: son implacables y hasta han propuesto un saludo para que lo use todo el mundo en las calles, *¡Viva Cuba, para siempre Española!* Ya han comenzado a boicotear al gobierno de Blanco, organizando desórdenes en La Habana y hostigando a ciudadanos americanos...Estos disturbios son tan amenazadores que Fitzhugh Lee le ha pedido a su gobierno que envíe un buque de guerra de visita al puerto de La Habana para proteger a sus ciudadanos e intereses. EL 24 de Enero de 1898, con una bienvenida expresa de Blanco, el crucero *Maine* llegó a La Habana y España, claro, enseguida envió al *Vizcaya* al puerto de New York. Ambos países están aparentemente muy complacidos con la amistosa visita marina, mostrando no sólo su poder marítimo, sino sus adelantos en cruceros y buques...»

Luego que Gonzalo y Horacio acabaron su conversación sobre Cuba, revisando analíticamente lo que estaba pasando en la isla, en España y en los Estados Unidos, ambos comentaron estar inquietos, sin poder poner el dedo en qué era exactamente lo que los inquietaba. A Gonzalo lo que le preocupaba enormemente era que parecía haber un acuerdo en el aire entre España y los Estados Unidos, dejando a un lado los sacrificios, pero sobre todo, las victorias militares reales que el ejército libertador había logrado en Cuba. Horacio, conociendo de primera mano a muchos miembros del Congreso y a todos los miembros del gabinete de McKinley, sabía que lo que necesitaba los Estados Unidos era paz y tranquilidad en Cuba, una tierra estable donde los ricos americanos pudieran invertir y recibir grandes ganancias por sus esfuerzos. Tal parecía como si los poderes internacionales estuvieran dispuestos a sacrificar a Cuba en orden de poder satisfacer sus necesidades: los Estados Unidos, garantizar la seguridad de las inversiones de sus ciudadanos y España, continuar disfrutando la riqueza de Cuba en un ambiente de paz, obediencia y sumisión.

Gonzalo y Horacio comenzaron su almuerzo: Gonzalo, con una langosta Newburg y papas a la *Delmonico* y Horacio, pollo en crema bechamel *en croute*, con un *hors d'oeuvre* cuya receta parecía estar basada en la de huevos Benedicto. Ambos terminaron con los famosos profiteroles de chocolate derretido y una taza de expreso fuerte italiano. Al salir, comenzaron a caminar lentamente, para bajar un poco el almuerzo, hacia Beaver y Pearl, en dirección a las oficinas de *Patria*, por el barrio en el que tanto habían paseado con Martí.

«Me parece que Dupuy de Lôme está tratando de convencer a McKinley de la legitimidad y la permanencia de los cambios que están ocurriendo en Cuba, con la esperanza que los americanos no se metan in asuntos cubano-españoles,» declaró Gonzalo. «Está pasando trabajo en lograr ese objetivo, ya que sabemos que no se le han abierto las puertas de la Casa Blanca. Esto no me gusta nada. Si los americanos no quieren oír al español, una de dos cosas está pasando: se ven en conflicto futuro con España o confían en que España pueda controlar la situación en Cuba, sin parecer demasiado amistosos hacia España.»

«Quesada, mira: lo que hay es una confusión terrible *vis a vis* Cuba… y en Cuba misma. Me parece que de verdad McKinley no ha decidido nada; acaba de recibir noticias de que tres cuartas partes de los hombres de negocios en Cuba, los periodistas, los profesores universitarios y los propietarios están en contra de las ideas autonomistas de Blanco. Aun los españoles conservadores temen una explosión violenta en las ciudades y están tratando de conseguir protección americana. Te digo: se acabó España. De nuevo el gran Gómez sacó otra de sus proclamas maravillosas. Dijo *"No pedimos concesiones. No queremos ser parte de un gobierno español en la isla. Lo nuestro es la independencia completa y total."*Menudas declaraciones.»

«Ya tú ves, los intentos de reforma y de autonomía se interpretan como uno de los muchos trucos que España ha jugado en Cuba; ¡indican de una forma contundente la debilidad de España! Calixto García y Masó están de acuerdo en que el final se acerca. García está listo para tomar a Santiago de Cuba y declararla capital de Cuba y sede de gobierno. Máximo Gómez tiene enormes cantidades de dinamita a su disposición y se prepara para un asalto final simultáneo en contra de todas las posiciones controladas hoy por España; dice él: *"hay que destruir las ciudades como hemos decimado el campo, en un esfuerzo final de destruir a España por el acero y el fuego."* Por suerte, John Sherman, como sabes antiguo senador por Ohio y ahora Secretario de Estado de McKinley, tiene gran ascendencia sobre el presidente y siempre ha sido un campeón de la independencia de Cuba. Está convencido que Cuba cesará muy pronto de ser parte de España.»

«La gran pregunta es,» dijo Gonzalo mientras llamaba a un coche de alquiler para irse a su casa, «si los Estados Unidos van a dejar que Cuba le pertenezca a los cubanos. Desde Jefferson y su visión de Cuba como una posesión americana, hay una política tácita, implícita, de ir a la guerra en contra de España si esta intenta vender o traspasar a Cuba a otra nación. Así que la gran pregunta es si los americanos irán a la guerra si España intenta transferir a Cuba a manos cubanas...»

Horacio entendía perfectamente la preocupación de Gonzalo; ambos amigos esperaron por sus coches en silencio. Finalmente se despidieron, deseándose unas felices Pascuas. Horacio iba a pasar las navidades con Henry Adams (1838-1918) en Chicago y aprovechar su viaje para levantar fondos en el Medio Oeste Americano. Gonzalo tenía planes de permanecer en New York.

Henry Adams sentía un gran afecto por Horacio Rubens por su gusto compartido por todo lo cubano. Adams había conocido a Cuba, como expresó en su *The Education of Henry Adams*, por su pasión por lo exótico. La isla le había seducido y envuelto «*en un mar de travesuras...*» Su primera visita, muy corta, fue en 1873, cuando tenía 35 años; la segunda, mucho más larga, en 1894, ya con 56 años. Enamorado de la isla, les escribió a unos amigos que «*esperaba encontrarse con una cubana y más nunca aparecer en su antigua civilización.*» Visitó Santiago, por un par de días y se quedó un mes. Inmediatamente se convirtió en independentista y ya desde ese momento, vivió rodeado de intrigas cubanas. Había conocido al ministro español en New York, Dupuy de Lôme, a principios de 1897 y trató de convencerlo de que cambiara de bando y se uniera a la causa de la libertad de Cuba. A fines de 1898 fue a una reunión en casa de su vecino, el senador Cameron en Lafayette Square; trajo a tres amigos: el senador Senator Henry Cabot Lodge de Massachusetts y dos conspiradores cubanos a los que quería presentar a sus amigos influyentes. Ambos eran encantadores, cultos e inteligentes, ambos de treinta y pico de años: Gonzalo de Quesada y Horacio Rubens, quienes acababan de alquilar unos salones en el *Hotel Raleigh* para organizar una legación cubana no oficial.

La siguiente reunión de Gonzalo y Horacio estaba planeada para Febrero 17, en *Emil's Olde Town Restaurant*, en 218 Pearl Street, otro de los sitios favoritos de Martí. Pero ocurrirían eventos de gran importancia antes que los planes de los dos amigos pudieran llevarse a cabo.

□ ◊ □

Fotos: • Gonzalo de Quesada. • Juan B. Spotorno, Serafín Sánchez y Carlos Roloff. • Vista aérea de Santiago de Cuba. • *La Educación de Henry Adams*, autobiografía del extraordinario periodista, historiador, novelista y filósofo, nieto y biznieto de presidentes Americanos, visitante en Cuba en 1873 y 1894. • El indiscreto Enrique Dupuy de Lôme (1851-1904), que en una carta a José Canalejas insultó al Presidente McKinley y posiblemente precipitó la visita del acorazado *Maine* al puerto de la Habana en 1898.

19

"Es difícil saber qué influencias afectan más el presente,
las que ya pasaron o el futuro por venir."
FRIEDRICH NIETZSCHE (1844 - 1900)

En el anochecer de Febrero 15, 1898, el buque americano *Maine* se columpiaba lentamente, anclado en las aguas de la bahía de La Habana. Era una noche fresca y sin luna y las luces ocasionales que salían de los *ojos de buey* del barco, se reflejaban en la superficie del agua. En su escritorio en el camarote del capitán, Charles D. Sigsbee hacía anotaciones en su bitácora:

«El general Ramón Blanco, el nuevo Capitán General de la Isla, parece tener todo bajo control. Parece ser un caballero y simpatizamos él, su mujer y yo. No hemos tenido noticias importantes de los rebeldes en las últimas semanas… Anoche recibí a varios oficiales españoles para reciprocar su invitación anterior a una corrida de toros. La estábamos pasando bien hasta que el primer torero se dispuso a darle una estocada al toro, en cuyo momento mis hombres y yo nos levantamos para irnos de tal función bárbara. Varios hombres a mi izquierda se pararon para gritarnos «*No se vayan Maricones*," mientras nuestros anfitriones excusaban la mala educación y vulgaridad de esos hombres. Yo había estado conversando por la tarde con Fitzhugh Lee, y él también está optimista. Yo no sabía que era sobrino de nuestro Robert E. Lee y que había peleado bajo su mando como comandante de una división de caballería. Acabo de oír el toque de queda. En la quietud de la noche, el sonido debe haber llegado claramente hasta la ciudad, la cual acabó su día hace unos minutos con el sonido retumbante del *cañonazo de las nueve*…»

La plácida escritura de Sigsbee terminó brutalmente con esta última oración. Una explosión devastadora hizo temblar al *Maine* de proa a popa, tejiendo una amenaza de desolación y un rugido ensordecedor de inmenso volumen en cada hombre a bordo del barco.

Nadie esperaba que en una noche idílica y tranquila como esta, el crujir metálico del buque de guerra *Maine* fuera a concluir con la mayoría de su tripulación y a despertar con el corazón en la boca a cada ciudadano de la capital cubana. Sigsbee lo supo en el acto: el *Maine* había sido volado fuera del agua y se estaba hundiendo rápidamente. Corrió hacia popa y en segundos evaluó la seriedad de la situación. La proa del barco, donde la mayoría de los marineros tenían sus literas, ya estaba bajo el agua. En minutos, los botes salvavidas del *Alfonso XII*, el buque español más grande anclado en el Puerto, estaba al lado del *Maine* tratando de rescatar a los sobrevivientes. El capitán Sigsbee no podía menos que reconocer su valor y su heroísmo, en medio del caos de la explosión. Una serie de pequeñas explosiones siguieron a la explosión inicial durante toda la noche y tal parecía que la ciudad entera estaba iluminada por las llamas y la conflagración. Al amanecer, los despojos del naufragio con tubos, mástiles, ventanas de cristal, planchas de hierro, tablas, secciones de la proa y de la chimenea, embudos, cañones y cadáveres era todo lo que quedaba del barco más grande que jamás hubiera entrado en el puerto de La Habana.

El capitán Sigsbee, aún en estado de shock, envió un cable a sus superiores en Washington:

«La Habana, Febrero 16.- A John Long, Secretario de la Marina de los Estados Unidos, de Charles D. Sigsbee, capitán del buque de guerra de segunda clase *Maine*:

El *Maine* ha sido abatido en el Puerto de La Habana anoche a las 9:40 pm; ha sido totalmente destruido. Hay muchos heridos y sin duda, muchos muertos y ahogados. Los heridos e impedidos están a bordo de un buque español y de un vapor de la línea Ward.

Envíe una barca desde Key West para la tripulación y para el poco equipo que queda sin hundirse. Nadie pudo salvar más ropa que la que teníamos puesta.

La opinión pública debe contenerse hasta que podamos reportar algo más tarde. Se cree que todos los oficiales se han salvado. Faltan solo Jenkins y Merritt.

Muchos oficiales españoles, incluyendo a un representante del general Blanco, ahora conmigo, expresan su pésame y su deseo de ayudar. (Firmado) Sigsbee.»

A las 11 ese mismo día Horacio Rubens recibió una nota en su apartamento de parte de Gonzalo de Quesada pidiéndole que viniera a su cita de *Emil* ese mismo día, un día antes de su bien planeada cita, a la 1 pm. Gonzalo fue el primero en llegar, con los brazos llenos de periódicos que había ido recogiendo por el camino; unos minutos después, llegó Horacio, también cargado de periódicos. Se sentaron a leer y compartir las noticias —un verdadero caudal de reseñas.

«William Randolph Hearst y su *New York Journal* no tienen la menor duda sobre quién hundió al *Maine*. ¡Qué bárbaro...! Muestra un dibujo de un saboteador pegando una mina submarina al fondo del barco, con un alambre que llega a la orilla, donde hay un hombre a punto de hacer detonar una bomba...»

«De nuestro Secretario Asistente de la Marina, Teddy Roosevelt: *"No comprendo cómo se nos puede pedir que toleremos la horrible infamia que ha sido el mandato de España en Cuba por los últimos dos años, así como la brutal y traidora destrucción del Maine y el asesinato de más de 200 de nuestros hombres; me cuesta trabajo controlarme, tanta es mi emoción..."*»

«Escucha esto del senador Oliver Platt: *"Ya sea por accidente o por intención, el acorazado Maine fue volado a los cuatro vientos y no queda poder sobre esta tierra que evite ahora que los Estados Unidos vayan a la Guerra con España..."*»

«Otra nota del *Journal*: *"El país entero vibra con la fiebre de la Guerra..."*»

«De Pulitzer: *"Más de 250,000 hombres han corrido a enlistarse en el ejército de los Estados Unidos con todo entusiasmo. El comisario del ejército reporta, sin embargo, que solo tiene 57 hombres para atender las provisiones que hacen falta para el ejército. Los soldados que ya están en la Florida van a tener que esperar por provisiones y por transporte. Hay individuos que están organizando y aprovisionando sus propios regimientos, Theodore Roosevelt piensa renunciar a su cargo y formar un regimiento voluntario de caballería."* Hay más adentro...»

Al ver tal montaña de periódicos en la mesa de los dos amigos, Jacinto González, el camarero que siempre los atendía en *Emil*, se detuvo momentáneamente delante de la mesa para averiguar, como todos en New York, las últimas noticias de Cuba luego del hundimiento del *Maine*. Luego de unos diez minutos en que todos parecían hablar a la vez, Jacinto le preguntó a Gonzalo:

«Don Gonzalo, ¿por qué le llaman al *Journal* "prensa amarilla?"»

Gonzalo, que era un maestro natural, le comenzó a explicar:

«El *New York World* de Pulitzer fue el primer periódico en imprimir los muñequitos en colores; le siguió el *New York Journal*, de Hearst, quien en dos semanas, también comenzó a imprimir los muñequitos en colores. Más ningún periódico en el país estaba en condiciones financieras de invertir las cantidades enormes que habían falta para imprimir a colores; a Pulitzer se le ocurrió la idea de un tira de muñequitos, dibujado por Richard F. Outcault, llamado *Hogan's Alley*; se desarrollaba en una barriada pobre llena de personajes raros, cuya estrella era un chiquillo calvo, con una sonrisa algo tonta y dientes malos, vestido en un camisón amarillo, *The Yellow Kid*. Su característica más notable era la cabeza afeitada, típica de muchos niños de los guetos de New York, debido a tener que ser afeitados para quitarles los piojos. El camisón amarillo, heredado de una hermana mayor, le dio nombre al personaje, el cual fue copiado en vallas anunciadoras, tarjetas, paquetes de chicles y juguetes. Pronto, Richard Outcault fue contratado por Hearst y *The Yellow Kid* comenzó a aparecer en una versión algo diferente en el *New York Journal*, ya que Pulitzer había retenido los derechos de autor para su periódico. Como ambos periódicos tenían a un niño amarillo, *The Yellow Kid*, comenzaron a ser llamados "prensa amarilla," ya que en esa época, los colores chorreaban de una página a otra, manchando de Amarillo varias hojas del periódico.»

«Mira esto, Gonzalo,» interrumpió Rubens. «El periódico de Hearst envió a Stephen Crane y a Frederick Remington a Cuba hace un mes. No tuvieron mucho que reportar hasta el incidente del *Maine*. Se dice que a fines de Enero mandaron un cable a New York diciendo «*Aquí no hay guerra,*» y le pidieron a Hearst que los dejara volver a New York. Dicen que la respuesta de Hearst fue: «*Uds. escriban los artículos y dibujen lo que sea; yo les conseguiré la guerra.*» ¡Por eso es que se está diciendo, parece que con cierta realidad, que la guerra fue creada por la "prensa amarilla" de New York!»

Gonzalo y Horacio, en el centro del vórtice de noticias en el que estaban, sin querer perderse una sola noticia —vieja o nueva— que pasara por *Emil's*, se quedaron allí hasta bien avanzada la tarde, leyéndose uno al otro las nuevas que publicaban otros periódicos sobre la posibilidad de una guerra entre los Estados Unidos y España; estos eran tiempos inciertos pero cruciales. Ambos se daban perfecta cuenta que lo que estaba pasando interfería con la victoria cierta ya casi en las manos del Ejército Libertador Cubano. Pero quizás no…

«Recuerdo lo que dijo el cónsul americano a España, Adam Badeau, en la administración de Chester Arthur: *"la tiranía económica y comercial a la que España ha sometido a esta isla no tiene par por su rapacidad e infamia. Es difícil buscarle rival en todos los anales del despotismo colonial; el yugo que España ha puesto sobre cada pescuezo en Cuba levantará sentimientos de rebelión tarde o temprano…"*»

«Las necesidades de Cuba,» comentó Gonzalo, «ni siquiera fueron escuchadas hasta bien tarde en 1895. Hasta entonces, la atención del presidente Cleveland y la de su Secretario de Estado Olney estaban enfocadas hacia las disputas fronterizas de Venezuela con Inglaterra; su reacción a los asuntos cubanos apenas se limitaba a expedir advertencias *pro-forma* a los filibusteros. No entramos en la agenda de Cleveland hasta 1896, cuando los ingleses indicaron un deseo de negociar y terminar la disputa venezolana en la zona de la Guyana.»

«Todavía recuerdo cuando Olney le escribió a los españoles que Cleveland no vería con agrado otros diez años de insurrección cubana. Le pidió a España que permitiera algún tipo de auto-gobierno. La respuesta de España fue conciliatoria pero arrogantísima, por supuesto: *"…adoptar esas reformas, que en efecto podrían ser necesarias, tiene que esperar hasta que la sumisión de los insurgentes sea un hecho consumado."*»

«La respuesta de Cleveland fue casi tan perjudicial a nosotros como la de España: *"…podemos insistir en lo del autogobierno [de los cubanos] mientras respetamos la soberanía de España."*»

«Tampoco el temperamento de McKinley mostró que estaba dispuesto para nada a tomar acción alguna que favoreciera a los cubanos. Había nombrado a John Sherman, ya muy mayor, como su Secretario de Estado, para abrir el escaño senatorial de Ohio para Mark Hanna, señalando con esa acción que la política exterior no iba a ser su prioridad. Lo único bueno que pasó en ese momento fue un apoyo entusiasta por parte de Estados Unidos con respecto a Cuba, en la plataforma del partido republicano.»

«Mira, ya a fines de 1897, McKinley le decía al Congreso que a España se le debía dar una oportunidad razonable de probar la prometida eficacia de su "nuevo orden" en Cuba, al cual estaba la Metrópolis irrevocablemente comprometida.»

«Sí. Creo que recuerdo las palabras de McKinley: *"No hablo de una anexión forzada, ya que no me puedo imaginar tal cosa; mi sentido personal de la moral me diría que tal cosa sería una agresión criminal."* John Foster le dijo al Secretario de Estado que los españoles cambiarían de idea cuando sus hijos comenzaran a morir en Cuba de fiebre amarilla.»

Cayeron en silencio los dos amigos, leyendo la docena de periódicos que se habían acumulado en una de las sillas de su mesa. Al rato, Gonzalo comenzó un cuidadoso análisis de la situación.

«McKinley, si fuera por él, jamás hubiera tomado acción alguna con respecto a Cuba. Me temo que ahora, después del *Maine*, va a verse comprometido a entrar en la guerra de Cuba. He discutido esta posibilidad varias veces con Emilio Núñez, con Masó y hasta con Máximo Gómez. Lo cierto es que prácticamente ya hemos ganado la guerra en Cuba. Ahogamos a España en una situación que parece ser un *impasse*, pero que favorece a nuestras tropas. El tiempo está a favor nuestro. España vive una verdadera hemorragia de capital día a día; tenemos bastantes fondos y hombres para mantener indefinidamente el bloqueo militar a las ciudades. Es el orgullo de España lo que le impide rendirse *"a una muchedumbre de bandidos harapientos,"* que es lo que piensa de nosotros. Preferirían rendirse a un gran poder, como los Estados Unidos, y a su prestigioso ejército. Esto les permitiría no tener tal humillación —¡rendirse a los mambises, por amor de Dios!— ante el mundo entero. ¿Quién hundió al *Maine*? ¡El gobierno de Madrid! En ningún momento el gobierno español planeó asestar una derrota brutal a los Estados Unidos o ahuyentarlos de Cuba... no. Crearon una excusa para que los americanos entraran en la guerra y así salvar la dignidad de España. Este ataque les permitirá rendirse ante un enemigo con gran lustre, ante un enemigo que hubiera derrotado a cualquier oponente; España, con esta triquiñuela cruel y brillante, ha encontrado la forma de silenciar a los que saben que el otrora gran imperio no es más que una potencia de tercer rango. Ya verás como comienzan a negociar directamente con los americanos e ignoran a nuestro ejército y a nuestro gobierno en armas; con eso ignoran también que fuimos nosotros los que los pusimos contra la pared hasta el punto de someterlos...»

Este análisis cínico y agudo de Gonzalo hizo pestañar levemente al no menos brillante Rubens. Pero Gonzalo, impulsado como estaba, continuó su disertación:

«Ahora hay tres grupos presionando a McKinley: primero, la opinión pública en los Estados Unidos. Su sentir ha sido condicionado por los periódicos. En el día de hoy, el periodismo americano no es otra cosa que sensacionalismo: después del *New York World* de Pulitzer vino Hearst, quien ha convertido el muy respetable periódico de su padre en San Francisco en una proposición sucia pero muy, muy rentable, el *New York Journal*. Ambos periódicos cohabitan en una zona gris entre la verdad y la fantasía. No hay bajeza alguna que no estén dispuestos a cometer. El Senador George Norris de Nebraska, uno de los mejores oradores del Congreso, ha dicho recientemente que el estilo de los periódicos de Hearst y Pulitzer se riega como una red venenosa a todas partes del país; se ha convertido en una red de cloacas del periodismo americano. Como tú bien sabes, Rubens, los reporteros de ambos diarios vienen a la oficina todas las tardes buscando noticias de la Junta.»

Horacio escuchaba; estaba de total acuerdo con el análisis de Gonzalo. Su respuesta mostró un tanto de remordimiento, pensando que lo de Cuba era tan complicado que no se sabía que iba a pasar.

«En nuestra campaña intensa por ganar adeptos por la causa de Cuba y de contar lo que allí pasa, querido amigo, creo que hemos sido cómplices no intencionales de esas prácticas, particularmente en el incidente de la carta de Enrique Dupuy de Lôme a un amigo. Obtuve copia de la carta de uno de nuestros agentes en la misión española; se la pasé al *New York Journal*, el cual la publicó el 9 de Febrero. Esta fue la oración que enfureció a McKinley y que le costó el puesto a Dupuy: *"McKinley es un hombre débil, buscando siempre la adoración de la multitud, además de ser un politicastro, tratando de dejar abierta una puerta detrás de él mientras le pasa la mano a los histéricos de su partido."* La verdad que la tentación de publicar la carta fue demasiado grande...»

«Te hablo de los histéricos en un momento,» lo interrumpió Gonzalo. «Hablemos de los cubanos: creo que el segundo grupo que presiona a McKinley para que actúe es la comunidad exilada de New York a través de la Junta. Somos una fuerza, a veces refinada, a veces algo tosca, pero en definitiva muy buenos en cabildear e influenciar a los periódicos; virtualmente escribimos las noticias de Cuba para toda la prensa de New York; lo malo es que hemos sido demasiado toscos —con exceso de fuerza bruta en lugar de fineza— lidiando con las autoridades americanas. Nos hemos visto forzados a defender la imagen de Cuba de la propaganda insultante de los españoles y en el proceso hemos levantado roncha. ¿Te acuerdas de la cita aquélla de Adam Badeau, representante americano en La Habana en 1896? La publicaron en el *New York Times*: *"Los cubanos son un pueblo raro y heterogéneo, sin experiencia de republicanismo, de civilización o de cristianismo."* O del comentario del Presidente Cleveland sobre el cabildeo de exilados cubanos, el cual salió en cada periódico de la nación en 1897: *"Me siento una y otra vez, junto a mis hijos, amenazado de sufrir las peores calamidades, por el frenesí de los cubanos, quienes dicen que soy enemigo de su causa."* O de la carta del magnate azucarero bostoniano Edwin Atkins, dueño de la mitad de Cienfuegos, a Olney en 1896: *"El elemento negro, junto a aventureros de New York y de otras partes (de los que hay muchos) están buscando poder o ganancias en esta Guerra."* Mira, hace poco que el embajador americano en España, Stewart L. Woodford, le escribía a McKinley: *"Los cubanos no tienen educación; la historia de la corrupción financiera por parte de España en esa isla y la presencia de una población sustancial de gente de color, indican la necesidad de que los Estados Unidos tengan control."* Finalmente, nada menos que Fitzhugh Lee, quien sustituyó a Badeau en 1897: *"Los cubanos alzados quieren una república independiente, pero los inteligentes, los educados, quieren anexarse a los Estados Unidos."* Al fin, a todo esto le siguió un comunicado que fue el que trajo el *Maine* al puerto de La Habana: *"Una muchedumbre, dirigida por oficiales españoles, atacaron hoy a los cuatro periódicos que abogan por la autonomía. Necesitamos barcos para estar preparados, ya que la histeria y la incertidumbre predominan…"* ¡Mi madre!»

Rubens, fascinado por el análisis de Gonzalo, escuchaba, de vez en cuando riéndose ante la consumada agudeza y simpatía de Gonzalo, las que no podía ocultar ni en medio de tema tan serio. Gonzalo siguió:

«La tercera fuerza presionando a McKinley son los *jingoes* [22], proponentes del Destino Manifiesto de los Estados Unidos, vestidos en el lenguaje modernista del darwinismo social; los mueven dos poderosos líderes, Theodore Roosevelt, Secretario Asistente de la Marina de McKinley, y el senador por Massachusetts Henry Cabot Lodge, siempre en búsqueda de una política exterior más agresiva. Se han convertido en defensores de la *virilidad* de los Estados Unidos. Creen firmemente que las

---

[22] Los que apoyan a su país esté bien o esté mal, aun en tiempos de guerra. Patriotas chauvinistas. Una actitud beligerante se originó en Rusia contra Inglaterra durante la guerra del 1870. *By Jingo* era una mala palabra que se usaba para evitar decir *By Jesus*. El término volvió a usarse en la Guerra Cubana del 1898.

civilizaciones superiores tienen que dominar a las inferiores y, gracias a ese proceso mejorar a la raza humana. Dadas estas influencias, McKinley, quien toda la vida ha sido es un expansionista tibio, tuvo que mostrar sus colores y prácticamente fue forzado a declarar: *La presente situación en Cuba es una amenaza constante a nuestra paz. En el nombre de la humanidad, de la civilización y por los intereses amenazados americanos que no podemos ignorar ni posponer, tengo el derecho de hablar y de actuar: la guerra cubana debe acabarse ya y [los Estados Unidos] tenemos que usar el poder que sea para asegurarnos que se acaban de una vez para siempre las hostilidades.*" Ahí había un fuerte virus de anexionismo; por suerte, tenemos a un Horacio Rubens para vacunar al que fuese…»

«Gracias, Quesada. Por suerte ayer me encontré con el Senador Teller de Colorado, buen amigo mío, quien en el acto le mandó un telegrama al Secretario del Senado, para que lo incluyera en el record del día: *Los Estados Unidos por este medio establece que no hay ninguna disposición, jurisdicción o intención de ejercitar soberanía sobre Cuba, excepto por una posible ayuda en su pacificación; aseveramos nuestra determinación, cuando haya paz, de dejar el gobierno y el control de Cuba a su pueblo.*" Ahora, para que sepas, desafortunadamente Teller cree que lo que va a pasar es que España le informará al gobierno de McKinley que la firma de la Resolución Conjunta es una declaración de Guerra; McKinley, por supuesto, la va a firmar; los Estados Unidos comenzarán la Guerra con un bloqueo para ganar algún tiempo en el que prepararse. Los Estados Unidos enviarán una declaración de guerra retroactiva al día en el que el Maine fue destruido; como no estamos listos para ir a la guerra, el tiroteo no va a ocurrir por varios meses y las tropas americanas seguirán el ejemplo de los insurgentes, desembarcando en la provincia de Oriente. Como lo vemos tú y yo, y la Junta, no hay fuerza humana que nos proteja de perder el control sobre *nuestra* guerra. Ya España está lista para jugar la mano Americana y estará encantada de divertirse en el papel de víctima impotente del malvado imperialismo Americano. A los defensores de la causa cubana nos dejarán, igual que cuando hay tres *outs* en la pelota, *con la carabina al hombro*.»

Las opiniones de Teller fueron proféticas. El 1 de Julio de 1898, cinco meses después del *Maine*, 15,000 soldados americanos estaban listos en Tampa, para embarcarse hacia Cuba. Más rápidos y entusiasmados que las tropas oficiales, los voluntarios de Theodore Roosevelt, los *Rough Riders*, vestidos en uniformes a la medida hechos por *Brooks Brothers* estaban listos para pelear a los españoles en la Loma de San Juan y en El Caney. Sus estrategias de guerra fueron diseñadas por Calixto García, general cubano educado en Estados Unidos quien conocía y controlaba la región entera de Oriente y, cara a la entrada americana en la guerra, esperaba que los americanos lucharan junto a sus tropas. Como héroe de la Guerra del 1868, Calixto era sin duda un genio táctico y era realmente adorado por sus hombres. Hizo que sus tropas limpiaran a toda la costa del sur de Oriente de españoles, para facilitar el desembarque de los americanos. Cuando llegó el momento, ni un solo americano fue herido, o siquiera estuvo bajo fuego español, durante el desembarco.

Mientras tanto, el Almirante Pascual Cervera, el gran líder de la armada española, había zarpado con un escuadrón español de Cádiz, pero nadie sabía dónde estaba. La misión de Cervera era bloquear el puerto de La Habana; zigzagueaba por el Atlántico tropical evadiendo a los americanos, quienes lo perseguían como los sabuesos a los zorros en una cacería. Su problema inmediato era encontrar bastante carbón para mantener a sus buques en movimiento; había salido de Cádiz a la carrera, con los acopios de combustible a medio llenar.

El futuro de la isla de Cuba colgaba ahora en el balance, sin que ninguno de sus hijos tuviera nada que ver con la toma de decisiones de los grandes poderes.

□ ◊ □

El **Escuadrón de Cervera** al salir de *Cabo Verde* el 30 de Abril de 1898. Cervera pensaba encontrarse con la flota norteamericana y destruirla. Durante varias semanas las personas que vivían en el este de los EEUU temían que la flota de Cervera entrara por el rio Potomac y atacara e incendiara la indefensa ciudad de Washington DC.

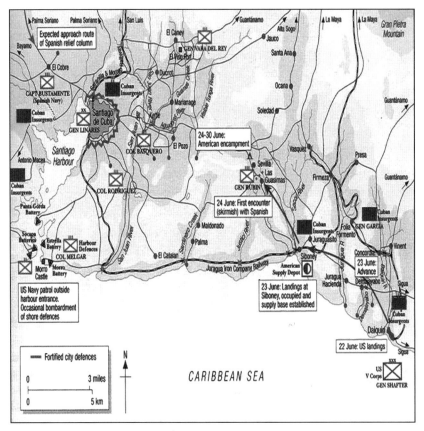

Mapa Militar: Posición de las tropas cubanas, americanas y españolas durante la batalla en tierra de Santiago de Cuba.

20

"Una buena estrategia con malas tácticas es la ruta más lenta a la victoria.
Buenas tácticas, sin estrategia, es el ruido previo a la derrota."

SUN TZU [WU] (BC 544 – 496)

El martes 12 de Abril, 1898, casi dos meses después del incidente del *Maine* y el día siguiente a la adopción de la Resolución Conjunta por el Congreso americano, el Primer Ministro de España, Práxedes Mateo Sagasta declaró en la cámara del senado en Madrid:

«*España prefiere arruinarse y ser abandonada por todos sus amigos a dejar a Cuba. Todos los españoles deben responder velozmente al llamado de la patria y repeler con todo nuestro poderío nacional este insulto odioso, el cual nunca ha sido visto en toda la historia.*»

Esta declaración fue pie para que en toda España hubiera reuniones públicas llenas de pánico, en apoyo y con gran aplauso para la Regente, el Rey, el ejército y la armada.

La misma fue recibida de forma diferente pero con la misma emoción en los Estados Unidos. El 23 de Abril el *Saturday Review* declaró en un editorial:

«*Las declaraciones de España son de mal gusto hasta el último grado; sus cortes, así como sus instituciones civiles son corruptas…España no ha contribuido nada al auto-respeto de la humanidad en los últimos doscientos años; al contrario, le ha mostrado al mundo entero hasta que profunda depravación puede descender una civilización.*»

Luego de estos salvos iniciales, los periódicos americanos ignoraron a España con gran desprecio y total desdeño. Eso no ocurrió con los periódicos españoles. El 2 de Mayo *La Época*, y *La Gaceta de Madrid* continuaron escribiendo editoriales llenos de vitriolo en contra de la civilización americana:

«Las autoridades americanas saben perfectamente lo que valen estas bravuconadas arrogantes» y *«los marineros americanos son la basura de los muelles de New York y New Orleans, hombres que desertarían sus propios barcos por una onza de alcohol… nuestros hombres, por otra parte, son capaces de heroísmos sublimes, sensibilidad moral y arrojo, tanto en altamar como en tierra firme, como demostraron hace cuatrocientos años en México y Perú.»*

Mientras, la flota española se reunía en St. Vincent, en las islas portuguesas de Cabo Verde y la infantería americana en Chickamauga National Park en el norte de Georgia.

No había la menor premonición de desastre en Madrid; al contrario, el 20 de Mayo, la Regente hizo vestir al niño rey Alfonso XIII (Alfonso León Fernando María Jaime Isidro Pascual Antonio de Borbón y Austria-Lorena) en el uniforme de los cadetes de infantería y se apareció con él a la puerta del Senado, donde fueron recibidos por los espectadores, los diputados y los senadores con entusiasmo febril. La Reina se dirigió a la multitud con estas palabras:

«La lealtad de nuestro pueblo de Cuba frustrará para siempre las esperanzas de los que, desde orillas vecinas, han alimentado las llamas de la insurrección al ofrecerle a los rebeldes recursos materiales.»

El 23 de Abril, el Presidente McKinley dirigió al Secretario de la Armada John Davis Long a que ordenara a todos los barcos del escuadrón del Atlántico del Norte a dirigirse inmediatamente a aguas cubanas y una vez allí, montar bloqueos de los puertos de La Habana, Matanzas, Cienfuegos, Guantánamo y Santiago de Cuba. Confiado de su propio poder y competencia, el gobierno español, ese mismo día, le enviaba una comunicación a todos los gobiernos de Europa expresando su certidumbre que

«España contará con la ayuda de los propios cubanos, quienes son tan españoles como nosotros.»

Sabían perfectamente que eso era una mentira, que hablar de los mambises como aliados era algo absurdo; preparaban el terreno para una derrota rápida y fulminante solo atribuible a la superioridad militar de los americanos. Querían crear el mito de que españoles y cubanos habían estado luchando juntos en contra de fuerzas superiores. Sin embargo, sería bien conocido en su momento que la victoria aplastante de los americanos fue sobre el ejército español, gracias en parte a la degradación del espíritu español causada por dos años de victorias cubanas.

El martes 26 de Abril los ingleses declararon su neutralidad; forzaron a un escuadrón americano a dejar el Hong Kong británico y a varios torpederos españoles a dejar Kingston, Jamaica, territorio británico. El Comodoro Dewey colocó sus barcos en frente a la bahía de Manila y el Kaiser Wilhelm expresó sus simpatías por España. El miércoles 27, el *New York*, el *Puritan* y el *Cincinnati* bombardearon y destruyeron los Fuertes españoles de Matanzas. Sabiendo que Cervera estaba en Cabo Verde, puerto portugués, McKinley pidió a Portugal que se declarase pro Español o pro Americano. Inmediatamente Portugal proclamó su neutralidad; así lo hicieron también Italia, Holanda, Suecia, Noruega, Colombia, México, Rusia, Francia, Corea, Argentina, Japón y Uruguay.

El 13 de Mayo, al conocerse esas declaraciones, Gonzalo de Quesada le escribió un largo reporte a Bartolomé Masó, Calixto García y Máximo Gómez in Cuba, con explicaciones y detalles de lo que entonces se llamaba *El Concierto de Europa*, las alianzas existentes entre los poderes europeos a fines del siglo XIX.

> *«Los grandes poderes de Europa, a través de maniobras casi malabaristas y acrobacias políticas sin fin, han dejado a un lado sus diferencias, y durante los últimos años, han estado en paz unos con los otros. España, sin embargo, ha estado aislada, ya que para la mayoría de los europeos, Europa termina en los Pirineos. Alemania, Austria-Hungría, e Italia han formado lo que se conoce como la Alianza Triple, mientras Francia y Rusia se han acomodado como contrapunto, la Alianza Doble. Cada una de las alianzas ha intentado seducir a España a que se les una, pero esta ha rechazado sus avances; se sabe, sin embargo, que Alfonso XII ha sido toda la vida un gran germanófilo. Admiraba ardientemente al Canciller de Hierro, Otto von Bismarck. Por su pasado sin compromisos, ahora España, con toda frescura, le pide a ambas alianzas que presionen a los cubanos y a los americanos pro-cubanos a aceptar la soberanía española y abandonar toda la ayuda y la ofensiva bélica en contra de España en Cuba. El arquitecto principal de esta estrategia ha sido Carlos O'Donnell y Abreu, el Duque de Tetuán, vástago de una antigua familia de ancestro irlandés en España. El Duque tuvo un éxito inicial con los Ministros del*

Exterior de Paris, Berlín, Viena, Londres, Roma y St. Petersburg, pero se han ablandado los apoyos de estas capitales a España y el Duque ha abandonado su ofensiva diplomática.»

Los únicos poderes europeos que nunca declararon su neutralidad en la Guerra que se aproximaba fueron Alemania y el Vaticano, ambos históricamente aliados íntimos de la monarquía española. Los monarcas de España, desde la época del Papa Alejandro VI (antes Rodrigo Borgia, 1431-1503) veían con gran orgullo su título de *Sus Majestades Católicas*. León XIII había ya probado su devoción a España al bendecir regularmente las acciones de Valeriano Weyler, ignorando las protestas y la información que lo rodeaba. Para León XIII, los españoles eran sus hijos; los cubanos, sus hijos bastardos.

Cuando Bartolomé Masó, que estaba estacionado en Guaicanamar, en la costa de Santa Cruz del Sur en Camagüey, pidió ser informado sobre la posición del Vaticano en el conflicto Cubano-Español, Gonzalo le contó un incidente misterioso y verdaderamente espeluznante.

«Hace un par de meses, a principios de Marzo de 1898, el Cardenal Mariano Rampolla del Tindaro, siciliano de nacimiento, auditor de la Nunciatura Papal en Madrid en 1875, Cardenal Secretario de Estado de León XIII desde 1887 y confidente del Papa, le dio una entrevista al *New York Times* en la que declaró:»

«Al Pontífice no le gusta la actitud de España en Cuba; ha abogado por una amnistía general para los insurgentes cubanos; ha aconsejado a España para que negocie con los Estados Unidos y buscar una solución al problema de Cuba; finalmente, se ha convencido que el sentimiento europeo está del lado de las armas cubanas. Yo mismo no puedo ver con beneplácito la opresión intolerable del gobierno español en Cuba.»

«El gobierno español inmediatamente pidió al Cardenal que repudiara la entrevista, lo que hizo enseguida. Se rumoró que fue persuadido a esto por un rival asignado a Roma también, el Cardinal Francesco Denza, conocido como *"el Gran Silenciador,"* nombrete que en los viejos tiempos se usaba para designar al Secretario de los emperadores bizantinos. El Cardenal Rampolla ya había sido amonestado varias veces anteriormente; una vez, por su indiscreción y un comentario que hizo sobre el *affaire* entre el Rey Alfonso XII y Elena Sánz y Martínez de Arizala, soltera, encinta con el hijo de otro hombre. Otra vez, se opuso a la encíclica de León XIII *Humanum Genus* en 1884, condenando a la masonería. Se sospechaba que Rampolla fuera masón y se le pidió que se mudara a un edificio pequeño y sin pretensiones detrás de San Pedro. Unos días después de su entrevista con el *New York Times*, el Cardenal Rampolla fue hallado muerto en su casa, sin saberse la causa. El Cardenal Denza, también siciliano, hizo una declaración a efectos de que *«la muerte del Cardenal Rampolla es un gran golpe para la Iglesia. No tenemos más comentarios.»* Las noticias salieron en la página 4 de *L'Osservatore Romano* y en la 7 del *Giornale di Roma*. No se reportó en ningún periódico en España. En unas pocas semanas, nadie se acordaba ya de Rampolla. Yo realmente creo que esto fue una operación siciliana, muy bien dirigida, para acabar con cualquier vestigio de sentimientos anti-españoles en el círculo íntimo de León XIII.»

Mientras estas comunicaciones ocurrían entre New York y Guaicanamar, otros eventos ocurrían en la guerra de Cuba, la cual ya no era un conflicto local cubano-español.

La flota del Almirante Pascual Cervera, bajo órdenes directas del Ministro español de la Marina, había dejado Cabo Verde con gran prisa, a fines de Abril o principios de Mayo.

Las circunstancias se habían mantenido ocultas aun del Consejo de Ministros de España. La lastimera armada consistía de los buques españoles *María Teresa*, *Almirante Oquendo*, *Vizcaya*, *Cristóbal Colón* y los torpederos *Plutón*, *Terror* y *Furor*. El conflicto cubano-español se estaba volviendo una guerra de dos continentes que hasta los japoneses y coreanos seguían con gran interés desde un tercer continente.

Sin que lo supieran los Estados Unidos, la flota de Cervera avanzaba, sin ser descubierta, hacia el continente americano. Había rumores de que su intención era atacar a New York en vez de seguir rumbo a Cuba. El *Heraldo de Madrid*, sin embargo, repetidamente reportó a principios de Mayo, que el escuadrón de Cervera iba hacia las Filipinas para proteger a las islas de la marina Americana. No sabían que el 3 de Mayo, el Gobernador General García Peña había abandonado la Guarnición y Depósito de Cavite, al sur de Manila, y se había rendido al almirante Dewey de los Estados Unidos. El 8 de Mayo, un telegrama al Secretario de Estado americano desde Charleston, South Carolina, anunciaba que el escuadrón Cervera había sido visto en las aguas cercanas a Myrtle Beach; dos telegramas más, casi idénticos, notaban la posición de Cervera en St. Thomas, Martinica y Ponce, Puerto Rico; el 11 de Mayo, *El Imparcial* en Madrid, en un reportaje confirmado por el attaché naval en Londres, anunciaba que la flota de Cervera había dado marcha atrás y estaba regresando a Cádiz.

Sin conocimiento de los españoles, el general Calixto García, comandante en jefe de las fuerzas cubanas en la provincia de Oriente, se había embarcado en Gibara, en la costa norte de Oriente, hacia Kingston, Jamaica. Viajaba de incógnito, con una pequeña escolta; el 23 de Abril había abordado *Adirondack*, un barco de carga de la línea Atlas. Se especulaba que tenía problemas de salud y que había pasado su mando a un subordinado. El general cubano se pasó un día en Kingston, reunido con un emisario secreto de la Junta de New York e inmediatamente volvió a Cuba, esta vez hacia la zona de Bayamo.

En misión secreta, conocida sólo por el presidente McKinley y su Secretario de Estado interino, William Rufus Day, Andrew Summers Rowan, teniente del 19 de Infantería del ejército americano, había salido de Washington para Kingston, allí cruzó la isla en dirección noroeste hacia St. Ann's y al llegar, tomó un bote hacia la costa suroeste de la provincia de Oriente en Cuba. Una vez en Cuba, cruzó la Sierra Maestra y llegó a Bayamo; el campo entero parecía conocer dónde estaba, pero no conocía su misión. Los guajiros lo protegieron paso a paso durante este pasaje tan difícil, solo sabiendo que era *"el delegado Americano."*

El 22 de Abril, en el medio del oceano Atlántico, desde el *María Teresa*, Cervera le envió un mensaje a su amigo personal el almirante Segismundo Bermejo y Merelo (1832-1899), Ministro de la Marina en el gobierno de Sagasta diciéndole:

«El *Colón* no tiene artillería pesada instalada y tuve que zarpar con artillería de segunda clase; las municiones de 14 milímetros que tenemos no sirven para nada, posiblemente con la excepción de 300 tiros; los armamentos defectuosos del *Vizcaya* y del *Oquendo* no han sido reemplazados; hemos salido sin torpedos. Al *Cristóbal Colón* no se le ha instalado su nueva batería; lleva cañones de mentira de madera. Los mecanismos de disparo en la mitad de nuestros cañones están peligrosamente oxidados y tienden a trabarse; el *Vizcaya* necesita que se limpie su fondo, que está lleno de escaramujos. Nada de lo que he pedido se me ha dado. Solamente las maquinarias del *Teresa* y del *Vizcaya* han sido revisadas y certificadas. Sé que estamos mejor equipados que el escuadrón de reliquias y de sobrantes del Almirante Montojo [camino a las Filipinas] pero navegar como lo estamos haciendo es ir sin duda alguna hacia un desastre. Confírmame si los buques americanos *New York, Iowa, Oregon* y *Brooklyn* están frente a Santiago de Cuba esperándonos.»

En Washington D.C., el Presidente McKinley rechazó una petición de John D. Long, Secretario de la Marina, de atacar y hundir al escuadrón español en el medio del Atlántico; dirigió a la flota americana anclada en Lisboa a que fuera a Inglaterra para escoltar al recién adquirido *New Orleans* a aguas americanas camino a Santiago de Cuba.

Cervera, mientras tanto, ordenó al viejo cañonero *San Francisco* zarpar de Cádiz con una carga de carbón, comida, municiones, más hombres, catorce cañones de seis pulgadas y 500 tiros de cañón y dirigirse hacia St. Vincent, en Cabo Verde, para recoger allí 1,200 toneladas adicionales de carbón, y entonces salir inmediatamente hacia un punto de *rendezvous* secreto en medio del Atlántico, donde él estaría esperando con su flota. El *San Francisco* también traería un sobre secreto con las instrucciones finales del Almirante Bermejo. Cervera, sin muchas opciones, había decidido seguir adelante, con solo cuatro cruceros con artillería, dos acorazados y un par de torpederos, una fuerza muy inferior a la que el sospechaba que los americanos estaban organizando.

Algo que más adelante sería visto como trascendental en la Guerra Cubana ocurría del otro lado del mundo; en Abril de 1898, Andrew Summers Rowan, de 41 años, con instrucciones que sencillamente decían *"Llevar este mensaje a García,"* se ponía en contacto con Calixto García, ya de 59 años. En esa reunión el general cubano le dio a Rowan mapas, información estratégica, los nombres y las informaciones claves de un grupo crítico de oficiales cubanos de alto nivel a quienes García había designado para coordinar los esfuerzos de esta fase de la guerra que se avecinaba. Parte del acuerdo cubano-americano era un plan militar completo, preparado por Calixto García, para que las tropas americanas entraran en Cuba y tomaran a Santiago de Cuba por tierra; esta acción estaría sincronizada con la marina Americana, cuya misión sería destruir las defensas navales españolas. Una serie de documentos iban a ser intercambiados entre el mayor general Shafter y el general García durante el mes de Mayo; una reunión tomaría lugar entre los dos hombres el 30 de Junio de 1898, en Santiago.

Mientras Cervera se dedicaba desesperadamente a conseguir más carbón, cundió el pánico entre los ciudadanos de las regiones costaneras del Atlántico americano, de Maine hasta la Florida, pensando que la escuadra española podría atacarlos en cualquier momento. Nadie sabía dónde estaba Cervera.

El 15 de Abril, la Armada americana desplegó la escuadra del Atlántico del Norte basada en Cayo Hueso bajo el mando del capitán William T. Sampson. Sus órdenes eran atacar a cualquier unidad española que se encontrara en aguas del Caribe con sus buques de guerra el *Massachusetts* y el *New York*. Dos otros buques y tres cruceros armados, grupo identificado como el *Escuadrón Volador*, bajo el mando del Comodoro Winfield S. Schley, tenía órdenes de asistir a Sampson si éste tuviera que moverse en contra de Cervera inesperadamente. Las dos escuadras navales unieron sus fuerzas al buque de guerra *Oregon*, el cual había atravesado un trecho brutal alrededor de la Patagonia, habiendo salido de la costa occidental americana. Todo dicho, los americanos habían juntado una fuerza naval que incluía cuatro buques de guerra, tres cruceros armados y tres cañoneras.

Cuando el cañonero español *San Francisco* llegó a St. Vincent con sus pertrechos, Cervera fue informado que tres días antes, el cónsul americano había comprado toda la existencia de carbón en el puerto. Cervera le notificó a Bermejo enseguida; Bermejo, por medio de sus espías, ya sabía lo que había hecho el tal cónsul e inmediatamente había enviado un barco con 700 toneladas de carbón a St. Vincent. Cuando este llegó a puerto, inmediatamente traspasó su inventario al *San Francisco* y Cervera leyó sus órdenes de zarpar hacia el punto secreto para un *rendezvous* en aguas del Atlántico. Al día siguiente, un telegrama de Bermejo llegó a St. Vincent notificando a Cervera del desastre de Cavite y dándole una contraorden del Ministerio de la Marina:

> «Las circunstancias han cambiado. Si Ud. no cree que la operación puede llevarse a cabo exitosamente, regrese a algún puerto español en la península; si, por el contrario, Ud. cree que podemos ganar, proceda a *Curaçao*, donde habrá 5,000 toneladas de carbón aguardándole.»

El Almirante Cervera nunca vio este telegrama.

Por coincidencia, los agentes españoles en los Estados Unidos, regaron la noticia en San Agustín, Charleston y Wilmington que la flota de Cervera había sido vista en Curaçao dirigiéndose al norte. El pánico se regó desde Virginia a Cayo Hueso y los periódicos reportaron que varios establecimientos españoles habían sido quemados; las flotas pesqueras portuguesas, confundidas por barcos españoles, habían sido rechazadas en varios puertos.

Como estaban las cosas, los barcos de ambas armadas se movían, avanzaban, se escondían, se acercaban un poco y luego se alejaban de las costas, practicaban con sus armamentos mientras ejercitaban a sus tripulaciones quienes, hasta ese momento, habían disfrutado la aburrida y tranquila existencia de marinos no combatientes. Ambas armadas, dentro de los límites de sus equipos, estaban listas para una confrontación. Para los españoles, esto significaba llegar a Cuba cuanto antes evitando entrar en escaramuzas, guardándose con cuidado para un asalto combinado sobre los indeseables americanos. Para los americanos, se trataba de encontrar la flota de Cervera antes que este pudiera desatar un ataque en contra de cualquier parte de la costa norteamericana, o llegar a Cuba.

No fue así para los ejércitos. Desde la Guerra Civil Americana, los Estados Unidos tenía un ejército que no había combatido en ninguna guerra; la única forma en la cual el Secretario de la Guerra recibía elogios del Presidente era si mantenía el presupuesto bajo control. Los jefes militares, en su mayor parte, eran viejos incompetentes que habían sido quizás jóvenes arriesgados durante la Guerra Civil. Del lado español, las unidades militares estaban embotelladas en ciudades y pueblos, a la merced de calores insufribles y exhaustos por tanta calistenia forzada o, en el peor de los casos, por la fiebre amarilla. Ambos ejércitos, casi intuitivamente, habían asumido una postura defensiva; el ejército americano al defender las fronteras de la nación desde adentro y el español, al defender, también desde adentro, las ciudades cubanas en contra de incursiones mambisas desde la sabana o la montaña.

El 15 de Julio, el general Calixto García, desde su campamento en *Casa Azul* en Oriente, le rindió el siguiente reporte al Mayor General Máximo Gómez:

«Este es un resumen de mis operaciones desde Junio 1, 1898. Estando yo acampando el 6 de Junio en Vijarú recibí un comunicado que decía que el teniente coronel Carlos Hernández había desembarcado en Banes; Hernández estaba en el acorazado americano *Gloucester* y traía despachos del general Miles, comandante en Jefe de los ejércitos americanos. Me informó que había sido adoptado mi plan para atacar la ciudad de Santiago simultáneamente por mar y por tierra. Pedía que mis tropas se dirigieran a Santiago y así lo ordené. A pesar de su cansancio, mis hombres llegaron a Palma Soriano y siguieron hasta Aserradero el 8 de Junio. Fui a reunirme con el Almirante Sampson en su barco, el *New York*, para coordinar planes de última hora. Llegué entonces a Aserradero el 19 y le pedí al brigadier general Demetrio Castillo, quien llegó a Sigua con sus hombres a bordo de un barco americano, que continuara a Aserradero y allí aguardara mis órdenes. Le ordené entonces que se trasladara desde Bayamo hasta el este de Santiago y que limpiara las costas de españoles, especialmente en Daiquirí, lo cual hizo. Una vez tomada esa zona, las fuerzas americanas comenzaron a desembarcar en Daiquirí y a avanzar hacia Siboney precedidas por nuestras tropas. En mi reunión con el almirante Sampson y el mayor general Shafter accedí a colocar todas las tropas bajo el mando de los generales Capote, Cebreco, Lora, Sánchez, Estrada y Rabí en un cerco alrededor de Santiago, por el oeste y por el norte, de manera que pudieran rechazar cualquier avanzada española que intentara relevar a Santiago. Ahora mismo estamos bloqueando el acceso a Santiago y protegiendo las tropas americanas según desembarcan en Daiquirí. Sólo hemos tenido unas pocas bajas y nuestras tropas fraternizan con los americanos. Como nos movimos muy rápidamente para cruzar la provincia, llegamos a nuestras posiciones actuales hambrientos y exhaustos. El ejército americano nos ha surtido con raciones para todos los hombres. El 25 el general Shafter y yo terminamos nuestros planes de asalto y nos movimos inmediatamente a las posiciones que habíamos señalado. Ambos escogimos Salado como el lugar del cuartel general de las tropas cubanas y americanas, a tres ligas de Siboney y a una y media de Santiago. Mis hombres están a cargo de proteger las baterías que le dispararán a Santiago. En estos momentos, estamos descansados y muy bien armados. Hay unas 15,000 tropas americanas a nuestro alrededor, rodeando toda esta región, Capote tiene 1,000 hombres, Lora 500; Sánchez Echevarría 1,000 más y Cebreco 500 hombres. El general Rabí cuenta con 2,000 hombres alrededor de El Caney. Nos vamos a enfrentar a Vara del Rey con 1,500 hombres defendiendo El Caney y unos 2,000 españoles más en la loma de San Juan. Continuaré reportándole según permitan el tiempo y las operaciones. P y L. *(Patria y Libertad)*. *(firmado)* Calixto García.»

En un momento en el cual los ejércitos de Cuba, Estados Unidos y España tenían que tomar decisiones cruciales, un líder del presente y una voz del pasado, comenzaron a distraer la voluntad del gobierno español. El general Blanco tomaba vacaciones frecuentes debido a ataques de depresión; de vez en cuando, desaparecía por completo, causando honda preocupación en sus subordinados. Algunos de ellos especulaban que la impaciencia y la recepción casi hostil que recibía por parte de las autoridades españolas era lo que causaba su depresión; otros culpaban a la iglesia por inmiscuirse en asuntos seculares y aún otros, culpaban la frialdad de la Regente en contestar sus cartas. Pero lo peor era el problema que causaba Valeriano Weyler en su afán por vengarse de haber sido llamado de vuelta a España de su importante y jugosos puesto en Cuba. Al llegar a España, Weyler había tomado control del barco que lo traía de La Habana a La Coruña, negándose a desembarcar y ordenándole que siguiera a Barcelona, donde había varios industrialistas catalanes que eran simpatizantes suyos y que tenían determinadas intenciones de mantener a Cuba como colonia. Por su falta de disciplina, Weyler fue juzgado y absuelto por una corte marcial. Siguió esa aventura con otra al publicar unos documentos en la prensa catalana, los cuales pretendían probar que la posición débil de España, la cual la llevaría a perder la guerra, se debía a su defenestración como líder en Cuba. Uno de estos documentos estuvo a punto de convertirse en pronunciamiento en contra del gobierno, con una velada amenaza de un nuevo levantamiento carlista:

> «El ejército español en Cuba se ha convertido en un desastre en el momento en que la entrada de los Estados Unidos en la guerra se hace inminente. Las fuerzas cubanas nos infligen bajas con impunidad; nuestras tropas han sido reducidas a un patrón de guarniciones locales dispersas y estáticas, incapaces de cooperar una con la otra, todas separadas de las fuentes de cultivo de alimentos. Las enfermedades tropicales y las tácticas de guerrilla de los cubanos han reducido a nuestro otrora gran ejército a un estado de incapacidad. El Ejército Español de Occidente casi ha rehusado entrar en la Guerra; en el Oriente, el comandante Arsenio Linares Pomba, espera retirarse próximamente y su mente se concentra en alcanzar tal objetivo en una pieza en vez de convertirse en héroe por sus hazañas militares. Sólo ha desplegado una tercera parte de su fuerza de 33,000 hombres para la defensa de Santiago y, negligentemente, ha dejado de fortificar las entradas probables de un ejército invasor: debía de ser degradado, juzgado y ejecutado.»

No había ninguna violación del código militar entre los americanos, pero la inexperiencia y la inefectividad de algunos de sus líderes comenzó a crear problemas de marca mayor: el mayor general William Shafter, por ejemplo, pretendió separar su fuerza de 17,000 hombres entre dos objetivos, El Caney y la Loma de San Juan, así negando su ventaja numérica en la toma de Santiago. Otro error de Shafter fue su decisión de no traer artillería pesada a la pelea, excepto por un Gatlin, con el cual no tenía experiencia. Calixto García y otros generales experimentados cubanos habían razonado con él que al no tener artillería pesada no se podría ablandar la posición defensiva española en preparación al asalto a Santiago; desde la época napoleónica, razonaban ellos, esa estrategia de "ablandar la plaza" estaba probada a hacer más fácil capturarlas después. Excepto en el caso de Calixto García, que hablaba inglés impecablemente, sin el menor acento, cualquier recomendación que surgiera de los comandantes cubanos, por muy buenos militares que fueran o parecieran, pero con un acento inglés terrible, era desoída como una de poco peso; Shafter, particularmente, durante todo el conflicto, no le hacía caso a nadie que no hablara inglés tan bien o mejor que él mismo.

En Junio 15, 1898, la flota de Cervera dio señales de no estar perdida por el Atlántico; había llegado y entrado al Puerto de Santiago de Cuba el 19 de Mayo con sus últimos remanentes de carbón. Mientras tanto, el general Blanco estaba completamente desorientado en cuanto a qué respuesta dar a las amenazas muy reales de los americanos; se decía que se daba largas abluciones en la fabulosa bañadera con borde de oro en su baño de esplendor casi romano de paredes de mármoles azules en el Palacio de los Capitanes Generales de La Habana: Blanco probablemente pensaba que esos baños eran bálsamo para su alma maltratada…

Los buques de guerra americanos habían dejado de buscar a la flota de Cervera —ya sabían dónde estaba— y se encontraban haciéndole un cerco en el puerto de Santiago, en posición para atacar a la ciudad desde el mar y desde tierra. Las reservas del ejercito aguardaban en Occidente; en Oriente, el ejercito americano, con ayuda del cubano, estaba listo para asestar un golpe final a Santiago, que sería seguido por una marcha triunfal hacia La Habana, una vez conquistado el Oriente de Cuba.

El destino inevitable de las dos flotas en la batalla naval de 1898 era seguro. La flota americana contaba con un moderno armamento, construcción de acero, gran velocidad y una tripulación altamente entrenada. La flota española estaba pobremente armada, con barcos de cubierta de madera, lentos y viejos, con algunos cañones que no funcionaban y una tripulación pobremente adiestrada. El único partido en esta contienda absolutamente seguro de su triunfo eran los Estados Unidos.

□ ◊ □

Izquierda a derecha: los generales Demetrio Castillo Duany, William Shafter, Joe Wheeler, Kent, Nelson Miles y Calixto García.

El estado en que quedaron los barcos de la *Escuadra de Cervera* después de la *Batalla Naval de Santiago, 3 de Julio de 1898*. **Arriba**: antes de la batalla. **Debajo**, después de la batalla: **De izquierda a derecha**: Crucero Infanta María Teresa, derrotado a las 10:15 AM; Crucero Almirante Oquendo, derrotado a las 10:30 AM; Crucero Vizcaya, derrotado a las 11:15 AM. La escuadra entera de Cervera sufrió la misma suerte.

21

"En alguna parte del mundo hay una derrota para cada hombre. Algunos son destruidos por la derrota; otros, se empequeñecen con la victoria. La grandeza vive en los que triunfan igualmente sobre la derrota y la victoria."
JOHN STEINBECK (1902 - 1968)

El 24 de Junio de 1898 el general Shafter tuvo una reunión final con el general Calixto García, jefe de los ejércitos cubanos en Oriente, para revisar los últimos acontecimientos y finalizar sus planes estratégicos combinados. Acordaron que los cubanos atacarían desde el oeste, noroeste y este de Santiago, y que el ejército americano desembarcaría en Daiquirí, 18 millas al este de Santiago, y de ahí avanzaría hacia Siboney, a 8 millas al oeste y entonces procedería a Santiago. Previeron los generales que el ejército americano se enfrentaría tres grandes dificultades: primero, no tenían ni la experiencia ni el equipo para desembarcar exitosamente sus grandes cantidades de hombres y caballos. Tenían que desembarcar nada menos que 12,000 hombres, 3,000 animales, artillería y provisiones de treinta y dos transportes. Existía una posibilidad muy real que los hombres y animales se ahogaran o fueran muertos por los tiros de los españoles; estimaron que tomaría unas 12 horas desembarcar todo, proyectando unas bajas de unos 100 hombres y 300 heridos en el proceso. En segundo lugar, nadie había tomado en cuenta que Shafter pesaba unas 300 libras y no había ni una manivela, ni una árgana capaz de transportarlo a él. Por último, no existían mapas ni conocimiento directo del terreno y la vegetación circundante a El Caney, Daiquirí, Santiago y San Juan: tendrían que depender enteramente en los guías cubanos.

Por más de una semana, Cervera no se había movido de la zona del Puerto frente por frente a la ciudad. El puerto de Santiago es un cuerpo de agua bellísimo, como de cinco millas de largo, generalmente de aguas tranquilas. Lo enmarcan montañas color esmeralda por ambos lados y en la parte de atrás. A mitad del puerto, hay un islote precioso, de otros tonos de verde a los de las montañas, con uno que otro bohío o bajareque cerca de los cuales abundan pájaros multicolores que parecen mirar a los pescadores que por allí bogan. Al mismísimo final, en el este de este paraíso acuático, duerme la ciudad de Santiago de Cuba, como a cuatro millas de la entrada del puerto. Al oeste del puerto, hay un riachuelo que ondea desde las alturas de las montañas circundantes, atravesando el follaje tropical para desembocar en las aguas plateadas de la bahía. La topografía es la de una fuente profunda unida en su base a un semicírculo de lomas masivas, cada sector del círculo enriquecido por lo mejor de la naturaleza. La boca o entrada del puerto no tiene más de ciento cincuenta a doscientos pies de ancho. Había sido plantada con minas submarinas y lo defendía el castillo del Morro, una mole impresionante de más de 180 pies sobre el nivel del mar. Del mismo lado del Morro estaba la batería de la Estrella, apuntando directamente al puerto. Un cuarto de milla al norte se encontraba la batería de Santa Catalina y 1000 yardas al norte, la batería de Punta Gorda. Al oeste de la entrada estaba la batería de La Solapa y dos millas más allá, la de Cabañas.

La decisión original de enviar un ejército a Santiago fue sumamente peculiar en los anales de guerra coordinada por tierra y por mar; las circunstancias atípicas de este conflicto en particular se hicieron evidentes durante los juegos de guerra de los oficiales americanos y cubanos al planear la estrategia para esa campaña. Los barcos americanos no podrían llegarle a los de Cervera al final del puerto si éste tomaba la opción de defender a la ciudad desde el agua. Era lo común en conflictos bélicos que la marina asistiera al ejército bombardeando al ejército opositor. La Batalla de Santiago, sin embargo, iba a ser el primer caso en la historia en el cual una flota le pedía a su ejército que destruyera los barcos del enemigo.

Al comenzar el proceso de planear la Guerra, se hizo evidente que las tropas de asalto tendrían que atacar los fuertes de Santiago desde tierra, capturarlos y cortar los alambres de las minas en la entrada del puerto. Al no conocer el terreno, la única manera en que los americanos podrían desembarcar en un lugar seguro a 18 millas de la ciudad y correr a neutralizar las baterías que defendían a Santiago era con una estrategia múltiple: las tropas cubanas facilitarían el desembarco americano al este de la ciudad, por Daiquirí y Siboney; deshabilitarían entonces al ejército español del oeste, tomando las baterías en La Solapa y prevendrían que las tropas españolas se escaparan a Holguín y Bayamo. Finalmente, los cubanos juntarían sus fuerzas con la de los americanos para garantizar un acceso veloz a las montañas que rodeaban a Santiago y así neutralizar el poderío artillero de las baterías españolas en el Morro, la Estrella, Santa Catalina, Punta Gorda y Cabañas. Ya en ese momento, la flota de Cervera se enfrentaría a dos opciones: quedarse en su sitio actual y ser decimada por la artillería cubana y americana desde las montañas, o salir y ser decimada por los barcos americanos que la esperaban en la misma boca del puerto. Esta estrategia militar, el plan de la toma de Santiago en su totalidad, habían sido concebidos por Calixto García y aprobados por el general Shafter, en nombre del ejército, y el almirante Sampson, en nombre de la armada de los Estados Unidos.

El 10 de Junio, la flota de Cervera se disponía a zarpar fuera del puerto; sus movimientos fueron detectados por exploradores cubanos y los primeros barcos americanos recibieron órdenes de bloquear la boca del puerto. Los americanos intentaban aprisionar a Cervera y a sus barcos habiendo hundido una embarcación, el *Merrimac*, en una intrépida operación dirigida por el teniente de la Marina americana R. P. Hobson; bajo fuego intenso, el barco sacrificado no pudo ser posicionado correctamente en el estrecho canal y la operación fracasó: el canal de entrada no fue bloqueado y Cervera hubiera podido escapar. Desde ese momento, se le mantuvo bajo constante vigilancia, día y noche. Ya para entonces el ejército americano había desembarcado más de 20,000 hombres en Guantánamo, 40 millas al este de Santiago, que inmediatamente establecieron contacto con tropas cubanas. Por el mar, la poderosa armada norteamericana comenzó a acercarse y a anclar en las aguas frente al puerto de Santiago, como tigres hambrientos rodeando a un antílope herido.

En el lado oeste del puerto de Santiago, el 20 de Junio, el general Calixto García se reunió con el almirante Sampson, con el general Shafter y el general Jesús Rabí, en los cuarteles de Rabí cerca de Aserradero, a unas 18 millas al oeste del Morro; finalizaban estos oficiales los detalles de la ofensiva combinada cubana-americana sobre el lado oeste del puerto, donde se pensaba que los refuerzos españoles intentaran romper el bloqueo militar de la bahía de Santiago. Al finalizar la reunión, Shafter montó una mula para hacer el viaje, muy corto, entre el campamento y la playa, haciendo que el capitán Escalante Beatón, *aide-de-camp* de Rabí, escribiera en sus memorias:

> «Había que sentir compasión por la pobre mula al escuchar sus profundos y angustiados mugidos al hacer el viaje loma abajo con el cargamento que se le había impuesto.»

Antes de partir, Calixto García tuvo unas palabras con Jesús Rabí, que era un viejo amigo suyo.

> «¿Qué tal está tu destacamento de salvamento?» preguntó García. «Cuento con ese grupo para que esté disponible en toda la región para apoyar a las tropas cubanas y americanas con problemas.»
>
> «Ya tengo a 20 hombres entrenados, de los cuales te puedo decir que 16 son fenomenales.»

El general Jesús Rabí, cuyo nombre real era Jesús Sabón Moreno, era un oficial negro de 53 años, veterano de la Guerra del '68, que se había unido a la del '95 en Santiago de Cuba con su compañero Guillermón Moncada. Las hazañas de guerra de Rabí eran parte del folklore y de los cuentos de campamento del ejército insurgente. Se decía que cuando José Maceo cayó herido en el combate de Loma del Gato, Jesús Rabí se inclinó al suelo desde su caballo y, levantando el cuerpo de su camarada herido con una mano, lo puso delante de la montura y continuó su carrera imparable ante los incrédulos ojos de las tropas españolas que lo rodeaban. Otro cuento sobre su fuerza hercúlea era que cuando traían reses al campamento para alimentar a las tropas, no había que matarlas, si estaba Rabí: él lo hacía con un golpe del canto de su mano al pescuezo del animal. Rabí, interesantemente, tenía también la reputación de ser compasivo y muy humano. Se contaba que un desertor, un teniente joven, del ejército español fue traído al campamento de Rabí. Con Rabí distraído, el hombre, a quien se le había dejado su arma como cortesía con un oficial, sacó el revólver y trató de disparar en la dirección en que se encontraba Rabí. El revólver no disparó. Rabí lo desarmó e, imperturbablemente, examinó el arma. Ordenó que sus hombres se cuadraran cerca de ellos, arrancó los galones de la chaqueta del desertor y lo devolvió a la guarnición española de Bayamo con una nota: «*He degradado a este hombre por no mantener su arma en buenas condiciones.*»

Los 20 hombres entrenados por Rabí se hicieron conocidos como *la brigada de rescate*. En sus ratos de descanso practicaban cómo rescatar a los heridos —parados, recostados sobre superficies verticales como una pared o un árbol, o caídos en el suelo— mientras iban al galope entre las tropas del enemigo. Le habían indicado a las tropas cubanas que se pusieran un fuerte cinturón aunque no tuvieran muchas otras ropas, ya que su técnica consistía en venir a todo galope, agarrar al herido por la cintura y subirlo delante de la montura con un solo brazo; todo tan rápido que las tropas españolas ni se daban cuenta de lo ocurrido, no teniendo tiempo de apuntar y disparar sus armas.

El desembarco de las tropas americanas en Daiquirí, bajo la protección de los insurgentes cubanos, resultó ser mucho más fácil de lo que se esperaba; los soldados americanos actuaron como si fueran un grupo de turistas en un balneario veraniego, felices de estar allí, anticipando unas vacaciones. Con ese optimismo y energía, hubo muy pocos incidentes o quejas, aún después de trabajar largas horas, excepto por los mosquitos. Este ambiente festivo creó un falso sentido de seguridad entre los oficiales en Tampa, embarcando sólo dieciséis de los sesenta cañones grandes disponibles, una decisión de la que más tarde se arrepentirían.

Ese exceso de confianza llevó a unos cuantos soldados americanos a cometer un acto ofensivo, evidente brecha de todo tipo de protocolo, cuando quitaron una bandera cubana del cuartel del brigadier general Demetrio Castillo Duany, e izaron en su lugar una bandera americana. Castillo Duany, de 42 años, había sido el responsable de limpiar de españoles a Siboney, además de proveer cobertura del fuego español y de reducir el riesgo del desembarco a las tropas americanas. Castillo Duany se había graduado del *Lycée de Bordeaux* en 1879, había peleado con José Maceo en 1895 y fue él el que llevó su cadáver a un hospital de campaña cubano al ser Maceo tiroteado en la batalla de Sao del Indio. El incidente de la bandera fue corregido inmediatamente por oficiales americanos y dejado de lado por Castillo Duany, hombre elegante y generoso; el general Shafter le escribió una carta presentándole sus excusas pocos días después. El teatro de operaciones por tierra, alrededor de Santiago de Cuba, era un terreno de unas 20 millas de largo y de pocas yardas de ancho en Daiquirí y siete millas en Aguadores y El Caney; había sido descrito en detalle por los mensajeros de Calixto García a los generales de campo Shafter, Wheeler, Lawton y Kent mientras aún se encontraban a bordo de los transportes *Segurança*, *Allegany*, *Santiago* e *Iroquois* en Tampa, camino a las playas de Siboney y Daiquirí. Comentaba Calixto GHarcía:

«La región ha sido llamada un valle sólo en contraste con las enormes montañas al norte. Hay una serie de formaciones montañosas menores, colinas realmente, donde un número de riachuelos —el Daiquirí, el Demajayabo, el Juragua, el Guásima y el Aguadores— acumulan agua en pequeños depósitos y lagunas. El rio San Juan, el cual entra en nuestros planes, se une al Aguadores y al arrollo Purgatorio y desemboca en el mar a unas 2 millas y media al este del puerto de Santiago. Una milla al este del confluente San Juan-Aguadores, está El Pozo, ingenio abandonado con paredes sólidas pero sin techo, el cual también entra en nuestros planes. Desde Siboney hay un ferrocarril de una sola vía que llega hasta Santiago, corriendo más o menos paralelamente a una carretera en desastroso estado, sarcásticamente llamada El Camino Real, con la cual no se puede contar. Hay un ferrocarril semejante de Santiago-Guantánamo. Todos los trillos y caminos en esta región están rodeados de vegetación tropical impenetrable, la cual sólo puede ser vencida por hombres fuertes, a machetazo limpio.»

Una guerra formal entre dos ejércitos regulares, en ese tipo de terreno, era excruciante, sumamente difícil. Las tropas españolas que Castillo Duany sacó de Daiquirí, por ejemplo, se movieron hacia el oeste y se apertrecharon en el pueblo de Sevilla, camino a Santiago, un lugar que las tropas cubanas bautizaran más adelante con el nombre de *Las Guásimas*. Durante su marcha forzada hacia el oeste, dos veces pasaron los españoles a 20 pies de tropas cubanas, alertas pero silenciosos y escondidos por la vegetación.

El territorio bautizado como *Las Guásimas* debe su nombre al árbol de la guásima. Este árbol, también llamado *Upas*, tiene el nombre científico de *Antiaris Toxicaria*, y es un espécimen grande, que crece rápidamente, y abunda en las sabanas cubanas; llega a medir 30 á 40 pies en menos de 20 años. Su fruta es esférica, redonda y rojiza, comestible, de unos 2 centímetros de diámetro. Pero su corteza es extremadamente venenosa y mancha las manos y ropas al tocarse. En Cuba, los guajiros usaban infusiones hechas con las hojas y corteza del árbol para tratar enfermedades mentales y la goma que surge al ser cortada la corteza con un machete se usaba como veneno de ratas. Estos árboles se encontraban alrededor de los bohíos, por su rápido crecimiento y por la sombra que brindaban sus ramas. A los americanos les preocupaba un poco acercarse a este árbol, al saber todas las propiedades tóxicas y venenosas del mismo; los españoles, sin embargo, lo utilizaban como cadalso del cual ahorcar a esclavos cimarrones y a insurgentes cubanos que apresaban.

En *Las Guásimas* tomó lugar una de las primeras batallas de esta fase de la Guerra: la Primera Caballería Voluntaria de los Estados Unidos, de Leonard Wood y Theodore Roosevelt, los *Rough Riders*, y la Primera y Décima Caballería regular, estaban perdiendo en encarnizada batalla con los españoles hasta que un contingente de cubanos entró en la batalla para reforzar a los americanos. Juntos, los americanos y los cubanos, unos 1,000 soldados, hicieron retroceder a un batallón español de 2,000 hombres, que se refugiaron en Santiago, al oeste de donde estaban.

Un reporte sobre la batalla de *Las Guásimas* a Calixto García, fechado Junio 25, fue escrito por el coronel Carlos González Clavel y lee así:

«Las tropas americanas se acercaban a Sevilla cuando encontraron tropas españolas escondidas en lo que Roosevelt —y nadie más— llamó un *chaparral de guásimas*, presumiblemente unos tupidos matojos o pequeña selva, de guásimas; "chaparral" es una voz mexicana, no cubana, así que nadie lo entendía… El mayor general Joseph Wheeler desafió órdenes de evitar cualquier escaramuza en su paso quieto y rápido hacia Santiago; de hecho, ordenó a sus tropas de caballería que atacaran a un grupo de tropas españolas que se disponían a abandonar sus posiciones. Wheeler me pidió que cooperara con él y al yo recordarle nuestras órdenes, me dejó parado donde estaba y continuó el ataque con sus hombres. Sus tropas estaban a punto de sufrir una emboscada cuando le pedí al general Castillo Duany que moviera sus tropas delante de las de Wheeler y las guiara hacia la retaguardia del desplazamiento español. La acción de Castillo salvó a Wheeler y a sus tropas novatas de un enorme desastre.»

Después de la batalla, el *New York Times* reportó:

«Los *Rough Riders*, ese extraordinario regimiento de estudiantes universitarios, cowboys, atletas amateur, policías de New York, arquitectos de Boston, artistas, actores, indios y nobles empobrecidos, se ha portado con gran gallardía en *Las Guásimas*, bajo las órdenes de nuestro antiguo Vice Secretario de la Marina, quien lideró a sus tropas gritando *¡Paren de decir malas palabras y avancen! «¡No insulten, disparen…! ¡Coño! ¡Partida de maricas, muévanse y tírenles a los HPs… !»*

Otros reportes de la batalla, sin embargo, vinieron de corresponsales que pudieron entrevistar a los heridos cuando los llevaban a hospitales de campaña. Criticaron al coronel Wood y al teniente coronel Roosevelt por haber avanzado dentro de territorio enemigo sin tomar precauciones y por "caer ciegamente en una emboscada." Un congresista, a leer varios reportes de la batalla, declaró que «Roosevelt debiera ser juzgado por una corte militar.»

Unos días después, el mayor general Henry W. Lawton (1843-1899), veterano de la Guerra Civil americana, comandante de la Segunda División del 5th *Army Corps* frente a Santiago, le escribió un informe al mayor general William Shafter (1835-1906), el oficial a cargo de los voluntarios americanos. Debido a su pobre salud y a su peso Shafter nunca estuvo presente en el frente de batalla y se quedó, la mayoría del tiempo, en su campamento en Sevilla.

«Los soldados y ciudadanos de Santiago de Cuba experimentan escasez de alimentos; nuestro trío estelar, los *Rough Riders*, el Primero y el Décimo de regulares, han mostrado sus verdaderos colores. Derrotamos al general español Antero Rubín valientemente en *Las Guásimas*. Ahora, los españoles han rodeado a Santiago por todas partes con trincheras. El 1 de Julio nuestras tropas se portaron valientemente. La brigada del general Ludlow en El Caney comenzó su fuego a las 7 am. Había planeado haber vencido en tres horas, pero no fue hasta las 3 pm que el pueblo fue nuestro definitivamente. En San Juan, la acción comenzó a las 8 am, pero a la 1 pm, luego de haber posicionado a nuestras tropas admirablemente, comenzaron a disparar a las trincheras rodeadas de alambradas; desafortunadamente, nuestras tropas habían traído un globo aéreo para tener una mejor vista del enemigo, pero resultó en que el enemigo podía ver nuestras posiciones mejor. Decidimos tirarle para bajarlo inmediatamente, y eso hicimos, con la ayuda de los tiros españoles, para diversión de nuestros soldados. Fue de gran ayuda tener cuatro Gatlings, calibre 30, ya en acción para la 1:15 pm. Los soldados cubanos tienen su gran porción de muertos y heridos. Son muy intrépidos y fueron de incalculable ayuda en nuestro desembarco, protegiendo el frente y los flancos de nuestras tropas, navegando este territorio salvaje y atacando a las tropas de avanzada española. Nuestras tácticas son diferentes, pero ciertamente, ellos saben cómo pelear en este terreno. Los Gatlings siguieron disparando hasta las 5 pm, cuando ya estaban demasiado calientes para poder manejarlos. Por fin pudimos declarar que la Loma de San Juan y la de Kettle eran nuestras, a eso de las 7:30 de la noche. Nuestras provisiones, sin embargo, están en algún lugar desconocido por nosotros. A nadie se le ocurrió rotular las cajas y tuvimos que perder un tiempo precioso buscando lo que nos hacía falta. Un sargento muy agudo del ejército cubano, en el batallón de Castillo Duany, sugirió que usáramos la playa en Daiquirí como depósito de municiones, provisiones en general, caballos y forraje; y la playa en Siboney, para comida, tabaco, agua, ropas y el desembarco de refuerzos. Nos pareció una excelente idea y ya hemos implementado ese plan. Otro problema con el que nos hemos encontrado es que el ejército español está utilizando pólvora sin humo exclusivamente, mientras que nuestras municiones dejan un hálito que denuncia nuestra posición.»

Como había ocurrido desde los días cuando el Quinto Regimiento estaba empaquetando en Tampa, el general Shafter fue incapaz ese primero de Julio, día de las victorias de San Juan y El Caney, de dirigir como comandante en jefe el curso de la batalla sobre el terreno. Temprano por la mañana se apoltronó en una loma alta cerca de Santiago para poder ver bien lo que ocurría en el campo de batalla; pero debido a su precaria salud, a su peso, a la fatiga y al calor, no pudo seguir el curso de la batalla. El 2 de Julio el ejército español tenía una sorpresa para los generales García y Lawton y sus tropas cubanas y americanas. Después de pasarse un día tirando al azar en contra de posiciones enemigas, los españoles comenzaron un fuego concentrado y constante a las 10 de la noche, sin blancos específicos, pero sin mover sus tropas. Luego que los cubanos y americanos les respondieron a este tiroteo, muchos soldados españoles se refugiaron en Santiago, víctimas del pánico.

Esto no tuvo sentido alguno militarmente hablando, y fue conocido como "*el ataque nocturno español.*" Fue seguido de algo más sorprendente aun por parte de las tropas americanas; una propuesta por el general Shafter que, para poder brindar un respiro a sus tropas, ordenó una retirada temporal hacia el este, en la dirección de la cual venían, volviendo sobre sus pasos por las tierras ya conquistadas y alejándose de Santiago, el blanco de todos las batallas y heroísmos anteriores.

El 2 de Julio, el almirante William Sampson, el oficial americano naval de más alto grado en Oriente, estaba preocupado luego de no saber nada de Shafter, después de haber quedado en ciertos planes con él y con Calixto García varias semanas antes en Aserradero. Con la flota de Cervera embotellada al final del puerto de Santiago, Sampson no podía entrar en el mismo porque ningunas de sus baterías defensivas habían sido destruidas o tomadas por Shafter. Este había acordado atacar las fortificaciones desde tierra, silenciando los cañones y cortando los cables que activaban las minas del Puerto. Esta inteligente estrategia fue descrita por Calixto García a sus oficiales más cercanos como *«quitarle las plumas a la gallina para poderle apuntar bien a la pechuga.»* Sin las minas submarinas, Sampson podría inmediatamente atacar los barcos de Cervera ahí mismo en sus muelles dentro de la bahía de Santiago. Pero como estaban las cosas, Sampson tendría que esperar hasta que Shafter destruyera la flotilla española con su artillería o hasta que Cervera saliera del Puerto para enfrentársele en alta mar. Shafter, con más astucia que generosidad, no quería cumplir con el plan acordado —que su ejército destruyera los fuertes del Puerto de Santiago; tal acción haría que Sampson entrara en el acto en el Puerto y destruyera la flota española, tomando todo el crédito por la conquista de Santiago de Cuba, aunque habían sido las tropas de Shafter las que habían peleado en sangrientas batallas en Siboney, Daiquirí, El Caney, San Juan, Kettle Hill y El Pozo.

Muy temprano en la mañana de Julio 2, Calixto García envió al teniente Mario Martínez (Mayito) a que fuera, en una cabalgata que duró la noche entera, a reunirse con el general Shafter en sus cuarteles en el ya capturado pueblo de Sevilla, al noreste de Santiago. El propósito de la reunión: proponerle a los americanos un dramático y feroz nuevo plan de acción.

La conversación fue corta y precisa —en un momento en el cual Shafter recesó brevemente una reunión con sus oficiales. El general no acostumbraba conversar con tenientes, pero condescendió a hacerlo con Martínez porque era un tipo agradable, con un inglés perfecto y libre de acento, y le habían dicho que había sido prisionero político de los españoles; Martínez había participado en una expedición exploratoria iniciada por el gobierno de McKinley la cual fue abandonada y dejada sin apoyo militar, en la costa sur de Las Villas, cerca de un pueblecito llamado Girón. Luego de los saludos de cortesía, Martínez habló.

«General, me ha enviado mi general Calixto García con la sugerencia de que él se reúna con el general español José Toral, quien como Ud. sabe, ha reemplazado al general Linares, gravemente herido en la Loma de San Juan, como cabeza militar de Santiago.»

«¿Y qué le quiere proponer García a Toral?»

«El general García le quiere plantear a Toral, señor, que rinda inmediatamente la ciudad de Santiago de Cuba.»

Shafter estaba algo molesto, no muy preocupado, y de hecho, algo distraído durante la breve conversación con Martínez; no le hizo mucho caso a la propuesta profundamente importante de García; le prometió a Martínez que lo vería al rato, al terminar su reunión de rutina con su staff. No hubo más reuniones entre Shafter y Martínez y este partió a reportarle a García los resultados de su misión. Dada la falta de interés de Shafter, García decidió actuar por cuenta propia. Después de todo, esta guerra era más suya que de Shafter…

Aunque parezca una locura, Mayito Martínez infiltró una columna de rescate española de 3,500 soldados bajo el mando del coronel Federico Escario; esta columna había pasado por un territorio muy escabroso y había sido atacada más de cuarenta veces. Su trayectoria había sido desde Manzanillo, Palmas Altas, Bayamo, Baire, y Palma Soriano a Santiago de Cuba; luego de esta marcha de 150 millas la columna llegó al oeste de Santiago cansada, débil, vulnerable pero ansiosa de entrar en la ciudad. Las tropas de Calixto García le permitieron pasar. Como le contaría a Rabí unos días más tarde, *«no hay necesidad de sacrificar a nuestros hombres cuando Mayito es capaz de lograr lo que hemos venido a hacer: el rendimiento de Santiago.»* La columna entró en la ciudad por la mañana; desde su tienda de campaña Calixto García observó a los exhaustos españoles pasar a través de sus líneas. A las dos de la tarde, Mayito Martínez le presentó el mensaje de García al general Toral. El mensaje simplemente decía así:

«A su Excelencia general José Toral: Sus tropas han valientemente defendido la ciudad de Santiago de Cuba; los ciudadanos se merecen la paz y las provisiones mínimas para subsistir decentemente. Debe Ud. apiadarse de ellos y entregar el mando de la ciudad en nuestras manos. Sería este un acto misericordioso que la historia recordará ser de un cristiano, un hombre de honor, que valoró la vida y el patriotismo por encima de la vanidad y el falso honor. Soy un orgulloso descendiente de Iñigo Iñiguez Arista, primer Rey de Navarra y de Pamplona en el año de Nuestro Señor 810, Conde de Bigorre y Sobrarbe, uno de los vencedores de Roncesvalles: Iñigo fue también el fundador de la Asturia cristiana y protector de peregrinos a Santiago de Compostela. A nombre de todos los españoles que han construido esta extraordinaria ciudad y que no desean ver a Santiago de Cuba bombardeada y destruida, y como militar que siempre ha respetado el estandarte de España, le imploro que termine Ud. esta pesadilla y guarde su espada en su vaina. (Firmado) Mayor General Calixto García Iñiguez.»

Tan pronto como Shafter se enteró de la llegada de Escario a Santiago, comenzó a hablar mal de las habilidades y disciplina de García, olvidando las peticiones de Martínez de reunirse con él y sus promesas de reforzar las tropas de Calixto durante las reuniones en Aserradero. Una vez más, esta conveniente omisión de Shafter mostraba su tendencia de excusar sus propias faltas y culpar y denunciar a los mambíes por todo lo que salía mal en la Guerra. Unos días después, un hombre contactó a Toral, con un segundo mensaje de García:

«Al general José Toral, un hombre honorable: Mis tropas, que han aumentado, rodean todas las líneas de retiro de la ciudad; una vez más, le pido a Su Excelencia que guarde su espada, que abra a Santiago a mi ejército y que me envíe su petición inmediata para ofrecer salvoconductos a sus hombres, para su vuelta a España. Garantizo su vida con la mía. Esta es una guerra entre España y Cuba y jamás olvidaremos el respeto que se merece el ejército español. El Gobierno de los Estados Unidos nos ayuda en esta lucha nuestra por la independencia y se encuentra en Cuba exclusivamente a invitación nuestra. Estamos en total control de ofrecer esta tregua y esperamos que tome Ud. la decisión de aceptar esta honorable oferta.

Respetuosamente, (firmado) Mayor General Calixto García Iñiguez.»

El general Toral, con su orgullo en jirones, prefirió deponer sus armas a los americanos y no a un cubano, ignorando por completo la oferta de Calixto García y comenzando conversaciones directas con Shafter. El 17 de Julio 24,000 tropas españolas se rindieron y ya para el mediodía, ondeaba la bandera americana sobre el Palacio del Gobernador en Santiago. Esa noche, el general Toral se hallaba en un almacén en el puerto de Santiago, sudado, cansado y frustrado, rodeado de unos 300 soldados españoles de todos los rangos; Toral esperaba que les dieran de comer antes que pasara mucho más rato. Probablemente se preguntaba si se había rendido al ejército correcto.

□ ◊ □

A la Izquierda: el General **José Toral** (1832-1904), gobernador militar de Santiago de Cuba durante la Guerra Hispano-Cubano-Americana de 1898. A Toral le tocó rendir la ciudad de Santiago el 16 de Julio de 1898. A su regreso a España fue recibido con tanta descortesía y hostilidad que perdió la razón y murió loco y en la miseria.

A la Derecha: la ceiba real en la loma de San Juan, Santiago de Cuba, llamada el *Árbol de la Paz*. Bajo sus frondosas ramas el general español José Toral rindió la plaza de Santiago al general norteamericano William Shafter.

Ese día, se cumplió la profecía de José María Heredia:

¡Cuba, al fin te verás libre y pura,
como el aire de luz que respiras,
cual las ondas hirvientes que miras,
de tus playas la arena besar!

Aunque viles traidores le sirvan
del tirano es inútil la saña,
que no en vano entre Cuba y España
tiende inmenso sus olas el mar.

22

"Cualquier cobarde puede librar una batalla cuando está seguro de ganarla, pero denme a un hombre capaz de luchar cuando piensa que va a perder… hay victorias que son peores que un fracaso."
GEORGE ELIOT (1819 - 1880)

En la mente del general Calixto García, la Guerra de Independencia había entrado en su fase final, con la fuerza material y moral de los Estados Unidos dándole una mano al ejército cubano en una lucha que todos ya veían llegar a su final victorioso. El ejército español tenía dificultades en recibir refuerzos y provisiones en todos los lugares de Cuba. El Vice-Presidente cubano, Domingo Méndez Capote, había viajado a Washington a petición de McKinley para coordinar la ayuda que los Estados Unidos pudieran ofrecer al ejército cubano.

En la parte central de Cuba, McKinley envió al teniente americano de 32 años Henry Howard Whitney, del Buró de Inteligencia Militar, para actuar como *liaison* con Máximo Gómez; el ejército cubano contaba con 3,500 hombres más 1,000 refuerzos bajo el mando del general Lacret. El teniente coronel americano Joseph H. Dorst, veterano de las guerras con los indios, de 63 años, fue enviado a Pinar del Rio, Habana y Matanzas con la misma misión, aunque el ejército español brillaba por su ausencia en esas zonas. En Oriente, el teniente Andrew Summers Rowan, el mismo hombre que había traído el *Mensaje a García*, hacía lo mejor que podía para coordinar a cubanos y americanos. En Oriente, sólo quedaban tres pueblos en manos españolas desde principios de Mayo: Santiago, Bayamo y Manzanillo. El trabajo de Rowan fue rápido, completo y efectivo. El ejército cubano de Calixto García contaba con 8,000 hombres, bien armados y con amplias provisiones.

Dorst, Whitney y Rowan tuvieron una experiencia en común, la cual reportaron en sus informes a Washington: los cubanos que luchaban en la manigua, los oficiales que los dirigían, y los no combatientes —el pueblo común y corriente que los apoyaba con información, alimentos y refugio— si bien se sentían agradecidos por el apoyo que estaban recibiendo de los Estados Unidos, unánimemente rechazaban con gran claridad y desaprobación *la invasión* americana de su tierra. Máximo Gómez lo había aseverado claramente en más de una ocasión:

> «Yo preferiría que ni un soldado Americano pusiera pie en tierra en Cuba, a no ser que fuera para traer artillería, lo único que de veras le falta al ejército cubano. Lo único que he pedido es que los Estados Unidos nos surtan con armas y municiones y que, en las costas alrededor de Cuba, evite que los españoles reciban provisiones o refuerzos. Si hacen eso, nosotros haremos el resto, hasta despedir a los españoles de la isla sin perder una sola gota de sangre americana.»

Había dos razones detrás de la oposición a que hubiera tropas americanas en Cuba: primero, el orgullo natural en los logros del ejército cubano y el deseo, muy natural también, de recibir el crédito que merecían por 30 años de lucha por la independencia. En segundo lugar, el miedo, sin definir muy bien, de una dominación del gigante del Norte, ya fuera por una anexión o por sumisión económica o política.

Durante las dos pequeñas pero importantes batallas de la Loma de San Juan y El Caney el primero de Julio, los ejércitos de Cuba, Estados Unidos y España dieron muestra de gran heroísmo y bravura. Los americanos perdieron 1,500 hombres en su esfuerzo por tomar ambos pueblos y hacer que las tropas españolas se retiraran hacia Santiago. Los españoles perdieron 450 hombres y los cubanos 250. Una vez que ya era evidente que se iban rendir *El Caney* y la *Loma de San Juan,* el general español Luis Manuel de Pando y Sánchez envió a sus 8,000 tropas para reforzar al general Arsenio Linares Pomba en Santiago; Calixto García dirigió a sus tropas hacia el norte y tomó posesión de la represa de Cuabitas, cuyo embalse suplía a Santiago de agua potable. La fiebre amarilla, sin embargo, comenzó a hacer estragos en las tropas españolas y americanas;

muchos pensaron que eran debido a las condiciones poco higienicas en las que aun vivían familias de *reconcentrados* en Santiago. Las provisiones de los tres ejércitos comenzaron a escasear. Había rumores que Shafter había sido víctima de los mosquitos y padecía de las fiebres. Trató de comenzar el bombardeo de Santiago, pero sus hombres se encontraban muy débiles y cansados. En vez del bombardeo, decidió poner sitio a la ciudad. Calixto García no pudo menos que recordar la leyenda del dolor de barriga de Napoleón mientras los ingleses lo cercaban en Waterloo.

Cuando las noticias de la toma de la Loma de San Juan y El Caney llegaron a La Habana, el general Blanco se sintió consternado. Le ordenó a Cervera que abandonara el puerto de Santiago temeroso de que la escuadra española cayera en manos americanas. Cervera le respondió con otro cable que «*salir del puerto, sin apoyo esperando en la boca del puerto y en altamar, sería un suicidio.*» Blanco insistió, con una respuesta tan estúpida como arrogante: «*La gloriosa armada española ha sido diseñada para pelear y no para esconderse en un puerto seguro.*»

Habiendo interceptado el mensaje, el Almirante Sampson sabía que los barcos españoles intentarían escapar a alta mar en seis horas más o menos. Pensó dejar brevemente su posición en el bloqueo y envió un mensaje a Calixto García en Sevilla; Sampson apenas había comenzado su trayecto por la costa a Siboney y luego a Sevilla cuando un movimiento inusitado en el puerto de Santiago le dio a conocer inmediatamente que la flota española se alineaba para salir del puerto, en un intento desesperado de romper el bloqueo de Sampson e ir a toda marcha hacia La Habana —atravesando 3,000 millas de aguas traicioneras.

El *María Teresa*, el *Vizcaya*, el *Colón* y el *Oquendo*, acompañados de los torpederos *Plutón* y *Terror* procedieron a toda máquina, cada barco como si fuera un toro entrando en el ruedo, pensando que de alguna forma escaparía de la estacada del matador. En las próximas horas, la costa sur de Oriente, en su lado occidental, se vio manchada con el residuo y los escombros de la que otrora fuese la orgullosa flota atlántica española.

Cada barco español fue perseguido, bombardeado, quemado y destruido; muriendo casi la tercera parte de sus tripulaciones. Sólo el Almirante Cervera y 1,200 de sus marinos sobrevivieron la maniobra suicida. Los españoles que estaban en Santiago ahora sí comprobaron que habían perdido. El 4 de Julio, los soldados trataron de bloquear la entrada de los barcos victoriosos de los americanos, pero fallaron en ese cometido, como había fallado el joven teniente Richmond Pearson Hobson, del *Merrimac,* en prevenir que Cervera hubiese triunfado unos días antes en su misión suicida de escapar del puerto.

El 12 de julio, luego de pequeños tiroteos aquí y allá, El general Toral, comandante del ejército español en Santiago, comenzó conversaciones con los generales americanos Miles y Wheeler. Había ignorado por completo el trato propuesto por Calixto García; España estaba dispuesta a rendir sus 22,000 soldados presentes en la provincia de Oriente, siempre que el ejército cubano, y en particular el general García, fueran mantenidos al margen de las negociaciones y ciertamente de la ceremonia de rendición. Con la sumisión de la marina y el ejército español la guerra estaba terminada para propósitos prácticos; no así la independencia de Cuba.

El próximo paso después de la reunión de Toral, Miles y Wheeler lo tomó el embajador francés en los Estados Unidos, Jules-Martin Cambon. Los americanos accedieron a dejar fuera a Calixto García, pero exigieron que España abandonara todos sus reclamos de soberanía y título sobre Cuba y que evacuara la isla antes de fin de año. Al insistir los Estados Unidos que el ejército cubano fuese reconocido como victorioso en la contienda, España ofreció la isla de Puerto Rico a los Estados Unidos, como incitación a los americanos. España prefirió perder a Puerto Rico antes que rendirse a un cubano, fuera este oficial, soldado, capellán o limpiabotas. Los Estados Unidos aceptaron esa oferta de España el 12 de Agosto. Para consternación de Máximo Gómez, Calixto García y otros líderes mambíses, esa danza diplomática entre americanos y españoles, dejando fuera el reconocimiento a los cubanos, los puso a punto de continuar las hostilidades; su seriedad y compromiso con Cuba, evitó que hicieran realidad esos deseos.

Una comisión española-americana fue nombrada para decidir los detalles de la evacuación. Unos 130,000 soldados españoles debían abandonar la isla, así como más de 15,000 empleados civiles y militares con sus familias. La Comisión incluía a William R. Day, Secretario de Estado; los senadores Cushman K. Davis, George Gray y William P. Frye y el embajador Whitelaw Reid por los Estados Unidos. España nombró a Eugenio Montero Ríos, Buenaventura d'Abarzuza, José de Garnica, Wenceslao Ramírez de Villa Urrutia y Rafael Cerrero.

La Comisión se reunió en París en Octubre 1. Los Estados Unidos pidieron que hubiera dos observadores cubanos con voz pero sin voto; el gobierno español se opuso a esa petición y amenazó con demorar las deliberaciones indefinidamente; la idea fue descartada. Los cubanos fueron mantenidos completamente fuera de las deliberaciones sobre su país, aunque por la generosidad y sentido de justicia de Day, todos los días se les informaba, al final de las reuniones, del progreso de las negociaciones. Los cubanos se estaban quedando en el *Hotel Louvre Marsollier Opera*, y allí coincidieron con Oscar Wilde. Wilde escribiría a algunos amigos que

«*Au petit matin, j'ai apprécié après une nuit réparatrice, un petit déjeuner gourmand servi dans une salle conviviale en compagnie de certains patriotes cubains en négociations sur le monde de l'avenir.*»

(Por las mañana, yo disfrutaba, luego de una noche reparadora, un desayuno *gourmet*, servido en un salón que compartía con patriotas cubanos en negociaciones sobre el mundo del futuro.)

El gobierno español argumentaba que como no había un gobierno cubano *bona fide*, reconocido por las naciones, no podía dejar que la soberanía caducara, sino que tenían que transferir esa soberanía a los Estados Unidos; esto era, en efecto, una anexión de Cuba. El argumento español fue rechazado inmediatamente. William R. Day, Presidente de la Comisión se enfureció ante ese subterfugio y le recordó a Montero Ríos que el ejército cubano había sido victorioso sobre el ejército y la marina de España; España no estaba en posición de protestar u objetar ante la voluntad de un ejército victorioso. Por varios días la impertinencia y pequeñez de España fue evidente para todos; España prefería entregar a Cuba a los Estados Unidos que rendirla a los cubanos insurgentes que tanto habían humillado el orgullo español. Como España había popularizado la noción de que los soldados cubanos eran unos tipos harapientos y sucios, ahora les salía el tiro por la culata, ya que todos presumirían que el ejército español era el peor del mundo al no ser capaz de prevalecer sobre un montón de mendigos sin preparación alguna —lo que España había dicho de los cubanos.

En el tema de transferir la soberanía, los Estados Unidos estaban firmes y resueltos en su posición; el 27 de Octubre, el primer artículo del tratado fue adoptado: «España renuncia todo reclamo de dominación y entrega esa autoridad a Cuba.»

El segundo punto a negociarse tenía que ver con la deuda pendiente de España (US $600,000,000) atribuida a sus operaciones en Cuba. Por años, Madrid le había cargado a Cuba los gastos de su ejército en la isla, dedicado en su totalidad a subyugar a los cubanos. Montero Ríos, Presidente de la comisión española, propuso que la deuda fuera cargada al nuevo gobierno de Cuba y que fuera garantizada por sus ingresos de aduana hasta ser totalmente liquidada. Por suerte para Cuba, Gonzalo de Quesada había anticipado esta jugada española y había preparado, con José Ignacio Rodríguez, un abogado de Washington nacido en Cuba, un memorándum de cinco páginas que probaba que Cuba le había dado a España mucho más en ingresos de lo que había recibido de vuelta. Las palabras finales del memorándum eran:

> «Sería una injusticia monstruosa cargar a la joven república con el costo de su subyugación a manos de España, de su esclavitud. Un esclavo no tiene que pagarle a su amo por el abuso de éste al infringir en su libertad.»

Los comisionados americanos estuvieron de acuerdo con este memorándum y España no volvió a presentar la cuestión. Casi a última hora Gonzalo de Quesada introdujo como punto de la agenda de las negociaciones, a través de su amigo el senador William Frye, la liberación de los prisioneros cubanos en

Ceuta y otras partes del África española. Cada lado cedió sus reclamos de indemnización por cualquier daño o conflicto surgido después del comienzo de las hostilidades y toda propiedad inmobiliaria pública se traspasó al futuro gobierno de Cuba. El tratado fue firmado Diciembre 10 de 1898 y ratificado por el Senado americano el 6 de Febrero del 1899, con un voto de 52 a 27. El último día de soberanía española en la isla fue Diciembre 31, 1898, cuatrocientos seis años, dos meses y tres días después que el primer español pusiera sus pies en tierra cubana, plantado allí el estandarte con los leones y castillos, y reclamando la isla para los Reyes Católicos de España.

Como era de esperar, los cubanos en general y el gobierno de la República de Cuba en Armas no estaban nada complacidos con el minúsculo papel que habían jugado en las negociaciones de paz de Estados Unidos con España y en el subsiguiente acuerdo entre ambos. Para comenzar, pensaban que los americanos nunca debieron haber pisado territorio cubano; luego, *de facto*, aceptaron tal participación, pero para nada los convenció la elaborada contribución y la formalidad de un ejército del cual solo habían esperado apoyo de artillería. Por otra parte, de veras los sorprendió la pequeñez y miseria de España al cierre del conflicto. Sin mirar los cuatrocientos años de llamar a Cuba *la siempre fiel,* España comenzó a actuar como una madre desnaturalizada que no permite que sus hijos crezcan y que prefiere verlos humillados o hasta muertos. Allí se acabó cualquier afecto o buena voluntad que los cubanos hubieran podido sentir por la *madre patria.* Los americanos, por otra parte, estuvieron fácilmente inclinados a no hacerle el menor caso a los logros, valentía y éxitos del ejército cubano en la campaña del 1895. Tiempos difíciles: los que conocieron a Martí echaban de menos su presencia, con su enorme inteligencia y fuerza organizadora.

Para la comunidad exilada en los Estados Unidos, de New York hasta Cayo Hueso, por toda la costa este de los Estados Unidos, los años de nostalgia por la patria se acabaron, junto a los sufrimientos de la expatriación. Muchos comenzaron a prepararse para volver a Cuba, terminando sus estudios, vendiendo sus negocios, empaquetando sus haberes. La razón de ser de las organizaciones del exilio desapareció y las contribuciones al Partido Revolucionario Cubano prácticamente cesaron, comenzando la disolución de muchas organizaciones. El general Emilio Nuñez, con razón, canceló todas las expediciones pendientes y comenzó a vender armamentos en lugar de comprarlos. La Cuba a la que los exilados ansiaban volver era muy diferente a la que habían dejado atrás. Entre otras cosas, en muchos pueblos y ciudades pequeñas, el ejército americano había retenido a las autoridades civiles españolas, pasando por alto a muchos exilados y veteranos con la capacidad de llevar a cabo esas funciones.

Mucha mercancía que habían traído a Cuba las expediciones durante la guerra, como alimentos, medicinas, materiales de construcción, ropa y zapatos, comenzaron a desaparecer de las tiendas. Los comisariados y hospitales en la manigua no podían encontrar staff, auxiliares y trabajadores voluntarios. Muchos profesionales —médicos, contadores, abogados, maestros, notarios, ingenieros, hasta clérigos— se estaban mudando a La Habana ansiosos de comenzar una nueva vida y rehacer el tiempo que habían perdido viviendo miserablemente en el campo y en los pueblos pequeños del interior. Gran cantidad de soldados cubanos, ansiosos de llegar a casa, desertaron las filas y se unían a largas colas humanas que llenaban las pocas carreteras y caminos que no habían sido dañados en la guerra. Los prospectos de empleo eran prácticamente inexistentes. No existía el crédito; la paz estaba resultando más difícil para los ex-soldados que la Guerra; por toda la isla, se reportaron más muertes por hambre que las bajas durante el conflicto armado.

Presionados por las circunstancias, la lucha tradicional por la supremacía, el privilegio, el poder y los derechos entre civiles y militares comenzó a absorber el discurso público. Esto no era nuevo en Cuba: había estado detrás del reto de Agramonte a la autoridad de Céspedes en 1873; los civiles ganaron en ese altercado. Había sido la raíz de la deposición de Céspedes en Bijagual, también en 1873; los militares les ganaron a los civiles en esa contienda. Lo mismo había sido el foco de los esfuerzos de Martí cuando preparó el terreno con las *Bases del Partido Revolucionario Cubano* en 1892; los civiles hicieron añicos a los militares en esa ocasión. Tal tensión —y a veces, tal batalla— había sido importante durante la *Constituyente de Jimaguayú* en 1895 y luego la *Asamblea de la Yaya* en el '97. Dos veces más prevalecieron los civiles. Había sido la base del desacuerdo entre Maceo y Martí en Montecristi; Martí triunfó en ésa. Ahora, evidentemente, Cuba entraba en una etapa en la cual no había razón alguna para que los civiles cedieran ante lo militar. Ya no era necesario, de acuerdo a los civiles que tanto habían cedido a los militares durante la Guerra, «*seguir concediendo imperativos constitucionales a la voluntad y al antojo de caciques y jefezuelos sin visión alguna.*»

Con eso en mente y preocupados al no tener una visión y una estrategia clara, el gobierno provisional de Cuba decidió llamar a otra Asamblea Nacional para decidir qué curso tomar; se reunieron en Santa Cruz, en Camagüey, el 1 de Septiembre de 1898, siguiendo los acuerdos de La Yaya. En ese momento sólo había tres instituciones que representaban a Cuba como nación organizada: la recién organizada Asamblea de Santa Cruz, con 44 delegados elegidos por las seis divisiones del Ejército Cubano; el propio Ejército Independentista, regado por todos los confines de la isla y el Partido Revolucionario Cubano de Martí, presidido por Tomás Estrada Palma en New York.

La Asamblea comenzó sus reuniones con Bartolomé Masó presidiendo; Domingo Méndez Capote, vice; José Braulio Alemán, Ernesto Fonts-Sterling y Andrés Moreno de la Torre como Secretarios; enseguida se dieron cuenta que necesitaban estar en La Habana y no en Camagüey, lejos de la sede del poder; entonces la asamblea movió el lugar de sus deliberaciones al barrio del Cerro, en La Habana.

Las sesiones de la ahora nombrada Asamblea del Cerro comenzaron el 3 de Marzo de 1899, en una gran y vetusta mansión, Calzada del Cerro # 819, entre Santa Teresa y Monasterio, a unas pocas cuadras de donde José de la Luz y Caballero había fundado su Colegio El Salvador en 1848. El concilio de cubanos en El Cerro fue un preludio de lo que tanto había temido Martí una vez que Cuba estuviera en manos de cubanos: desacuerdos en todo, argumentos irracionales, intentos de control, frustraciones, mortificaciones, molestias, rigideces, majaderías...

Luego de unas cuantas discusiones sin importancia, el primer punto en la agenda que causó una polarización enorme fue el asunto de cómo pagar lo que se le debía al ejército cubano. Máximo Gómez había propuesto que se aceptara un donativo de $3,000,000 que el Presidente McKinley había ofrecido a Gonzalo de Quesada; otros abogaban por conseguir un crédito bancario de $20,000,000, garantizado por el gobierno de los Estados Unidos, de cuya cantidad Cuba recibiría $12,500,000 debido a comisiones y gastos, y tendría que pagar 5% interés sobre el balance cada seis meses. El argumento de Gómez era que la República no debía ser sobrecargada con tal deuda en sus comienzos. Otros argüían que el tomar el crédito bancario, establecería a Cuba como un deudor institucional independiente con personalidad jurídica *de facto*, al aceptar los Estados Unidos garantizar el préstamo.

Las discusiones sobre el tópico fueron de lo cordial a lo conflictivo. La Asamblea terminó por votar que se depusiera a Máximo Gómez como Jefe del ejército Cubano, el 11 de Marzo de 1899, apenas una semana después del comienzo de las sesiones. Vergonzosamente, fue Manuel Sanguily quien propuso deponer al "viejo jefe." Sólo cuatro delegados se opusieron a esta medida: los generales José de Jesús Monteagudo y Emilio Nuñez y los coroneles Francisco López Leyva, un antiguo autonomista, y Carlos Manuel de Céspedes y Quesada, hijo del *Padre de la Patria*.

Como ocurriría después muchas veces durante la República, cientos de cubanos demostraron en las calles a favor de Máximo Gómez, particularmente frente a su casa en la *Quinta los Molinos*.[23] Después de este *faux pas* con la deposición de Gómez, la Asamblea del Cerro se reunió por última vez el 4 de Abril para disolverse a sí misma y desbandar al ejército independen-

---

[23] En la Avenida Carlos III, cerca de la Fortaleza de *El Príncipe*; la *Universidad de La Habana* ocupa hoy una buena porción del terreno donde estaba la Quinta de los Molinos.

tista; sólo Salvador Cisneros Betancourt votó en contra de esa medida.

Con la desbandada del partido de Martí, el *Partido Revolucionario Cubano* por Tomás Estrada Palma y el cierre simultáneamente del periódico *Patria* el 21 de Diciembre, apenas diez días después de la firma del Tratado de París, los intereses cubanos se quedaron sin representación; no había ya nadie con quien pudieran hablar los americanos, europeos o españoles. El Tratado de Paris no hizo referencia alguna a la independencia de Cuba; Cuba más o menos fue mencionada como *"el botín de guerra"* en el lenguaje originado por la delegación española y aceptado sin pensarlo por la americana, ya de prisa por acabar con esas conversaciones.

Martí había escrito que en la Guerra de 1868-1878 *«nadie nos quitó las armas, las tiramos nosotros.»* Ahora se daba una repetición de las mismas circunstancias que hicieron que el futuro de Cuba luciera vulnerable e incierto después de la Guerra de 1895. Uno a uno, los cubanos habían luchado y trabajado con ahínco para ganar esta guerra; tal parecía que ahora, uno a uno, con poco juicio, con gran inmadurez, los cubanos estaban entregando el destino de Cuba en manos extranjeras.

Mientras las cosas giraban fuera de control en Cuba, en New York Gonzalo de Quesada y Horacio Rubens se reunian a diario para enterarse e interpretar lo que pasaba en la isla. Al día siguiente de la destitución de Máximo Gómez, Marzo 12, 1899, estaban almorzando en el *Knickerbocker Hotel and Club*, invitados por el dueño, el joven James B. Regan, un hotelero veterano del *Earle's*, el *Hoffman House*, el *Grenoble* y el *Normandie*. Regan se vanagloriaba que había supervisado la construcción del Knickerbocker *«desde los cimientos hasta poner el estandarte en el techo.»*

El invitado especial de Regan ese día era un descendiente de 24 años de George Spencer, el Duque de Marlborough. Intentaba el joven en esa época vencer un problema del habla que tenía; no podía pronunciar la letra S y hablaba con gran ceceo. Todos sus amigos, incluyendo a Regan, sabían que cuando estaba a solas repetía sin cesar el ejercicio indicado por su doctor:

«It is cuthtomary and good manerth to alwayth thtand up fatht when the Kingth thpeech thtarth.» [Es buena costumbre ponerse rápido de pie cuando comienza el discurso del Rey.]

Como parte de su educación, el invitado de honor había sido subsidiado por el *London Daily Graphic* para que viajara a Cuba en 1895 para observar el estilo de Máximo Gómez y sus tropas en plena batalla, y estuvo en tal situación el 17 de Junio, en la batalla de Altagracia en Camagüey. Era fanático de Cuba y de los tabacos cubanos. En New York, luego de su tercera visita a la isla, se estaba quedando en casa de Bourke Cockran, un representante federal por New York.

Para Gonzalo de Quesada de 31 años y Horacio Rubens de 30, el mayor interés en estar con Winston Churchill de 24 años, era su más reciente viaje a Cuba y sus impresiones sobre Máximo Gómez, con quien había hecho buenas ligas en el '95. Por cortesía, los amigos comenzaron la conversación con preguntas fáciles, como *«¿Cómo ve la situación al final de la guerra?»*

«Para España, esta Guerra recién terminada ha sido un desastre de primera magnitud, del cual España no se recobrará en 50 años. El famoso imperio de 400 años ha sido borrado, humillado y decimado. Para los cubanos, el fin de la guerra abre un futuro tan malo o peor que su pasado. El campo esta desierto y desolado; las ciudades están infestadas con fiebre amarilla y suciedad; la banca, la manufactura, el comercio marítimo, la industria del azúcar, todo tiene que ser comenzado desde el punto cero; si estas del lado de los americanos, eso es malo; si te opones a ellos, peor. Resultado final: no habrá una independencia genuina para Cuba por un buen tiempo.»

Al ver las expresiones de Quesada y de Rubens, Winston Churchill continuó.

«Podría ser que las páginas de la historia pasan y un futuro más gentil, mejores tiempos, vendrían a Cuba… La Isla hubiera estado mejor de no haberse ido del poder inglés cuando tomamos La Habana… tendrían leyes justas, prosperidad con justicia… los puertos de Cuba abiertos al comercio con el mundo… enviando sus mejores ponys de tres años al Club de Hurlingham en Londres… jugando tenis, a los bolos, al cricket, al squash en vez de ese juego aburridísimo americano, *baseball*... intercambiando tabacos cubanos por lo mejor de nuestras textileras en Lancaster, sus mejores mangos por nuestro mejor acero y cuchillería de Sheffield...»

«¡Por favor! Excepto por financiar ferrocarriles, jamás los ingleses se volvieron a interesar en Cuba,» exclamó Gonzalo.

«¡Ahh! *Deo Adjuvante Labor Proficit* [Con la ayuda de Dios, tu labor triunfará] pudo haber sido el lema de todos los cubanos...» contestó Churchill.

«De acuerdo a usted, ¿Dónde fallamos?»

«Evidentemente, jamás debieron haber confiando —en lo absoluto— en los españoles. Cuando Práxedes Mateo Sagasta [24] se instaló como Primer Ministro, su encargado de territorios de ultramar fue Antonio Maura. Fue justo en su propuesta de autonomía para Cuba y auto-gobierno; el control total de las comunicaciones en la isla, de la salud, viviendas, educación, obras públicas, aduanas y hasta la ley electoral. Debe haber fastidiado bastante a Martí. Casi hizo que Gómez se bajara del caballo... Sin embargo, Sagasta no le hizo caso a Maura, le llegó el turno a Cánovas para salvar el honor de España, y otro fue el final.»

«Oí una vez contar que cuando la Reconcentración de Weyler, los soldados españoles llegaban a un bohío y se encontraban sólo mujeres y niños. Al preguntar dónde estaban los hombres, las mujeres respondían que con Masó, o Lacret, o García y los soldados eran tan ignorantes y apáticos que no tenían la menor idea quiénes eran esos personajes,» dijo Rubens.

«No lo dudo. El control del ejército cubano era tan fuerte cuando llegó Weyler, que se encontró que La Habana estaba rodeada de insurgentes. A la mañana siguiente, en el desayuno, no había café con leche en la mesa porque el ejército cubano había prohibido traer leche a La Habana a los campesinos,» apuntó Gonzalo.

«A pesar de nuestro total control del campo, no estábamos controlando la totalidad de la Guerra,» añadió Gonzalo. «A pe-

---

[24] Lo que Winston Churchill pronunció *Prathtedeth Mateo Thagathta*.

sar de nuestra resolución de ganar la batalla definitiva contra España y asestarle el golpe final, nuestras precauciones de prevenir al ejército americano de intervenir en Cuba fueron en vano. El destino puso en nuestro camino un *casus belli* (una razón para las hostilidades) que hizo que la declaración de guerra de los americanos fuera inevitable: la explosión del *Maine* en la bahía de la Habana. Aguijonado por la prensa, McKinley no tuvo más remedio, políticamente hablando, que tomar las armas. Nuestro futuro entonces descansó sobre los vientos internacionales; la guerra ya no era nuestra. Ahora estaban en el caldo Puerto Rico, las Filipinas y Guam, con repercusiones en Europa, Asia y América Latina. Lo que había sido nuestra guerra de Independencia de pronto se convirtió en la guerra Hispano-Americana para, simultáneamente, lograr la liquidación del imperio español de 400 años y el nacimiento de los Estados Unidos como el nuevo poder mundial.»

«Thobering Thurprithe,» respondió Winston. [Qué sorpresa…]

□ ◊ □

Tarjeta de pronunciación fonética utilizada por Winston Churchill durante su viaje a Cuba para mejorar sus dificultades de dicción.

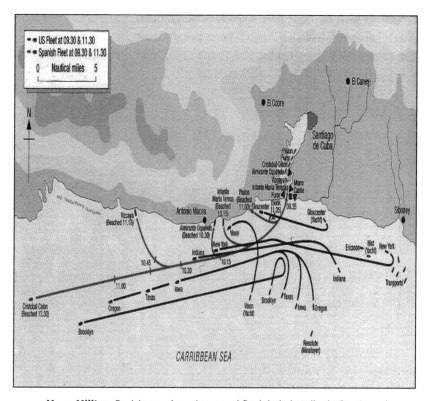

Mapa Militar: Posiciones al comienzo y al final de la batalla de Santiago de Cuba de los barcos de las Armadas Española y Americana. Los números indican la hora de la mañana en que los distintos barcos se encontraban en diferentes posiciones.

Algunas imágenes de la destrucción de la flota española de Cervera durante la Batalla Naval de Santiago de Cuba publicadas en la prensa internacional.

Las Tropas Cubanas en la Batalla de Santiago

Hacia el final de la Guerra de Independencia Cubana hubo un intenso debate sobre el papel de las tropas cubanas durante la confrontación en el Puerto de Santiago el 3 de Julio de 1898. La prensa amarilla americana publicó innumerable historias sobre los insurgentes cubanos aprovechándose de la vulnerabilidad de las tropas españolas el día en que la marina americana

atacaba a la flota española. Los periódicos en España atribuían la fácil derrota de la Armada española a la alianza de las tropas cubanas con los invasores americanos. Ambas versiones fueron falsas. La mejor ilustración de tal falsedad es ver la misma foto publicada en *The New York Journal*, el periódico de Hearst en New York, y en *El País* y *El Correo Español* en Madrid.

En la foto arriba: en el *The New York Journal*, el pie de la foto lee: «*Los cubanos esperando para capturar o matar a los marineros españoles cuando escapan de sus navíos hundidos, con dos españoles muertos en la arena.*»

En la foto abajo: de *El País* y *El Correo Español*, el pie de foto lee: «*Los insurgentes cubanos, bajo el mando del general Castillo Duany, y bajo la dirección del mayor general Calixto García, protegiendo desde la orilla el desembarco de tropas americanas en la zona de Santiago de Cuba y dando muerte a cualquier soldado español que se opusiera a los invasores.*»

La verdadera explicación de la situación que se presentaba en la foto fue aclarada por el almirante Cervera, el derrotado jefe de la armada española en Santiago. Seis días después de la batalla, estaba a bordo del transporte americano *San Luis*, camino a su lugar de detención en Annapolis, en la bahía de Chesapeake. En su reporte personal de Julio 9 escribió: «*Los insurgentes cubanos con los que hablé en la playa me dijeron que tenían a 200 prisioneros, seis de los cuales estaban heridos. Apuntaron que Calixto García había ordenado ayudar a todos los prisioneros con lo que les hiciera falta y facilitar que los españoles abandonaran la zona si así lo deseaban. Les dije que nos habíamos rendido a los americanos y que no dejaríamos la zona. Añadí que si tenían médicos en su patrulla, apreciaría su ayuda con los hombres heridos en la playa, varios de los cuales necesitaban ayuda a la mayor brevedad. Inmediatamente hicieron que vinieran varios médicos a brindar asistencia a los heridos.*»

23

"Los sabios dicen, y no sin razón, que el que quiera
predecir el futuro deberá consultar el pasado."
NICCOLO MACHIAVELLI (1469 - 1527)

El gobierno de los Estados Unidos gobernó a Cuba por casi cuatro años después del Tratado de París, Diciembre 10 de 1898; el general Adolfo Jiménez Castellanos fue el último gobernador español de Noviembre 1898 hasta Enero 1 de 1899. El general americano John R. Brooke, el tercer hombre de más rango militar en los Estados Unidos, tuvo el mando de Cuba desde Enero a Diciembre 1899. El general Leonard Wood, famoso por haber comandado los *Rough Riders*, fue Gobernador desde Enero 1900 hasta Mayo de 1902. La única experiencia que tenía Washington gobernando un territorio en ocupación fue durante la Guerra Civil, cuando al ganar el Norte sus tropas administraron los estados del Sur. Cuba, treinta años después, fue gobernada con la misma mentalidad y estilo. Dos voces fueron escuchadas y vivamente reportadas en la prensa neoyorquina durante la transferencia de poder de España a los Estados Unidos en Enero de 1899. La primera fue la de Samuel Gompers (1850-1924), el tabacalero británico que fundó la *American Federation of Labor* (AFL). Gompers objetó fuertemente la creencia que los cubanos no tenían la suficiente madurez para gobernarse a si mismos:

> *«¿A dónde ha ido la gran explosión de nuestras simpatías por los cubanos valientes, sacrificados y amantes de la libertad? ¿No parece raro que ahora, por primera vez, escuchamos que los cubanos no están preparados para gobernarse por si mismos?»*

La segunda fue la voz de Máximo Gómez (1836-1905), nacido dominicano, escogido por Martí para ser el líder del esfuerzo militar durante la Guerra del '95. Se negó ir a La Habana para ver izar la bandera americana en el Morro el 10 de Diciembre de 1898.

> *«La nuestra es la bandera cubana, por la que tantas lágrimas y sangre se han derramado… debemos mantenernos unidos para poner fin a esta ocupación militar injustificada.»*

Dos cubanos en New York resultaron muy diestros en tratar de suavizar las relaciones entre cubanos y americanos: Gonzalo de Quesada y Horacio Rubens. Ambos eran grandes amigos y colaboradores de Martí; continuaban sirviendo a la causa cubana desde altos niveles de poder e influencia en Washington. Se reunían con frecuencia después de la capitulación española en Cuba. Como no tenían oficina ni en *Patria* ni en el antiguo *Partido Revolucionario Cubano* de Martí —ambas instituciones habían dejado de existir— comenzaron a reunirse en algunos de los mejores restaurantes de New York; ambos eran jóvenes, abogados exitosos, amantes de la buena mesa y de los mejores lugares donde llevar a cabo reuniones y negociaciones políticas o de negocios en la ciudad.

En Septiembre de 1899 se reunieron en el *University Club of New York*, un cenáculo elegante asociado con el alma mater de los dos, *Columbia University* y en particular con el *Columbia College Law School*. Era la más imponente de las mansiones donde tenían sus sedes los clubes sociales de la ciudad de New York.

El edificio, con un estilo de *palazzo* renacentista había sido inaugurado poco antes y se hizo famoso en el acto porque sus arquitectos McKim, Mead y White (todos miembros del club) le habían pedido a Henry Diddons Mowbray, el pintor de frescos de los Vanderbilts, que adornara los techos con murales inspirados en los apartamentos papales del Vaticano.

Los arquitectos habían también logrado un *coup-de-grâce* estético memorable frente a otros arquitectos de la ciudad por haber logrado que la fachada de tres pisos del edificio, en un interesante ejercicio de ilusión óptica, ocultara los nueve pisos que en realidad tenía el edificio.

Luego de pedir el *hors d'oeuvre* favorito [25] de Gonzalo, los amigos se dispusieron a conversar.

«¿Conoces este plato y el origen de su nombre?» preguntó Gonzalo con una sonrisa.

«Sí a lo primero, no a lo segundo...» contestó Horacio. «No dudo que me lo vas a explicar...»

«La leyenda dice que durante la vendimia de 1649 en el departamento de *Deux-Sèvres* en el sur de Francia, un vinero accidentalmente le echo mosto de uva (jugo de uva acabado de exprimir, del latín *vinum mustum*, vino joven) a un barril que él creía vacío pero que contenía un brandy incoloro de frutas, lo que los franceses llaman *eau-de-vie*, los italianos *grappa*, los alemanes *kirsch* y los españoles *jerez*. Esto se vio como un error y el barril fue puesto en algún lugar que luego se olvidó. Al encontrarlo el hombre unos años después, probó el contenido y lo encontró muy aromático. Así nació el *Pineau des Charentes*.»

«Mira que te gustan esos cuentos...»

Gonzalo y Horacio comenzaron a comer y a conversar sobre sus preocupaciones sobre cómo iban las cosas en Cuba. Gonzalo de Quesada, el ser menos anti-americano que había, comentó con Horacio algunas de las cosas que le habían contado visitantes recientes a la isla.

«Los Estados Unidos no dejaron que el ejército cubano participara en las ceremonias de la partida de los españoles en La Habana y Santiago. La razón para este insulto fue lastimera: ¡que las celebraciones de la victoria podrían explotar en motines y destrucción de vidas y propiedades! De la misma categoría, pero sin explicaciones, es el hecho de que los Estados Unidos se han quedado con funcionarios y con empleados españoles, aunque hay muchísimos cubanos, particularmente entre los exilados, que podrían ejercitar estas funciones. Se ve una clara arrogancia, un tremendo paternalismo y una superioridad ofensiva en todas estas políticas americanas.»

---

[25] Un melón suave y verdoso, de la región del Charente en el suroeste de Francia relleno de *Pineau des Charentes*, una mezcla de un licor fortificado de mosto sin fermentar y coñac.

«Siento decir,» dijo Horacio, «que todo eso es verdad y que no hay nada que podamos hacer, dadas la realidades económicas brutales del momento y la dependencia total en los Estados Unidos para la recuperación económica de Cuba. Lo peor, me parece, es la venganza que muchos ex-soldados españoles están tomando en contra de ciudadanos y sus propiedades, especialmente en Oriente. En su prisa por salir de Cuba, matan al ganado, tiran los restos en los ríos para contaminarlos, rompen y queman las casas que abandonan, llenan las ciudades de basura, tapan las cloacas… rompen las herramientas necesarias para arar la tierra; ¡no han dejado un solo arado intacto! Es la última gota. Mejor que se acaben de largar…»

«Por otra parte,» dijo Gonzalo, «han habido algunos tributos sinceros de americanos a cubanos. Estoy leyendo un libro que escribió un antiguo conocido de Columbia —no sé si tú lo conociste— Franklin Matthews. El libro se llama *The New Born Cuba* y he aquí lo que escribió sobre Máximo Gómez en la prensa de New York:»

> «*Gómez en Cienfuegos, durante la marcha triunfal del general por la isla, me pidió que no lo citara, pero debo hacerlo. Ni en las aulas de grandes universidades he escuchado filosofía más profunda sobre los deberes de un hombre hacia otros, o escuchado palabras con timbre más sincero y desinteresado que las que pronunció Máximo Gómez en el Liceo de Cienfuegos. En mis quince años como periodista profesional nunca he conocido un hombre más impresionante o a uno más amante de la libertad que Máximo Gómez. Si él fuera ciudadano de los Estados Unidos, estoy convencido que sería uno de los hombres más importantes de ese país. Me pareció un Tilden en astucia, un McKinley en amabilidad, un Grant en simplicidad y un Lee en su enorme dignidad.*' [New York Times, Diciembre 2, 1899].»

Gonzalo entonces le leyó a Horacio la referencia al libro, publicada en el *New York Times* al lado del artículo:

«*The New Born Cuba* por Franklin Matthews. Crown 8vo. 391 páginas, ilustrado. New York y Londres: Harper & Brothers. $2.50.»

«Me alegro muchísimo que se reconozcan estas cosas,» respondió Horacio. «Me toca a mí: déjame que te lea un párrafo de

Industrial Cuba de Robert Porter, publicado este año por G.P.Putnam's Sons.»

> «*La condición de Cuba bajo el mando español fue un total desastre. Un país más sistemáticamente saqueado, más infamemente robado de sus recursos, más descaradamente vejado en sus legítimos ingresos y una población dejada sin derechos por aquéllos que con más razón que nadie tenían que haber velado y protegido una valiosa posesión, no se puede encontrar en ningún tratado de historia antigua o moderna. Cualquiera que sea la forma que tome el gobierno de Cuba, la responsabilidad de enderezar entuertos al ver su rehabilitación comercial e industrial debe descansar en los Estados Unidos.*»

«Creo,» añadió Gonzalo, «que los Estados Unidos está ocupando a Cuba por tres razones básicas, ninguna de las cuales tiene que ver con una expansión imperialista o con un futuro anexionista, como parecen intimar a voz en cuello los gritones anti-americanos. Primero que nada, la verdad es que necesitan un país estable tan cerca de sus costas, por su propia seguridad. ¿Quién querría vivir en un país junto a un país escandaloso donde la gente abusa de los ciudadanos y los matan constantemente? Eso es exactamente lo que ha estado pasando entre criollos y españoles por 100 años. En segundo lugar, necesitan rehabilitar la infraestructura económica de Cuba para atraer inversiones por parte de empresarios americanos, como bien dice Porter. Las inversiones americanas harán que los cubanos se vinculen más a los americanos, creando poco a poco percepciones de igualdad entre ellos, cuando las opiniones como las de mi amigo Matthews prevalezcan. Tercero, es lógico que, para beneficio mutuo, los Estados Unidos protejan la libertad de una Cuba integrada a su esfera de influencia, como todo país enorme tiene que proteger su poderío económico y político. No me molesta en absoluto sacar a relucir mi simpatía y devoción por los Estados Unidos si los americanos compiten con nosotros como hacen los tejanos con los de Alabama y los floridanos con los de California; sin presunciones estúpidas de superioridad...»

Gonzalo y Horacio comenzaron a conversar sobre lo positivo y lo negativo que estaba ocurriendo en Cuba durante el corto tiempo que los Estados Unidos había estado ocupando la isla:

«Los soldados y oficiales del ejército cubano ya no estan desposeídos al recibir salarios del Tesoro Americano… algunos líderes insurgentes han sido incorporados en las estructuras administrativas del gobierno de ocupación… una Guardia Rural se ha formado, principalmente con antiguos soldados cubanos, para proteger las inversiones en la agricultura tanto de americanos como de cubanos… la rama judicial del estado se está reorganizando para impartir justicia… los maestros están recibiendo entrenamiento para ponerse al día y mejorar su función en las aulas, particularmente en las ciencias y en asuntos actuales de política nacional e internacional… el voto ha sido otorgado a los hombres que tienen propiedades, con la intención de extender a todos el derecho al voto en poco tiempo… se ha convocado a elecciones municipales para Junio de 1900 y tres partidos han sido organizados: los republicanos, bajo José Miguel Gómez, el gobernador de Santa Clara; los nacionalistas, muy poderosos en La Habana, con el apoyo de Máximo Gómez, y la Unión Democrática, bajo antiguos autonomistas como Rafael Montoro [26] que ahora abogan por la anexión… Los caminos y carreteras, los ferrocarriles, los puertos, la distribución de alimentos, los hospitales y las escuelas han sido reconstruidas… los dueños de negocios y los campesinos han pedido préstamos con intereses bajos; esto no se concedió, con el argumento de que tal práctica crearía una gran dependencia, aumentaría la pobreza y mermaría el auto-respeto… los valores de las propiedades, particularmente de la tierra, han cxaido estrepitosamente…un censo esta siendo organizado… se va a convocar a una Asamblea Constitucional en un futuro cercano.»

Antes de separarse, Horacio le hizo un comentario interesante, advirtiéndole a Gonzalo que no lo repitiera.

«Conocí a Leonardo Wood en 1893 en un juego de *football* en *Georgia School of Technology* cuando él era el entrenador del equipo; antes había sido el capitán del equipo cuando era estudiante de postgrado. En ese momento, él tenía 33 años y yo 25.

---

[26] De acuerdo a una entrevista en el *The New York Times* de Septiembre 29, 1895, Montoro había predicho que la Guerra del '95 *'no duraría más que la llegada de la estación de las lluvias.'*

Yo estaba en el equipo de *Columbia University*. A través de los años, nos hemos mantenido en contacto; como entrenador de equipos opositores, cortésmente reconoció que yo correctamente había recibido un pase cuando la mayoría de sus jugadores argüían que la pelota había tocado el suelo. Ese pase fue la jugada decisiva en un juego que ganamos 26 a 23. Como te imaginarás, lo elogié por su rectitud y siempre que se lo recuerdo, bromea que no tenía sus espejuelos puestos cuando aceptó la jugada en el cuarto tiempo del juego. El mes pasado nos vimos aquí en New York en el *Athletic Club,* donde me enseñó dos documentos. El primero era copia de una carta que le había mandado a McKinley un día que estaba frustrado por no conseguir adelantar nada con los cubanos; mi pobre experiencia de gobernador colonial con mis gobernados, me dijo… Un párrafo por el cual se disculpó profusamente decía lo siguiente:»

«*Estamos lidiando con una raza que ha estado en decadencia por más de 100 años.*»

«El segundo documento tenía la respuesta de McKinley:»

«*Mire a ver como Ud. logra preparar a los cubanos para una forma republicana de gobierno. Le he dejado los detalles de cómo hacer esto a Ud. Deles un buen sistema educacional, reforme el sistema judicial, que se puedan valer por sí solos cuanto antes. Queremos hacer lo mejor y lo más posible por ellos y largarnos de la isla tan pronto como podamos, es decir, tan pronto como podamos entregarle el gobierno de Cuba a los cubanos.*»

«Te digo esto, Quesada, porque tenemos que defender con nuestros mejores argumentos esta noción enloquecida que está circulando que dice que la intervención de los Estados Unidos en Cuba está motivada por pura ambición y por el deseo de crear un imperio expansionista, la *Pax Americana.*»

«Ya lo sé, Rubens,» replicó Quesada. «La perspectiva en Washington no es tan positiva como lo era hace unos meses. La ocupación de Cuba le está costando medio millón de dólares al mes al tesoro americano; la rebelión en Manila continúa; Elihu Root, el riquísimo Secretario de la Guerra republicano, es el arquitecto designado para definir el futuro de Cuba; ya ha descrito a Cuba como «*una carga, una molestia, una posesión mortifi-*

cante.» Insiste, como Wood, que debe convocarse a elecciones sobre la condición política de Cuba cuanto antes; unas elecciones en las cuales solo deberán participar *"cubanos juiciosos"* que piensen que el sueño de la anexión puede ser una realidad. McKinley insiste, sin embargo, que «*Las elecciones sobre la condición legal de Cuba, cuando las las convoquemos, deben tener la misma composición y organización que las elecciones americanas. Ni piensen en excluir a los negros y a los pobres de ese proceso electoral.*» Son sus palabras, no las mías…»

Horacio Rubens pensó que estaba en total acuerdo. Añadió:

«La extraña relación entre cubanos y americanos corre el riesgo de sucumbir a los peligros de la avaricia, el falso orgullo, la sospecha, las ambiciones, la arrogancia y el chauvinismo. Una nación fuerte que se ofrece a ayudar a una pequeña sin que haya trastienda, sin ninguna intención escondida, vamos, es algo que no tiene paralelo en la historia, un fenómeno difícil de tragar. Al final del día, la realidad dominará: el desencanto de los cubanos con los americanos no va a ser nada comparado con el desencanto de los americanos con los cubanos.»

Sin quererlo, ambos Quesada y Rubens pensaban igual sobre ese punto. La diferencia de idiomas era importante. Los americanos tendían a ver con buenos ojos y con confianza a esos cubanos que hablaban inglés correctamente y con fluidez. Esto resultó bueno para Calixto García, Gonzalo de Quesada, Tomás Estrada Palma, Miguel Aldama y otros. A los cubanos, por otra parte, les encantaban los americanos que hacían un esfuerzo por comunicarse en español, aunque fuera una forma trapera del castellano. Les gustaba lidiar con Rubens, con Ulysses Grant, con McKinley, con Polk y con cualquier *yankee* o sureño que dijera *"¿Cómo está usted?"* mas o menos bien…

Los Estados Unidos habían entrado en la Guerra con grandes ganas y anticipación. Creían que respondían a un llamado superior que les pedía liberar a un país de algo malévolo. Comparaban el drama cubano con la lucha de ellos unos cien años antes para liberarse del yugo del imperio británico. Los exilados cubanos en New York seguramente explotaron esa percepción cuando muchas veces evocaron los objetivos, el sufrimiento, las luchas de ambas naciones, para lograr su independencia y su dignidad como pueblo. Seguido de sus recuerdos, aun frescos, de su valor como nación durante la Guerra Civil, era fácil que los americanos se identificaran con sueños similares por parte de los cubanos. Máximo Gómez era el George Washington cubano; José Martí en New York era una evocación de Benjamin Franklin en Paris; Ignacio Agramonte era la versión cubana del joven Marqués de LaFayette; *Guáimaro* (Abril 10, 1869), *Jimaguayú* (Septiembre 16, 1895), y *La Yaya* (Octubre 29, 1899), eran los contrapuntos de la constitución federal instaurada en la Cámara Estatal de Filadelfia en Septiembre de 1787.

«Lo cierto es,» añadió Gonzalo, «que los americanos han sido sumamente justos hasta el momento, si bien al principio de la Guerra se les notaba un airecillo de superioridad. Hubiera sido facilísimo para ellos forzar su presencia en Cuba y expandir su territorio. Tenemos una rica historia cultural y cien veces más gente educada, dedicada y patriótica que ninguna otra antigua posesión española en las Américas, pero no tenemos la fuerza que proviene de riquezas autóctonas. Yo podría visualizar a una Cuba convertida en un próspero estado de la Unión, en cincuenta años, si los americanos estuvieran decididos a tal objetivo; pero no lo están. El idealismo de Jefferson es una herencia demasiado grande para ignorarla o descartarla.»

«¿Cómo estas tan seguro?» preguntó Rubens.

«Los españoles que quedaron en Cuba tratan de seducir a los americanos con una falsa pretensión de colaboración —o si no, con el servilismo que muestran ante los nuevos amos. Al no ser ya hijos de España, les da lo mismo convertirse en americanos. Son los más apasionados y vocales anexionistas del momento. Llenan los periódicos, las asociaciones, las cámaras de comercio, la iglesia, los templos masones, con su llamado a que esta ocupación americana sea permanente. En Sagua la Grande, Camagüey, Santiago, Colón, Pinar del Rio, Cienfuegos, han sido confirmados en sus puestos en el servicio civil. A los americanos avispados les gustaría ver que Cuba es de verdad de los cubanos y no de los españoles; saben que la paz solo puede ser duradera si los cubanos aprenden a manejar la isla y a controlar su destino. Esto significa descartar el conocimiento de los españoles cuanto antes y suplantarlo con el "quiero aprender" de los cubanos, cosa que los distingue…»

«Es asombroso lo que puede hacer en contra de la insatisfacción, el descontento y la alienación el tener un trabajo. La última vez que vi a Leonard Wood me dijo… »

«Pon a trabajar a los desempleados, a todos los que leen la prensa inflamatoria, y verás como pierden su fanatismo; elimina el poder de los políticos de conseguirles trabajos a sus seguidores y sus prebendas terminarán; dale a la gente algo que hacer y dejarán de brindarle atención a los demagogos; la gente ocupada, que trabaja, repudian un estilo de vida al margen de la ley.»

«Esas palabras no han sido proferidas desde que Niccolò Machiavelli se las pronunció en el oído a César Borgia.»

«Los americanos parecen haberse imbuido de las enseñanzas de Macchiavelli,» comentó Quesada. «La fuerza acompañada de la prudencia parece ser su credo; la fuerza, decisiva, veloz y de poca duración; la prudencia de saber que no se debe hacer a otros lo que no quisieras que te hicieran a ti. Para puestos civiles, los americanos están escogiendo a cubanos de buena reputación, educados, con buenos modales y clase. Como si esto fuera poco, están escogiendo a los que tienen historia como separatistas.»

«No parecen estar favoreciendo a los anexionistas…» añadió Rubens.

«Verdad. De hecho, McKinley específicamente recomendó que los nombramientos a posiciones en el servicio civil sean hechos sin prestar atención a la participación o no de los candidatos en la guerra de independencia. El único prejuicio que detecto es cierta preferencia a cubanos que hayan estado exilados en los Estados Unidos, pero me parece que eso es más por el asunto del idioma… Hasta el momento, más de 50,000 exilados han regresado. Traen nuevas ideas para crear negocios; les encanta entrar en el campo de la construcción y el desarrollo de bienes inmobiliarios; son realmente buenos como funcionarios civiles: alcaldes, miembros de consejos municipales, administradores de escuelas y hospitales, intérpretes, maestros, ingenieros, policías y cuanta especialidad se te ocurra. Hay también, claro, políticos... e inversionistas en tierras, azúcar, bienes inmobiliarios...»

«Mira, Gonzalo, los cubanos que vinieron a los Estados Unidos estaban listos mentalmente para aprender sobre negocios, hacerse de un oficio lucrativo o habilitarse en una profesión —en caso de que no pudieran volver a Cuba y tuvieran que abrirse paso aquí. Eso hicieron; el número de cubanos que han triunfado en este país es extraordinario. Ahora, una vez que la oportunidad de regresar a Cuba se ha presentado, han llevado a la isla todo ese conocimiento y experiencia. Pablo Desvernine, por ejemplo, obtuvo su título en leyes en *Columbia*, con nosotros; al regresar era el mejor candidato para ser Ministro de Finanzas. El general Emilio Nuñez amplió sus conocimientos prácticos y su experiencia como cabeza del departamento de Expediciones de la Junta de New York, lo que le valió para que en el acto lo escogieran como gobernador de la provincial de La Habana. Fernando Figueredo Socarrás, secretario de Céspedes y, entre otras cosas, alcalde de West Tampa, es ahora Vice-Ministro del Interior; Carlos Roloff, el historiador del Ejército Cubano durante la Guerra, es un candidato fabuloso para ser Tesorero de la nueva República; Leopoldo Cancio, miembro ejecutivo de la Junta, abogado de Wall Street, es ahora Vice-Ministro de Finanzas; José Antonio González Lanuza, antiguo Secretario de la Junta, es ahora Ministro de Justicia; el general Mario García Menocal, graduado de *Cornell*, fue nombrado Jefe de la Policía de La Habana; José Ramón Villalón, ingeniero graduado de *Lehigh* se convirtió en Ministro de Obras Públicas... y así muchos otros.»

Luego de una breve pausa, mientras terminaban con su aperitivo y aguardaban entrar al comedor principal del *University Club of New York*, los dos amigos siguieron conversando.

«Claro,» comentó Gonzalo, «estoy de acuerdo. La república tiene ahora muchas posiciones de gran importancia que han sido ocupadas por antiguos oficiales del Ejército Independentista. Domingo Méndez Capote, Vice Presidente de la República en Armas después de Jimaguayú, es ahora el Secretario del Interior; el general José Miguel Gómez, veterano también de la Primera Guerra —la del '68— es el gobernador civil de Santa Clara; el general Juan Rius Rivera, segundo de Maceo, es el gobernador civil de Pinar del Río; el general Freyre de Andrade, asistente de Máximo Gómez, es ahora juez en La Habana; el general Pedro Betancourt, figura primerísima de Matanzas, es también el gobernador civil de esa provincia.»

La conversación inevitablemente llevó a una reflexión filosófica de cómo el pasado era un preámbulo del presente y cómo lo que ocurría ahora impactaría al futuro de manera impredecible. Ambos se cuestionaban si la colonización española había sido constructiva en otros tiempos, convirtiéndose en brutal según España caía en una espiral de decadencia, complacencia y arrogancia —o si España había sido inhumana y malintencionada desde el primer momento.

«¿Fue siempre así?» preguntó Horacio, «¿O es que nuestra generación nació en un mal momento para España?»

Gonzalo pensó por unos momentos y, sacando un libro de su maletín, levantó el dedo índice, como maestro enfatizando un punto:

«Estoy terminando de leer este libro, *The Pearl of the Antilles*, por Antonio Carlo Gallenga, un italiano del Piedmont. Murió hace cinco años en Londres; este individuo había sido conspirador, prisionero de estado, combatiente, fugitivo —y brillante periodista del *London Times* por 20 años; además, es autor de unos veinte libros de amplia circulación. Este fue publicado en Londres por Chapman & Hall en 1873. Escucha esto:»

Gonzalo miró a Horacio, quien le instó tácitamente a que siguiera leyendo.

«Ya reducida en sus posesiones a solo Cuba y Puerto Rico, España se ha aferrado a ellas obstinadamente, prestándole extraordinaria atención a Cuba, cuya posición como *"la llave del Golfo de México,"* y centro de todo su comercio en el continente, ha hecho de La Habana el emporio español de las Américas. De ahí la enorme atención a la isla, a la cual llaman los españoles *"la Perla de las Antillas"* y *"la siempre fiel Isla de Cuba;"* Cuba se ha beneficiado de la catástrofe de Santo Domingo, la cual trajo a su territorio una multitud de refugiados adinerados. La lealtad de estos a España estaba basada en su compromiso con la institución de la esclavitud... España ha dicho que Cuba le ha costado a España mucho más de lo que se le ha podido sacar; pero el hecho es que si se mantuviera la situación actual, la Isla sería muy pronto un país mucho más rico que la misma Península.»

Ambos amigos coincidieron en pensar que esas palabras pudieron haber sido escritas en la actualidad. Cuando terminaron de almorzar y se disponían a salir del club, ambos estaban preocupados.

«Rubens, esta guerra ha sido demasiado larga y demasiado cara,» dijo Gonzalo. «La paz ha traído un final triste, pero no inesperado. Desafortunadamente, al final no tuvimos a Martí para aclarar ideas y hacer la carga más ligera... lo hemos tenido que hacer nosotros.»

Se despidieron y Gonzalo de Quesada, aun preocupado por la conversación con Rubens, se dirigió hacia el muelle en el Hudson donde tomaría un ferry hasta el *Exchange Place*, en Nueva Jersey. Camino al muelle, pasó por delante de la construcción del *Pennsylvania Railroad Station* y admiró la fachada que estaba fabricando un gran grupo de *scarpellini* italianos.

«¡Que obra maestra de *Beaux-Art* [27] la que verán los pasajeros del futuro!» pensó, contemplando los enormes techos copiados de los de los Baños de Caracalla. En Jersey City tomó el tren con la locomotora de vapor GG1, el *Congressional Limited Express* del ferrocarril de Pennsylvania. Sabía que estaría en *Union Station* en cinco horas. Un viaje más de cabildeo, en una larga serie de estos que había tomado a Washington, D.C., primero por la independencia de Cuba, ahora buscando crear las condiciones óptimas para el desarrollo de una república fuerte y progresista. Se sintió mejor. No podía darse el lujo de sentirse ni deprimido ni desesperanzado cuando había tanto que hacer.

□ ◊ □

---

[27] Diseñado, como el *University Club of New York* por McKim, Mead and White.

El camino que seguía Gonzalo de Quesada en sus numerosos viajes entre New York y Washington DC. **De arriba a debajo**: La Pennsylvania RR Station bajo construcción en New York; el Gran Salón de Espera de la Estación al terminarse en 1906; el transbordador desde Manhattan hasta Jersey City; la terminal en Jersey de la Pennsylvania RR; la estación Union Station en Washington, DC.

La Enmienda Teller y la Enmienda Platt

El 9 de Abril de 1898, a petición del Presidente McKinley, el Congreso Americano adoptó una Resolución Conjunta autorizando al Presidente a intervenir en Cuba. Las palabras que McKinley utilizó no pudieron haber sido más significativas: *«La única esperanza de ayuda y reposo de una condición que no se resiste más, es la pacificación forzada de Cuba.»*

En su respuesta al mensaje de guerra del Presidente, el Congreso adoptó una enmienda a la Resolución Conjunta presentada por el Senador Henry M. Teller (1830-1914) de Colorado. Mr.

Teller y sus seguidores temían que el Presidente McKinley preparaba a la opinión pública para la eventual anexión de Cuba. La **Enmienda Teller** hizo patentemente claro que *«los Estados Unidos rechazan cualquier disposición o intención de ejercitar soberanía, jurisdicción o control sobre Cuba, excepto por su pacificación ya indicada, y asevera su determinación, cuando eso se logre, de dejar el gobierno y control de la Isla a los cubanos.»*

La enmienda fue aprobada por el Senado 42 a 35 y la Cámara 311 a 6. La guerra con España comenzó seis días después, el 25 de Abril de 1898. Terminó el 12 de Agosto, con la firma del protocolo de paz en Washington. El Tratado de París lo hizo oficial el 10 de Diciembre de ese año. Los Estados Unidos ocupó a Cuba hasta 1902 y las tropas americanas abandonaron totalmente a Cuba, excepto por una base naval permanente en Guantánamo.

La **Enmienda Platt** fue incorporada como un adjunto al Acta de Apropiaciones del Ejército (Army Appropriations Act) del 2 de Marzo de 1901. Fue formulada por el Secretario de la Guerra Elihu Root (1845-1937) y sometida a consideración del Congreso por el republicano de Connecticut Senador Orville H. Platt (1827-1905). La Enmienda Platt fue aprobada por el Congreso por un voto de 43 a 20. Inicialmente fue rechazada por la Asamblea Constitucional Cubana en 1901 pero más tarde fue aceptada en un voto de 16 a 11 con cuatro abstenciones.

La enmienda establecía que Cuba no podría transferir tierras a ningún país excepto a los Estados Unidos, limitaba la libertad de Cuba de poder contratar deudas extranjeras y dejaba abierta la posibilidad de una intervención en asuntos cubanos por los Estados Unidos si se estimaba necesario.

Hubo una reacción cubana de indignación y rechazo; el senador Juan Gualberto Gómez fue la voz más fuerte en contra de la Enmienda Platt cuando declaró *«reservar para los Estados Unidos la facultad de decidir por ellos mismos cuando la independencia esté amenazada y por lo tanto, cuándo deben intervenir para preservarla, es equivalente a darle la llave de nuestra casa para que puedan entrar cuando les da la gana, por el día o por la noche...»* No fue hasta el 1934, bajo la política del Buen Vecino del Presidente F.D. Roosevelt que la Enmienda Platt fuese abrogada.

Fotos: Arriba a la izquierda, Henry M. Teller de Colorado;
A la derecha, Orville H. Platt de Connecticut.

Unas Consecuencias Intencionales y otras Sorpresivas de la Guerra Hispano-Cubano-Americana del '95

Después de las sangrientas victorias de los *Rough Riders* en La Loma de San Juan y El Caney (Julio 1, 1898), la derrota de la flota española en Santiago de Cuba, el bombardeo de San Juan por el Contraalmirante William Sampson y el desembarco de las 3,000 tropas del general Nelson Miles en *Guánica*, Puerto Rico, España pidió la paz y las hostilidades en Cuba cesaron el 12 de Agosto de 1898. Después de la guerra, todos los participantes, Cuba, los Estados Unidos y España fueron fuertemente impactados por los resultados de las acciones militares:

- Los Estados Unidos ganaron una considerable cantidad de territorio, estratégicamente localizado, aunque tuvo que continuar peleando en las Filipinas.
- Cuba fue al fin independiente, aun con severas restricciones en su habilidad de controlar su destino política, económica y hasta socialmente.
- En los Estados Unidos los norteños y los sureños, blancos y negros, comenzaron a curar las cicatrices de la Guerra Civil al unirse para luchar en contra de un enemigo común.
- Los Estados Unidos comenzaron a surgir como un poder en la escena mundial y su importancia y preeminencia finalmente empató y luego sobrepasó la de Inglaterra, España y Francia.
- En los Estados Unidos el pánico económico de 1893 desapareció y comenzó un largo período de prosperidad, prestigio, innovación tecnológica y crecimiento.
- El imperio español murió en forma infame, terminando un largo declive que había comenzado durante las guerras napoleónicas a principios del siglo XIX.
- El trauma psicológico de España fue especialmente fuerte para muchos españoles que habían considerado a Cuba como posesión absoluta, *la siempre fiel,* parte integral del país y no una colonia.
- Uno de los resultados de este trauma fue el renacimiento especial de las letras y la cultura españolas por la llamada *Generación del 98,* que incluyó a grandes figuras como Pio y Ricardo Baroja, Ortega y Gasset, Unamuno, Valle Inclán, Benavente, Blasco Ibáñez, Azorín, los hermanos Manuel y Antonio Machado, Menéndez Pidal, Isaac Albéniz, y otros.
- Después de la guerra, un enorme caudal de capital (en manos españolas residentes en Cuba y Estados Unidos) fluyó a España; aproximadamente el 25% del producto neto anual en algunos años, creando un período de prosperidad e industrialización en la península.
- Junto a este influjo de capital comenzó un periodo de derrotismo e inestabilidad política que llevó eventualmente al golpe de estado de Primo de Rivera en 1923, y el ascenso del general Francisco Franco, hasta el momento de su muerte el dictador de más larga duración en un país de habla hispana.
- Los negros americanos que estuvieron en la guerra de Cuba ganaron gran prestigio por su participación leal, valiente y heroica en la guerra.
- La guerra acabó con todas las ilusiones que los poderes europeos pudieran tener sobre el establecer colonias en el Nuevo Mundo. Se convirtió en una validación *de facto* de la Doctrina Monroe.

Foto: La caballería cubana en Camagüey, 1895, presentada en el *Harpers Weekly.*

El Impacto de la Derrota en Cuba para los españoles

Luego de las aparatosas derrotas de la Marina española en 1898 en Cavite, en las Filipinas, y en Santiago de Cuba, el ego colectivo español sufrió un golpe desastroso, cuyos efectos duraron hasta avanzado el Siglo XX.

Antes de la Guerra del '95, los medios populares españoles exaltaban la galantería y el poder de la raza española, con fervor entusiasmado: «los *aceros saltarán de la vaina mientras pacientemente esperamos la guerra... ¿Queréis poseer Cuba? ¡Pues venid a tomarla!...*» El impacto negativo de la derrota lanzó al país a una depresión colectiva. No había mejor espejo, ni nota más sintomática, que los cientos de zarzuelas presentada en las grandes ciudades españolas antes y después de la Guerra Cubana. En 1890, por ejemplo, *El Tambor de los Granaderos* exaltó el comportamiento heroico de los madrileños durante la ocupación francesa. En 1892 *Los Voluntarios* revelaron la valentía de los españoles luchando bajo Prim. Como contraste, después de la Guerra, la popular zarzuela *Gigantes y Cabezudos* ofreció un coro de marinos derrotados de vuelta en España, enfermos, agotados y exhaustos luego de su enfrentamiento con la marina americana.

A partir de ese momento una larga cadena de artículos en la prensa española intentó explicar o justificar las razones detrás de la derrota espectacular de España. Weyler, Cervera y Polavieja ofrecieron sus propias versiones de los eventos. Se hicieron muy inpopulares ante la opinión pública, quien les culpaba por el desastre y por la ineptitud de sus fuerzas; también se culpaba a los incompetentes líderes civiles y a la indiferencia del pueblo. Las autoridades eran, en su opinión un montón de «*pirotécnicos anémicos, flojones y vanidosos de la política bullanguera que han tomado el poder en España...*»

El antídoto para esa angustia contagiosa, para este sentido de desolación, fue una especie de cura brindada por la llegada de Primo de Rivera en 1923, la proclamación de la República española en 1931 y la resurrección del espíritu nacional luego del *glorioso alzamiento* de Francisco Franco en 1936.

Casi todos los protagonistas de estas gestas habían sido testigos infantiles de la desesperación de sus mayores en el 1898.

Ya para 1942, el triunfalismo español imperaba de nuevo, y los medios abiertamente volvieron a describir el alma española con optimismo. Los episodios heroicos, ciertos o no, se convirtieron en la cura de la enfermedad española: el corporal Eloy Gonzalo arriesgando su vida en el Cascorro; Saralegui, el marinero valiente, besando la imagen de la Virgen del Carmen en Santiago antes de morir; los defensores luchando honorablemente contra los americanos en *El Caney*; el estoicismo valiente del almirante Cervera quien sin miedo sacó a su escuadra del abrigo del puerto de Santiago. Una película titulada *La Raza* capturó la imaginación del público en toda la península. La escribió el mismo Franco bajo el pseudónimo de *Jaime Andrade*. Era la historia de Damián Churruca, un marinero español que pereció en una misión suicida en contra de la marina norteamericana en 1898.

Fotos: En la página anterior: • *Gigantes y Cabezudos* en las festividades en Zaragoza. • *La Raza*, film patriótico español, escrito por el mismo Francisco Franco en la década de los 40. • Estatua del corporal Eloy Gonzalo en el encuentro del *Cascorro*, en *El Rastro*, Madrid.

La Generación del 98: Miguel de Unamuno, Pio Baroja, Ramiro de Maetzu, José María Ruiz (Azorín), Ramón del Valle-Inclán y Antonio Machado.

El término *Generación del 98* fue acuñado por el escritor José Martínez Ruiz, más conocido como *Azorín*, para designar un grupo de novelistas, poetas, ensayistas y filósofos españoles, casi todos nacidos en los 1870s, que se sobrepusieron a la crisis moral, política y social en España provocada por la catástrofe y la pérdida de las colonias de Cuba, Puerto Rico y las Filipinas después de la derrota en la Guerra Hispano-Cubano-Americana en ese mismo año. Juntos salvaron el orgullo de España rescatándola del marasmo y el ambiente de impotencia e indolencia que se produjo después de la guerra.

Des·en·la·ces

n.) Resultados, efectos, conclusión. Las consecuencias, el resultado final, la progresión   de un evento, ocurrencia o incidente; el resultado de un episodio especial en lo que se refiere a un individuo.

Ejemplos: *"El desenlace de la guerra," "El desenlace de la reunión."*

El famoso **anillo de hierro** que José Martí siempre usaba en su mano izquierda fue hecho por su amigo Agustín de Zéndegui. En 1878, en La Habana, Martí le había dado al hermano de Agustín, Gabriel, el último eslabón que tenía de las cadenas que cargó en las Canteras de San Lázaro durante su presidio político. La madre de Martí, Leonor Pérez Cabrera, llevó el anillo de hierro a New York cuando viajó a esa ciudad a visitar a su hijo. El comentario de Martí fue «*Ahora que tengo mi sortija de hierro, obras férreas he de hacer*». El anillo era cuadrado y no circular, con la parte de arriba inscrito con la palabra CUBA, imitando los lados cuadrados y planos de las vitolas o anillo artístico que se le ponía a cada tabaco fabricado en aquella época.

El 20 de Junio de 1898, el general Calixto García y los oficiales americanos general Shafter y almirante Sampson se reunieron en **Aserradero**, al oeste de Santiago de Cuba, para completar la estrategia general de campaña de 1898. Las fuerzas cubanas ocuparían las posiciones hacia el oeste, noroeste y este de Santiago de Cuba. El general García, comandante de los ejércitos de la zona de Santiago, estuvo de acuerdo en montar una diversión en Cabañas. Su fuerza de 3,000 hombres fue transferida por mar hasta Siboney. El acuerdo de Aserradero consistió de seis movimientos específicos: 1- Desembarcar al *V American Corps* en Daiquirí, al oeste de Santiago de Cuba, para completar la estrategia primordial de la guerra; 2- Desalojar al general Agustín Cabredo del noroeste de Santiago para prevenir que refuerzos españoles se acercaran a Santiago; 3- Encargar a las brigadas de Carlos González Clavel en Bayamo y Jiguaní a moverse a Sigua para unirse a las fuerzas de Demetrio Castillo y ocupar la zona circundante a Daiquirí; 4- La flotilla de Sampson bombardearía Cabañas, Aguadores, Daiquirí y Siboney para arrasar con las tropas españolas en esas posiciones; 5- Se enviarían diez transportes y tres barcos con tropas a Cabañas para simular un desembarco; 6- Al congregarse las tropas españolas en Cabañas serían atacadas por el general Rabí.

Al comenzar las operaciones, las tropas cubanas estarían distribuidas de la siguiente manera: 2,000 al oeste, bajo los generales Cebreco y Rabí; 1,000 bajo el general Castillo y el coronel Clavel en Las Guásimas, San Juan y El Caney; 800 a 1,000 hombres adicionales en San Juan y El Caney bajo las órdenes de Calixto García, quien tendría bajo su mando directo todas las tropas cubanas del A*serradero*.

Nicolás Azcárate, (1828-1894), como Domingo del Monte, fue patrón de la literatura cubana, invitando a los poetas y escritores a que leyeran sus escritos en las tertulias que solía tener en su casa. Publicó lo mejor de estas lecturas en un volumen llamado *Noches Literarias en Casa de Nicolás Azcárate*. También ayudó a muchos poetas financieramente. Fue con Saco a España como miembro de la Junta de Información en 1865. Esos esfuerzos no rindieron lo esperado. Hizo su fortuna en el ejercicio de su profesión de abogado. Fundó un periódico, *La Voz del Siglo*. Foto en la página 382.

Pedro E. Betancourt y Dávalos, (1858-1933) fue graduado de la Escuela de Medicina de *University of Pennsylvania*. Fue apresado en Matanzas en 1895, se escapó y fue a Paris y de ahí a New York, donde se unió a la expedición de Calixto García. Al final de la Guerra de Independencia, era mayor general y Jefe de la Quinta Brigada. Representó a Matanzas en la Asamblea de Santa Cruz y en la Constitucional del 1901; fue también presidente del Colegio de Veteranos, Senador de la República y Ministro de Agricultura. El pueblo de Macurijes, en la provincia de Matanzas, fue rebautizado "Pedro Betancourt."

El Capitán General de Cuba, **General Ramón Blanco**, (1833-1906), Marqués de Peña Plata, había servido en Cuba durante la Guerra Chiquita y la Guerra del '95. Fue enviado a Cuba por Práxedes Mateo Sagasta para reemplazar a Valeriano Weyler. Fue este el Capitán General que le propuso a Máximo Gómez unir fuerzas para luchar en contra de los americanos en 1895 y el mismo que le ordenó a Cervera que abandonara el puerto de Santiago. Al irse de Cuba, sacó los restos de Cristóbal Colón de la Catedral de La Habana y se los llevó a la Catedral de Sevilla, donde están desde entonces.

Antonio Cánovas del Castillo, (1828-1897) fue un importante político e historiador español, nacido en Málaga, graduado de la Universidad de Madrid. Se inició en la política como seguidor de Leopoldo O'Donnell durante el reino de Isabel II. Cuando Arsenio Martínez Campos hizo caer la República en 1874, sirvió como Primer Ministro. Fue el principal autor de la Constitución española de 1876. Jugó un papel importante en la terminación de las guerras carlistas. Fue un decidido oponente de la *insurrección* cubana y eventualmente pagó un alto precio por sus políticas represivas; en 1897 fue muerto a tiros por un tal Michelle Angiolillo, un anarquista italiano, en el balneario de Santa Águeda, en Mondragón, Guipúzcoa. No vivió para ver a España perder sus últimas colonias a los Estados Unidos después de la Guerra del 1895. Las políticas de represión que Cánovas hizo centro de su gobierno ayudaron a alimentar los movimientos nacionalistas en Cataluña y las Vascongadas y fueron precursoras del malestar laboral durante las primeras décadas del siglo XX. Esas desastrosas políticas no sólo llevaron a España a perder sus últimas colonias en el Caribe y el Pacífico, sino que debilitaron al gobierno en la península. Un fallido golpe de estado por Camilo García de Polavieja lanzó un período de inestabilidad que llevaría al colapso de la monarquía y la disolución de la constitución que Cánovas había creado.

Demetrio Castillo Duany, (1856-1922) nació en una principal familia de Santiago de Cuba; fue educado en Francia, en el *Lycée de Bordeaux*. Cuando las hostilidades cesaron en 1898 fue nombrado gobernador de Santiago de Cuba y luego Gobernador Civil de la Provincia Oriental bajo la intervención americana. Fue fundador del Partido Republicano en Oriente, el cual luego se unió a Partido Liberal. En 1906 estuvo implicado con el Comité Revolucionario y fue arrestado y encarcelado hasta que llegó el Comisionado Americano, quien lo puso en libertad. Poco después, el Gobernador Magoon lo nombró Jefe de Corrección de la República. Cuando la Revolución de 1916-1917 tomó lugar, se retiró de la vida pública y vivió como un ciudadano privado de ahí en adelante.

La **Asamblea del Cerro** fue organizada de acuerdo con la Constitución de Yaya de 1897, la cual había establecido que hubiera una nueva asamblea dos años después o tan pronto como terminara la guerra. Comenzó sus sesiones el 24 de Octubre de 1898 y pronto fue movida al elegante

barrio del Cerro al sur de La Habana. Tenía esta asamblea tres propósitos iniciales: ser reconocida como la voz del pueblo cubano; probar la verdadera intención del Ejército Americano en cuanto a la soberanía de Cuba y resolver el asunto de la organización del Ejército Cubano, lo cual incluía licenciar a los veteranos. Ninguno de estos objetivos se logró. Máximo Gómez se mudó de Yaguajay al norte de Las Villas, a la Quinta de los Molinos, en La Habana, el 24 de Febrero. Fue despedido como Jefe del Ejército en Marzo de 1899; la Asamblea cerró sus sesiones el 4 de Abril de 1899. Como Estrada Palma había cerrado *Patria* y disuelto el *Partido Revolucionario Cubano* al terminar la Guerra, el cierre de la Asamblea del Cerro dejó a los cubanos sin representación de ningún tipo. La única esperanza que quedó después fue la extraordinaria victoria de los patriotas cubanos en las elecciones municipales de Junio de 1900. Se puede decir, que de una forma u otra, ellos mantuvieron vivas las posibilidades de una nación cubana.

Contraalmirante Pascual Cervera y Topete (1839-1909) fue un decorado oficial naval que había servido en las guerras carlistas de España. Fue llamado de su retiro para servir en Cuba, rompiendo el bloqueo de Cuba por los Estados Unidos. No tuvo suficiente pertrechos ni artillería para enfrentarse a la flota Americana. El 3 de Julio de 1898 se le ordenó abandonar el Puerto de Santiago y sus barcos fueron aniquilados por los americanos bajo el mando del almirante Sampson. Luego de la guerra fue encarcelado brevemente en  Camp Long, el Alcatraz del este, en Portsmouth, Maine, con los oficiales que sobrevivieron la batalla de Santiago. Se le devolvió a España, donde fue hallado inocente por una Corte Militar. Es el más importante —y muchos dicen que el único— héroe español de la Guerra del '98.

Francis P. Church, (1839-1906) escribió un famoso editorial, «*Yes Virginia, There is a Santa Claus,*» (*Sí, Virginia, Santa Claus existe*) fue una sensación de inmediato y se convirtió en uno de los más famosos editoriales jamás escritos. Apareció por vez primera en el *The New York Sun*, y allí siguió siendo publicado por más de cien años, todos los años, hasta que el periódico cerró.

La **Comisión de Derecho para crear el Sistema Legal de Cuba,** de 12 miembros, estaba formada por 9 cubanos y 3 americanos. Magoon nombró al Coronel del ejército Enoch H. Crowder, su consejero legal, el cual había servido en un puesto similar en las Filipinas, como Presidente de la Comisión. Los juristas cubanos fueron *Alfredo Zayas* (candidato a la presidencia por el Partido Liberal en 1906; Presidente de Cuba, 1921-1925, foto a la derecha),  *Manuel M. Coronado* (uno de los líderes conservadores, dueño y editor de *La Discusión*), *Francisco Carrera Jústiz* (profesor universitario de Gobierno, políticamente independiente), *Mario García Kohly* (miembro conservador de la Cámara de Representantes), *Felipe González Sarraín* (Zayista, miembro liberal de la Cámara de Representantes), *Rafael Montoro* (conservador, antiguo ministro de Cuba en Inglaterra y Alemania), *Erasmo Regüeiferos Boudet* (Zayista, abogado liberal), *Miguel F. Viondi* (Miguelista, abogado liberal), y Juan Gualberto Gómez (importante líder negro y veterano de la Guerra, editor del periódico Zayista *El Liberal*). Crowder fungió como secretario de la Comisión. Los otros dos americanos en la Comisión fueron el mayor del ejército *Blanton Winship* (antiguo Juez Militar en las Filipinas) y

Otto Schoenrich (antiguo Juez en Puerto Rico, quien jugó importante papel en escribir y codificar sus leyes).

La **Ensenada de Corrientes** se encuentra en la costa sur del archipiélago más occidental de Cuba, a 300 km. (186.4 millas) de La Habana, en la península de Guanahacabibes, cerca de Sandino, en Pinar del Rio. Ha sido declarada reserva biosférica por la UNESCO; hoy en día hat ahí un hotel y balneario que combina la belleza de su paisaje con un fondo de mar lleno de corales y vida submarina de enorme majestad.

José A. del Cueto y Pazos, (1854-1936). En 1897 fue Diputado a las Cortes Españolas. Ganó el escalafón para convertirse en Profesor de Derecho Mercantil en la Universidad de La Habana, posición que ocupó por 33 años. Fue decano del Colegio de Abogados, Presidente de la Corte Suprema de Cuba en 1917. Fue el primer Profesor Honorario de la Universidad de La Habana. Miembro del Partido Autonomista durante la Guerra del '95.

El vapor **Downtless** fue uno de los barcos filibusteros más importantes en llevar armas y hombres a Cuba durante la Guerra del '95. Algunas de sus acciones más importantes fueron: En 1896:

Agosto 16, a Punta de Nuevas Grandes, Camagüey, 43 hombres bajo el general Emilio Núñez; de ahí a Macio, Oriente; Octubre 13, al rio de San Juan, Santa Clara, bajo Castillo Duany, con 32 hombres, 1,100 rifles, 1,000 libras de dinamita y 1,000,000 cartuchos. En 1897: Enero 3, a Cortés, Pinar del Rio, con 1,200 rifles y 500,000 cartuchos, un cañón y 200 machetes; Mayo 21, Manatí, Oriente, bajo el comandante Serapio Arteaga, llevando a Orestes Ferrara y al Dr. Emilio Luaces, seguido de una última parada el 24 de Mayo en Bacuranao; Octubre 30, otra vez a Manatí, esta vez bajo Castillo Duany; Noviembre 28, a Banes, Oriente, bajo el general Emilio Núñez. En 1898: Febrero 20, a Palizadas, Camagüey, bajo el coronel Manuel Lechuga.

Enrique Dupuy de Lôme (1851-1904) fue nombrado Embajador de España y Ministro en los Estados Unidos en 1872, luego de importantes éxitos en su carrera diplomática. Era muy amigo de Grover Cleveland, quien mantuvo una política de neutralidad hacia Cuba, pero nunca se llevó bien con William McKinley. En una carta con fecha Diciembre 1897 a José Canalejas, editor del *Heraldo de Madrid*, quien estaba de visita en Cu-

ba, expresó su opinión de que McKinley era «*indeciso e irresoluto... [un hombre] débil, sirviendo a la chusma; además, un político bajo, quien pretende abrirme la puerta y a la vez quedar bien con los jingoes de su partido...*» La carta fue interceptada por amigos de Horacio Rubens, quien la hizo publicar el 9 de Febrero de 1898 en el *New York Journal* de Hearst. Dupuy de Lôme tuvo que renunciar a raíz de la indignación y escándalo nacional provocado por la publicación de la carta; el 15 de Febrero, explotó el *Maine* en La Habana.

Don Tomás Estrada Palma (1835-1908) fue recibido en Cuba como Primer Presidente de la República con un Arco de Triunfo en la esquina de Prado y Neptuno en 1902. Era prácticamente un desconocido para los cubanos de ese momento; había peleado con Céspedes en 1868 y había sido presidente de la República en Armas en 1876. Exilado en España y Honduras, se casó allí con la hija del presidente Santos Guardiola, antes de radicarse en Central Valley, New York, donde fundó y dirigió una escuela que alcanzó gran fama. En él pensaba Martí al referirse a *los pinos viejos*. Sucedió a Martí como editor de *Patria* y presidente del Partido Revolucionario Cubano. En 1902 fue electo presidente de Cuba, con Bartolomé Masó como rival.

Fernandina Beach, al norte mismo de la península de la Florida, a principios de los 1890s, era pasada por alto por los turistas que se movían a destinos más al sur de la Florida. Unos años después, en los 1920s, el ferrocarril de Henry Flagler, en particular, entusiasmaba a los turistas a seguir a grandes hoteles en Miami. Hace poco Amelia Island ha ganado reconocimiento con la construcción del lujoso *Amelia Island Plantation Complex*. El centro del pueblo aún deleita a los visitantes con su encanto victoriano y sus mansiones históricas, antes residencias de magnates y banqueros, hoy hotelitos privados de gran encanto. El *Florida House Inn,* allí desde la época de Martí, aún sirve como pensión.

Antonio Carlo Napoleone Gallenga (1810–1895), fue un notable autor y analista político italiano en la segunda mitad del siglo XIX. Debido a sus simpatías por la Revolución Francesa, en un plazo de pocos años fue conspirador, prisionero político, combatiente y fugitivo. En 1854, luego de muchos años en Estados Unidos e Inglaterra, fue electo al Parlamento Italiano bajo la influencia de Cavour. Por veinte años fue corresponsal del *The Times* de Londres y era considerado uno de los mejores periodistas de la Inglaterra Victoriana. *La Perla de las Antillas* (*The Pearl of the Antilles)* tuvo gran éxito en Estados Unidos e Inglaterra; en ese libro narró sus viajes por Cuba en 1873.

Ezequiel García Enseñat, (1862-1938) fue Embajador cubano a México y delegado a la Liga de las Naciones. El Presidente Mario García Menocal lo nombró Ministro de Educación y de las Artes.

Juan Guiteras Gener, (1852-1925) fue profesor de Medicina en la *University of South Carolina* y la *University of Pennsylvania*; colaboró con Carlos Findlay para confirmar sus teorías sobre el mosquito *Aedes* como vector principal de la fiebre amarilla. En 1900 se hizo Director de Patología en la Universidad de La Habana y en 1902 fue nombrado Ministro de Salud Pública de Cuba.

Los esfuerzos bélicos combinados de los nativos de sangre pura *taínos* en Oriente, se conocieron como el **Regimiento Hatuey**, honrando el nombre del cacique taíno ejecutado por los españoles en 1513.

Los servicios de Ramón Ramiro Suárez, su esposa Cristina Pérez y Ladislao Rojas, el Cacique Ladislao, "Coronel de las Montañas," como era conocido en la región de Guantánamo, continuó a través de muchas batallas en la Guerra del '95, hasta el final de la Guerra. Ladislao murió en 1968 con 96 años. En Julio de 1896, el *Regimiento Hatuey* peleó junto al general José Maceo cuando fue muerto de un balazo en su caballo en la batalla de *Loma del Gato*. En Octubre, en la batalla *Revancha de Romelié*, el regimiento, bajo su capitana Cristina, derrotó a una tropa de voluntarios españoles. Ladislao Rojas (1870-1968) aparece en el Registro de Veteranos de la Guerra del '95 que compiló Carlos Roloff.

Helgoland Island: En uso constante por las fuerzas navales alemanas durante la Primera Guerra Mundial, los astilleros y fábricas militares fueron demolidos en 1920–22 de acuerdo con el Tratado de Versalles, convirtiéndose la isla de Helgoland en un popular lugar turístico. Bajo el régimen Nazi, sin embargo, fue reconstruido como un centro industrial-naval y sufrió concentrado bombardeo por parte de los Aliados hacia el final de la Segunda Guerra. Antes de ser destruido, el pueblo de Helgoland se extendía desde Unterland (bajo) hasta Oberland (alto), donde una iglesia ocupaba el punto más alto de la isla. Con la derrota de Alemania la población fue evacuada y las autoridades británicas de ocupación cambiaron el carácter físico de Helgoland, al destruir las fortificaciones que quedaban en pie con explosiones dinamiteras profundas. La isla se utilizó como tiro al blanco por la Real Fuerza Aérea hasta ser devuelta a Alemania Occidental el 1 de Marzo de 1952. El pueblo, el puerto y el balneario en Düne han sido reconstruidos. Hoy en día, la isla es utilizada para la navegación, como sitio para la producción de energía con molinos de viento y en investigaciones científicas, especialmente el estudio de la ornitología.

La polémica acusación de **Miss Hoffman**, de 40 años de edad, de Mr. y Mrs. Rubens en 1900, comenzó en el Hotel Inglaterra (foto a la derecha), en La Habana; de acuerdo con Miss Hoffman, se le pidió que cepillara los dientes del perro de Mrs. Rubens. Cuando se negó, como protesta por haber sido or-

denada a cumplir con un acto tan bajo, Mrs. Rubens, de acuerdo a la Hoffman, comenzó a regar rumores de que Miss Hoffman estaba loca. Miss Hoffman, doncella de servicio alemana, había sido contratada por Mrs. Rubens para que la acompañara a La Habana y luego a la Exposición de Paris. Mrs. Rubens había ido a La Habana a visitar a su esposo, quien estaba ocupado en la codificación de las leyes de Cuba. El matrimonio le pagó a la señorita Hoffman el pasaje de vuelta a New York.

Elbert Green Hubbard (1856-1915), el escritor americano, editor y director que escribió el famoso *A Message to García*, murió, con su esposa, a bordo del RMS *Lusitania,* hundido en 1915 camino a Inglaterra y Alemania en una misión que buscaba poner fin a la Guerra. Hubbard sentía gran optimismo con este proyecto, a pesar de la advertencia del *New York Times* de que cualquier barco con las banderas de Inglaterra o sus aliados, podría ser hundido. Hubbard fundó *The Roycroft Press*, una comunidad del movimiento *Arts and Crafts* en Aurora, New York, en 1895.

José Francisco Martí Zayas-Bazán (Ismaelillo), (1878-1945) el único hijo de José Martí, se enlistó en el Ejército Cubano durante la Guerra del '95, a los 17 años —tan pronto como averiguó que su padre había sido muerto. En ese momento estudiaba en *Rensselaer Institute of Technology*, en Troy, New York. Se unió a las fuerzas del general Calixto García y con gran

modestia declinó usar a *Baconao*, el caballo blanco de su padre, el cual le había enviado Salvador Cisneros Betancourt. Calixto García lo promovió a capitán por su valor en la Batalla de Las Tunas. Fue asistente de William Taft antes de que éste fuese presidente de los Estados Unidos. Durante la república, alcanzó el rango de general y fue Secretario de Defensa y de la Marina, bajo el mando de su amigo íntimo Mario García Menocal, en 1921. En 1916 se casó con María Teresa Vancés (Teté); la pareja no tuvo hijos. Martí padre escribió

Ismaelillo, un pequeño libro de poemas, en Venezuela en 1881. Martí había tenido la fantasía que su hijo era como Ismael, el hijo de Abraham (un judío) y su querida Agar (una árabe). El hijo legítimo de Abraham era Isaac, nacido de Sarah, la esposa de éste. Una de las lecturas favoritas de Martí era el *Diccionario Filosófico* de Voltaire (1764), donde había leído que Ismael y su madre, desterrados al desierto, no murieron de hambre gracias al extraordinario coraje de Ismael.

Después del desastre de Fernandina, **Jacksonville** creció y se expandió como pocas ciudades lo han hecho en la Florida; quien la viera entonces y la ve hoy, no podría reconocerla. Martí se había quedado allí en *The Travelers Hotel,* construido alrededor de 1889, en 407-409 West Bay Street. En 1895, su dueño era Dorsey C. Andress, quien lo compró de Burton K. Barrs, hermano de John M. Barrs, amigo de José Alejandro Huau. Huau, quien había nacido en Cuba, era descendiente de una prestigiosa familia francesa; se hizo ingeniero en New York y luego fue hecho prisionero en Cuba en 1869. Se exilió en Jacksonville y se convirtió en un hombre riquísimo, líder de la comunidad cubana allí por muchos años. En 1975 la terminal de omnibus de la Greyhound fue construida en el sitio donde había estado su enorme emporio comercial en el siglo XIX.

Mayor General Henry W. Lawton (1843-1899), al final de la Guerra, fue enviado a las Filipinas, llegando a Manila en Marzo del 1899. Allí tomó el mando de la Primera División del 8^{avo}. Corps del Ejército Americano y comenzó una activa serie de operaciones en contra de los insurgentes. Capturó a Santa Cruz, un fuerte centro de la insurgencia filipina, y también a San Isidro, todo en sus primeros tres meses en las Filipinas. El 10 de Junio comenzó su campaña de Cavite, la cual empujó la línea de la insurgencia de Manila hacia el sur. Ganó una campaña en contra de la fuerza principal del líder insurgente Emilio Aguinaldo. Lawton regresó a los Estados Unidos y participó en las guerras indias. Lo mataron en la Batalla de San Mateo los bravos del Jefe de los Apaches *Licerio Geronimo* en Diciembre de 1899. Lawton, Oklahoma, ciudad incorporada en 1901, fue nombrada así en honor al general Lawton. La ciudad está cerca de Fort Sill, centro de artillería del Ejército Americano, donde está enterrado Geronimo y donde pasó sus últimos años como prisionero.

La biblioteca Lenox es una de las piedras angulares del sistema de las bibliotecas públicas de New York, la *New York Public Library.* La Lenox fue fundada por James Lenox en 1871 y luego transformada con otras dependencias de la biblioteca de John Jacob Astor en la *New York Public Library* en 1911. El edificio original estaba en la esquina de la

Quinta Avenida y la Calle 70. Se demolió en 1912 para construir lo que es ahora el Frick.

El primer monumento conmemorando la Batalla de **Mal Tiempo** (Diciembre 15, 1895), una victoria de los generales mambises Máximo Gómez, Antonio Maceo, Quintín Banderas y Serafín Sánchez sobre el coronel español Salvador Arizón cercas de Cruces, Santa Clara, fue erigido en 1911 y destruido en 1963 porque el obelisco era políticamente incorrecto para el régimen comunista de Cuba. Estaba éste coronado por una escultura de la Virgen de los Dolores, la cual comenzó a ser llamada por los vecinos el *Angelito de Mal Tiempo*. En 1966 un nuevo monumento fue construido, casi idéntico al viejo, pero sin la imagen del *Angelito*. El lugar de ambos monumentos, debe notarse, era el sitio donde los cadáveres de los combatientes, tanto españoles como cubanos, estaban enterrados; la batalla en sí tomó lugar en la finca La Esperanza a 700 metros del monumento. Actualmente, el *Angelito* se muestra en el museo municipal.

El lugar del descanso final de **José Julián Martí y Pérez**, (1853-1895) es el Cementerio de Santa Ifigenia en Santiago de Cuba, en el Patio Letra A, la zona del cementerio donde están enterrados los más pobres. De acuerdo con cronicas viejas, Santa Ifige-

nia era una virgen etíope bautizada por el Apóstol San Mateo y canonizada por sus muchos milagros. El cementerio fue declarado Monumento Nacional en Febrero 1937. El arquitecto del mausoleo a Martí fue Jaime Benavente y el escultor Mario Santí. Además de Martí, están en ese cementerio los restos de Emilio Bacardí, Carlos Manuel de Céspedes y Pedro (Perucho) Figueredo. Los restos de Martí primero fueron enterrados en Remanganaguas, cerca de Dos Ríos, donde cayó. En 1895 los españoles le enterraron en una fosa común en Santa Ifigenia, pero en 1907 algunos patricios cubanos lograron transferir sus restos a una tumba más amplia (foto arriba) llamada el Templete. El 30 de Junio de 1951, durante la

presidencia de Carlos Prío Socarrás, un mausoleo mucho más importante fue dedicado en lo que muchos llamaron *"el entierro cubano de Martí."*

El monumento funeral de Martí en Santa Ifigenia (foto a la izquierda) es una obra de 24 metros de altura, con mármol gris de la finca del Abra, en Isla de Pinos, donde se recuperó Martí de su presidio a los dieciséis años, y piedra de la cantera en la que hiciera trabajos forzados en La Habana. La estructura hexagonal representa las seis provincias de Cuba, simbolizadas también por las seis cariátides en cada vértice del edificio, asi como los seis escudos de armas y los atributos de cada provincia. Dentro de la cripta hay una urna de bronce que contiene un cofre de bronce con los restos de Martí. La urna descansa sobre una base de mármol blanca pentagonal la cual permite que los restos descansen sobre una estrella solitaria; ambos siempre están cubiertos por una bandera cubana y un ramo de flores, por el verso de Martí "*tener en mi tumba un ramo de flores y una bandera.*"

La orientación del monumento es tal que los rayos del sol siempre brillan sobre la urna y sobre una estatua de Martí contemplando sus propios restos. Los arcos que dan acceso a la parte de adentro del mausoleo son bajos, haciendo que los visitantes —excepto los niños— tengan que inclinarse en reverencia al entrar.

La persona que quiera acceder al ábside tiene que bajar seis peldaños, caminar a través de un pequeño descanso y descender seis peldaños más, representando las dos guerras de independencia de Cuba y el intervalo de 13 años. En la base de la urna hay tierra proveniente de las 21 repúblicas latinoamericanas, la cual fue depositada allí durante la construcción del monumento; en la cripta están los escudos de las 21 repúblicas en orden alfabético (foto, derecha), para recordar las palabras de Martí «*de América soy hijo y a ella me debo.*»

El interior del monumento está diseñado para que cuando llueva dos corrientes de agua entren en el edificio y se unan al pie de la urna, representando a *Dos Ríos*, el lugar en Oriente donde Martí fue muerto. En los lados del pasillo central al monumento hay 21 monolitos, representando los 21 campamentos de Martí en su trayecto desde Playitas de Cajobabo, donde desembarcó, hasta Dos Ríos, donde fue muerto por los españoles. En cada monolito hay una frase de Martí. En la última placa la inscripción dice: «*En la Cruz murió el hombre un día; uno debe saber morir en la Cruz todos los días.*"

William <u>McKinley</u>, Jr. (1843-1901) fue el 25^{avo} presidente de los Estados Unidos, republicano, el último veterano de la Guerra Civil electo como Presidente. Sucedió a Benjamin Harrison y ganó la elección presidencial de 1896 sobre William Jennings Bryan, un poderoso orador quien había sido voluntario a combatir por Cuba. Las elecciones de 1896 fueron consideradas el principio de la era progresista en la política americana. McKinley fue a la Guerra por Cuba en 1898 y siempre tuvo gran simpatía por la causa cubana. Anexionó a Puerto Rico y las Filipinas, pero estableció un protectorado en Cuba. McKinley derrotó a Bryan por un gran margen. Fue fácilmente reelecto en 1900. Fue asesinado en 1901 por Leon Czolgosz, un anarquista de ascendencia polaca que nunca perteneció al partido anarquista, un católico que nunca practicó y un seguidor apasionado de Emma Goldman, quien lo defendió en la prensa. Compró el revólver calibre .32 que mató a McKinley por $4.50. A McKinley le sucedió Theodore Roosevelt, su vice-presidente.

Rafael María de Mendive, (1821-1886) fue un notable autor y educador cubano, maestro de José Martí en su Colegio San Pablo; también fue quien pagó por los estudios de Bachillerato de Martí. Fundó el periódico *Flores del Siglo* y la *Revista de la Habana*. Mendive había estudiado en el Seminario San Carlos y viajado extensivamente por Europa. Su casa se convirtió en un centro de cultura y de seguidores de la Independencia en La Habana de los años 1860. Fue exilado a España poco después del asunto del teatro Villanueva, por el cual fue exilado Martí también. Volvió a Cuba en 1878 y trabajó en el bufete de José Valdés-Fauli. (En la foto: Fermín Valdés Domínguez y José Martí, ambos discípulos de Mendive).

Rafael Montoro, (1852-1933). En 1898 aceptó la posición de Secretario del Tesoro en Cuba y después durante la República; fue Secretario de Estado entre 1921 y 1925 en el gobierno de Menocal. En 1908 fundó el Partido Conservador y en 1910 la Academia Nacional de Artes y Letras. En 1926 fue admitido a la Academia Cubana de la Historia y a la Real Academia de la Lengua, en España. Ha sido conside- rado como el mejor orador de Cuba.

Ha habido varios **monumentos importantes en honor a Martí** desde la independencia de Cuba. En el Parque Central de La Habana, en lugar de la estatua de Isabel II que allí había desde la colonia, hay un monumento de 10 metros en mármol de Carrara de Martí, con un peso de 36 toneladas, hecha por Giuseppe Neri después de una colecta comenzada por Máximo Gómez en 1905. En el Parque de la Libertad de Matanzas hay otra estatua de Martí, ésta hecha por Salvatore Buemi. En Cienfuegos, la escultura la hizo Carlos Nicoli. En Palma Soriano, en el lugar donde se expuso el cadáver de Martí, hay un pequeño busto de Martí. En 1916 Mimí Bacardí modeló un busto de gran calidad. Juan José Sicre, en 1957, talló, en mármol blanco de Isla de Pinos una escultura de cuerpo entero de Martí, actualmente en la Plaza de la República, en el lugar original de la Ermita de los Catalanes, cerca de la Universidad de La Habana.

El General de División **Alberto Nodarse Baca-llao** (1867-1924) se unió a la Guerra del '95 bajo el mayor general Carlos Roloff en Las Villas. En pocas semanas, fue nombrado *aide-de-camp* de Antonio Maceo y formó parte de la columna de Maceo de la Invasión. Ya en Diciembre de 1896 era al Jefe del Estado Mayor de Maceo y se sabe que arriesgó su vida recibiendo tres heridas graves tratando de rescatar el cadáver de Maceo. Fue uno

de los nueve generales del Ejército Independentista presentes en la transferencia de poderes al final de la Guerra. Su hermano, **Orencio Nodarse Bacallao**, quien se unió a la Guerra en 1895, fue miembro de la Asamblea Constitucional de Jimaguayú e Interventor General de Hacienda después de la Asamblea de La Yaya.

El general Don **Emilio Nuñez** (1855-1922) nació en Sagua la Grande, donde se unió a la Guerra de los Diez Años siendo muy joven; años después participó en la Guerra Chiquita de 1880. Fue capturado y encarcelado en el Castillo del Príncipe, en La Habana, de donde escapó. Martí lo convenció de que dejara de pelear y es-

perara por la Guerra definitiva, la de 1895. Se exiló en New York y se convirtió en el líder del Departamento de Expediciones de la Guerra Cubana de 1895. Se graduó de dentista en la *Universidad de Pennsylvania* y al final de la Guerra fue uno de los cinco generales que entraron en La Habana con Máximo Gómez. Dirigió al grupo de 12 veteranos que izaron la bandera cubana en El Morro en 1902. Fue miembro de la Asamblea Constituyente de 1901, Gobernador de La Habana en 1902, Ministro de Agricultura, Comercio y Trabajo (desde 1913, bajo Menocal) y Vice Presidente de la República en el segundo término de Menocal.

Carlos O'Donnell Abreu (1834-1903), el Segundo Duque de Tetuán y Conde de Lucena, era hermano de Leopoldo O'Donnell. Carlos O'Donnell fue Ministro del Exterior de España (1895-1897) bajo Antonio Cánovas del Castillo. Jugó parte importante en las maniobras diplomáticas españolas previas a la Guerra del '95. Estaba obsesionado por dos ideas: la autonomía de Cuba y aplastar la rebelión en Cuba. Cánovas le pidió que tratara de conseguir el apoyo de los poderes europe-

os en contra de los Estados Unidos; en el memorándum O'Donnell fue la primera vez que se utilizaba la teoría del dominó: «*Si Cuba gana su libertad, la monarquía española puede caer y después, en rápida sucesión, las monarquías de Rusia, Alemania, e Inglaterra.*» Arriba, el escudo de armas de los Duques de Tetuán.

Don **Leopoldo O'Donnell y Jorrín**. Primer Duque de Tetuán, primer Conde de Lucena y primer Vizconde Aliaga (1809-1867), fue el Capitán General de Cuba en 1844-1848 y un partidario incondicional de Isabel II, la Reina de España de 1833 a 1868. Se le recuerda como el asesino de la *Conspiración de La Escalera* en 1844, creador del imperio español en África en los 1860s (Marruecos, Tetuán, Ceuta) y el que suprimió la revuelta de Juan Prim en 1866. Fue Primer Ministro

de España tres veces: 1856, 1858 a 1863 y 1864 a 1866. O'Donnell supervisó los trabajos para la construcción de El Morro en La Habana, mejor conocido como el Faro O'Donnell.

La primera edición del periódico de Martí **Patria** salió en New York el 14 de Marzo, 1892. El 10 de Abril del mismo año se fundó, también en New York, el *Partido Revolucionario Cubano*; Martí tenía 39 años. La primera aventura editorial de Martí fue la publicación de *El Diablo Cojuelo* con su entrañable amigo Fermín Valdés Domínguez; esto fue el 14 de Octubre de 1869, cuando ambos tenían 16 años. Su segunda aventura había sido nueve días después, al publicar su obra de teatro *Abdala* en *La Patria Libre*; esta vez, además de Martí y Fermín, había contribuciones del maestro de los dos, Rafael María de Mendive y de Cristóbal Madan, quien en su tiempo, sería el primer presidente del Consejo Cubano en New York. En Diciembre de 1898, a instancias de Estrada Palma, el Partido Revolucionario Cubano fue disuelto. El 31 de diciembre, el último número de *Patria* se publicó, con una nota al efecto de que «*terminamos nuestra tarea como un guerrero guarda su espada en su vaina, luego de derrotar al enemigo.*» Una nota de última hora en el número de Junio 17 de 1895 anunciaba la muerte de José Martí en Cuba. Foto a la izquierda: Martí y Máximo Gómez en las oficinas de *Patria*.

Ya para 1935, el ferrocarril de **Pennsylvania** había terminado de electrificar su línea principal entre New York y Washington D.C. La prueba de la electrificación tomó lugar el 28 de Enero de ese año; durante ese viaje, el tren GG-1 #4800 estableció un record de velocidad de 102 mph cerca de Seabrook, Maryland. El primer tren que se movía enteramente por energía eléctrica fue inaugurado el 10 de Febrero de 1935. Los trenes GG-1s eran tan rápidos que el horario de los trenes pudo ser adelantado por dos horas: el viaje que le tomara a Gonzalo de Quesada a fines del siglo XIX cinco horas, después de 1935 tomaba tres horas y treinta y cinco minutos.

La **Plaza Real** de Madrid fue construida durante el reino de Felipe II alrededor de 1580, en época de los Habsburgo. Tiene una forma rectangular y mide 129 por 94 metros, con tres pisos de altura, rodeada de 237 balcones que pueden acomodar hasta unos 10,000 espectadores para cualquier evento público. Cuando fue construida, se le llamó la Plaza del Arrabal. La plaza de hoy en día es un rediseño de los años 1800s. Ha sido escenario de muchos eventos a través de los siglos: mercados, juegos de soccer, competencias, ejecuciones con garrote vil, corridas de toros, autos de fe, teatro, conciertos, bodas, mítines políticos, carnavales, carreras de auto y mercados de pulgas (mercados populares).

Los gastos de la **Prensa Amarilla** (Yellow Press) fueron extraordinarios durante la Guerra de Independencia de Cuba en 1895. El *New York Journal* se gastaba $50,000 a la semana (equivalente a $1,000,000 en dólares de 2010) en gastos de cables, salarios de reporteros y gastos personales, transporte y dinero para sobornos. En un momento dado podía tener hasta diez vapores bajo contrato. El *New York World* tenía tres vapores, cuatro yates y varios remolcadores en contratos permanentes. Estimaba sus gastos en $30,000 por semana. Ambos periódicos imprimían ediciones diarias de 1,000,000 de ejemplares; algunas veces, se imprimían treinta o cuarenta ediciones. Después de la Guerra de 1895-1898 el *New York Sun* y el Club de Prensa de New York comenzaron una campaña para acabar con la *prensa amarilla* en la ciudad. Muchas bibliotecas, clubes sociales y organizaciones descontinuaron sus subscripciones. Noventa clubes accedieron a unirse a la batalla en contra de la prensa amarilla. El *boicot* falló porque ya el público se había acostumbrado al sensacionalismo de la *prensa amarilla*. Al no encontrar los periódicos en sus clubes, los miembros individuales se subscribieron, subiendo así la circulación de estos periódicos. El *New York Journal* cesó de publicarse en 1966 después de la llegada del periodismo por televisión. El último número del *New York World* fue en 1931.

Almirante Hyman George Rickover, (1900-1986), padre del submarino nuclear americano, preparó un informe sobre el *Maine* en 1976 basado en fotos de 1912 y 1913 y en otras informaciones adquiridas antes que la Marina se llevara los restos del acorazado fuera del Puerto de La Habana y los hundiera en aguas profundas cuatro millas mar adentro. *«[Pienso] que con toda probabilidad, el Maine fue destruido por un accidente que ocurrió dentro del barco, un fuego en el bunker A-16. No hay evidencia de que el Maine fuese hundido por una mina flotante exterior.»* En 1898 nadie contradijo a McKinley o a la Marina, que firmemente pusieron la responsabilidad de la explosión en una mina submarina plantada por los españoles cerca del barco.

Nicolás <u>Rivero</u> Muñiz, (1849-1919). En 1832 fundó el *Diario de la Marina*. Su hijo, Pepín Rivero (1914-1944) y su nieto José Ignacio Rivero, (1920-) fueron también directores del Diario; el periódico, en su bien conocida dirección de Prado y Teniente Rey, fue confiscado por Castro después de 1959.

Comandante Andrew Summers <u>Rowan</u>, el hombre que le llevó el mensaje a García en 1898, murió en la obscuridad en un

hospital de ejército, en San Francisco. Pasaron 22 años antes que el Ejército lo decorara póstumamente por su misión en el umbral de comenzar las hostilidades entre Estados Unidos y España. Luego de hablar con García, Rowan dejó la isla cerca de Manatí, en un velero abierto en el cual navegó 250 millas hasta Nassau. Camino a Nassau, pudo ver la enorme flotilla que los americanos estaban posicionando frente a Cuba. Fue promovido a teniente coronel. Contrario a la leyenda, no hubo tal cosa como un mensaje envuelto en una bolsa de hule. Las órdenes de Rowan fueron tener una reunión con Calixto García, averiguar los hechos sobre las condiciones en Cuba y lograr que García aceptara la colaboración de los americanos, aunque esto fue expresado "...a que nos ayuden." En 1938, a los 81 años, Rowan recibió un homenaje, con saludo de siete cañones en el *Presidio Army Post,* el jardín del Hospital General del Ejército en San Francisco. Murió enfermo y muy pobre, luego de recibir honores militares en Estados Unidos y la Orden de Carlos Manuel de Céspedes, de Cuba.

Horacio Seymour <u>Rubens</u>, (1869-1941) fue el abogado jefe del Partido Revolucionario Cubano, fundado por José Martí en 1892. Rubens, que era judío, ofreció sus servicios sin cobrar y ayudó a conseguir armas para la causa de la independencia de Cuba; tenía una extraordinaria devoción por José Martí. Durante la guerra del '95 defendió a los exilados cubanos acusados de actividades ilegales (ayuda a la Insurgencia) en suelo norteamericano. Stephen Crane declaró en una ocasión que Rubens le recordaba a George

Washington: «primero en la Guerra, primero en la paz, y primero en un bote hacia Cuba.» Después de terminada la guerra, durante la ocupación americana, Rubens cabildeó por la independencia de Cuba; siguió representando a los cubanos y estuvo a cargo de las batallas legales con las autoridades americanas, tarea harto difícil. Al iniciarse la República, representó los intereses azucareros y ferroviarios de la familia Rockefeller en *The Cuba Company*, el fondo de inversiones extranjeras más grande durante las primeras dos décadas de la República. Su trabajo en Cuba lo llevó a cabo como socio del bufete de Gonzalo de Quesada y Rafael Manduley.

Práxedes Mateo Sagasta (1825-1903), fue un político español que sirvió como Primer Ministro ocho veces, entre 1870 y 1902, siempre por el Partido Liberal, alternando con Antonio Cánovas como parte del arreglo del *turno pacífico* entre liberales y conservadores en España. Siempre favoreció una constitución autónoma para Cuba y fue culpado por haber perdido a la Isla en 1898. Después de perder a Cuba, la situación económica en España fue desastrosa y Sagasta fue testi-

go de la renuncia a la regencia de la Reina Cristina y de la ascensión al trono de Alfonso XIII en 1902. Fue considerado como uno de los grandes oradores de la *Edad de Oro de la Oratoria Política Española,* junto a Cánovas, Castelar y Echegarray. Sagasta tuvo el destino de España en sus manos por más de treinta años, sin embargo vivió modestamente y murió pobre. En su ciudad natal de Logroño, se erigió una estatua suya en 1890, antes de su muerte. En 1941, la estatua fue decapitada por seguidores de Franco y tirada en un almacén municipal. En 1976, después de la muerte de Franco, otra estatua fue erigida cerca de una importante escuela secundaria en Logroño.

Eloy Sánchez Alfaro, (1842-1912) fue proclamado presidente del Ecuador y sirvió dos términos, (1897-1901) y (1906-1911). De acuerdo a Emeterio Santovenia, historiador cubano, Sánchez Alfaro conoció a Martí en 1890 o 1891. En 1912 fue encarcelado y muerto de un balazo en su celda a manos de un motín populachero; su cuerpo fue arrastrado por las calles, decapitado, cortado en pedazos y

quemado en El Ejido, en la ciudad de Quito. Su muerte y desacración fueron descritas por su biógrafo Alfredo Pareja, en su libro *La Hoguera Bárbara*, publicado por la Casa de la Cultura Ecuatoriana.

Pareja atribuyó la muerte de Sánchez Alfaro a «los conservadores y a los curas borrachos.»

Los restos del barco **El Salvador** se deterioran actualmente en las aguas costaneras cerca del puerto caribeño de Casilda, cerca del Valle de los Ingenios y de la ciudad de Trinidad en Cuba, donde el barco encalló y los tripulantes fueron pasados por las armas por los españoles. Por el puerto de Casilda salía en los Siglos XVIII y XIX la producción de azúcar de un área de 270 kilómetros cuadrados que requerían los trabajos de más de 30,000 esclavos. Ni una flor, ni una placa, ha sido jamás colocada para rememorar el desembarco de *El Salvador*; el barco probablemente se desbaratará, a no ser que los cubanos lo rescaten pronto y lo restauren, honrando así la muerte de tantos patriotas.

Manuel Sanguily y Garritt (1848-1925) fue estudiante del Colegio El Salvador, de José de la Luz y Caballero. Peleó en la Guerra de los Diez Años, 1868-1878. Al final de la Guerra, obtuvo su grado en Leyes de la Universidad de Madrid. Era hermano del general Julio Sanguily. Manuel fue, por un tiempo, el único editor de la *Revista Cubana*, la revista publicada por Enrique José Varona. En 1895 su familia y él se exilaron en los Estados Unidos; regresaron a Cuba a tiempo para participar en la Asamblea de Santa Cruz. Sanguily fue miembro de la Asamblea Constitucional de 1901 y, durante la República, fue director del Instituto de La Habana, Senador por Matanzas, Presidente del Senado, Secretario de Estado en el Gabinete de José Miguel Gómez e Inspector General de las Fuerzas Armadas.

Durante el **bloqueo naval a Santiago de Cuba** el almirante William T. Sampson (1840-1902), comandante de la flota del Atlántico del Norte de los Estados Unidos, estaba a cargo de la operación en el Puerto de Santiago; fue él el que organizó el bloqueo. El 1 de Junio de 1898, estaba en tierra cuando el almirante Cervera hizo salir a sus barcos del puerto. El segundo de Sampson, el almirante Winfield Scott Schley (1839-1911), al mando del llamado *Escuadrón Volador*, se enfrentó a la flota española, asumió el mando durante la batalla y destruyó todos los barcos de Cervera. Una maniobra que había ordenado temprano durante la batalla, casi causa un accidente al poner en peligro de choque a dos buques de Guerra americanos —una pequeña mancha en su importante éxito. Inmediatamente comenzó la controversia de quién estaba realmente a cargo cuando la flota española fue destruida. Una investigación formal regañó a Schley, favoreciendo a Sampson, pero en el proce-

so, las reputaciones de ambos hombres fueron dañadas. Arriba izquierda: Sampson. Abajo derecha: Schley.

Francisco Serrano y Domínguez, (1810-1885) Primer Duque de la Torre, Grande de España, segundo Conde consorte de San Antonio, ascendió de capitán a Brigadier General durante las guerras carlistas, sirviendo en el ejército de Isabel II. Se hizo asistente de O'Donnell, quien lo protegió toda su vida. Murió en Madrid un día después que Alfonso XII, de quien se decía era hijo suyo. Durante su servicio como Capitán General de Cuba (1852-1862) se hizo inmensamente rico; también enriqueció a su mentor, Leopoldo O'Donnell; más tarde se viró en contra de Isabel II y se hizo una importante figura en la historia política de España.

El Mayor General **William Rufus Shafter** (1835-1906), recipiente de la *Medalla de Honor Americana*, también conocido como *Pecos Bill,* fue un personaje inesperado para estar al mando de las fuerzas expedicionarias americanas en la Guerra de Cuba en 1898. Tenía en ese momento 63 años y sufría de gota, pesando más de 300 libras. Hizo que sus tropas desembarcaran en Daiquirí y dejó que su comandante al frente de la División de Caballería, general Joseph Wheeler, tomara las decisiones de cómo reconocer el terreno y la situación en Santiago de Cuba y sus alrededores, sin que enfrentarse al enemigo. Nunca le preguntó a Wheeler por qué había entrado en batalla con los españoles en la batalla de *Las Guásimas* (una derrota Americana) en vez de seguir sus órdenes. De ahí en adelante, se incapacitó por el calor y actuó como un general ausente. Se fue de Cuba después de la rendición de Santiago y sirvió en California hasta retirarse. Recibió una fuerte carta de Calixto García el 17 de Julio de 1898 increpándolo porque los cubanos no habían sido incluidos en las negociaciones para la rendición; los cubanos no fueron invitados a entrar victoriosos en Santiago al final de las hostilidades; las mismas autoridades españolas nombradas por la Reina de España se quedaron en sus puestos después de la rendición, violando los acuerdos entre cubanos y americanos en Aserradero. La razón que se dio fue que se temía que hubiese actos de venganza y masacres por parte de los cubanos. Calixto García terminó su carta diciendo: «*...Debido a todo esto, he entregado mi carta de renuncia al general Máximo Gómez como comandante en jefe de las fuerzas cubanas en esta sección y me he retirado con mis tropas a Jiguaní.*»

Herbert Spencer (1820-1903), filósofo inglés había escrito un artículo en 1852 defendiendo la teoría de la evolución siete años antes que Charles Darwin publicara su *Origin of Species*. Al morir a

los 83 años, sus cenizas fueron enterradas frente a la tumba de Karl Marx, en el cementerio londinés de Highgate. En su *Programme of a System of Synthetic Philosophy* (1862 a 1896), aplicó la idea de la evolución (desarrollo gradual) a varias disciplinas, como la biología, la psicología, la sociología y otros campos. Spencer anticipó muchos de los puntos de vista analíticos de los teóricos post Victorianos libertarios, tales como Friedrich Hayek, especialmente en su *«ley de igual libertad;»* su insistencia en los límites del conocimiento predictivo; su modelo de un orden social espontáneo y su aviso sobre la *«ley de consecuencias inesperadas»* de los reformistas social-colectivistas. Martí era un apasionado lector de Spencer y en varias ocasiones comentó que, con Walt Whitman, era uno de los filósofos no cubanos que más lo habían influenciado.

Juan Bautista Spotorno (1832-1917) nació en Trinidad, Cuba, en una familia acomodada italiana. Estudió en Europa y los Estados Unidos pero terminó por dedicarse al negocio de su padre en el comercio. Se unió a la Guerra de los Diez Años al principio de la misma y llegó a ser general bajo el liderato de Ignacio Agramonte. Después de los Sucesos de Varona (la desobediencia del general Vicente García) fue nombrado presidente y expidió su famoso *Principio Spotorno*: *«Cualquiera, emisario o combatiente, que*  *entre en territorio de los insurgentes a proponer cualquier acuerdo para la paz en contra de los fines independentistas del ejército, será muerto en el acto.»* En el momento de la Paz del Zanjón, él fue uno de los oficiales que buscó la paz con España. Después de la Guerra, se hizo Autonomista y se opuso a Martí cuando la llamada para la Guerra del '95. Se reunió con Bartolomé Masó en Bayate, donde Masó había comenzado la guerra en Oriente, y trató en vano de persuadirlo a que se hiciera autonomista. Durante la república sirvió como representante en la Cámara.

George Steck, (1829-1897) fue un fabricante de pianos alemán quien se estableció en New York en 1853 y abrió el **Steck Hall** en Clinton Place en 1865; fue este un auditórium que le prestó generosamente a José Martí, absolutamente gratis, para sus campañas políticas. Sus pianos de conciertos eran los preferidos por Richard Wagner. Pasó los últimos diez años de su vida tratando de construir un piano al que no hubiera que afinar. Fabricó un tal piano, pero se llevó sus secretos de fabricación a la tumba. Steck murió el 31 de Marzo de 1897 y en 1904 la compañía fue consolidada con otras hasta que se fue a la bancarrota a fines de los 1970. Ya al final, la compañía usaba la marca Steck con muchos instrumentos de inferior calidad fabricados en la China.

El Senador **Henry Moore Teller** (1830-1914) de Colorado fue el hombre que propuso una enmienda (Artículo 4) a la Resolución Conjunta del Congreso Americano en 1898 para establecer que los Estados Unidos no tenían intención de adueñarse de Cuba o de hacerlo parte de su territorio. La Resolución fue adoptada el 20 de Abril por ambas cámaras del congreso con el siguiente texto: «*El pueblo de la Isla de Cuba es, y por derecho debe ser, libre e*  *independiente.*» La enmienda Teller fue aprobada unánimemente el 19 de abril de 1898 y aseveraba que «*los Estados Unidos renuncia por este medio cualquier disposición o intención de ejercitar soberanía, jurisdicción o control sobre dicha isla excepto para su pacificación y asevera su determinación, cuando esta sea cumplida, de dejar el gobierno de la misma a su pueblo.*» Teller era amigo de Gonzalo de Quesada y de Horacio Rubens, así como un firme creyente en la independencia de Cuba; por años había tratado de que los Estados Unidos reconocieran la insurgencia cubana. Se oponía a la anexión de Cuba por varias razones —raciales, culturales, y económicas. Teller sirvió como Secretario del Interior como republicano entre 1882 y 1885 y como Senador demócrata de 1885 a 1909.

Los españoles construyeron en Cuba tres **trochas**, con el fin de aislar a los insurgentes y de prevenir que cruzaran de un lado al otro de la isla: Mariel-Majana, construida durante la Guerra de 1895 por Valeriano Weyler para aislar a Maceo en Pinar del Rio;  Júcaro-Morón, en Camagüey, construida durante la Guerra de los Diez Años por Blas Villate de la Hera, el Conde de Valmaseda, y la Trocha de Bagá, que nunca fue terminada. 12,000 soldados fueron asignados a Mariel-Majana; los diferentes fuertes, situados cada 1,000 metros, tenían comunicaciones por cable y electricidad. Los fuertes eran de un piso con una terraza cubierta con un techo, paredes sólidas con aperturas para apoyar los rifles a nivel del primer piso y una entrada por arriba, solo accesible con una escalera portátil. Para la trocha Júcaro-Morón, fueron asignados 10,000 soldados, los cuales se podían mover con gran facilidad por medio de un pequeño ferrocarril a todo lo largo de la trocha. En Bagá, la trocha, nunca terminada, era custodiada por 3,000 soldados, uno de los cuales fue un joven médico español, Santiago Ramón y Cajal, futuro Premio Nobel en medicina en 1906. A la izquierda, una foto de uno de los fuertes en la trocha Júcaro-Morón.

Enrique José Varona, (1849-1933) fue un escritor, filósofo y maestro nacido en Camagüey; su título en Filosofía y Letras era de la Universidad de La Habana; Varona fue diputado a las Cortes españolas. A los 19 años había escrito un volumen, *Odas Anacreónticas*, (Himnos, elegías y epigramas compuestos en el dialecto griego iónico por Anacreón, poeta lírico griego contem-  poráneo y amigo de Pericles). Después del Pacto de Zanjón, se hizo autonomista, pero por poco tiempo. Era un buen amigo de Martí y fue editor de *Patria*. Fue autor del *Plan Varona* para la educación en Cuba al advenimiento de la República. Como profesor de la Universidad de La Habana, fue fundador y prestó un gran apoyo a la *Federación Estudiantil Universitaria* (FEU).

La Disputa sobre **los límites de Venezuela** fue una controversia territorial que causó gran tensión entre los Estados Unidos e  Inglaterra por gran parte del siglo XIX, hasta ser resuelta por el gobierno de McKinley en 1899. Tenía que ver con el reclamo territorial de Venezuela, extendido a través de las tierras que le dejó España, hasta el Rio Esequibo, y los reclamos de Inglaterra que las tierras de la Guyana Británica, compradas a los holandeses en 1810, se extendían en el oeste hasta el rio Orinoco. En 1841 se descubrió una veta de oro en la región y comenzó la disputa. En 1887 Venezuela rompió relaciones diplomáticas con Inglaterra y en 1895 el Presidente Grover Cleveland invocó la Doctrina Monroe (ninguna posesión europea en el Nuevo Mundo) y se impuso a sí mismo como árbitro de la disputa. Inglaterra, en medio de sus propios problemas con África del Sur, se vio forzada a aceptar tal arbitraje. La resolución resultó ser favorable a Inglaterra. El territorio en cuestión se convirtió en 1966 en Guyana, un país independiente. Desde entonces, los venezolanos reclaman que ese territorio, de 160,000 kilómetros cuadrados de superficie, es suyo, la *Guyana Esequiba*. Mapa arriba: la zona sombreada es el territorio disputado, hoy en día parte de Guyana.

José Ramón Villalón y Sánchez, (1864-1937). Al final de la Guerra de 1895 tenía el rango de teniente coronel. Fue Secretario de Obras Públicas en 1899, miembro de la Cámara de Representantes y de la Asamblea Constitucional de 1901. Entre 1913 y 1917 fue de nuevo Ministro de Obras Públicas. Su hija Feliciana (Chana) Villalón fue la modelo para la estatua de la *Alma Mater* en la escalinata de la Universidad de La Habana. Foto a la izquierda: Chana Villalón.

Miguel F. Viondi y Vera fue un prominente autonomista y notable abogado en La Habana; fue arrestado en 1896 bajo la sospecha de estar implicado en traficar con armas para los insurgentes. Defendió a Julio Sanguily de cargos parecidos unos meses antes. Martí y Juan Gualberto Gómez ambos trabajaban en su bufete cuando fueron deportados a España en 1879. Durante la República, Viondi se convirtió en un fiel seguidor  de José Miguel Gómez y fue miembro de la Comisión de 12 juristas que estructuró el sistema legal de Cuba bajo Magoon.

Valeriano Weyler y Nicolau, (1838-1930) se fue de Cuba frenético y enfurecido en contra de Cuba y de los Estados Unidos. Luego de servir como Gobernador de Madrid y Barcelona fue acusado, encarcelado y por fin dejado en libertad por haberse opuesto al dictador militar Miguel Primo de Rivera en los años '20. Fue Primer Ministro de España tres veces entre 1901 y 1907. Murió en Madrid a los 92 años, el 20 de Octubre de 1930. Fue enterrado sin honores militares, al día siguiente a su muerte, en un ataúd sencillo. Su obituario no tuvo más de diez líneas; excepto por seis miembros de su familia, nadie más fue a su entierro.

El **Yellow Kid** *(el Chico Amarillo)* era el personaje central de *Hogan's Alley*, unos muñequitos dibujados por Richard F. Outcault que aparecía cada domingo en el periódico de Joseph Pulitzer, el *New York World*. El muchacho vestido de amarillo inmediatamente se convirtió en un éxito mercantil y apareció en muchos otros medios, tales como vallas, tarjetas de *chicles,* cubiertas de fósforos y paquetes de cigarrillos hasta los años '30. En 1896 el *New York Journal,* de William Randolph Hearst, con-  trató a Outcault y el *Yellow Kid* comenzó a aparecer en ambos periódicos bajo nombres diferentes. Las contribuciones de este personaje fueron dos: primero, le dio nombre a la prensa amarilla (*Yellow Press*), el periodismo sensacionalista que tenía como fuerza motriz las ganancias, no la verdad; segundo, creó los globos encima de las cabezas de los personajes que les permiten a estos hablar los unos con los otros. Antes de los "globitos" del Yellow Kid, la forma de expresar conversaciones o pensamientos en los muñequitos, consistía en dibujar un pergamino parcialmente enrollado, una cinta o las mismas palabras en forma diagonal saliendo de la boca de los personajes, todas indicando las palabras de los hablantes. Era muy engorroso presentar un diálogo. Los europeos del siglo XVI, Ben Franklin en el XVIII y hasta los mayas en sus manuscritos y pinturas en las paredes de templos, 600 años antes de Cristo, habían usado pergaminos en los lados para expresar pensamientos. Richard Outcault comenzó una nueva tradición que ha durado hasta nuestros días: letras horizontales de molde rodeadas por un globo expresivo.  Arriba, derecha: globos para expresar conversaciones, pensamientos y gritos.

La **Universidad de <u>Zaragoza</u>**, donde Martí y Fermín Valdés terminaron sus estudios, fue fundada en 1542, siendo una de las más antiguas del mundo; su profesor más notable fue Don Santiago Ramón y Cajal (1852-1934), ganador del Nobel de Medicina en 1906, quien descubrió las neuronas y a quien Fermín conoció muy bien en Zaragoza y en La Habana cuando Ramón y Cajal visitó la isla en 1874 al ser dado de baja del Cuerpo Médico del ejército español. En Zaragoza, Martí y Valdés iban con frecuencia al *Teatro Principal de Zaragoza*, (Foto a la derecha) donde entraban gratis por su Amistad con el  actor *Leopoldo Buron*; Buron los dejaba sentarse en su palco número 13, con una localización excepcional. En el 2008, las Universidad tenía 40,000 estudiantes, 3,000 profesores, 22 facultades, en tres recintos: Zaragoza, Huesca and Teruel. La quinta parte de los estudiantes son extranjeros.

El Crítico Mes de Abril de 1898

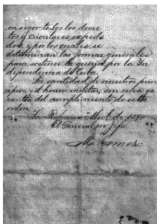

Proclama fechada Abril de 1898, de la colección de Olga y Raúl Chao.

Abril 4: El *New York Journal* imprime una edición de un millón de ejemplares exigiendo la inmediata entrada de los Estados Unidos en la Guerra de Cuba.

Abril 5: El cónsul Americano en Cuba, Fitzhugh Lee, es llamado a Washington.

Abril 8: El Almirante Pascual Cervera con su gran flota sale de Cádiz hacia Cuba. Por varios días nadie sabe dónde está.

Abril 10: El Gobernador español general Ramón Blanco suspende las hostilidades y trata de reunirse con el Jefe Militar del ejército cubano, Máximo Gómez.

Abril 19: La Resolución Conjunta (el derecho de Cuba de ser libre) y la Enmienda Teller ('No' a la intervención Americana si es para anexar a la isla) son aprobadas por el Congreso de los Estados Unidos por una mayoría abrumante.

Abril 20: El general Máximo Gómez rechaza la oferta española de un armisticio y la llama *"una táctica mentirosa."*

Abril 21: Se declara la Guerra entre los Estados Unidos y España.

Abril 23: El presidente de los Estados Unidos William McKinley llama a 125,000 voluntarios para ir a Cuba. Máximo Gómez declara que no necesita hombres, sólo artillería. Dice *«No hace falta derramar ni una gota de sangre americana.»*

Abril 30: Los barcos americanos atacan a Matanzas y a Cienfuegos. McKinley envía el "Mensaje a García". La entrada de los Estados Unidos en la guerra es un hecho consumado.

□ ◊ □

Índice de Materias

A

Agramonte, 38,
 131, 153, 167,
 175, 248, 262
Aguilera, 75, 142
Ajiaco, 198
Aldama, 1, 36, 61,
 64, 370
Alfaro, 13, 163,
 254, 398
Alfonso XII, 26, 87,
 308
Alfredo Zayas, 202
Appleton and
 Company, 22,
 62, 123, 133
Asamblea del
 Cerro, 12, 355,
 356, 384
Aserradero, 12,
 278, 382
Autonomists, 11
Azcárate, 12, 23,
 27, 40, 57, 71,
 132, 135, 137,
 138, 383

B

Bacardí, 36, 391
Baire, 250, 344
Baraguá, 4, 218
Barcelona, 12
Betances, 221, 254
Betancourt, 10, 12,
 46, 47, 48, 49,
 71, 92, 99, 116,
 121, 123, 142,
 264, 267, 275,
 383, 389
Blanco, 12, 14, 27,
 117, 132, 166,
 277, 299, 300,
 307, 383, 406
Bonaechea, 145
Bowery, 11, 24,
 66, 67, 68, 69,
 70, 122

Bowery Theater,
 66, 67

C

Calixto García, 12,
 13, 22, 104,
 115, 145, 154,
 278, 304, 321,
 324, 329, 336,
 346, 348, 362
Cánovas, 12, 55,
 57, 157, 222,
 258, 298, 383,
 394
Carmen Miyares,
 22, 87
Carmen Zayas-
 Bazán, 24, 74,
 80, 86, 167
Castillo, 12, 34,
 36, 39, 55, 57,
 92, 94, 103,
 106, 116, 119,
 121, 123, 127,
 154, 157, 164,
 173, 175, 196,
 208, 211, 222,
 223, 238, 248,
 258, 265, 268,
 298, 328, 332,
 383, 384, 394
Cervera, 12, 197,
 277, 317, 321,
 323, 324, 325,
 326, 327, 331,
 334, 335, 342,
 349, 350, 362,
 379, 380, 383,
 385, 399, 406
Céspedes, 38, 77,
 82, 153, 171,
 191, 210, 356,
 391
Cisneros, 10, 71,
 116, 121, 123,
 142, 209, 219,
 240, 241, 264,
 265, 267, 269,
 275, 389
Cleveland, 12, 232

Colegio El
 Salvador, 50
Constitución, 10,
 57, 147, 208,
 266, 383, 384
Cooper, 23, 65, 66,
 70

D

Dana, 11, 72, 112
Dauntless, 12,
 293, 295
Desembarcos, 11,
 153

E

Echeverría, 39, 77,
 228
El Salvador, 171,
 172, 175, 180,
 399
Elvirita, 90
Emilio Nuñez, 10,
 13, 116, 123,
 174, 179, 249,
 292, 294, 297,
 354, 356, 373,
 394
Enrique Collazo,
 25, 39, 154,
 168, 173, 177,
 210
Espada Cemetery,
 88
Estrada Palma, 12,
 25, 164, 196,
 197, 209, 222,
 237, 248, 370,
 387

F

Facundo Bacardí,
 1, 36
Fermín Valdés, 25,
 28, 40, 51, 58,
 73, 74, 76, 118,
 152, 163, 205,

206, 208, 239,
265, 268, 395,
405
Fernandina, 25,
168, 177, 387,
390
Filibustering, 11,
182
flâneur, 29, 108
Flor Crombet, 24,
38, 123, 126,
153, 162, 167,
177, 188, 189,
200, 205, 273,
275, 277
Florida House Inn,
11, 177, 387
France, 30, 31, 74,
106

G

Gonzalo de
Castañon, 74
Guanabacoa, 26,
132, 135, 242
Guerra Chiquita,
104, 115
Guiteras, 13, 92,
388

H

HAPAG, 12
Harrison, 12, 231
Havana, 11, 12, 13
Hubbard, 13, 389

I

Insurgent, 153
Insurgent
Landings, 153
Ismaelillo, 11, 13,
23, 71, 72, 80,
113, 389

J

Jefferson, 12
Jimaguayú, 1, 2, 4,
11, 208, 214,
266, 355, 371,
374, 394
José María Heredia,
11

Juan Gualberto,
10, 26, 40, 179,
385
Julio, 40, 179, 296,
301

K

Key West, 163,
167, 179

L

La Edad de Oro,
24, 124, 159,
167
La Escalera, 141,
144
La Mejorana, 11,
197, 198
Lacret, 10, 217,
223, 225, 241,
242
Las Guásimas,
276, 277, 339,
340, 341, 382,
400
Librería Ponce de
León, 22, 135
Lôme, 12, 223,
256, 303, 305,
314, 386
López de Queralta,
168, 171, 180
Loynaz, 39, 119,
164, 173, 175,
196, 208, 211,
238
Loynaz del Castillo,
208
Luz y Caballero, 11

M

Maceo, 2, 11, 12,
38, 59, 105,
121, 123, 126,
127, 128, 145,
153, 158, 162,
163, 168, 169,
182, 188, 189,
190, 197, 201,
202, 204, 206,
209, 210, 211,
212, 216, 217,
228, 236, 245,

296, 388, 391,
394
Maine, 12, 13,
197, 246, 255,
256, 302, 307,
308, 309, 310,
311, 312, 315,
316, 319, 326,
360, 385, 387,
396
Mal Tiempo, 2, 11,
211, 212, 216,
391
Manigua, 11, 198
mansard, 29
Manuel Sanguily,
50, 218, 356
María García
Granados, 86,
87
María Mantilla, 11,
22, 85, 86, 87
Mariano, 28, 322
Martínez Campos,
2, 11, 14, 57,
97, 106, 132,
161, 201, 202,
203, 204, 209,
210, 211, 212,
216, 217, 218,
219, 220, 221,
222, 223, 277,
296, 298, 300,
383
Maura, 44, 157,
359
Máximo Gómez, 2,
13, 25, 93, 123,
127, 128, 145,
153, 158, 168,
169, 182, 192,
198, 202, 208,
209, 213, 217,
225, 238, 241,
277, 294, 295,
321, 347, 371,
374, 395, 406
Mayía Rodríguez,
25, 168, 170,
177, 238, 241
Mayito Martínez,
344
McKinley, 12, 13,
155, 197, 245,
295, 298, 303,
325, 370, 377,
392, 406

Mejorana, 11, 190
Méndez Capote,
    10, 214, 347,
    373
Mendive, 13, 28,
    73, 393
Mercado, 114, 168,
    254
Mestre, 39
Meucci, 12
Moncada, 103,
    105, 179, 200
Monticello, 11
Montoro, 13, 40,
    92, 123, 132,
    212, 368, 385,
    393

N

Narciso López, 12,
    183
New York Journal,
    259, 261, 264,
    279, 288, 309,
    310, 313, 314,
    362, 387, 396,
    404, 406
New York Tribune,
    413
New York World,
    23, 261, 269,
    289, 313, 396,
    404
Nodarse, 13, 208,
    236, 394
Nueva York, 11,
    13, 20, 21, 22,
    104, 114, 120,
    167, 233, 264,
    278

O

O'Donnell, 13, 321,
    394, 395

P

Pan Patato, 11,
    152, 187
Paris, 43, 98, 108,
    112, 221, 252,
    254, 322, 412
Park Theater, 66,
    67, 68

Partido
    Revolucionario
    Cubano, 31,
    131, 133, 152,
    168, 197, 355,
    357, 364, 384
Patria, 11, 13, 25,
    27, 30, 92, 131,
    133, 152, 168,
    175, 196, 197,
    200, 202, 203,
    206, 234, 248,
    279, 288, 291,
    356, 357, 364,
    395
Pedro Betancourt,
    46, 99, 301,
    374, 383
Père-Lachaise, 29,
    30
Platt, 12, 309, 377
Playitas, 152, 153,
    169, 186
Plaza Real, 13, 396
Polavieja, 11, 103,
    106, 235, 379,
    384

Q

Quesada, 10, 12,
    25, 77, 92, 124,
    126, 130, 131,
    161, 196, 202,
    204, 206, 210,
    222, 234, 248,
    250, 254, 264,
    279, 299, 304,
    305, 306, 352,
    356, 357, 365,
    375
Quintín Banderas,
    103, 105, 179,
    202, 216, 227,
    391

R

Re-Concentration,
    230
Reforma, 159, 161
Remanganaguas,
    169
Rickover, 13, 396
Rius Rivera, 10,
    236, 237, 242,
    254, 301, 374

Roloff, 12, 115,
    153, 170, 202,
    209, 217, 265,
    306, 373
Roosevelt, 156,
    315, 339
Rowan, 13, 324,
    325, 347, 348,
    397
Rubens, 13, 25,
    42, 173, 249,
    250, 252, 253,
    254, 256, 279,
    282, 294, 295,
    299, 305, 315,
    357, 370, 397

S

Saco, 17
Sagasta, 13, 157,
    258, 296, 298,
    319, 359, 383,
    398
Salvador Cisneros,
    208, 239, 265,
    267, 357
Sampson, 12, 13,
    326, 378, 399
San Carlos, 11,
    139, 168, 393
San Lázaro, 82,
    134
Sanguily, 10, 13,
    25, 40, 50, 51,
    54, 179, 296,
    399
Santa Ifigenia, 13,
    86, 169, 391
Santiago de Cuba,
    12, 36, 92, 169,
    179, 265, 268,
    318, 320, 325,
    344, 399
Sao del Indio, 205,
    206
Serrano, 400
Shafter, 12, 13,
    276, 332, 338,
    341, 400
Soles y Rayos, 141
Spencer, 13, 149,
    400
Spotorno, 12, 13,
    301, 306, 401
Steck Hall, 13, 22,
    113

T

Tartuffo, 44
Teatro Tacón, 57
Teller, 12, 13, 377, 402
The New York Times, 24, 64, 100, 112, 368
The New York World, 24, 122, 259, 310, 396
The Sun, 72, 76, 112, 149
Theodore Roosevelt, 1, 121, 123, 245, 309, 317, 393
Trocha, 13, 238, 402

V

Varona, 13, 93, 94, 117, 123, 248, 403
Villalón, 13, 92, 99, 373, 404
Viondi, 385, 404

Voluntarios, 79, 80, 101, 205, 379

W

Weyler, 11, 13, 14, 106, 220, 221, 222, 223, 224, 225, 226, 227, 228, 229, 230, 235, 238, 240, 246, 248, 252, 254, 257, 258, 277, 279, 280, 281, 286, 296, 298, 299, 300, 322, 329, 359, 379, 383, 402, 404
Whitman, 64, 68, 70, 134, 149
Winston Churchill, 12, 119, 200, 358, 359

X

Ximénez de Sandoval, 119,

169, 192, 193, 196

Y

Yellow Press, 396, 405

Z

Zanjón, 11, 57, 59, 104, 114, 135, 157, 202
Zaragoza, 13, 51, 380, 405
zarzuela, 42, 379
Zayas, 10, 12, 13, 34, 36, 71, 87, 113, 169, 179, 225, 228, 242, 248, 254, 262, 302, 385, 389
Zayas-Bazán, 71, 113
Zertucha, 12, 237, 238, 239

□ ◊ □

Raúl Eduardo Chao received his PhD from Johns Hopkins University at age 25 and after a brief stint in industry spent 16 years in academe, as full professor and Department Chairman at the **Universities of Puerto Rico** and **Detroit**. He founded in 1986 a very successful management consultancy, assisting companies and government agencies to develop positive work environments and process improvement techniques as the means to secure improvements in productivity and quality.

The Systema Group has as clients many Fortune 100 companies and Federal and State organizations, both in the US and abroad. As its president, Chao has written a half a dozen books and numerous articles in newspapers and reviewed journals. He and his wife Olga live in Coral Gables, Florida and spend half their time in Paris.

Raúl Eduardo Chao recibió su Doctorado de la Universidad de Johns Hopkins a la edad de 25 años y después de un corto período en la industria Americana se dedicó por 16 años al mundo académico, como Profesor Titular y Director de Departamento de las **Universidades de Puerto Rico** y **Detroit**. En 1986 fundó una empresa consultora para asistir a empresas y agencias gubernamentales a desarrollar ambientes positivos de trabajo y utilizar técnicas de mejoramiento de procesos como forma de asegurar mejorías en productividad y calidad.

El Grupo Systema ha tenido como clientes a muchas empresas entre las 100 más grandes de las que menciona la **Revista Fortune** y muchas organizaciones gubernamentales en los Estados Unidos y el exterior. Como Presidente de Systema, Chao ha escrito media docena de libros y numerosos artículos en periódicos y revistas técnicas. Chao y su esposa Olga viven en Coral Gables, Florida y emplean parte de su tiempo en Paris.

El autor agradece la colaboración de **Olga Isabel Nodarse** como traductora, **Sergio García Rangel** como editor de pruebas y **Juan Manuel Salvat** como director de **Ediciones Universal**, por su apoyo y respaldo al proyecto de publicar este libro.

The font used throughout the text
has been **Palatino Linotype**, one of the classic old style
serif typefaces inspired by designs of the 16th century Italian
calligrapher **Giambattista Palatino**. The font was reissued in 1948 by
Hermann Zapf for the Linotype Foundy, the company created by Ottmar
Mergenthaler, a German immigrant to the U.S. who invented the revolutionary
line typesetting machine that was first used in 1890 by the **New York Tribune**.

The font accompanying the photos and illustrations is **Verdana**; a humanist sans-serif typeface
designed by **Matthew Carter** for *Microsoft Corporation*, with hand-hinting done by **Tom Rickner**,
then at *Monotype*. Demand for such a clear and easy to read typeface was recognized by **Virginia Howlett** of *Microsoft's* typography group.
The name "**Verdana**" is based on a mix of *verdant* (something green,
as in the Seattle area and the Evergreen state of Washington),
and *Ana* (the name of Howlett's eldest daughter)